A PROBLEMÁTICA DA TEORIA
MORAL E JURÍDICA

RICHARD A. POSNER

A PROBLEMÁTICA DA TEORIA MORAL E JURÍDICA

TRADUÇÃO DE MARCELO BRANDÃO CIPOLLA

Esta obra foi publicada originalmente em inglês com o título
THE PROBLEMATICS OF MORAL AND LEGAL THEORY
por Harvard University Press
Copyright © 1999 by the President and Fellows of Harvard College
Publicado por acordo com Harvard University Press.
Copyright © 2012, Editora WMF Martins Fontes Ltda.,
São Paulo, para a presente edição.

1ª edição 2012
2ª tiragem 2021

Tradução *Marcelo Brandão Cipolla*

Acompanhamento editorial *Márcia Leme*
Preparação do original *Fernanda Bottallo*
Revisões *Ornella Miguellone Martins e Adriana Cristina Bairrada*
Projeto gráfico *A+ Comunicação*
Edição de arte *Katia Harumi Terasaka*
Produção gráfica *Geraldo Alves*
Paginação *Studio 3 Desenvolvimento Editorial*
Capa *Katia Harumi Terasaka*

Dados Internacionais de Catalogação na Publicação (CIP)
(Câmara Brasileira do Livro, SP, Brasil)

Posner, Richard A.
   A problemática da teoria moral e jurídica / Richard A. Posner ; tradução de Marcelo Brandão Cipolla. – São Paulo : Editora WMF Martins Fontes, 2012. – (Biblioteca jurídica WMF).

   Título original: The problematics of moral and legal theory.
   ISBN 978-85-7827-546-4

   1. Direito – Filosofia 2. Direito – Metodologia 3. Sociologia jurídica I. Título. II. Série.

12-01340   CDU-340.12

Índices para catálogo sistemático:
1. Direito : Filosofia   340.12
2. Filosofia jurídica   340.12

Todos os direitos desta edição reservados à
Editora WMF Martins Fontes Ltda.
Rua Prof. Laerte Ramos de Carvalho, 133 01325.030 São Paulo SP Brasil
Tel. (11) 3293.8150 e-mail: info@wmfmartinsfontes.com.br
http://www.wmfmartinsfontes.com.br

SUMÁRIO

Prefácio VII

I. O DESCAMINHO

1. TEORIA MORAL 3

Introdução: do realismo moral ao ceticismo moral pragmático 3
Compreensão da moral 25
O moralista acadêmico e o empreendedor moral 59
Nas frias garras do profissionalismo 107

2. TEORIA DO DIREITO, TEMAS MORAIS 143

Jusfilosofia e teoria moral 144
A teoria moral aplicada diretamente ao direito 168
Alguns pleitos "morais" famosos 203
Teoria constitucional 226

II. A SAÍDA

3. PROFISSIONALISMO 291

Os dois profissionalismos 291
A tese da suplantação 326

4. PRAGMATISMO 357

A abordagem pragmática do direito 357

Distinção entre pragmatismo e pós-modernismo 420
Algumas consequências institucionais do pragmatismo jurídico 444

Índice remissivo 493

PREFÁCIO

Este livro nasceu de uma série de palestras apresentadas em 1997 – duas Palestras Holmes em Harvard, a Palestra James Madison na Universidade de Nova York e a Palestra J. Byron McCormick na Universidade do Arizona. Aquele ano, por sinal, marcou o centésimo aniversário da publicação do maior ensaio de Holmes, "The Path of the Law" [O caminho do direito][1], e este livro pode ser entendido também como uma longa homenagem às ideias de Holmes sobre a moral e o direito. Estou bem longe de concordar com tudo quanto Holmes escreveu, e no Capítulo 3 vou apontar vários equívocos de seu ensaio. Mas ele estava no caminho certo, e um dos objetivos de minhas palestras foi o de avançar mais um pouco na mesma trajetória.

Para este livro, reescrevi e reorganizei as palestras e fiz novas pesquisas; além disso, acrescentei às palestras retrabalhadas algum material tirado de outros textos pertinentes que escrevi há pouco tempo, entre eles uma resposta a cinco eminentes estudiosos que criticaram minhas Palestras Holmes. O resultado é um todo que, sem modéstia nenhuma, espero seja maior que a soma de suas partes anteriormente publicadas. O tema – o qual, em uma formulação a mais resumida possível, é a desmistificação do

---

[1] Oliver Wendell Holmes, "The Path of the Law", 10 *Harvard Law Review*, p. 457 (1897).

direito e, particularmente, sua libertação em relação à teoria moral, uma grande mistificadora – não é novo para mim. Figura com destaque em dois livros meus anteriores, *The Problems of Jurisprudence* [*Problemas de filosofia do direito*]* (1990) e *Overcoming Law* [*Para além do direito*]** (1995). Neste livro, procurei desenvolvê-lo um pouco mais, repetindo o menos possível o que já escrevi; desse modo, pode-se considerar que o livro completa uma trilogia sobre as principais questões normativas que afligem os juízes, os moralistas e aqueles que definem os rumos da política.

Meu interesse primordial é o direito; mas hoje em dia tanto profissionais do direito quanto pessoas de fora da profissão reconhecem que advogados, juízes e professores de direito não podem "fazer" direito sem a ajuda de outras disciplinas. Eles não têm conhecimento suficiente das atividades que o direito normatiza e dos efeitos da normatização jurídica. Precisam de ajuda, mas há divergências quanto a onde devem buscá-la. A filosofia moral e o pragmatismo são as alternativas mais extremas. Os que têm tendência filosófica acreditam que os métodos da filosofia moral, ou métodos afins, devem ser usados para decidir as questões difíceis do direito. Os pragmatistas – pelo menos os que são do mesmo tipo que eu, pois o termo encobre uma multidão de pecados – acreditam que esses métodos não funcionam em domínio nenhum. Acreditam que o juiz ou outro tomador de decisões em matéria de direito, quando se vê jogado naquele espaço aberto em que se esgotam as fontes usuais de orientação (como os precedentes judiciais e os textos claros da legislação ou da constituição), nada pode fazer além de recorrer a noções derivadas da condução dos negócios públicos, do senso comum, dos valores profissionais e pessoais, da intuição e da opinião, incluindo-se aí a opinião

---

* Trad. bras. São Paulo: Editora WMF Martins Fontes, 2007. (N. do E.)
** Trad. bras. São Paulo: Editora WMF Martins Fontes, 2009. (N. do E.)

pública bem informada ou cristalizada². Porém, os pragmatistas também creem que a intuição, a opinião e tudo o mais podem, às vezes, ser instruídas pela imersão nos "fatos". Pus esse termo entre aspas para assinalar que ele tem aqui um sentido mais lato do que no direito probatório: um sentido que engloba os métodos analíticos, as técnicas empíricas e as descobertas das ciências sociais (inclusive da história). Nos termos mais amplos, portanto – e com algum exagero, como veremos –, este livro pergunta se, quando os métodos do positivismo jurídico não são capazes de resolver satisfatoriamente uma questão jurídica, o direito deve se orientar pela filosofia ou pela ciência. E responde: "pela ciência".

Porém, o livro não se dirige unicamente aos juristas e àqueles que têm interesse no direito. Afirmo não somente que a filosofia moral não tem nada a oferecer aos juízes e aos estudiosos do direito no que se refere à atividade judicial ou à formulação de doutrinas jusfilosóficas ou jurídicas, mas também que tem pouquíssimo a oferecer a qualquer pessoa engajada em uma tarefa normativa qualquer que não tenha nada a ver com o direito. A única diferença é que é *particularmente* claro que as questões jurídicas não devem ser analisadas com o auxílio da filosofia moral, mas devem ser abordadas pragmaticamente. Os métodos adequados de investigação, portanto, são aqueles que facilitam a tomada pragmática de decisões – os métodos das ciências sociais e do senso comum.

O livro está estruturado em duas partes, cada qual com dois capítulos. A primeira parte é principalmente crítica, a segunda,

---

[2] Nas palavras de Holmes, "as necessidades que a época percebe, as teorias morais e políticas prevalecentes, as intuições da condução dos negócios públicos, expressas ou tácitas, até mesmo os preconceitos que os juízes partilham com seus semelhantes – tudo isso tem um papel muito mais importante que o silogismo na determinação das normas pelas quais os homens devem ser governados". Oliver Wendell Holmes Jr., *The Common Law*, p. 1 (1881).

construtiva. O Capítulo 1 estuda a teoria moral normativa em seus próprios termos, defendendo a ideia de que as pessoas que apresentam argumentos filosóficos para nos dizer por que devemos mudar nossas crenças morais ou nosso comportamento estão perdendo tempo se o que pretendem é alterar essas crenças e o comportamento que pode ser influenciado por elas. As intuições morais não cedem, nem devem ceder, perante os argumentos débeis em que se resume a contribuição que os filósofos podem dar às questões morais[3].

Chamo essa posição de "ceticismo moral pragmático", que não deve ser confundido com "ismos" filosóficos mais radicais. Não sou niilista em matéria de moral nem epistemologicamente cético ou relativista, mas apenas limitadamente cético, o que será demonstrado pelo exemplo a seguir. Que os nazistas mataram milhões de civis indefesos é um fato: sua verdade independe das crenças de qualquer pessoa. Que os atos dos nazistas foram moralmente errados é um juízo de valor: depende de crenças cuja verdade ou falsidade não podem ser provadas. Rejeito, assim, o realismo moral, pelo menos em seu sentido mais forte: a doutrina de que existem leis morais universais ontologicamente semelhantes às leis científicas. Sou uma espécie de relativista moral. Porém, minhas concepções metaéticas não são essenciais para o ceticismo moral pragmático, doutrina segundo a qual a teoria moral é inútil, muito embora elas ajudem a explicar por que ela é inútil. Essa doutrina é corroborada por dados tão diversos quanto a psicologia da ação, o caráter das profissões acadêmicas em geral e da filosofia acadêmica em particular, a indesejabilidade da uniformidade moral e, acima de tudo, o fato de que as técnicas

---

[3] Refiro-me aqui às questões morais controversas. Quando não há controvérsia, quando todos concordam sobre qual a conduta correta, a questão não existe, e a teoria não se faz necessária.

casuísticas e deliberativas empregadas pelos teóricos morais são débeis demais, tanto do ponto de vista epistemológico como do retórico, para abalar as intuições morais. A analogia (entre a mulher grávida obrigada a levar o feto a termo, de um lado, e uma pessoa que fica obrigatoriamente ligada por tubos a um violinista famoso durante nove meses a fim de impedi-lo de morrer de uma doença no rim, de outro) com a qual Judith Jarvis Thomson defende o direito ao aborto e, no outro extremo do espectro da abstração, os elaborados argumentos contratualistas e jusnaturalistas que John Rawls, Ronald Dworkin, John Finnis e outros apresentam para defender os resultados que gostariam de ver concretizados em questões de ética aplicada só são convincentes para leitores predispostos a concordar com as conclusões desses filósofos. A classe de inovadores que chamo de "empreendedores morais" tem de fato o poder de modificar nossas intuições morais. No entanto, os empreendedores morais não são idênticos aos moralistas acadêmicos, como Thomson e os demais que mencionei. Os empreendedores morais persuadem, mas não com argumentos racionais. Os moralistas acadêmicos usam argumentos racionais; entretanto, por causa da pura e simples debilidade desses argumentos, não conseguem persuadir.

O Capítulo 2 conduz a discussão explicitamente para o domínio do direito. Examino questões de jusfilosofia, direito constitucional e (em medida mais limitada) legislação e *common law*. Fazendo referência tanto a teóricos individuais – o próprio Dworkin, Jürgen Habermas e outros –, como a demandas judiciais, procuro demonstrar que a teoria moral e algumas de suas primas-irmãs, como a jusfilosofia e a teoria constitucional, são impotentes para resolver questões jurídicas concretas. Isso é verdadeiro mesmo quando essas questões giram em torno de assuntos que produzem acalorados debates morais, como o aborto, a ação afirmativa, a discriminação racial e sexual e os direitos dos homossexuais. Considere-se a constitucionalidade das leis que proíbem o suicídio assistido por médicos, questão que motivou um grupo de eminentes filósofos morais, encabeçados por Dworkin, a submeter um memorial de *amici curiae* à Suprema Corte, memorial que, aliás, a Corte ignorou solenemente quando decidiu confirmar aquelas leis. Os juízes, com razão, ficam com um pé atrás quando se procura convencê-los a usar a teoria moral ou constitucional para decidirem as demandas.

Ao mesmo tempo, como exemplificam as decisões da Suprema Corte que invalidaram a segregação sexual nas academias militares e um dispositivo constitucional estadual que vedava aos governos locais a proibição da discriminação contra os homossexuais, os juízes não percebem quanto é limitado o conhecimento que têm das realidades sociais que dão origem às demandas. Eles têm razão de desconfiar das teorias que os acadêmicos gostariam de vê-los usar; mas ainda não têm nada para colocar no lugar delas, exceto uma atitude cautelosa. E, em razão das circunstâncias, é essa a atitude correta. Enquanto os juízes não ampliarem a sua base de conhecimentos, as limitações da teoria moral e constitucional proporcionam um argumento convincente em favor da automoderação judicial*, embora a aceitação desse argumento acarrete uma renúncia ao sonho, acalentado por muitos teóricos constitucionais, de que a Suprema Corte venha a reformular completamente a sociedade norte-americana em nome da Constituição, em prol do igualitarismo radical, do jusnaturalismo católico, da economia do *laissez-faire* ou do populismo reacionário, dependendo do teórico. Os acadêmicos constitucionais ajudariam mais

---

* *Judicial self-restraint*. Atitude que os próprios juízes se impõem e que consiste em uma deferência calculada perante os outros dois poderes do Estado. (N. do T.)

os tribunais e a sociedade se não examinassem os processos e doutrinas constitucionais à luz do que se tem sob o *status* de teoria nos círculos jusfilosóficos, mas sim à luz do contexto social das questões constitucionais, de suas causas, seus custos e suas consequências. Trata-se de uma perspectiva desprestigiada, a qual exemplifico no Capítulo 2 referindo-me aos efeitos do processo penal constitucional no "mundo real".

Os dois primeiros capítulos sublinham a *localidade* das concepções morais e jusfilosóficas, que são apresentadas como universais, sobretudo, em vista de um efeito retórico. Esses capítulos também sublinham a frequente confusão de *moral* com *normativo*, em razão do fato de os juízes terem de decidir qual parte vai ganhar uma causa é interpretado erroneamente como prova de que os juízes empreendem necessariamente um raciocínio moral.

Entretanto, se os juízes da Suprema Corte – e junto com eles todos os demais práticos do direito – nem sequer prestam atenção à teoria moral e constitucional, por que me dar o trabalho de criticar os teóricos? A resposta é que eles são influentes nas faculdades de direito, e que a influência deles é perniciosa, pois afasta os juristas acadêmicos de sua função fundamental (enfocada na Parte Dois do livro) de gerar o conhecimento de que os juízes e demais profissionais práticos precisam para poder maximizar a utilidade social do direito. Essa resposta, porém, simplesmente dirige a investigação rumo a um estágio anterior do problema, no qual avultam duas outras perguntas: Por que a teoria moral e semelhantes abordagens dos problemas propostos pelas causas judiciais difíceis exercem tão forte fascínio sobre a mentalidade acadêmica? E, uma vez rejeitadas essas abordagens dúbias, o que se pode fazer para melhorar o sistema jurídico? A Parte Dois do livro responde a essas perguntas. Afirmo, no Capítulo 3, que, para respondê-las, é preciso compreender a mudança de natureza do profissionalismo no que tange ao direito. Em toda a sociedade ocidental, um profissionalismo tradicional que privilegiava o corporativismo e o cultivo de uma mística profissional está sendo posto em cheque por um profissionalismo novo, mais funcional, mais empírico e mais científico – em uma palavra, mais *racional* (no sentido weberiano) –, que Holmes anteviu há muito tempo. A teoria moral é uma resposta conservadora a esse desafio. Porém, não é conservadora suficiente para agradar aos juízes; e, pelas razões explicadas nos dois primeiros capítulos, é intelectualmente medíocre. Portanto, é duplamente inútil. No final do Capítulo 3, apresento um exemplo de como a ciência social pode ajudar a responder importantes questões sobre o sistema jurídico, questões que deixam perplexos não só os pensadores jurídicos tradicionais como também os que são influenciados pela filosofia moral. O exemplo é o das profundas diferenças na quantidade de ações judiciais de responsabilidade civil nos vários estados norte-americanos, diferenças que se explicam por uma combinação de variáveis econômicas e sociológicas.

Do ponto de vista de como os profissionais do direito compreendem oficialmente sua profissão, ponto de vista esse que continua a ser formalista, o pragmatismo, comparado à filosofia moral, é uma resposta radical aos desafios que a modernidade, com sua tendência racionalizante, propõe ao direito. Não obstante, o pragmatismo faz vibrar uma corda de simpatia em juízes e advogados, como também nos demais norte-americanos. Mas não só isso; também encontra apoio no novo profissionalismo mais racional. Por outro lado, o pragmatismo deve ser distinguido do pós--modernismo. Este representa um beco sem saída para o direito, ideia que defendo tomando Duncan Kennedy e Stanley Fish como casos exemplares da crítica jurídica pós-modernista. Mas talvez eu deva me referir ao pós-modernismo *radical* e dizer que ele *frequen-*

temente representa um beco sem saída para o direito. Isso porque existe uma afinidade entre minha posição e a de certos pós-modernistas, como Richard Rorty – às vezes, também o próprio Fish[4] –, bem como a de alguns professores de direito pós-modernistas, como Pierre Schlag[5]. Este, como a maioria dos juspensadores pós-modernistas, é mais cético que eu e, talvez por isso não faça nenhuma sugestão para melhorar o funcionamento do sistema jurídico; eu faço algumas. Não obstante, endosso as críticas que ele e seu colega Paul Campos dirigem ao *establishment* jurídico norte-americano e ao pensamento jurídico ortodoxo nos Estados Unidos. A diferença é que eu, ao contrário de Campos, jamais diria que o que temos aqui é um "sistema jurídico doente" em uma "cultura doente"[6]. Recuo diante dessas generalizações pessimistas.

Explicar o que é a abordagem pragmática do direito e distingui-la da abordagem pós-modernista são as tarefas do Capítulo 4. Ponho em evidência o progresso feito pelo direito acadêmico já que desenvolveu um estudo pragmático do direito administrativo – um de vários exemplos que poderiam ser dados. (A existência desses exemplos explica, em parte, por que não sou pessimista.) Defendo então a decisão judicial pragmática como passo no caminho que conduz à ciência madura do direito delineada no Capítulo 3, e apresento vários exemplos de como o pragmatista resolve as causas difíceis. Se algum dia chegarmos ao fim desse caminho, isso significará que as concepções tradicionais do direito terão sido superadas ou suplantadas, como anteviu Holmes em "The Path of the Law"; e que o direito terá se aproximado daqueles campos que

---

[4] Ver, em específico, Stanley Fish, "Mission Impossible: Settling the Just Bounds between Church and State", 97 *Columbia Law Review*, p. 2255 (1997).
[5] Ver, por exemplo, Pierre Schlag, *Laying Down the Law: Mysticism, Fetish, and the American Legal Mind* (196); Schlag, "The Empty Circles of Liberal Justification", 96 *Michigan Law Review*, p. 1 (1997).
[6] Paul F. Campos, *Jurismania: The Madness of American Law*, p. ix (1998).

se profissionalizam rapidamente, nem todos os quais são profissões liberais convencionais. Na última parte do Capítulo 4, delineio algumas reformas institucionais que nos ajudariam a prosseguir nesse caminho. A mais controversa delas é a de tornar opcional o terceiro ano da faculdade de direito.

O pragmatismo é um método, uma abordagem ou uma atitude, não um algoritmo moral, jurídico ou político. Por isso não pode resolver nenhum desacordo jurídico ou moral. Não obstante, o leitor sentirá de tempos em tempos que tenho opiniões claramente definidas acerca de como alguns desses desacordos devem ser resolvidos. Permitam-me, pois, confessar aqui que, quando faço recomendações acerca de cursos de ação política, inclusive no campo jurídico, oriento-me, principalmente, por aquele utilitarismo vago – ou liberalismo clássico "suave" – que se costuma associar com John Stuart Mill, especialmente o Mill de *On Liberty* [*Sobre a liberdade*]. Como bem se sabe, Mill não era um utilitarista rígido ou coerente[7], tampouco um defensor ortodoxo do *laissez-faire*. E, como afirmo na seção do Capítulo 1 que intitulei *Até Mill*, é impossível demonstrar que é correta a filosofia moral ou política de Mill ou qualquer outra filosofia moral ou política. Não obstante, a de Mill delineia uma forma de vida que, quando é compreendida como deve ser, afigura-se simpática não só para mim, mas para muita gente nos Estados Unidos e em outras sociedades ricas contemporâneas. Para mim, isso é fundamento suficiente para indicar como eu resolveria determinadas questões particulares; mas não deixa de ser um aspecto secundário do livro.

Nem todos os meus leitores vão querer trilhar o caminho que o livro mapeia. Mesmo os que não o queiram, contudo, poderão

---

[7] Ver C. L. Ten, *Mill on Liberty* (1980).

encontrar algo de útil nas críticas que o livro dirige às teorias e aos teóricos políticos e morais, nas análises que faz de importantes fenômenos sociais, como o empreendedorismo moral e o profissionalismo, e nas minhas avaliações de algumas decisões judiciais famosas por serem controversas. Ficarei razoavelmente satisfeito se tudo o que eu conseguir for persuadir alguns leitores de que os recursos intelectuais investidos no direito estão sendo mal direcionados. É grande demais a fração investida na formulação e elaboração de teorias normativas abstratas, e pequena demais a que vai para o desenvolvimento e aplicação de teorias sociais científicas e para a coleta de dados acerca da operação real do sistema jurídico, de seus custos e outras consequências.

O "nicho acadêmico" que este livro ocupa tem nome; e o nome – alguns leitores ficarão surpresos ao *me* ouvir dizer isso – é sociologia. O livro trata de determinada profissão, ou, antes, de determinadas profissões: não só o direito em geral, mas também o direito acadêmico e a filosofia moral acadêmica, considerados profissões autônomas. Emprega ideias weberianas sobre a profissionalização e as alternativas a esta, entre as quais o empreendedorismo moral carismático. Mostra-se cético diante da pretensão ao conhecimento afirmada por certas disciplinas acadêmicas, em particular a filosofia moral e a teoria constitucional; e esse ceticismo é mais um *leitmotif* da sociologia. Os sociólogos encaram com ceticismo não só as disciplinas acadêmicas, mas também as profissões. Insistem em que aquilo que se "professa" pode ocultar a busca de um interesse próprio – e esse é mais um pressuposto deste livro. O espírito do livro é weberiano também no sentido de que ele questiona o progresso moral e afirma a existência de profundos conflitos políticos que têm pouca probabilidade de ser dissolvidos pela teoria política ou moral. O contrário de "weberiano" nesse sentido é "[*Woodrow*] wilsoniano".

Porém, se eu não evidenciasse o caráter sociológico de minha análise, poucos leitores o perceberiam. A sociologia do direito é quase invisível na cena universitária norte-americana. Foi eclipsada pela análise econômica do direito, pela filosofia do direito, pela teoria feminista do direito e pelos estudos jurídicos críticos. O pouco que dela restava foi absorvido em grande medida pelo amorfo movimento "direito e sociedade", um amontoado de ciências sociais que só têm em comum o fato de nenhuma delas ser a economia. Boa parte de minhas publicações acadêmicas recentes trata de temas tradicionais da sociologia, que vão do profissionalismo e das pretensões a um conhecimento especializado – os tópicos sociológicos deste livro – até as normas sociais, a privacidade, o envelhecimento, o sexo, a litigiosidade ou a propensão a mover ações judiciais, a reputação, a igualdade e o desenvolvimento econômico. Ninguém, no entanto, concebe minha obra como um estudo sociológico. O fechamento do direito para a sociologia é um fenômeno interessante que influenciou este livro e, de modo mais amplo, toda a relação do direito com as ciências sociais. Mas já discuti extensamente esse assunto em outros trabalhos[8], e, neste livro, contento-me com apontar, no Capítulo 3, algumas contribuições que a sociologia do direito deu e pode dar para fornecer fundamentação científica ao direito – fundamentação essa que é absolutamente necessária para o direito.

Tive muita ajuda para escrever este livro, e é não só um dever como também um prazer reconhecê-lo. Agradeço a Héctor Acevedo-Polanco, Sorin Feiner, Anup Malani, Christopher Ottele, Rebecca Rapp, Edward Siskel, Andrew Trask e Mark Woolway pela

---

[8] Ver meu artigo "The Sociology of the Sociology of Law: A View from Economics", 2 *European Journal of Law and Economics*, p. 265 (1995).

utilíssima assistência nas pesquisas. Pelos comentários que fizeram sobre o manuscrito inteiro, ou quase inteiro, ou ainda sobre as palestras nas quais em parte se baseou, reconheço minha grande dívida de gratidão para com os cinco críticos de minhas palestras Holmes (Ronald Dworkin, Charles Fried, Anthony Kronman, John Noonan e Martha Nussbaum); os que assistiram às palestras, entre os quais Lucian Bebchuk e Robert Nozick; os participantes dos *workshops* em Harvard e na Universidade de Chicago; os leitores anônimos de duas editoras universitárias; e Michael Aronson, Stephen Breyer, Richard Craswell, Neil Duxbury, Thomas Eisele, Ward Farnsworth, Robert Ferguson, Alan Gewirth, Ruth Bader Ginsburg, Amy Gutmann, Russell Hardin, Frances Kamm, John Langbein, Brian Leiter, Lawrence Lessig, Frank Michelman, Charlene Posner, Eric Posner, Richard Rorty, Stephen Schulhoffer, David Strauss, Cass Sunstein, Dennis Thompson e John Tryneski.

I
O DESCAMINHO

O DESTAMINHO

1

TEORIA MORAL

INTRODUÇÃO: DO REALISMO MORAL AO CETICISMO MORAL PRAGMÁTICO

A ideia de que existe uma ordem moral acessível à inteligência humana, uma ordem atemporal e não local que forneceria critérios objetivos para se aprovarem ou condenarem as crenças e o comportamento dos indivíduos e a estrutura e o funcionamento das instituições jurídicas, reverbera ao longo de toda a história intelectual do Ocidente. A profusão de reflexões acadêmicas que essa ideia suscitou, desde a época de Aristóteles até o presente, inspirou por sua vez um sem-número de teorias, em parte derivadas daquelas reflexões, em parte paralelas a elas, acerca da forma e do conteúdo das normas jurídicas. Infelizmente, a própria ideia originária bem como as doutrinas filosóficas e jurídicas que a desenvolvem e aplicam são falsas – ou pelo menos é isso que pretendo provar neste capítulo, no que diz respeito à teoria moral, e no seguinte, no que se refere à teoria do direito.

Meu argumento tem uma forma forte e outra, moderada. A versão forte afirma que a teorização moral não fornece nenhum fundamento útil para os juízos morais (como "o aborto é mau" ou "é boa a redistribuição da riqueza dos ricos para os pobres") e não pode nos tornar moralmente melhores nem em nossa vida privada nem em nossa atuação pública. Sua versão moderada diz que, mesmo que a teorização moral possa fornecer um fundamento útil para alguns juízos morais, não deve ser usada para a formulação de juízos *jurídicos*. Ela não é algo com que os juízes se sintam ou possam se sentir à vontade nem algo que saibam ou possam saber usar; causa a dissensão social; e não tem nada em comum com as questões presentes nas demandas judiciais[1].

A moral é o conjunto dos deveres para com os outros (não necessariamente outras pessoas – os deveres podem dirigir-se aos animais ou, o que é importante, a Deus) que, em tese, põem freio às nossas reações meramente egoístas, emocionais ou sentimentais diante de questões sérias relacionadas à conduta humana. Diz respeito não ao que nos é devido, mas ao que nós devemos, exceto na medida em que a convicção de ser titular de um direito (à felicidade, à autorrealização, a uma vida interessante, à oportunidade de exercer nossos talentos etc.) imponha aos outros o dever de nos ajudar a obter aquilo que nos cabe. Conquanto a moral ponha freio aos nossos impulsos, isso não necessariamente a torna uma forma de razão. O cão é preso pela correia sem que tenha de fazer um processo de raciocínio. Do mesmo modo, o controle de uma reação emocional pode ser operado por outra emoção (a piedade pode pôr freio à raiva) e não por um argumento. Quem desvia o automóvel para não atropelar um pe-

---

[1] No decorrer do argumento, vou procurar responder a algumas das principais críticas dirigidas a uma versão anterior dele por Ronald Dworkin, Charles Fried, Anthony Kronman, John Noonan e Martha Nussbaum no número de maio de 1998 da *Harvard Law Review*. Respondi-lhes no mesmo número, no artigo intitulado "Reply to Critics of 'The Problematics of Moral and Legal Theory'", 111 *Harvard Law Review*, p. 1796 (1998). Algumas das críticas são específicas demais para interessar a todos os leitores deste livro; por isso os que tiverem interesse nelas e em minhas respostas devem ler o debate na *Harvard Law Review*. Ver id., pp. 1718-823.

destre ou ajuda um idoso a atravessar a rua não está pondo em prática a conclusão de um processo de reflexão moral.

Não está em questão a legitimidade da moral como sistema de controle social, embora eu seja de opinião de que a moral tem menos efeito sobre o comportamento do que creem os moralistas. Tampouco está em questão a admissibilidade de se fazer da moral um objeto de investigação, sejam os investigadores sociólogos, antropólogos, historiadores ou outros que pretendam identificar e explicar o código moral de determinada época ou sociedade; sejam economistas ou teóricos dos jogos (muitas vezes as mesmas pessoas) que relacionam a moral à escolha racional; sejam, por fim, filósofos interessados em explorar a ontologia ou epistemologia da investigação moral – e não, bem entendido, em prescrever nossos deveres morais.

Do mesmo modo, não se questiona a importância do raciocínio *normativo*. Assim, quando se usa o termo "teoria moral" como sinônimo de raciocínio normativo, ou quando se usa o adjetivo "moral" como sinônimo impressionante de "político"[2], minha única crítica é que esses usos causam confusão. Outra equação que pode gerar confusão é a de "moral" com "ético". É melhor restringir o uso deste último termo às tentativas de responder à pergunta "Como devo viver?", e o do primeiro ao subconjunto daquelas respostas que sublinham nossos deveres para com os outros. Nietzsche dá conselhos éticos, mas (pelo menos segundo certas interpretações) não é um moralista.

---

[2] Já se notou a confusão que Ronald Dworkin faz entre termos morais e políticos. Ver, por exemplo, Thomas D. Eisele, "Taking Our Actual Constitution Seriously", 95 *Michigan Law Review*, pp. 1799, 1818-9 (1997). Veremos no próximo capítulo que Dworkin propõe que os juízes façam raciocínios morais. Sua proposta daria com os burros n'água se ele substituísse a palavra "morais" por "políticos". Dworkin, na qualidade de teórico moral que gostaria de ver os juízes aplicarem a teoria moral, figura eminentemente neste livro como alvo de minhas críticas.

Meu alvo específico é o ramo da teoria moral que chamo de "moralismo acadêmico". O moralismo acadêmico é a ética aplicada formulada por professores universitários da atualidade, como Elizabeth Anderson, Ronald Dworkin, John Finnis, Alan Gewirth, Frances Kamm, Thomas Nagel, Martha Nussbaum, John Rawls, Joseph Raz, Thomas Scanlon, Roger Scruton e Judith Jarvis Thomson. Trata-se de uma lista diversificada (e não mais que parcial), mas entre os nomes listados existe pelo menos certa semelhança: todos pertencem à família que denomino moralismo acadêmico. Os membros dessa família acreditam que o tipo de teorização moral que hoje passa por rigorosa nos círculos universitários tem importante papel a desempenhar no aperfeiçoamento dos juízos morais e do comportamento moral das pessoas – deles próprios, de seus alunos, dos juízes, dos norte-americanos, dos estrangeiros. Alguns desses moralistas são, antes de tudo, filósofos do direito (Dworkin, Finnis e Raz) ou filósofos políticos (Rawls), e não filósofos morais. Alguns defendem um sistema moral completo, como o utilitarismo ou a ética kantiana, e outros advogam aplicações específicas da teoria moral, por exemplo, nos debates morais e jurídicos em torno do aborto, da eutanásia e da barriga de aluguel. Todos eles, porém, querem que o direito siga os ensinamentos da teoria moral, embora nem sempre de maneira próxima.

Por outro lado, Annette Baier, Gilbert Harman, Richard Rorty e Bernard Williams são exemplos de filósofos da moral que, como Nietzsche, ou não são moralistas ou não o são fundamentalmente. Alguns filósofos dessa escola são céticos em relação à teoria moral normativa em geral[3]. Um número maior é cético em relação

---

[3] De uma perspectiva geral, ver *Anti-Theory in Ethics and Moral Conservatism* (org. Stanley G. Clarke e Evan Simpson, 1989), e também Richard Rorty, "Human Rights, Rationality, and Sentimentality", em Rorty, *Philosophical Papers*, vol. 3: *Truth and Progress*, p. 167 (1998).

à teoria moral normativa praticada hoje nas universidades (daqui a pouco vou explicar o sentido dessa restrição) e, portanto, em relação ao moralismo acadêmico. Outros se interessam não pela pregação moral, mas pelo estudo da moral como um fenômeno ou um conjunto de conceitos. Um fator de complicação é que às vezes a mesma pessoa se dedica simultaneamente ao moralismo acadêmico e a outro tipo qualquer de estudo filosófico ou jurídico. Dworkin é um exemplo: além de ser um moralista, ele é, como veremos no capítulo seguinte, um analista de teorias jusfilosóficas. Pode-se aceitar boa parte da jusfilosofia defendida por Dworkin, em especial sua rejeição do positivismo jurídico, quer como descrição, quer como diretriz para o processo decisório dos juízes norte-americanos, e concomitantemente rejeitar seu moralismo. Com efeito, é essencialmente essa a minha posição.

Procurarei demonstrar em primeiro lugar que a moral é um fenômeno local, ou seja, que não existem universais morais *interessantes*. Existem universais tautológicos, como "é errado cometer homicídio" (entendendo-se por "homicídio" o assassinato injustificado) ou "é errado subornar" (entendendo-se por "suborno" um pagamento injustificado). Porém, aquilo a que se dá o nome de homicídio ou suborno varia enormemente nas diversas sociedades. Há um punhado de princípios rudimentares de cooperação social – como não mentir *o tempo todo*, não romper acordos *sem nenhuma razão* ou não matar indiscriminadamente os parentes ou os vizinhos – que talvez sejam comuns a todas as sociedades humanas[4], e não faço nenhuma objeção a que esses princípios

---

[4] Ver Donald E. Brown, *Human Universals*, pp. 138-9 (1991); Steven Pinker, *The Language Instinct: How the Mind Creates Language*, capítulo 13 (1994). É possível que existam universais da prudência, como "Conhece-te a ti mesmo", mas eles não são "morais" no sentido que dei a esta palavra – situam-se, antes, no território mais amplo da ética.

rudimentares levem o nome de lei moral universal. Mas eles são abstratos demais para servirem de critério. Portanto, não existe um realismo moral que signifique alguma coisa, e o que nos resta é uma forma (não uma forma qualquer) de relativismo moral. O relativismo, por sua vez, supõe um conceito *adaptacionista* da moral, em que esta é julgada – não do ponto de vista moral, mas, sim, do mesmo modo pelo qual um martelo pode ser julgado apto ou inapto a realizar seu objetivo de meter pregos na madeira ou no gesso – segundo a contribuição que dá para a sobrevivência ou os demais objetivos de uma sociedade ou de algum grupo dentro desta. O relativismo moral implica que a expressão "progresso moral" deve ser usada com extrema cautela, pois não é objetiva, mas, sim, dependente de uma perspectiva; o progresso moral está nos olhos de quem o vê.

Muitos dos fenômenos chamados "morais" podem ser explicados sem que seja necessário fazer referência às categorias morais. O vocabulário moral é, em grande medida, epifenomênico ou polêmico, quando não hipócrita. Em geral, os princípios morais que têm pretensão de universalidade podem ser mais bem compreendidos como a roupagem vistosa de normas sociais prosaicas, que variam de sociedade para sociedade. O que é universal são os *sentimentos* morais, ou seja, as emoções morais. São elas, entre outras, a culpa, a indignação e certas formas de repugnância[5], mas não o altruísmo, o qual, como veremos, não é fundamentalmente um sentimento *moral*. A enumeração dos sentimentos morais feita por David Hume e Adam Smith, por exemplo, ilustra o tipo de filosofia moral que *não* critico neste livro. Porém, os sentimentos morais são neutros no que diz respeito a seus ob-

---

[5] Ver a interessante discussão de William Ian Miller, *The Anatomy of Disgust*, capítulo 8 (1997) ("The Moral Life of Disgust").

jetos particulares; logo, não são realmente morais. Palavra melhor para designá-los seria "moralísticos". A compaixão e o ódio, por exemplo, são universais, mas os seus objetos, não.

De qualquer modo, o moralismo acadêmico não tem possibilidade de aperfeiçoar o comportamento humano. O fato de saber o que se deve fazer segundo a moral não dá motivos nem cria motivação para que se o faça; o motivo e a motivação têm de vir de fora do campo da moral. Mesmo que isto esteja incorreto, os instrumentos analíticos empregados pelo moralismo acadêmico – os estudos de casos concretos, o raciocínio a partir dos textos canônicos da filosofia moral, a análise cuidadosa, o equilíbrio reflexivo ou qualquer combinação de todos estes – são débeis demais para sobrepujar quer o interesse próprio, quer as intuições morais. Além disso, os moralistas acadêmicos não têm nem a habilidade retórica nem o conhecimento factual que poderiam torná-los aptos a persuadir os outros sem dispor de bons métodos de investigação e análise. Em decorrência de suas deficiências analíticas, retóricas e factuais, o moralismo acadêmico é impotente em face de um choque de intuições ou da oposição do interesse próprio, e supérfluo quando essas coisas estão em acordo. Por fim, é ótimo que os moralistas acadêmicos não tenham a menor possibilidade de alcançar seu objetivo implícito de impor à sociedade uma moral uniforme. Não que eles concordem entre si sobre qual deve ser essa moral; mas cada teoria moral é implicitamente uniformizadora, ao passo que o que é necessário a uma sociedade como a nossa é a diversidade moral – que *não* é a mesma coisa que a mera tolerância para com *crenças* morais diferentes.

E mais: em nossa época, uma carreira acadêmica em filosofia não é coisa que propicie a inovação ou a perspicácia morais. E mesmo que fosse, há tanto desacordo entre os moralistas acadêmicos que seus leitores (que, de qualquer modo, são em número exíguo fora das universidades) podem facilmente encontrar uma justificativa persuasiva de qualquer que seja a conduta que lhes apeteça. Com efeito, o debate moral não faz diminuir o desacordo, antes o fortalece. O contato com a filosofia moral pode inclusive fazer com que as pessoas mais cultas se comportem de modo *menos* moral, uma vez que as torna mais capazes de encontrar justificativas para seu comportamento. Com efeito, há indícios de que a reflexão moral mina a capacidade de ação moral.

Se o moralismo acadêmico, portanto, não é eficaz para mudar o comportamento das pessoas, podemos nos perguntar o que de fato provoca as mudanças morais. Minha resposta porá em evidência tanto as condições materiais como os "empreendedores morais" e demonstrará por que o moderno professor universitário não está equipado para desempenhar o papel de empreendedor moral; o resultado disso é que os debates morais frutíferos só ocorrem fora dos limites do moralismo acadêmico. Nesse caso, por que motivo o moralismo acadêmico simplesmente não definhou e morreu? A resposta está, em parte, nas ambições espirituais das pessoas que se sentem atraídas pela carreira de filósofo moral; em parte, nas necessidades retóricas daqueles que pretendem que os tribunais ou outros órgãos do Estado desempenhem papel agressivo na formação das políticas sociais; em parte, nos incentivos à carreira acadêmica dos professores de humanidades; e em parte, por fim, em outros fatores – nenhum dos quais tem relação com a veracidade do moralismo acadêmico.

É por ser tão importante distinguir o empreendedor moral dos outros moralistas que defino meu alvo principal neste capítulo como o moralismo *acadêmico*. Os empreendedores morais participam da evolução da moral, os outros moralistas não; e, com exceções raras e pouco significativas, as características da moderna carreira acadêmica impedem o moderno professor universitário de ser também um empreendedor moral. A maioria dos moralistas do passado – os autores das obras clássicas de filosofia moral, como Platão, Hume, Bentham, Kant e Mill – não eram professores (embora Kant o fosse), e, de qualquer modo, viveram em épocas em que o conhecimento era menos especializado e hermético e a fronteira entre a teoria e a prática muito menos definida. O filósofo moral moderno está firmemente cativo em uma torre de marfim.

À minha posição metaética, acima delineada, dou o nome de "ceticismo moral pragmático". Indicarei, agora, em que ela difere de outras posições mais conhecidas com as quais poderia ser confundida.

Relativismo moral – Creio que os critérios de validade de uma pretensão moral são dados pela cultura em que essa pretensão é afirmada e não por uma fonte transcultural ("universal") de valores morais. Isso significa que é só em vista de um efeito polêmico que podemos chamar outra cultura de imoral, a menos que acrescentemos: "a nosso ver". Porém, rejeito o "relativismo vulgar" que prega que temos o *dever* de tolerar culturas cuja visão moral é diferente da nossa[6]. O relativismo vulgar é mais uma escola de moralismo acadêmico, como o kantismo ou o aristotelismo. Tampouco sou relativista moral no sentido do "vale tudo", mais bem descrito como subjetivismo moral ou ceticismo moral[7]. E, daqui a pouco, vou me dar o trabalho de distinguir o relativismo moral

---

[6] Ver Bernard Williams, *Morality: an Introduction to Ethics*, pp. 20-6 (1972). Porém, meu relativismo moral de fato anula um dos argumentos contra a tolerância.
[7] No artigo "In Praise of Theory" (29 *Arizona State Law Journal*, pp. 353, 361-3 [1997]), Ronald Dworkin põe no mesmo saco o relativismo moral e o subjetivismo moral, ao passo que, em um artigo mais ambicioso do ponto de vista filosófico, reúne sob a mesma égide o relativismo moral, o subjetivismo moral e o ceticismo moral. Dworkin, "Objectivity and Truth: You'd Better Believe It", 25 *Philosophy and Public Affairs*, p. 87 (1996).

do relativismo cognitivo ou epistemológico, o qual é assediado pelo problema da autorreferência.

Pluralismo moral – A ideia de que os valores morais são irredutivelmente plurais, de tal modo que a justiça e a lealdade, por exemplo, não tenham medida comum e, por isso, não possam ser ponderadas uma contra a outra para se resolver uma questão moral[8], tem relação com o relativismo moral e serve-lhe de suporte; mas não lhe é idêntica, visto que muitos pluralistas acreditam que a razão nos permite decidir entre duas coisas incomensuráveis[9].

Subjetivismo moral – A ideia de que os enunciados morais são puramente subjetivos, ou seja, de que a moral é (na melhor das hipóteses) uma função das crenças de cada indivíduo – ele só age de modo imoral quando contraria a moral que adotou para si –, é o subjetivismo moral. Tenho simpatia por essa posição, mas não a aceito em seu todo. Os termos morais têm suas definições, e comumente a definição se coaduna de modo inequívoco com as circunstâncias: o cônjuge infiel é... infiel. Porém, a moral que condena o traidor, o adúltero etc. não pode em si mesma ser avaliada em termos morais. Isso só seria possível se houvesse verdades morais transculturais precisas e, portanto, passíveis de ser utilizadas. Se a pessoa decide se afastar da moral de sua sociedade, como fizeram um Aquiles, um Edmundo (de *Rei Lear*), um Meursault, um Gauguin ou um Anthony Blunt, ou, aliás, como fizeram os que conspiraram contra Hitler, não é possível demonstrar que ela está moralmente errada, desde que esteja sendo fiel a si mesma *e* que essa fidelidade seja um elemento de seu código moral pessoal (falaremos mais sobre isto adiante). O máximo que

---

[8] Ver, por exemplo, Isaiah Berlin, *The Crooked Timber of Humanity*, capítulo 1 (1991); George Crowder, "Pluralism and Liberalism", 42 *Political Studies*, p. 293 (1994).
[9] Ver, por exemplo, Isaiah Berlin e Bernard Williams, "Pluralism and Liberalism: a Reply", 42 *Political Studies*, p. 306 (1994).

se pode dizer dessa pessoa – e isso não é desprovido de sentido nem de importância – é que ela age de modo contrário às opiniões morais da maioria dos membros de sua sociedade.

Uma versão diluída do subjetivismo moral é compatível com o relativismo moral quando o que este último põe em evidência é a rejeição das verdades morais transculturais. Não há incoerência em dizer que todas as verdades morais são locais e acrescentar que a moral pessoal é hiperlocal, estando limitada à própria pessoa. Uma nova moral – a do cristianismo, por exemplo – pode começar com uma única pessoa.

Ceticismo moral – O cético moral meramente pragmático não é um cético moral no sentido estrito, ou seja, não é daqueles que acreditam que a verdade moral seja incognoscível. Em nossa sociedade e em outras semelhantes, é um fato que o infanticídio é imoral a menos que, talvez, o bebê tenha anencefalia ou alguma outra deficiência profunda. Essa ressalva é importante, mas por enquanto uso o termo "infanticídio" somente para designar a matança de bebês normais. Em nossa sociedade, é seguro afirmar que qualquer um que praticasse o infanticídio assim definido seria considerado imoral por praticamente qualquer pessoa a quem a questão fosse colocada; e, se afirmasse que o infanticídio é permitido por sua moral particular, a ênfase recairia nesta última palavra. Nessa medida, posso até considerar-me um adepto do realismo moral, pois acredito que algumas proposições morais têm por trás de si uma realidade factual; porém, com a exceção daqueles princípios rudimentares de cooperação social que são inúteis para resolver qualquer questão moral concreta, essa realidade factual é sempre *local*, do mesmo modo que a frase "faz 2 graus Celsius em Chicago" afirma um fato local.

Entre o realismo moral metafísico (a doutrina católica do direito natural, por exemplo, embora também haja versões laicas) e o realismo local moderado, que eu mesmo aceito, situa-se o realismo das "respostas corretas" (*"right answers" moral realism*), que é a doutrina de Dworkin, Thomas Nagel e muitos outros, provavelmente a maioria deles, moralistas acadêmicos contemporâneos. Tanto a ética utilitarista como a neokantiana, que são as mais influentes escolas modernas do moralismo acadêmico no Ocidente, ilustram o realismo moral das "respostas corretas", que também poderia ser caracterizado como um jusnaturalismo sem metafísica – em outras palavras, um direito natural sem a natureza[10]. Essa teoria está resumida na seguinte afirmação de Nagel: "O realismo [moral] não precisa (e não [...] deve) ter absolutamente nenhum conteúdo metafísico. Só precisa sustentar que as perguntas morais têm respostas e que não são redutíveis a nenhuma outra coisa."[11] Eu, porém, afirmo que as perguntas morais *controversas* não têm respostas *convincentes*, a menos que as perguntas sejam redutíveis a questões factuais. Essa tese me inclui no rol dos céticos morais em sentido vago, ou seja, caracteriza-me como alguém que duvida da possibilidade de emitirem-se juízos objetivos sobre as teses que os teóricos morais querem propor. Há certa convergência entre o cético moral não dogmático e o realista moral moderado.

A convicção de que a teoria moral é incapaz de resolver controvérsias me habilita a conciliar a aceitação (com ressalvas) do subjetivismo moral com a rejeição do ceticismo moral em sentido estrito. Em nossa sociedade, a pessoa que mata um bebê age de modo imoral; a pessoa que assevera sinceramente, com ou sem argumentos de apoio, que é correto matar bebês, estaria afirmando uma posição moral particular. Posso considerá-lo louco, monstro

---

[10] Ver Lloyd L. Weinreb, *Natural Law and Justice*, capítulo 4 (1987).
[11] Thomas Nagel, "Universality and the Reflective Self", em Christine M. Korsgaard et al., *The Sources of Normativity*, pp. 200 e 205 (org. Onora O'Neill, 1996). Nagel amplia essa tese em *The Last Word*, capítulo 6 (1997).

ou imbecil, bem como um transgressor do código moral que prevalece nessa localidade. No entanto, hesitaria em chamá-lo imoral, assim como hesitaria em chamar imoral a Jesus Cristo por transgredir as normas estabelecidas do direito judaico e romano ou a Pôncio Pilatos por ter imposto as mesmas normas. Se, com os valores que tenho agora, eu tivesse sido um oficial britânico na Índia do século XIX, teria declarado a ilegalidade da *sati*. Esse é um exemplo de rejeição do relativismo vulgar: o fato de a *sati* (a imolação – voluntária, pelo menos em tese – da viúva na pira funerária do marido) ter sido prática aceita na sociedade hindu não a torna moralmente obrigatória para ninguém fora dessa sociedade. Porém, eu teria suprimido a prática não por supô-la imoral, mas por considerá-la repugnante. Nossa tendência é sentir aversão por tudo quanto diverge de nossa própria moral, e nossas reações não provam nada a respeito da incorreção da moral que nos "repugna". Não há dúvida de que os homens hindus repugnavam as viúvas que resistiam a seu destino.

Foi correto submeter os líderes do nazismo a julgamento em vez de executá-los sumariamente em um paroxismo de repugnância. Foi correto, porém, do ponto de vista *político*. O julgamento criou um registro público confiável de tudo quanto os nazistas haviam feito e manifestou diante do povo alemão as virtudes do "Estado de direito", minimizando a possibilidade de que a Alemanha viesse a abraçar novamente o totalitarismo – coisa que, por motivos óbvios, os aliados não queriam que acontecesse. Porém, o julgamento não foi correto por ter produzido provas de que os nazistas *realmente* foram imorais; eles foram, mas a nosso ver, não ao deles. O fato de terem tentado ocultar sua atividade genocida pode dar a impressão de que reconheciam uma lei moral universal. Porém, não são poucas as explicações alternativas. A publicidade teria alertado as potenciais vítimas e estimulado a fuga, a ocultação ou a resistência. E os alemães que já eram membros ativos da sociedade antes de Hitler subir ao poder poderiam encarar o genocídio com certo escrúpulo. Caso Hitler tivesse ganhado a guerra e a Alemanha tivesse prosperado, é possível que tais escrúpulos tivessem sumido com a morte da geração mais velha.

Não cognitivismo – O não cognitivista (ou expressivista) acredita que as afirmações morais não são referenciais (não fazem referência a uma realidade objetiva), mas sim expressivas; e crê que o que elas expressam é uma atitude ou emoção desprovida de conteúdo cognitivo. Os chamados emotivistas, por exemplo, que são uma subclasse dos não cognitivistas, acreditam que um enunciado como "Você é injusto!" é uma expressão de raiva que, do ponto de vista cognitivo, em nada se diferencia de um tapa na cara. Minha opinião sobre o não cognitivismo é a mesma que tenho sobre o ceticismo moral: a rigor, eu o considero falso, pois, na mesma medida em que uma afirmação moral (ou mesmo um tapa na cara) incorpora uma avaliação de conduta, ela tem um conteúdo cognitivo; podemos dizer que é errado ter raiva da pessoa que recebeu o tapa, pois ela, ao contrário do que você acreditava, não estava transgredindo o código moral. Porém, concordo com o espírito, por assim dizer, do não cognitivismo, pois é fato que muitas afirmações morais são mera maquiagem de preferências e aversões que não têm, nem podem ter, nenhum fundamento teórico.

Particularismo moral – O particularista moral pode ter uma de duas crenças: ou acredita que não existem princípios morais gerais, mas somente intuições morais particulares – e, nesse caso, eu mesmo sou um particularista moral –, ou, o que é mais interessante, crê que existem verdades morais universais, mas que aquele que as aplica a questões morais particulares deve usar de mais sensibilidade ao contexto social do que a demonstrada por Kant e seus seguidores. Como não acredito que existam verdades morais universais minimamente significativas, rejeito essa versão do particularismo moral, a qual, além de tudo, à semelhança do pluralismo moral, tende na prática a ser indisciplinada e *ad hoc* – um jogo sem regras. A analogia cabível no direito é a decisão confiada à discricionariedade irrestrita do juiz, como um despacho que determine a data de uma audiência ou a decisão de pôr fim ao contrainterrogatório de uma testemunha que já se prolongou demais. A falta de critérios para tais decisões ou, quando existem critérios, a falta de um método pelo qual eles possam ser ponderados, situa-as em todos os casos, exceto os mais extremos, além de qualquer possibilidade de avaliação racional.

Para resumir, adoto uma modalidade de relativismo moral, rejeito o particularismo moral em seu sentido mais ambicioso, aceito a precisão descritiva (mas não a autoridade normativa) do pluralismo moral e aceito versões diluídas do subjetivismo, do ceticismo e do não cognitivismo morais. Não esgotei os "ismos" que têm fascinado os teóricos morais, visto que tenho somente o objetivo de distinguir aquelas abordagens com as quais a minha poderia ser confundida. Minha abordagem é semelhante à de Oliver Wendell Holmes Jr., tal como a podemos reconstruir a partir dos textos esparsos e fragmentários em que ele fala sobre a moral. Opõe-se ao realismo moral metafísico e ao das "respostas corretas"; opõe-se, portanto, à teoria jusnaturalista, seja ela metafísica ou não, mas sobrepõe-se ao realismo moral moderado.

Porém, os leitores não precisam aceitar a metaética de Holmes nem a minha (nem a de qualquer outra pessoa) para acatar a tese exposta neste capítulo: a de que o moralismo acadêmico é, para falar claro, uma absoluta nulidade. Por exemplo: mesmo que eu esteja errado em pensar que não existem morais universais interessantes, nós, acadêmicos, não teríamos função alguma em um argumento moral a menos que pudéssemos determinar o que eles são; caso contrário, seria como se não existissem. A questão de saber se Alexandre Magno tinha um número par ou ímpar de cabelos na cabeça aos 12 anos de idade é uma questão factual – tem uma resposta determinada e independente do que qualquer pessoa possa pensar. Entretanto, esta questão, assim como as difíceis questões morais, são impossíveis de responder com nossos métodos de investigação atuais.

Embora minhas objeções ao moralismo acadêmico não dependam umas das outras, elas se reforçam mutuamente. A objeção (sociológica) de que ele é ineficaz, por exemplo, reforça a objeção (metaética) de que é epistemicamente frágil. Quando um debate não coloca em risco nenhum valor material ou psicológico, o observador tende a favorecer o debatedor que apresenta os melhores argumentos. Alguns leitores deste capítulo, por serem jovens ou não terem opinião formada quanto aos méritos ou à utilidade do moralismo acadêmico, serão persuadidos por mim se vierem a concluir que meus argumentos são melhores que os dos moralistas. No caso das controvérsias morais, porém, o público dos debates acadêmicos tende a ser indiferente ou, por causa de seus interesses próprios ou intuições morais, a já ter opinião formada. Os que têm opinião formada não podem ser convencidos por argumentos sobre os deveres morais de cada um, e os indiferentes não podem ser persuadidos a se interessar por esses argumentos. Logo, o moralismo acadêmico é *fútil*.

Deve-se compreender, porém, que minha crítica da teoria *moral* não é uma crítica da *teoria* em geral. A teoria econômica e aquelas partes das ciências naturais com que tenho pelo menos certa familiaridade, como a biologia da evolução, me parecem tão belas quanto úteis. Também considero fascinante e útil, e, aliás, emprego ao longo de todo este livro aquele tipo de teorização que é tão diferente do tipo científico e que costuma ser associado a

Nietzsche e Weber. Por esse motivo, que eu não seja acusado de "cientificismo", a crença de que o único conhecimento que vale a pena é o conhecimento científico em sentido estreito e, portanto, de que as únicas teorias que conduzem à aquisição de conhecimento são as teorias científicas. A demonstração de que o positivismo jurídico não é uma abordagem que possa ser utilizada pelos juízes norte-americanos, feita por Dworkin, é uma contribuição genuína ao conhecimento, embora não o seja ao conhecimento "científico" na acepção mais comum da palavra; é melhor descrevê-la como uma contribuição à sociologia filosófica.

Não obstante, é significativo que as teorias mais bem-sucedidas sejam encontradas na ciência e particularmente naquelas áreas das ciências naturais em que uma teoria, pelo fato de versar sobre fenômenos observáveis e entidades "reais" (que existem fisicamente), pode ser posta à prova mediante a comparação de suas previsões com os resultados da observação. Duas coisas são necessárias: que a teoria gere previsões que possam ser refutadas empiricamente, caso contrário, ela não pode ser posta à prova – o destino inevitável da teoria segundo a qual existe vida depois da morte; e que os dados capazes de refutá-la empiricamente possam ser observados. As teorias das ciências naturais tendem a atender ao primeiro requisito, mas, às vezes, tropeçam no segundo. A evolução, por exemplo, não pode ser observada, pois a maior parte dela teria ocorrido antes de haver observadores que nos legassem seus registros. Entretanto, podem-se aduzir vários indícios indiretos da teoria da evolução: o registro fóssil, o estudo dos genes, experiências com o cruzamento de animais e a estrutura e o comportamento de animais e vegetais, entre outras coisas. Esses indícios fragmentários, aliados à ausência de uma teoria alternativa corroborada por dados científicos, dão forte apoio cumulativo à teoria da evolução. Esse tipo de verificação indireta é comuníssimo na ciência e, em geral, é muito confiável. É só pensar em como sabemos – e o fato é que sabemos, faltando-nos apenas a certeza metafísica, que é inatingível – que nenhum ser humano jamais comeu um hipopótamo adulto de uma só vez, que os gatos não nascem em árvores e que a terra tem mais de 10 mil anos de idade e já foi habitada por dinossauros.

A teoria econômica tem íntima relação com a teoria da evolução; os conceitos de maximização, competição, racionalidade inconsciente, custo, investimento, interesse próprio, sobrevivência e equilíbrio desempenham funções paralelas em ambas as teorias. A evolução trata dos genes, que são maximizadores inconscientes; a economia, das pessoas, que são maximizadoras conscientes. A diferença empírica está no fato de que, ao contrário da teoria da evolução, a teoria econômica trata de comportamentos sociais observáveis, como os movimentos de preços, o número e o tamanho das empresas, o custo dos insumos, escassez, salários, métodos de compensação dos empregados e outros agentes, investimentos de capital, poupança e juros, tributação, crescimento populacional e produção industrial. Contudo, por ser difícil criar experimentos que isolem o efeito de determinada variável econômica sobre o comportamento observável do ser humano, o economista geralmente tem de recorrer a métodos de inferência estatística para "descontar" os efeitos das outras causas possíveis de determinado comportamento. Por causa dos dados, esses métodos, às vezes, são insatisfatórios. Mas nem sempre. Além disso, já se produziu um bom número de experimentos "naturais" em economia – a adoção e o abandono do controle de preços em diversos tempos e lugares, a redução de tarifas, a desregulamentação dos transportes e a queda do comunismo – cujos resultados corroboram as previsões cruciais da ciência econômica. A economia prevê, entre outras coisas, que a fixação de um teto de preços propicia a escassez de mercadorias, a formação de filas e o desenvolvimento do mercado negro; que em um regime de concorrência a produção é maior do que em um regime de monopólio; que a discriminação de preços propicia a arbitragem de câmbio; que os que trabalham em posições desagradáveis ou perigosas são compensados com salários maiores; que o livre comércio aumenta a prosperidade; e que o aumento dos tributos sobre a produção e circulação de bens e serviços dentro do país eleva os preços e diminui a produção. Recentemente, houve também alguns experimentos controlados em economia.

Não afirmo que as teorias econômicas e biológicas sejam bem-sucedidas por ser verdadeiras; não afirmo sequer que são verdadeiras. São bem-sucedidas porque nos ajudam a prever, compreender e, em pequena medida, controlar nosso ambiente físico e social; porque produzem um conhecimento que afeta a realidade (o critério pragmático do conhecimento). Sendo a moral um elemento do ambiente social, ela é também um tema legítimo de reflexão teórica. Contudo, como já dei a entender, uma teoria sobre a moral não é a mesma coisa que uma teoria moral. Este capítulo apresenta uma teoria *sobre* a moral. Uma teoria moral, em contraposição, é uma teoria sobre como *devemos* nos comportar; procura captar a verdade no que diz respeito a nossas obrigações morais. A teoria moral trata de questões como estas: será sempre errado mentir ou descumprir uma promessa? Será imoral o infanticídio? A discriminação sexual? A prostituição? A eutanásia? A ação afirmativa? A exigibilidade judicial de um contrato de "barriga de aluguel"? Deve a fidelidade ao país sobrepor-se à fidelidade aos amigos? Será correto matar um inocente para salvar dez inocentes? Deve-se permitir aos ricos que paguem para ter cuidados médicos a que os pobres não têm acesso? Será imoral comer carne? A justiça impõe a indenização de danos infligidos sem culpa? Será errado impor limites à imigração? Devem-se obrigar as pessoas a doar órgãos não essenciais (um dos dois rins, por exemplo) a quem deles necessita? Essas perguntas não versam sobre a disseminação das crenças morais, de onde elas provêm e qual a probabilidade de elas afetarem o comportamento – sendo estas últimas o tipo de questões que um antropólogo, um historiador, um sociólogo, um psicólogo ou um economista poderiam estudar. Não versam nem sequer sobre o uso dos termos morais, coisa que poderia ser estudada por um filósofo analítico. O que elas querem saber é se nós devemos, ou não, agir de determinado modo.

Deve-se distinguir a teoria moral acadêmica da pregação moral fora da academia. O Jesus Cristo dos Evangelhos é um moralista, mas, ao contrário de Platão e Tomás de Aquino, não é um teórico e não apresenta argumentos de estilo acadêmico. O que me preocupa é o tipo de pregação moral que é ou pelo menos pretende ser independente de qualquer compromisso metafísico controverso (como o de um cristão devoto) e que, assim, poderia em tese atrair os juízes de nossos tribunais laicos.

Os usos críticos da teoria moral de seus usos construtivos também devem ser distinguidos. Se um moralista, acadêmico ou não, apresenta um argumento filosófico falacioso em favor de determinada posição moral, é adequado que o teórico moral se dedique a desmascarar a falácia. Assim como a função mais útil da filosofia geral talvez seja a de dissipar os erros filosóficos, assim também é possível que a função mais útil da filosofia moral seja a de dissipar os erros de raciocínio moral. Se é também uma função *importante*, isso é outro assunto. Se as opiniões morais e o comportamento moral não se deixam afetar pelos argumentos morais, isso vale tanto para os argumentos bons como para os ruins. Diante do argumento de que é necessário que Deus exista porque Ele é perfeito por definição, de modo que possui todos os atributos "bons", entre os quais a existência, é fácil demonstrar que esse argumento parte da falácia de supor que a existência é um atributo. Porém, quantas pessoas em toda a história basearam sua crença em Deus nesse argumento ou em qualquer outro, de tal modo que a refutação do argumento pudesse abalar sua crença?

Boa parte da teorização moral moderna tem o objetivo de demonstrar que o utilitarismo é insatisfatório como teoria moral. O principal método de ataque consiste não em pôr em cheque os cursos de ação efetivamente preconizados pelos utilitaristas, mas em provar, mediante argumentos, que o utilitarismo implica outros cursos de ação inaceitáveis que a maioria dos utilitaristas nem sequer chegou a conceber, como: tributar as pessoas de tendência ascética em benefício dos hedonistas; permitir o estupro se o prazer que o estuprador sente com o caráter coercivo de o ato superar a dor da vítima; permitir a punição de inocentes e a tortura de suspeitos; subsidiar a procriação humana, aumentando, assim, o *quantum* total de felicidade dos seres humanos; e atribuir aos animais sencientes o mesmo *status* moral dos humanos (o que, por sua vez, talvez exija a promoção da procriação animal em detrimento da humana). Esse método de refutação é chamado *reductio ad absurdum*, ou redução ao absurdo, e é uma forma de argumento lógico. Não é capaz de *refutar* efetivamente o utilitarismo, pois pode ser que o utilitarista esteja disposto a acatar todos os resultados produzidos pela lógica de sua teoria. Entretanto, se ele não estiver disposto a isso, se rejeitar os cursos de ação que sua teoria logicamente acarreta (e que ele não tinha percebido), *é possível* que aquela elaboração lógica altere suas crenças morais. A possibilidade mais realista, porém, é a de que ela leve os utilitaristas quer a negar que aqueles cursos de ação hipotéticos realmente maximizem a utilidade (veremos um exemplo disso no próximo capítulo), quer a procurar novos fundamentos pragmáticos para os cursos de ação por eles favorecidos.

Também é importante distinguir entre expor e defender determinada posição, ou seja, entre a descoberta e a justificação. Uma das funções da filosofia moral é a formulação de sistemas morais possíveis, com ou sem o respaldo de argumentos. Em uma cultura moral mutável ou pluralista, a filosofia moral fornece às pessoas caminhos alternativos de como viver ou como pensar sobre o viver. Nesse ponto, ela se assemelha à arte, à religião ou à terapia e pode inclusive ser considerada uma forma de algumas dessas coisas. Mas isso não é o mesmo que fornecer respostas ponderadas a certas questões morais. Além disso, essa função inovadora, imaginativa ou inspiradora da teoria moral não é um tipo de papel que os acadêmicos modernos estejam aptos a desempenhar ou com o qual os juízes se sintam à vontade.

Há uma distinção que *não* vou fazer: a distinção entre *teoria* moral e *raciocínio* moral. Não que eles não possam ser distinguidos, mas a distinção não afetaria em nada meu argumento. A "teoria moral" parece-nos uma coisa grandiosa, o tipo de coisa que encontramos em Kant, Sidgwick ou Rawls, enquanto o "raciocínio moral" se nos afigura o processo de raciocínio pelo qual chegamos à resolução de uma questão moral específica sem nos emaranhar nos fatos (pois, caso nos emaranhássemos, o raciocínio deixaria de ser puramente moral). O raciocínio moral distingue-se da identificação de erros lógicos ou factuais nos argumentos morais, sendo a identificação de erros lógicos uma tarefa terapêutica legítima da filosofia, e a de erros factuais, das ciências sociais. É só quando uma afirmação moral é lógica e empiricamente inexpugnável que ela pertence ao raciocínio moral tal como aqui entendo esse termo.

Definidos os termos e preparado o caminho, estamos prontos para explorar a tese deste capítulo: a de que o moralismo acadêmico é um empreendimento inútil.

COMPREENSÃO DA MORAL

A relatividade da moral

Realismo versus *relativismo*

Os adeptos do realismo moral, tanto em sua versão forte (ou seja, metafísica) como na intermediária (a das "respostas corretas"), procuram identificar um fenômeno que existe independentemente da teoria: a "lei moral" ou, talvez, uma "faculdade moral". O que se postula é uma entidade conceitual, psicológica, jurídica ou até material, respectivamente análoga ao sistema dos números, à psicologia do interesse próprio que gera tantos fenômenos econômicos, ao direito positivo ou aos astros. Se formos realistas em matéria de ciência, a lei moral universal pode nos habilitar a conceber a teoria moral como algo análogo a uma teoria científica e, assim, a rejeitar o relativismo moral, que é a perdição da filosofia moral normativa.

Não é preciso falar muito sobre o tipo de realismo moral metafísico que se encontra em Platão e no direito canônico. A única garantia da crença em uma lei moral que existe "fora de nós", no sentido forte em que a postulavam um Platão ou um Tomás de Aquino – uma lei moral promulgada por um processo análogo à promulgação do direito positivo, ou que tem uma realidade tangível semelhante à das estrelas – é a fé em um Legislador Supremo e em uma realidade espiritual tão real quanto a material; e argumentos explicitamente religiosos não fazem parte do realismo acadêmico. Mesmo moralistas acadêmicos profundamente religiosos, que em nossa sociedade são principalmente católicos e judeus, não fazem apelo ao catolicismo e ao judaísmo como tais (ou seja, à crença em uma divindade que cria ou endossa a lei moral), mas à tradução jusnaturalista católica ou à tradição ética judaica, encontrando aí a fonte de seus argumentos morais.

Entretanto, nem todo realismo moral metafísico se enquadra, mesmo indiretamente, em moldes religiosos. Charles Larmore reconhece como metafísica sua opinião de que "a realidade também contém uma dimensão normativa, constituída pelas razões que justificam as crenças e as ações", dimensão essa a que temos acesso mediante a "reflexão" concebida como um "órgão de conhecimento"[12]. Na prática, porém, esse órgão de conhecimento funciona mais como um órgão de asserção. É o que ocorre quando Larmore declara:

> Acaso não podemos, em sã consciência, considerar nosso universalismo moral superior a sistemas morais tribais anteriores e muito diferentes, reconhecendo, ao mesmo tempo que perdemos as possibilidades de bem, que esses sistemas incorporavam? A ponderação de bens heterogêneos não tende a resultar em uma escala cardinal. Mas sem dúvida podemos ter motivos para crer que alguns desses bens são mais importantes – ou, mesmo, muito mais importantes – que os outros, seja em circunstâncias específicas, seja em circunstâncias gerais (p. 162).

Larmore admite que o leitor tem todo o direito de considerar essa passagem como "uma simples asserção" (sendo essa a função habitual de "sem dúvida") e reconhece que não tem como responder a essa acusação de forma "plenamente satisfatória" (1996).

À semelhança de alguns outros adeptos contemporâneos do realismo moral, como David Brink, John McDowell e Peter Railton, Larmore procura justificar a afirmação de que os princípios morais são tão objetivos quanto os princípios científicos. Contudo, para fazer isso, em geral é a ciência que é "rebaixada" ao grau da investigação moral: chama-se a atenção para o fato de que até

---

[12] Charles Larmore, *The Morals of Modernity*, p. 8 (1996); ver, também, op. cit., p. 9. Ele defende sua posição na mesma obra, no capítulo 5.

mesmo os objetos físicos são construtos mentais – consequências do fato de categorizarmos os dados sensoriais de determinada maneira. Essa abordagem pode até conseguir igualar a investigação científica e a investigação moral no nível semântico, mas não faz a mais tênue referência à imensa diferença prática que caracteriza o sucesso desses dois tipos de empreendimento. Tal diferença ocorre porque a ciência, por lidar com fenômenos que são "independentes da mente" em um grau muitíssimo maior que os princípios da moral, pode utilizar métodos de observação precisa que permitem que os desacordos sejam resolvidos com segurança, em vez de prolongarem-se infinitamente.

Essa questão é importante e voltarei a falar dela mais adiante neste capítulo. Porém, não é um argumento conclusivo contra o realismo moral, porque este, como o realismo em geral, não depende necessariamente nem de uma fundamentação metafísica nem de uma metodologia empírica robusta. É possível postular a realidade de domínios puramente simbólicos – asseverar, com grande e justificada confiança de estar afirmando a verdade, que um cálculo matemático, uma jogada de xadrez ou a construção de uma frase estão errados. Pode ser que exista uma lei moral universal no sentido de um conjunto de princípios que todos os adultos capazes sempre e em toda parte reconhecem como deveres – deveres dos quais talvez se possam deduzir ou derivar de modo convincente as soluções para questões morais específicas. Pode ser; mas não parece haver uma lei moral universal que não seja puramente tautológica (como "não cometer homicídio") ou que não seja uma abstração (como "não mentir o tempo todo") etérea demais para descer à terra e conseguir resolver um *problema* moral, ou seja, uma questão moral sobre a qual haja desacordo.

No passado e no presente, toda sociedade e toda subcultura dentro de uma sociedade tiveram seu código moral. Este código, porém, sempre foi moldado pelas exigências da vida nessa sociedade, e não pelo vislumbre de uma fonte superior e universal de obrigações morais. Na medida em que se adapta àquelas exigências, o código não pode ser criticado de modo convincente por quem é de fora. O infanticídio é abominado em nossa sociedade, mas é rotineiro naquelas que não conseguem alimentar todos os recém-nascidos[13]. A escravidão era rotineira quando os vitoriosos na guerra não tinham condições de alimentar ou libertar seus prisioneiros, de modo que a alternativa a escravizá-los seria matá-los. Será que o infanticídio e a escravidão são "errados" nessas circunstâncias? É provincianismo dizer que "nós temos razão sobre a escravidão, por exemplo, e os gregos não tinham"[14], pois a escravidão no mundo antigo era imensamente diferente da escravidão racial praticada, por exemplo, nos Estados Unidos até o final da Guerra Civil; além disso, as condições materiais que propiciaram essas duas formas de escravidão também eram imensamente diferentes[15]. Presumir que o infanticídio ou a escravidão são maus é quase tão provinciano quanto condenar irrestritamente essas práticas. Os habitantes de uma sociedade infanticida ou escravocrata presumiriam, com a mesma plausibilidade, que o infanticídio ou a escravidão são bons, embora talvez admitissem que sua presunção não valeria nas sociedades pacíficas, ricas e tecnologicamente complexas.

---

[13] Ver James Q. Wilson, *The Moral Sense*, pp. 20-3 (1993); *Infanticide: Comparative and Evolutionary Perspectives*, parte 4 (org. Glenn Hausfater e Sarah Blaffer Hrdy, 1984); Sarah Blaffer Hrdy, "Fitness Tradeoffs in the History and Evolution of Delegated Mothering with Special Reference to Wet-Nursing, Abandonment, and Infanticide", 13 *Ethology and Sociology*, p. 409 (1992).
[14] Dworkin, "Objectivity and Truth: You'd Better Believe It", 25 *Philosophy and Public Affairs*, p. 87 (1996), p. 121.
[15] Dworkin parece confundir a escravidão na Grécia antiga com a escravidão dos negros na América. Ver op. cit., p. 121 (referência à "humanidade biológica das raças que eles escravizavam"). A escravidão grega não era racial.

Minhas explicações do infanticídio e da escravidão são compatíveis com as crenças modernas acerca da crueldade e da desigualdade. Isso pode levar o leitor a pensar que admiti a universalidade dessas crenças, ressalvando somente que elas sejam aplicadas levando-se em consideração as circunstâncias. Mas em primeiro lugar nossas crenças modernas sobre a crueldade e a desigualdade não são emanações de uma lei universal; antes, são contingentes. Nietzsche, segundo certa interpretação, é avesso à moral em si[16]. Porém, segundo outra interpretação, ele simplesmente preferia – por motivos estéticos impossíveis de refutar – à moral da sociedade burguesa o código moral de uma sociedade guerreira, um código cruel e não igualitário. (Se o conhecesse, ele provavelmente teria gostado do aforismo que conclui *O matrimônio do céu e do inferno* de William Blake: "Uma só lei para o leão e o boi é opressão.")

Não se encontram muitos nietzschianos em nossa sociedade, e talvez todos os outros concordem em que a escravidão e o infanticídio são imorais a menos que sejam justificados por circunstâncias sociais difíceis como as que mencionei. Esse pensamento não há de consolar o realista moral ponderado. A imoralidade da escravidão e a do infanticídio são, para muitos moralistas, algumas das principais candidatas à condição de princípios morais universais[17], mas agora vemos que elas dependem de circunstân-

---

[16] Ver Brian Leiter, "Nietzsche and the Morality Critics", 107 *Ethics*, p. 250 (1997). Em *A genealogia da moral*, por exemplo, Nietzsche parece rejeitar a moral em favor da saúde.

[17] Nas palavras de Lincoln, "Se a escravidão não é errada, nada é errado". Carta de Abraham Lincoln a Albert C. Hodges, 4 abr. 1864, em *The Collected Works of Abraham Lincoln*, vol. 7, p. 281 (org. Roy P. Basler, 1953). Vejam-se outros exemplos em Renford Bambrough, *Moral Scepticism and Moral Knowledge*, pp. 19-21 (1979). A obra de Bambrough é uma crítica veemente do ceticismo moral, mas não consegue demonstrar como qualquer questão moral deve ser resolvida na prática se o desacordo dos debatedores não versar, no fundo, sobre uma questão de fato.

cias locais. O mesmo vale para formas cruéis de punição[18], embora não seja necessário ir tão longe nesse caminho quanto Foucault, que parece tê-las preferido às penas modernas por serem menos insidiosas e, logo, menos eficazes para extinguir os impulsos de rebeldia[19]. Os únicos candidatos plausíveis à categoria de princípios morais universais são abstratos demais para orientar a resolução de qualquer disputa moral concreta. E mais: esses horrores morais que gostamos de denunciar, como o infanticídio e a escravidão, ficam cada vez mais fora de foco quanto mais fixamos neles o olhar. O que *é*, a rigor, o infanticídio? Matar um feto de uma semana de idade? Um feto de oito meses? Deixar morrer um bebê gravemente deformado ou deficiente mental? E o que seria, a rigor, a escravidão? A impossibilidade de mudar de emprego? Nesse caso, será que os jogadores de beisebol eram escravos de seus times antes da abolição da cláusula de reserva?* Os presidiários são escravos? E as crianças em um regime de escolaridade compulsória, os conscritos, os jurados, as pessoas que "trabalham como escravas" em empregos ruins e não conseguem nada melhor? Todas essas perguntas têm respostas, mas nenhuma das respostas depende em absoluto de uma lei moral universal.

O uso constante da retórica da objetividade e do realismo na discussão de questões morais já foi citado como prova do realismo moral[20]. Trata-se de uma confusão entre retórica e realidade.

---

[18] Ver Richard A. Posner, *Economic Analysis of Law*, § 7.2, p. 249 (5. ed., 1998).
[19] Ver Michel Foucault, *Vigiar e punir: o nascimento da prisão* (1977).
* *Reserve clause:* cláusula dos contratos dos esportistas profissionais norte-americanos que reservava ao time o direito exclusivo de recontratação do jogador uma vez expirado o prazo do contrato. (N. do T.)
[20] David O. Brink, *Moral Realism and the Foundations of Ethics*, p. 29 (1989). Veja-se uma crítica da vertente de realismo moral representada por Brink em Michelle M. Moody-Adams, *Fieldwork in Familiar Places: Morality, Culture, and Philosophy*, pp. 137, 164-5 (1997).

É o mesmo que considerar como indício da existência de Deus o fato de os crentes falarem de Deus como se Ele existisse. Vazamos nossas preferências e intuições em uma linguagem universalista a fim de dar ares de objetividade a uma crença ou emoção subjetiva.

Dizer, porém, que um princípio moral só pode ser julgado pelos parâmetros de seu contexto social, ou, de modo ainda mais estreito, segundo as crenças comuns a seus partidários e opositores, não é o mesmo que dizer que ele não pode ser julgado de modo nenhum. Alguns princípios morais persistem em face das mudanças sociais, como se fossem leis não aplicadas e pelos mesmos motivos pelos quais estas também persistem: não têm muitos efeitos práticos, e, por isso, os benefícios da "revogação" são pequenos; precisariam ser modificados pela ação coletiva, de modo que os custos da revogação são grandes. A existência de princípios morais obsoletos ou que de outro modo já não funcionam abre amplos horizontes para a crítica funcional. Um dos motivos pelos quais os extermínios promovidos pelos nazistas e cambojanos foram tão largamente condenados – embora não fossem inerciais, mas "inovadores" – é que, depois do fato acontecido, ficou claro que eles não representavam uma forma de adaptação a nenhuma necessidade ou objetivo plausíveis ou largamente aceitos das sociedades em questão. A política de genocídio que os Estados Unidos moveram contra os índios norte-americanos era uma forma de adaptação e, por esse motivo, é menos criticada, sobretudo porque os beneficiários dessa política são os norte-americanos não índios (ou seja, a imensa maioria dos norte-americanos). As políticas cruéis de Stalin, entre as quais os expurgos, a fome coletiva induzida e a industrialização forçada, foram amplamente defendidas quando se pensava que de certo modo ajudaram a União Soviética a ganhar a guerra contra a Alemanha nazista ou a lançar as bases de uma sociedade utópica; hoje em dia, quando sabemos que elas não serviram para nada disso, nós as ridicularizamos.

Deploramos o sacrifício humano em parte porque temos uma sensibilidade mais delicada que a dos povos pré-modernos (daqui a pouco volto a falar disso); em parte porque instintivamente julgamos as outras culturas pelos nossos padrões; mas em parte, também, porque sabemos que o sacrifício humano não impede a seca, as enchentes, a fome, os terremotos e outros desastres naturais e, portanto, não é um meio eficaz para alcançar os fins da sociedade[21]. Quando as teses morais se fundam em hipóteses verificáveis – quando, em outras palavras, são justificadas por serem funcionais –, abre-se um espaço para a crítica moral baseada na investigação empírica. Podemos então empregar as premissas morais da cultura cuja moral está em jogo e, raciocinando a partir de premissas comuns, chegar a uma conclusão que nosso interlocutor local pode ser obrigado, pela lógica, a aceitar (isso se ele admitir as regras da lógica). Se a única razão para que uma virgem seja atirada a um vulcão é promover o crescimento das plantações, a investigação empírica deve eliminar essa prática. Mas quando os sacrificadores de seres humanos não fazem alegações refutáveis em favor da eficácia de sua prática, de tal modo que a questão deixa de ser a dos meios para alcançar determinado fim (fazer crescer as plantações) e passa a ser uma escolha dos próprios fins, nossa voz crítica silencia. Ou, antes, torna-se uma voz que expressa repugnância – uma reação à diferença – e não críticas razoáveis.

---

[21] Chamo a atenção para esta crítica *instrumental* dos códigos morais, especialmente dos que se referem à moral sexual, em Richard A. Posner, *Sex and Reason*, capítulo 8 (1992). Parece-me ser ela a única crítica aceitável que se pode dirigir contra qualquer código moral, excetuada a identificação de contradições lógicas internas do código.

O sacrifício humano está fora de moda; exemplo contemporâneo de uma prática que escandaliza a maioria dos norte-americanos é a da mutilação genital feminina, comum entre os muçulmanos da África, inclusive no Egito. Os defensores da mutilação afirmam que, nas circunstâncias em que é praticada, é indispensável para manter a unidade da família. A tese tem suas razões[22]. Se estiver correta, o crítico moral perde suas armas, pois não há nada que prove inequivocamente que a liberdade individual e o prazer sexual são superiores aos valores familiares; tem-se, mais uma vez, uma disputa sobre os fins, e não sobre os meios. Pelo mesmo motivo, é inútil reclamar que, em regra, as meninas mutiladas são jovens demais para tomar a decisão responsável (supondo-se que se lhes dê a escolha) de submeter-se ou não à prática. O código moral dessas sociedades não se ergue sobre os princípios da liberdade, da autonomia e da igualdade, e não existe um ponto de vista privilegiado que nos sirva de base para afirmar que deveria erguer-se. Do mesmo modo, não vem ao caso asseverar que certos membros dessas sociedades opõem-se à mutilação genital feminina. Isso é verdade e é um caso particular da verdade maior de que, do ponto de vista moral, nenhuma sociedade é um monolito[23]. Existem sistemas morais concorrentes dentro daquelas sociedades, como existem em nossa sociedade. A esperança dos filósofos que chamam a atenção para a diversidade moral dentro de cada sociedade é que os membros de uma sociedade qualquer estarão todos raciocinando com base nas mesmas premissas morais, de tal modo que, se discordarem sobre alguma questão moral, isso significará necessariamente que um dos lados cometeu um erro lógico ou empírico – caso em que haverá uma resposta de-

---

[22] Ver id., pp. 256-7.
[23] Questão sublinhada por Moody-Adams, nota 20, acima. No que se refere especificamente à mutilação genital feminina, ver op. cit., pp. 207-11.

monstravelmente correta para aquela questão, pelo menos dentro daquela sociedade. Essa esperança é completamente infundada. Aqueles que travam um debate moral, mesmo quando fazem parte da mesma sociedade, em geral não concordam com todas as premissas com as quais desenvolvem seus argumentos. Ou seja, o pluralismo moral não serve de fundamento para nenhuma crítica moral; ao contrário, pode até reforçar os argumentos do relativismo moral.

Dois outros exemplos. O aborto é moral nas culturas que têm uma atitude liberal diante do sexo ou que adotaram uma ideologia feminista, mas é imoral naquelas que querem limitar a liberdade sexual, estimular o crescimento populacional ou promover uma crença religiosa na sacralidade da vida humana. Essas culturas coexistem nos Estados Unidos, e seus respectivos adeptos não partilham um fundo moral comum que lhes permita chegar a um acordo pelo raciocínio. Podem condenar-se reciprocamente e, se quiserem, chamar de imorais os sistemas morais uns dos outros. Mas isso é mera troca de insultos; não é um apelo a um conjunto comum de premissas a partir das quais, por meios lógicos ou empíricos, se pudessem derivar argumentos persuasivos.

A prática do coito com animais ("bestialidade") era um crime punido com a morte na América colonial. A severidade da pena refletia o medo de que esse tipo de relação sexual gerasse monstros perigosos[24]. Hoje se sabe que esse medo não tem fundamento, mas isso não impede que muitos estados continuem impondo penas criminais ao ato, embora não cheguem à pena de morte[25]. As leis contemporâneas baseiam-se na repulsa por atos sexuais

---

[24] John D'Emilio e Estelle B. Freedman, *Intimate Matters: a History of Sexuality in America*, p. 17 (1988).
[25] Ver Richard A. Posner e Katharine B. Silbaugh, *A Guide to America's Sex Laws*, capítulo 14 (1996).

"antinaturais". Essa repulsa desafia qualquer argumento. Dessa forma, o avanço de conhecimento que acabou com o medo da progênie monstruosa não é capaz de eliminar essas leis como eliminou as anteriores, mais severas. Esse exemplo mostra que a investigação factual, ao contrário do raciocínio moral, pode, às vezes, afetar diretamente as questões morais, embora não tenha conseguido reduzir a uma simples questão de fato o problema da punição da bestialidade.

Progresso moral

A relatividade da moral implica que o progresso moral, entendido em um sentido lisonjeiro para com os habitantes dos modernos países ricos, não existe – que não podemos pensar que somos moralmente mais avançados que os encolhedores de cabeças, os canibais e os mutiladores de órgãos genitais femininos. Entretanto, é importante a ressalva que acrescentei acima ("num sentido lisonjeiro"). Se alguém propusesse a reinstituição da escravidão, teríamos todo o direito de considerar retrógrada a proposta. Isso poderia dar a entender que houve um progresso moral de 1860 para cá. Não podemos, porém, dizer que somos moralmente melhores que os norte-americanos de 1860 porque sabemos que a escravidão é coisa má e muitos deles não sabiam, ou porque a instituição não existe mais. Isso porque, dizendo que a escravidão é moralmente retrógrada, nós estamos somente descrevendo nossos sentimentos, e não fazendo apelo a uma ordem moral objetiva que poderia permitir que se fizessem comparações morais entre nós e nossos predecessores.

Aspecto curioso da crença no progresso moral "objetivo" é que tendemos a pensar que o lado "certo" prevalece na maioria das guerras importantes (as Guerras Napoleônicas, por exemplo, a Guerra Civil Norte-Americana, as duas guerras mundiais e, recentemente, a Guerra Fria). Pode ser que o nexo causal tenha sentido inverso: os vencedores impõem sua moral, ou sua vitória demonstra a falsidade das premissas factuais da moral dos perdedores – a crença de Hitler de que os EUA eram fracos por causa da quantidade de negros e judeus que havia no país, por exemplo, ou a crença de Kruschev de que a União Soviética superaria os Estados Unidos em produtividade econômica.

Os cidadãos cultos dos modernos países ricos têm mais conhecimento sobre o mundo material que seus antecessores e alguns de seus contemporâneos; têm também a vantagem da perspectiva histórica. Armados de seus conhecimentos superiores, podem demonstrar que certos códigos morais desaparecidos não eram instrumentos eficazes para a realização dos objetivos sociais (sendo esse, em alguns casos, o motivo do desaparecimento desses códigos) e que talvez alguns códigos contemporâneos, no mesmo sentido, não são perfeitamente adaptados. Se um código moral não ajuda a concretizar os interesses do grupo dominante da sociedade, ou se enfraquece a sociedade a ponto de torná-la vulnerável à dominação estrangeira (mesmo que seja somente por suscitar o medo ou o ódio em um país mais forte), ou se engendra tensões internas insuportáveis, ou o código ou a sociedade se extinguirão. São exemplos o código moral do sul dos Estados Unidos antes da Guerra Civil, o dos nazistas e o da União Soviética. Como seguimos um código moral diferente, pelo qual temos natural preferência (é o nosso, afinal), gostamos de descrever o desaparecimento dos códigos velhos e maus como um sinal de progresso moral[26]. E, assim, chamamos de "imorais" os que os

---

[26] "Qualquer um que esteja convicto de que a escravidão é errada, *e saiba que sua opinião é atualmente partilhada por quase todos*, há de pensar que a sensibilidade moral geral melhorou, pelo menos sob esse aspecto, desde a época em que a escravidão era amplamente praticada e defendida." Dworkin, "Objectivity and Truth: You'd Better Believe It", nota 7, acima, p. 120 (destaque nosso). Repare na confusão

esposavam. Trata-se de mero epíteto. O que deveríamos dizer é que os códigos dessas sociedades não eram bem adaptados às circunstâncias. Se um código moral estrangeiro é bem adaptado, as críticas que a ele dirigimos não se fundam em premissas que seriam aceitas pela sociedade à qual ele pertence; as críticas não passam de uma declaração de nossos valores. Se Hitler ou Stalin tivessem logrado realizar seus projetos e se seus códigos morais tivessem contribuído para esse sucesso (promovendo a disciplina ou a solidariedade, por exemplo), nossas crenças morais provavelmente seriam diferentes. Viveríamos dizendo que "para fazer omelete, é preciso quebrar os ovos", e outras coisas desse tipo. No final, Hitler e Stalin não fracassaram porque seus projetos eram imorais, mas porque esses projetos não eram suficientemente sólidos e porque seu sistema de governo era excessivamente centralizado e, portanto, frágil, apesar da ilusão de força que acompanha a centralização.

O caso de Stalin, e do comunismo em geral, lança dúvidas sobre a tese de que as doutrinas utilitarista e kantiana – ambas, cada uma a seu modo, mais "inclusivistas" que etnocêntricas – tiveram "efeito revolucionário sobre o pensamento moral ocidental, apesar da feroz resistência com que depararam e da violência e brutalidade assombrosas perpetradas por aqueles que tomaram a peito a tarefa de revertê-las"[27]. A frase, em sua completa acepção,

---

(atípica em Dworkin) entre opinião pública e opinião moral. Repare também que esse estilo de argumento poderia ser usado na década de 1950 para demonstrar a seguinte forma de "progresso" moral na esfera da sexualidade: "Qualquer um que esteja convicto de que o homossexualismo é errado, e saiba que sua opinião é atualmente partilhada por quase todos, há de pensar que a sensibilidade moral geral melhorou, pelo menos sob esse aspecto, desde a época em que o homossexualismo era amplamente praticado e defendido [na Grécia antiga, por exemplo]."

[27] Samuel Scheffler, *Human Morality*, p. 10 (1992). Trata-se de exemplo típico das alegações – e de quanto elas são infundadas – que muitos filósofos fazem para tentar demonstrar quanto é ampla a influência da filosofia moral. Compare-se esta

bem como as discussões que a precedem e sucedem, deixam bem claro que o autor considera sinal de progresso moral o "efeito revolucionário" do inclusivismo e da universalidade kantianas e utilitaristas. Não obstante, a violência e a brutalidade assombrosas infligidas em nome do comunismo, desde a época de Lênin e Stalin até a de Mao e Pol Pot, não foi uma tentativa de resistir ao inclusivismo. Muito pelo contrário, o marxismo e o comunismo são ideologias internacionalistas e universalistas, ao contrário do nazismo, por exemplo, que era racista, nacionalista e sexista. A violência e a brutalidade foram infligidas em nome de uma visão universalista (conquanto não kantiana), embora a motivação imediata das matanças talvez tenha mais relação com a personalidade e a situação política dos perpetradores do que com um corpo qualquer de pensamento sistemático. Até os nazistas foram inclusivistas a seu modo, uma vez que foram os primeiros a tomar medidas para proteger espécies animais ameaçadas[28]. O inclusivismo não tem valência moral (se tivesse, onde estaria o movimento pelo direito ao aborto, que pretende excluir o feto da comunidade moral?), de modo que seu crescimento (irregular) nos últimos duzentos anos não pode ser considerado sinal de progresso moral. As pretensões de progresso moral dos filósofos ilustram a falácia da história teleológica.

---

passagem de Schneewind: "Essa forma de vida [a visão ocidental liberal sobre as relações adequadas entre o indivíduo e a sociedade] não poderia ter-se desenvolvido sem o trabalho dos filósofos morais." J. B. Schneewind, *The Invention of Autonomy: A History of Modern Moral Philosophy*, p. 5 (1998). Ele não apresenta prova alguma que substancie essa alegação.

[28] Luc Ferry, *The New Ecological Order*, capítulo 5 (1995). A declaração fundadora do movimento nazista de proteção aos animais foi feita pelo próprio Hitler: "No Reich, a crueldade contra os animais não mais existirá." Id., p. 91. Ferry assinala "a natureza perturbadora dessa aliança entre uma zoofilia plenamente sincera (não se esgotava nas palavras, mas tomou inclusive a forma de leis) e o ódio mais impiedoso contra os seres humanos que a história já conheceu". Id., p. 93.

Surpreendentemente, a realidade do progresso moral é posta em dúvida pela antirrelativista Moody-Adams[29]. Insistindo na tese (para a qual já a apresentei como referência) de que nenhuma sociedade é um monólito do ponto de vista moral, ela afirma que as pessoas sempre souberam que a escravidão é errada, mas que tinham "ignorância culposa" desse fato[30]. Ou seja, por causa de seu interesse próprio, elas se recusaram a reconhecer que a escravidão é imoral. Logo, não há progresso no pensamento moral; sempre soubemos o que é o certo. Implicitamente, Moody-Adams defende a tese da universalidade de certos conceitos morais (como o de que a escravidão é má) muito mais específicos que os princípios rudimentares de cooperação social que podem de fato aspirar à universalidade. Mas seu argumento não convence. Será que, como ela diz, nunca houve quem acreditasse *sinceramente* na escravidão? Como pode ela ter certeza de que Aristóteles estava de má-fé quando defendia a escravidão? Ou Tomás de Aquino? Ou Locke? Não é verdade que pessoas tão inteligentes quanto essas não possam ter acreditado que a escravidão, em determinadas condições, é moralmente correta. Por muito tempo houve diversas razões, de ordem religiosa, prática, biológica e até humanitária (em tempos idos, a escravidão era a única alternativa viável à execução dos prisioneiros de guerra), em favor dessa instituição. Algumas dessas razões eram sólidas, em razão das circunstâncias em que foram formuladas. Outras eram menos sólidas, mas representavam o melhor pensamento da época; muitas crenças biológicas pré-modernas são dessa natureza.

Moody-Adams não examina as razões apresentadas em favor da escravidão no passado nem procura contrapô-las aos argu-

---

[29] Ver, por exemplo, Moody-Adams, nota 20, acima, pp. 98, 103-6.
[30] Id., p. 92. Ver também id., pp. 101-3. A "ignorância culposa" é o que o direito norte-americano chama de "ignorância voluntária" (*wilful ignorance*), o que os leigos chamam de "esconder a cabeça na areia" e o que Sartre chamava de má-fé.

mentos favoráveis de sua proibição. Pressupõe uma implausível plasticidade dos arranjos sociais, como se os gregos realmente tivessem tido a opção de adotar uma política igualitária, ou os europeus medievais efetivamente pudessem dar-se ao luxo de ser vegetarianos ou tolerar os ateus. Afirmando que a história do sofrimento humano não é função das circunstâncias materiais, mas de um empenho insuficiente na investigação moral, ela incorre na falácia de acreditar que, se algo pode ser imaginado, é também viável na prática. As instituições da democracia liberal que tornam impensável a escravidão – como o sufrágio universal e a liberdade de expressão política – dependem de determinadas condições materiais relacionadas à renda, aos modos de trabalho, aos sistemas de comunicação, às tecnologias de reprodução e à disseminação da alfabetização e da cultura, condições essas que não existiam há centenas ou milhares de anos. Mesmo hoje em dia, certas aspirações, como a igualdade de tratamento para homens e mulheres, podem não ser efetivamente viáveis em todos os países. O país que não tem recursos para educar toda a sua população terá de fazer escolhas dolorosas que, em um país rico, seriam consideradas indevidamente discriminatórias. Seria insensatez considerar retrógrado esse país, não só econômica como também moralmente, bem como supor que a simples pregação moral seria suficiente para melhorar sua situação.

De novo o realismo

Implicitamente, Moody-Adams postula a existência de uma realidade moral independente da mente humana, eterna, onipresente e acessível à inteligência do homem. Hoje em dia, a maioria dos moralistas acadêmicos, mesmo quando se consideram realistas morais, não parte do pressuposto de que essa realidade existe; antes, como já assinalei, observa que ela não é indispensável para o raciocínio objetivo. A matemática é uma disciplina rigorosa, mas a ontologia dos números é um mistério profundo. O unicórnio não existe, mas nossas afirmações a respeito dele podem ser verdadeiras ou falsas: a afirmação de que ele tem dois chifres, por exemplo, é falsa. E, no mesmo sentido, Dworkin, que não é adepto do realismo moral metafísico, afirma que "a iniquidade do aborto", se é que é mesmo iníquo (e não é essa a opinião de Dworkin), "não depende do fato de alguém pensar que ele é iníquo"[31]. Mesmo que, como creio, Dworkin esteja errado, e a moral sempre dependa das crenças locais (ou seja, do fato de alguém "pensar que tal coisa é iníqua"), talvez seja possível, em cada local, avaliar o comportamento humano segundo sua conformidade com algum sistema moral, embora devamos suspender o juízo acerca da moralidade do sistema em si. Com efeito, é "flagrantemente contraintuitivo pensar que não há nada de errado no genocídio, na escravidão ou em torturar um bebê só para se divertir"[32] em nossa cultura. É esse o problema. O dicionário moral é sempre local. A teoria dos números é a mesma em todas as línguas. E o unicórnio, suponho, tem um único chifre em qualquer língua. Se, ao revés da etimologia, definíssemos "unicórnio" como um animal que tem de 1 a *n* chifres dependendo do grupo linguístico local, o termo perderia sua universalidade; passaria a ser semelhante a um termo moral.

Nos Estados Unidos de hoje, o problema mais sério da teoria moral não é a ausência de uma realidade moral independente ou universal ou objetiva. Não é nem mesmo o pluralismo moral in-

---

[31] Dworkin, "Objectivity and Truth: You'd Better Believe It", nota 7, acima, p. 99. Ver também id., p. 109. Brian Leiter, "Objectivity, Morality, and Adjudication", em *Objectivity in Law and Morals* (org. Brian Leiter), critica veementemente a teoria dworkiniana da objetividade moral e a teoria geral do realismo moral.

[32] Dworkin, "Objectivity and Truth: You'd Better Believe It", nota 7, acima, p. 118.

ternacional que adquire contornos dramáticos no caso da mutilação genital feminina. É, isso sim, o pluralismo moral *dentro* dos Estados Unidos. O liberal de esquerda laico e humanista de Nova York ou Cambridge não habita o mesmo universo moral de um ancião dos mórmons, de um pregador evangélico, de um negociante de ascendência cubana em Miami, de um judeu ortodoxo, de um comandante da Força Aérea ou de um fazendeiro de Idaho. Esses universos se interseccionam em diversos pontos, mas não naqueles que interessam a muitos moralistas acadêmicos. O pluralismo moral é um problema para a teoria moral porque, na ausência de uma realidade independente da mente humana *ou* de um sistema lógico ou linguístico fechado e bem estruturado, é difícil dizer *de que* depende a iniquidade (ou a admissibilidade) do aborto – já que "a iniquidade do aborto não depende do fato de alguém pensar que ele é iníquo". O humanista laico, o ancião mórmon e os outros concordam em que o genocídio, a escravidão e a tortura de bebês são coisas más. Mas esse acordo é irrelevante, pois não se estende a ponto de abarcar todas as questões morais *controversas*. Para perceber isso, basta perguntar a um sérvio se os sérvios cometeram genocídio na Bósnia ou a uma feminista abortista se o aborto é uma forma de tortura de bebês. A aceitabilidade de um princípio moral é inversamente proporcional à sua capacidade de resolver uma questão concreta. Os fatos têm sua importância: o sérvio pode estar enganado a respeito de certos dados históricos, das intenções dos muçulmanos da Bósnia, das motivações e crenças de seus próprios líderes ou da conduta concreta de outros sérvios, e talvez modificasse sua resposta a determinadas questões morais se viesse a persuadir-se da falsidade de seus pressupostos factuais. Mas a eliminação dos erros factuais não é tarefa da teoria moral, nem é algo que os teóricos morais estejam habilitados ou acostumados a fazer.

O professor de direito Michael Perry, católico e liberal, afirma que é a moral objetiva que dita sua posição católico-liberal sobre o aborto[33]. Joan Williams, professora de direito feminista, demole a posição dele[34]. Então, de modo reconfortante, ela não introduz seu próprio argumento moral, mas admite que sua convicção de que a Constituição garante um direito de aborto muito mais amplo que o defendido por Perry reflete sua "posição social de mulher pertencente a uma classe privilegiada em uma sociedade onde impera o laicismo, onde um dos luxos mais afetos à classe dominante é a satisfação no trabalho, onde a vida profissional é praticamente o único caminho que leva à independência econômica e à influência social e onde, por fim, a atenção caracteristicamente se volta para as realizações sociais, não para as espirituais" (p. 257). Tendo confessado a relatividade de sua crença, ela reconhece corretamente a impossibilidade de chegar a um acordo sobre a questão do aborto com pessoas que não ocupam posição social igual à dela.

O problema da autorreferência

A mais comum objeção filosófica ao relativismo é que ele é autocontraditório. Essa objeção teria força contra minha posição se eu estivesse defendendo um relativismo *epistemológico* ou apresentando um argumento *moral* em favor do relativismo moral. Não estou fazendo nem uma coisa nem outra. Pense na beleza, por exemplo. Pode-se apresentar um argumento poderoso em favor de sua relatividade. A maioria das pessoas acha feio o javali africano. Porém, se o javali africano soubesse falar, ele nos diria que os javalis são belos e os seres humanos são feios, e não há fato

---

[33] Michael J. Perry, *Morality, Politics, and Law: A Bicentennial Essay* (1988).
[34] Joan Williams, "Religion, Morality, and Other Unmentionables: The Revival of Moral Discourse in the Law", em *In Face of the Facts: Moral Inquiry in American Scholarship*, pp. 251, 254-7 (org. Richard Wightman Fox e Robert B. Westbrook, 1998).

algum que nós ou os javalis possamos citar para resolver a discordância. A tese de que os padrões de beleza são relativos nesse sentido pode estar errada, mas não é autocontraditória. Se os javalis falassem, eles talvez concordassem que os padrões de beleza são relativos.

Não consigo escapar completamente ao paradoxo da autorreferência. Se a teoria moral não é persuasiva por não ter a força de convencimento do raciocínio científico, quão persuasivo será este capítulo? Por que, então, eu o escrevi, sobretudo se tenho razão em pensar que os moralistas acadêmicos, contra os quais o redigi, não têm influência nenhuma nem sobre o comportamento privado nem sobre a vida pública? Será que o escrevi por ter medo dessa influência, ou seja, será que esse medo me motivou? Sou freudiano suficiente para não me considerar apto a falar com autoridade sobre minhas próprias motivações, por isso digo apenas que o medo não é a única motivação possível para que um livro desses seja escrito; que as construções teóricas não científicas têm diversos graus de força de convencimento; e que já apresentei uma razão para pensar que este capítulo pode ser mais persuasivo que um simples argumento em prol da mudança das crenças ou do comportamento moral. Mas não se poderá afirmar que este capítulo é ocultamente moralista – que, na verdade, promove uma espécie de moral existencial (a antimoral como moral) em que as pessoas assumem a responsabilidade por seus atos sem o consolo de supor que estão agindo de acordo com normas morais universais? Na mesma linha, poder-se-ia afirmar que quando Nietzsche opõe a saúde à moral está na verdade simplesmente opondo uma teoria moral a outra.

Essas questões não são banais nem fáceis de responder. Ressurgirão no próximo capítulo, onde critico a própria noção de teoria constitucional. Não se poderia pensar que estou apenas apresentando uma teoria minha para substituir as já existentes? Nenhuma dessas perguntas, porém, frustra minha tentativa de demonstrar não que a filosofia moral como um todo, nem muito menos a moral em si, seja uma mistificação, pois não é nisso que creio; mas, sim, que esse segmento da filosofia moral que chamei de moralismo acadêmico é incapaz de dar uma contribuição significativa quer para a resolução de problemas morais ou jurídicos, quer para o aperfeiçoamento da conduta pessoal.

A reconcepção da moral em termos funcionais

Boa parte da conduta humana, moral ou imoral, pode ser explicada sem fazer referência a categorias morais[35]. Isso dá a entender que a teoria moral talvez tenha uma esfera de aplicação bastante restrita, e que o discurso moral pode ser em grande medida uma mistificação que nasce do desejo de nos sentirmos bem – de sentir que somos algo mais que um macaco com o cérebro grande, que somos especiais a ponto de Deus querer ser nosso amigo[36].

Por que, por exemplo, a probabilidade de a vítima ser ajudada é tanto *menor* quanto maior for o número de pessoas presentes no

---

[35] Um economista, por exemplo, explicaria em duas palavras a intuição por trás da solução proposta por Judith Jarvis Thomson ao hipotético "problema do bonde": *ex ante*. Ver "The Trolley Problem" em Thomson, *The Realm of Rights*, p. 176 (1990). Um bonde corre descontrolado pelos trilhos e está a ponto de atropelar cinco pessoas; mas, acionando-se um desvio, pode-se enviá-lo para uma linha onde só vai matar uma pessoa. A hipótese é contrastada com um caso em que se pede a um cirurgião que mate uma pessoa e use os órgãos dela para salvar outras cinco. Está claro que os cidadãos de um país aceitariam de antemão um regime em que o operador de uma máquina perigosa tenta minimizar os danos por ela provocados, mas também está claro que não se sujeitariam a ser obrigadas a doar os órgãos e depois morrer, embora pudessem concordar em ser convocados para o serviço militar, se necessário, para salvar o país de uma derrota desastrosa.

[36] Parece que os primatas, em especial os chimpanzés, que são os que mais se parecem conosco do ponto de vista genético, se comportam de acordo com códigos morais implícitos muito semelhantes aos dos seres humanos. Ver Frans de Waal, *Good Natured: The Origins of Right and Wrong in Humans and Other Animals* (1996).

local de um acidente?[37] Não é por causa de deficiências na formação ou na intuição moral; é porque o benefício que cada pessoa espera obter com o ato de oferecer-se para ajudar – o benefício altruísta de ajudar alguém que sofre, descontado (multiplicado) pela probabilidade de que a vítima não seja ajudada por outra pessoa se você se abstiver – é menor quanto maior o número de circunstantes. Você pensa consigo mesmo que outra pessoa certamente há de se oferecer para ajudar, outra pessoa que entende mais desses assuntos do que você. Para cada circunstante, porém, o custo da intervenção não diminui, de modo que o benefício para cada um tende a ser menor que o custo[38].

Esse exemplo pressupõe que o altruísmo existe; e existe de fato. Mas mesmo quando é dirigido a desconhecidos e não, como é mais comum, aos nossos familiares, o altruísmo não necessariamente tem relação com uma lei moral qualquer ou mesmo com a moral em geral, embora isso dependa, em parte, de como se define "altruísmo". Definido de modo lato, como um comportamento de ajuda ao próximo não motivado pela promessa de recompensa ou pela ameaça de punição, ele pode ser e frequentemente é motivado pelo amor ou por alguma forma diluída desse último, como a simpatia ou a compaixão. Ora, o amor e seus cognatos não são

---

[37] Consulte os dados em Bibb Latané, Steve A. Nida e David W. Wilson, "The Effects of Group Size on Helping Behavior", e *Altruism and Helping Behavior: Social, Personality, and Developmental Perspectives*, p. 287 (org. J. Philippe Rushton e Richard M. Sorrentino, 1981); também em Robert B. Cialdini, *Influence: How and Why People Agree to Things*, pp. 133-6 (1984).

[38] Suponhamos que o benefício do salvamento para aquele que o empreende seja 100 e o custo, 80. Se só houver uma pessoa que possa fazer o salvamento, ela o fará, uma vez que 100 > 80. Mas suponha que haja dez pessoas em condições de fazer o salvamento e que cada uma calcule que há 30% de probabilidade de que, se ela não o fizer, outra o fará. Cada qual calculará em 70 (0,7 × 100) o valor esperado do salvamento. Uma vez que o custo (80) agora excede o benefício (esperado), ela não ajudará a vítima.

sentimentos morais. O mandamento de amar o próximo faz apelo ao dever, não à emoção.

A definição lata de altruísmo não responde à questão de saber se determinado ato altruísta é motivado pelo amor, pela simpatia ou por algum outro sentimento positivo relacionado à pessoa ajudada, se por um sentido de obrigação moral (como os moralistas acadêmicos estão predispostos a crer), se, por fim, pelo desejo essencialmente estético, ou relacionado ao orgulho, de agir de acordo com uma concepção heroica que a pessoa tem de si mesma[39]. Esta última motivação é menos salientada do que deveria ser, embora identifique um objetivo legítimo da filosofia moral: a autodescoberta. Pela leitura dos clássicos da filosofia moral, você talvez descubra que sempre foi aristotélico, estoico, humano, rousseauniano, benthamita, milliano, nietzschiano ou mesmo adepto das ideias de G. E. Moore. O moralista, usando os métodos da razão, não pode persuadi-lo a adotar esta ou aquela moral, mas pode lhe *oferecer* uma moral que você, por sua vez, pode aceitar ou rejeitar por motivo de orgulho, conforto, conveniência ou vantagem, conquanto nunca por ser ela "certa" ou "errada"[40]. Se você a aceitar, poderá então tentar explicitar o que nela está implícito, na esperança de que o número de pessoas que a aceitem seja tão grande que sua demonstração daqueles elementos implícitos pos-

---

[39] Ver Nancy Eisenberg, *Altruistic Emotion, Cognition, and Behavior*, capítulo 3 (1986). Também há outras motivações possíveis: as que têm por base o interesse próprio. Ver Eric A. Posner, "Altruism, Status, and Trust in the Law of Gifts and Gratuitous Promises", 1997 *Wisconsin Law Review*, p. 567. A raridade das doações anônimas prova que um dos motivos do altruísmo é a vontade de ser admirado. Ver id., p. 574, nota 17; Amihai Glazer e Kai A. Konrad, "A Signaling Explanation for Charity", 86 *American Economic Review*, pp. 1019, 1021 (1996); William M. Landes e Richard A. Posner, "Altruism in Law and Economics", 68 *American Economic Review Papers and Proceedings*, p. 417 (maio 1978).

[40] Obra contemporânea que segue essa linha é a de Richard Rorty, *Achieving Our Country: Leftist Thought in Twentieth-Century America* (1998).

sa alterar a opinião dessas pessoas sobre questões específicas[41]. Ou, por outra, poderá receber do moralista um vocabulário com o qual venha a formular claramente e refinar suas opiniões morais preexistentes. Talvez você seja um milliano latente que, até ler sobre os atos autorreferentes em *Sobre a liberdade*, nunca fora capaz de pôr em palavras seu desconforto diante de determinadas formas de intervenção do governo ou censura social.

Porém, o "choque de reconhecimento" que induz a aceitação do sistema de um moralista não necessariamente tem relação com a verdade ou os argumentos lógicos – ou mesmo com o altruísmo. Boa parte do atrativo do *Sermão da Montanha*, como do rigorismo religioso em geral, está exatamente em sua impraticabilidade: ele proporciona uma diretriz de conduta que separa o agente do resto do rebanho; faz apelo a um sentido de orgulho, a um sentimento de ser excepcional.

Assim, não são os poetas e romancistas que seriam filósofos morais frustrados, mas sim estes que são poetas e romancistas frustrados. Não colaboram mais para o nosso desenvolvimento moral que os poetas e romancistas, os quais nos apresentam diferentes visões de mundo, perspectivas ou vocabulários que podemos experimentar para ver se nos servem[42]. Essa atividade tem

---

[41] Assim, no livro *Sex and Reason*, nota 21, acima, procurei explicitar as consequências que a adoção da filosofia política e moral de Mill teria para a regulamentação legal da atividade sexual, mas neguei expressamente a possibilidade de convencer qualquer pessoa a adotar sua filosofia. Ver id., capítulo 8.

[42] Ver Richard A. Posner, *Law and Literature*, pp. 326-32 (ed. revista e aumentada, 1998). Cf. Rorty: "Seria melhor que [os filósofos morais ocidentais] dissessem: 'Eis o que nós, ocidentais, obtivemos quando abolimos a escravidão, começamos a dar instrução às mulheres, separamos a Igreja do Estado e assim por diante. Eis o que aconteceu quando começamos a considerar arbitrárias, e não dotadas de sentido moral, certas distinções entre as pessoas. Se vocês também tentassem encará-las desse modo, talvez gostassem dos resultados.'" Richard Rorty, "Justice as a Larger Loyalty", em *Justice and Democracy: Cross-Cultural Perspectives*, p. 9, 19-20 (org. Ron Bontekoe e Marietta Stepaniants, 1997). Ver também Rorty, "Philosophy as a Kind of

sua importância, mas não é a mesma coisa que mudar as concepções morais do leitor por meio de argumentos lógicos. Durante séculos, os louvores de Platão ao amor homossexual no *Banquete* foram tacitamente ignorados pelos constrangidos admiradores desse filósofo, até que mudanças nos costumes sexuais transformaram esse texto em uma citação prestigiosa em favor do homossexualismo. Até então, o texto não tinha efeito nenhum, pois o número de pessoas simpáticas aos homossexuais não era grande suficiente para que sua mensagem desse frutos. Quando Platão escreveu, a filosofia ainda não era uma atividade acadêmica e a fronteira que a separava da literatura não era rígida. O *Banquete* é uma obra comovente, mas não traz nem argumentos nem dados capazes de perturbar aos que creem que a homossexualidade deve ser desestimulada. Ele nos comove como a literatura nos comove. À semelhança da literatura, a filosofia moral, na melhor das hipóteses, nos enriquece; mas não prova nem edifica.

A crítica literária valorativa está para a literatura como as obras exegéticas da moderna filosofia moral estão para as obras canônicas dessa disciplina. O crítico literário é incapaz de fornecer razões convincentes para que o leitor considere uma obra de literatura melhor do que outra, a menos que o leitor, por mero acaso, concorde com seu critério de qualidade literária. Mas o crítico pode salientar certos traços da obra que o leitor não tinha percebido e que, uma vez compreendidos, podem levar o leitor a entusiasmar-se pelo escrito. A crítica literária valorativa só tem mais poder de persuasão que a teoria moral porque as convicções estéticas das pessoas são, em regra, mais fracas que suas convicções morais.

Writing: An Essay on Derrida", em *Pragmatism: A Reader*, p. 304 (org. Louis Menand, 1997); James M. Jasper, *The Art of Moral Protest: Culture, Biography, and Creativity in Social Movements*, p. 370 (1997) ("como artistas, eles [os organizadores de protestos] nos oferecem visões que podemos 'experimentar' para ver qual delas nos serve").

Não estou negando que os filósofos morais clássicos tivessem boa intuição da personalidade humana, das aspirações humanas e do que é necessário para a cooperação entre os homens. Na medida em que as condições sociais que moldaram suas concepções ainda persistem em nossa sociedade, esses filósofos têm algo a nos dizer – algo mais que a poesia –, embora seja difícil saber por que esse algo deva ser dito na voz original deles e não refundido em uma idiomática moderna que não tenha como uma de suas prioridades a preservação da continuidade com os clássicos. O benthamismo, por exemplo. Seus detalhes são anacrônicos e, às vezes, absurdos até mesmo pelos padrões da época de Bentham; e vimos que o utilitarismo, como filosofia, pode ser reduzido ao absurdo pelo simples ato de levá-lo a suas conclusões lógicas. Porém, nas condições da vida moderna, toda sociedade terá de haver-se com a questão da felicidade da população. Não há nenhuma concepção teórica capaz de refutar o projeto nietzschiano de maximizar o poder de uma elite[43]; mas esse projeto simplesmente não é uma alternativa real em uma época em que o aumento e a difusão da riqueza tornaram confiante e exigente não só o homem excepcional, mas também o homem médio. O utilitarismo encarna essa inevitabilidade e, por isso, não pode ser completamente refutado.

Desviei-me, porém, de meu assunto, que é o altruísmo. A biologia evolutiva formula a hipótese de que o altruísmo deriva do imperativo evolutivo da "aptidão abrangente" – o impulso de cada ser para maximizar o número de cópias de seus genes, maximizando o número de criaturas que os portam na razão direta da proximidade de parentesco delas consigo[44]. A aptidão abrangente

---

[43] Ver Leiter, nota 31, acima, pp. 36-9; Felix E. Oppenheim, "Justification in Ethics: Its Limitations", em *Justification (Nomos XXVIII)*, p. 28 (org. J. Roland Pennock e John W. Chapman, 1986).

[44] Ver, por exemplo, Matt Ridley e Richard Dawkins, "The Natural Selection of Altruism", em *Altruism and Helping Behavior*, nota 38, acima, p. 19; Elliott Sober e

de um animal social, como o homem, é largamente incrementada quando ele tem a tendência de ajudar seus parentes; por isso é plausível que essa tendência tenha evoluído como um mecanismo de adaptação[45]. Na era pré-histórica em que se formaram nossas preferências instintivas, as pessoas provavelmente viviam em tribos pequenas e isoladas, de modo que a maioria daqueles com quem tinham de lidar era gente com quem conviviam *continuamente*. Por isso talvez não fosse essencial fazer discriminação entre os mais íntimos, com os quais se mantinham relações de confiança decorrentes de vínculos sanguíneos ou transações recíprocas, e os outros – chamemo-los "desconhecidos" – com os quais não se mantinham interações pessoais reiteradas[46]. Hoje em dia, a situação é diferente. Interagimos bastante com desconhecidos. Porém, é fácil enganar os genes quando eles enfrentam condições às quais, pelo fato de não terem existido em épocas pré-históricas, o homem ainda não teve a oportunidade de se adaptar biologicamente. É por isso que uma foto pornográfica pode excitar sexualmente uma pessoa ou um filme violento pode meter medo na plateia; é por isso que as pessoas têm mais medo de aranhas que de automóveis e, por fim, é por isso que os homens não fazem campanha

---

David Sloan Wilson, *Unto Others: The Evolution and Psychology of Unselfish Behavior* (1998); Robert Trivers, *Social Evolution*, capítulos 3, 6, 15 (1985). Ou seja: descontados todos os outros fatores, ter três sobrinhos (cada um dos quais é 25% igual a você geneticamente) contribui mais para sua aptidão abrangente que ter um filho (50% igual geneticamente).

[45] Ver, por exemplo, Susan M. Essock-Vitale e Michael T. McGuire, "Predictions Derived from the Theories of Kin Selection and Reciprocation Assessed by Anthropological Data", 1 *Ethology and Sociobiology*, p. 233 (1980).

[46] Paul H. Rubin, "Evolved Ethics and Efficient Ethics", 3 *Journal of Economic Behavior and Organization*, pp. 161, 165-7 (1982); Rubin, "The State of Nature and the Origin of Legal Institutions", pp. 5, 12 (Departamento de Economia da Universidade Emory, trabalho não publicado, 1998); Charles J. Morgan, "Natural Selection for Altruism in Structured Populations", 6 *Ethology and Sociobiology*, p. 211 (1985); Morgan, "Eskimo Hunting Groups, Social Kinship, and the Possibility of Kin Selection in Humans", 1 *Ethology and Sociobiology*, p. 83 (1979).

para poder fazer doações ilimitadas aos bancos de esperma. Os atos de votar, doar dinheiro a instituições de caridade e não jogar o lixo na rua, em circunstâncias em que não há nem recompensa visível para essas condutas cooperativas nem sanção visível contra o comportamento contrário, podem ser exemplos de uma generalização instintiva da cooperação, fruto, por assim dizer, de um engano biológico: generalização que se transfere das interações em grupos pequenos, onde o altruísmo é recompensado (e é, portanto, recíproco) e a não reciprocidade é punida, para as interações em grupos grandes, onde a expectativa de recompensa e punição é tão pequena que a cooperação deixa de ser racional[47]. As instituições de caridade sabem que o meio para levar as pessoas a doar dinheiro para a alimentação de crianças famintas é publicar uma foto de uma criança faminta, buscando despertar, assim, sentimentos de compaixão – e não passar um sermão sobre um dever moral. (Provavelmente, a maioria dos norte-americanos se sentiria ofendida se alguma pessoa, que não seus conselheiros religiosos, lhes dissesse que eles têm o *dever* de ajudar os necessitados.)

Se nós reagimos a esses apelos e aprovamos aqueles que reagem de maneira semelhante, isso não é porque existe uma lei moral, mas porque somos animais sociais. O gato não é um animal social. Se ele vir outro gato (que não seja seu próprio filhote) sofrendo, reage com indiferença. Não faz isso por ser malvado, mas

---

[47] Ver Cristina Bicchieri, "Learning to Cooperate", em *The Dynamics of Norms*, pp. 17, 39 (org. Cristina Bicchieri, Richard Jeffrey e Brian Skyrms, 1997); Oded Stark, *Altruism and Beyond: An Economic Analysis of Transfers and Exchanges within Families and Groups*, p. 132 (1995). A generalização (ou, em uma terminologia menos grandiosa, o reconhecimento de padrões) parece ser uma capacidade inata do animal humano, aliás, uma capacidade utilíssima, mas, é claro, falível. Rubin, "The State of Nature and the Origin of Legal Institutions", nota 46, acima, pp. 11-14, observa que a flexibilidade de definição do "grupo interno" cujos membros são vinculados pelo altruísmo teria sido importante para a sobrevivência até mesmo em uma situação pré-histórica e, por isso, talvez seja um fruto da evolução.

porque, quanto menor o número de gatos, tanto melhor para os gatos restantes – fica mais fácil caçar. Os gatos crescem solitários, ao passo que as crianças crescem em grupos. O código moral se desenvolve nas crianças a partir de suas interações umas com as outras e com os adultos[48].

Algumas feministas admiram os bonobos, uma espécie de primata cujas fêmeas são dominantes. Dá na mesma admirá-los ou admirar os tubarões, os abutres ou as sanguessugas. Cada uma dessas espécies é adaptada a seu ambiente particular, que não é nem o ambiente que nos rodeava quando chegamos, pela evolução, ao nosso estado atual (o "ambiente ancestral", como dizem os biólogos evolucionistas), nem muito menos o nosso ambiente atual[49]. Admirar os bonobos ou deplorar os tubarões é o mesmo que chamar de feio o javali africano. Um tubarão, dotado de léxico moral, declararia a moralidade do ato de comer um nadador humano, assim como um javali africano, dotado de vocabulário estético, torceria o nariz perante a Vênus de Milo.

A biologia evolutiva tem outro ponto de contato com o raciocínio moral: talvez explique por que não temos muita aptidão para esse tipo de raciocínio. Se os seres humanos chegaram ao seu atual estágio biológico enquanto viviam em tribos pequenas e isoladas, eles não precisavam, então, da moral em seu sentido

---

[48] Ver Jean Piaget, *The Moral Judgement of the Child* (1948). Sob o aspecto geral, ver *Psychological Foundations of Moral Education and Character Development* (org. Richard T. Knowles e George F. McLean, 1992).

[49] "A sociedade dos bonobos proporciona às fêmeas uma existência mais tranquila [que a dos chimpanzés]... Evidentemente, é o rico hábitat florestal dos bonobos que permite tal organização. Nossos antepassados tiveram de se adaptar a um ambiente muito mais difícil [a savana]. É duvidoso que um primata como o bonobo conseguisse sobreviver em um hábitat de savana mantendo intacto o seu sistema social." Frans de Waal, *Bonobo: The Forgotten Ape*, p. 135 (1997). Porém, as feministas têm o direito legítimo de citar o bonobo contra qualquer um que afirme que o comportamento dos primatas justifica que os machos humanos sejam intrinsecamente patriarcais.

moderno, ou seja, concebida também como um conjunto de deveres para com desconhecidos. Não temos motivos, pois, para crer que o cérebro humano tenha desenvolvido a capacidade de raciocinar inteligentemente sobre questões morais. É claro que podemos raciocinar sobre muitos assuntos com que nossos ancestrais remotos não se preocupavam; em grande medida, o cérebro é uma máquina raciocinadora de finalidade geral. Não obstante, temos dificuldade para raciocinar sobre questões como: se temos ou não livre-arbítrio; o que havia antes que houvesse o universo (ou antes que houvesse tempo); e como funciona a causalidade (se é que funciona) no nível subatômico – questões que não têm análogos entre aquelas que confrontavam o homem primitivo. Pode ser que a questão sobre quais são nossos deveres para com os desconhecidos nos deixe perplexos porque, do mesmo modo, é muito diferente das questões que preocupavam nossos mais remotos ancestrais.

Os sentimentos morais

O altruísmo, tal como o discuti até agora, encaixa-se confortavelmente na imagem do homem como um "homem econômico", motivado pelo interesse próprio: você ajuda um desconhecido porque "gosta" dele, nem que seja somente por um momento. Porém, nem todos os atos de ajuda são dirigidos a pessoas de quem gostamos ou por quem temos simpatia. Alguns de nós fazemos sacrifícios para ajudar pessoas de quem, na verdade, não gostamos; isso não é incomum nas relações das pessoas com seus pais idosos. Esse tipo de altruísmo, quando não é mero exibicionismo, nasce de um verdadeiro sentimento moral. Podemos chamá-lo de altruísmo por dever ou altruísmo desinteressado. O contrário dele é a indignação dirigida contra pessoas que se comportam mal, mas cuja má conduta não nos impõe custo algum. Essas emoções, e os comportamentos por elas motivados, refletem a influência de regras que são obedecidas (não, porém, por todas as pessoas) mesmo quando não existe sanção jurídica ou de outra natureza contra a desobediência nem recompensa pela obediência. A eficácia dessas normas pode dar a impressão de implicar a existência de uma faculdade moral – faculdade que seria movida pelas teorias morais – paralela à faculdade de cálculo racional das vantagens e desvantagens. Mas tudo o que as emoções morais realmente implicam é que o homem é um animal social com o cérebro grande. A sociabilidade torna desejável, e o cérebro grande possibilita o desenvolvimento e a imposição de normas de cooperação e diferenciação social como alternativa à diferenciação puramente instintiva de papéis sociais que se encontra nas formigas. Na sociedade humana, as mais importantes normas de cooperação estão incorporadas no código moral. Para serem eficazes, as normas devem ser obedecidas. Muitas delas se impõem por mecanismos automáticos: se você não cooperar com os outros, eles não cooperarão com você, e, assim, você perderá os benefícios da cooperação. Algumas normas são impostas por lei. Outras são interiorizadas sob a forma de deveres cuja violação gera o sentimento desagradável que chamamos de culpa. Quando não existe sanção alguma, nem mesmo a culpa (e nem todas as pessoas sentem culpa quando transgridem determinada disposição do código moral de sua sociedade), é difícil compreender por que a pessoa obedeceria a tal norma, a menos que o móvel fosse o interesse próprio; em outras palavras, é obscuro o efeito *motivacional* de uma norma que não é imposta[50]. Depois voltarei a esse ponto; por enquanto, limito-me a observar que a capacidade de sentir culpa,

---

[50] Ver John Deigh, *The Sources of Moral Agency: Essays in Moral Psychology and Freudian Theory* (1996), especialmente o capítulo 7.

e as emoções morais, de modo mais geral, não implicam a existência de uma faculdade moral independente, mas sim, tão somente, a de normas de conduta interiorizadas. Muitas vezes, essas normas são moralmente indiferentes. Sentimo-nos culpados quando nos esquecemos de escovar os dentes. Lady Macbeth sentiu-se culpada por não ser capaz de apunhalar Duncan enquanto ele dormia. Ela é uma "pessoa" incomum; como outros vilões de Shakespeare (Iago é o exemplo mais claro), parece particularmente maligna porque sua malignidade não é suficientemente motivada: é gratuita. Porém, o sentimento de culpa quando se "cede" ao sentimento de piedade não é incomum e nem sempre é deslocado.

Outras reações moralísticas, como a indignação, tampouco têm relação estável com a moral. Ficamos mais indignados com o motorista que, por descuido, atropela uma criança; que com outro motorista, muito mais imprudente, que, por mera sorte, escapa de atropelá-la[51]. É difícil atribuir à moral a diferença entre as duas reações; é mais fácil relacioná-la com o altruísmo, que só entra em jogo no primeiro incidente. A perda da criança nos magoa, embora não se trate de um filho nosso. O altruísmo – como o amor – é caracteristicamente amoral, de modo que o exemplo nos mostra que as emoções morais são independentes da moral, ou, pelo menos, de um *corpus* estável de normas morais.

---

[51] Ver Bernard Williams, "Moral Luck", em seu livro *Moral Luck: Philosophical Papers 1973-1980*, p. 20 (1981); ver também William, "Moral Luck: A Postscript", em seu livro *Making Sense of Humanity, and Other Philosophical Papers 1982-1993*, p. 241 (1995). Essa questão não é tratada na discussão de James Griffin sobre o dilema moral do "turista gordo". Ver Griffin, *Value Judgement: Improving Our Ethical Beliefs*, pp. 102-3, 110 (1996). O turista gordo está bloqueando, inocentemente, o caminho que um grupo de turistas magros precisa percorrer para escapar de um perigo; na opinião de Griffin, matá-lo para liberar o caminho não é maldade tão atroz quanto matar um inocente que não tem nenhuma relação causal com o perigo que outros sofrem para salvar esses outros. Por que a mera causalidade, despojada de qualquer possível efeito desencadeador que tenha sobre o altruísmo, afeta nossos sentimentos morais? Trata-se de um grande enigma para os moralistas.

Os membros de uma quadrilha de criminosos sentem indignação contra os "alcaguetas"; a *qualidade* da emoção deles é idêntica à do bom cidadão que se sente indignado contra os traidores; a única diferença é quem está incluído no círculo primário de sentimento altruísta.

Talvez o membro de quadrilha de criminosos tenha, em média, *mais* sentimento moral que o cidadão cumpridor da lei. A lei, que substitui o sentimento moral, não existe para os quadrilheiros. Eles são obrigados a adotar de novo o mais antigo sistema que garante a cooperação humana. Antes mesmo de haver um Estado com poder coercitivo, é certo que havia normas de conduta, explícitas ou implícitas, mas impostas de um modo ou de outro; a sociedade humana não sobreviveria sem tais normas. Decerto, a obtenção da anuência com elas dependia não só de crenças sobrenaturais, do uso e da ameaça de uso da força, do amor e do altruísmo recíproco, mas também das emoções morais. A universalidade dessas emoções, o fato de ser difícil verbalizá-las, o fato de surgirem já na infância[52], o valor delas para a sobrevivência nas condições em que vivia o homem primitivo e a existência de emoções análogas entre os animais – tudo isso indica que elas são instintivas[53], como é também o altruísmo. Por serem instintivas, continuam sendo um elemento importante da psicologia humana e são indício de que essa psicologia é, na verdade, mais complexa do que supõem os mais simples modelos econômicos do comportamento motivado pelo interesse próprio[54]. Originalmente,

---

[52] Ver, de modo geral, *The Emergence of Morality in Young Children* (org. Jerome Kagan e Sharon Lamb, 1987).

[53] Ver Robert L. Trivers, "The Evolution of Reciprocal Altruism", 46 *Quarterly Review of Biology*, pp. 35, 49 (1971); J. Hirshleifer, "Natural Economy *versus* Political Economy", 1 *Journal of Social and Biological Structures*, pp. 319, 332, 334 (1978).

[54] Veja-se uma discussão ampla em Matthew Rabin, "Psychology and Economics", 36 *Journal of Economic Literature*, p. 11 (1998).

as emoções morais teriam ocorrido, sobretudo, dentro da família. Mas pelo motivo já discutido, seu âmbito potencial era mais amplo.

As emoções têm um elemento cognitivo, não só porque frequentemente são desencadeadas pela recepção de informações, mas também no sentido de que expressam uma avaliação[55]. Ficar indignado contra um ato de que se ouviu falar é desaprová-lo. Porém, como sugere o exemplo da quadrilha de criminosos, as emoções moralísticas não têm objeto fixo. São moralmente neutras, do mesmo modo que uma tabela de penas criminais (um ano em liberdade condicional, seis meses de detenção, dez anos de reclusão, multa de 5 mil dólares) é neutra em relação ao conteúdo substantivo do direito penal; as diversas sociedades cominam a mesma pena para diferentes condutas. Assim como a universalidade das penas criminais não prova a existência de um direito penal universal, a universalidade das emoções morais não prova a existência de uma lei moral universal. As emoções morais servem para impor normas, geralmente normas que são importantes para a cooperação. Porém, o conteúdo dessas normas depende das necessidades, das circunstâncias e da história de culturas particulares. É possível uma cultura que tenha uma norma de genocídio, caso em que o foco de indignação seria a resistência das vítimas.

Assim, é enganador apresentar a indignação como exemplo de uma emoção que "pressupõe crenças morais" e, portanto, ao lado de outras emoções de mesma espécie, demonstra "a ramificação das preocupações morais em toda a nossa vida mental e social"[56]. Mesmo quando a indignação é desinteressada, no sentido

---

[55] Ver, por exemplo, Robert C. Solomon, *The Passions* (1976); Ronald de Souza, *The Rationality of Emotion* (1987); Martha C. Nussbaum, *Upheavals of Thought: A Theory of the Emotions* (Faculdade de Direito da Universidade de Chicago, 1997, não publicado).

[56] Scheffler, nota 27, acima, p. 68.

de não ser desencadeada por uma violação dos direitos ou interesses da pessoa indignada, tudo o que ela demonstra é que os grupos têm normas cuja violação pode desencadear reações emocionais. As normas em si podem ser tão horríveis quanto se queira.

O MORALISTA ACADÊMICO E O EMPREENDEDOR MORAL

O problema da motivação

O moralista acadêmico tem a ambição de mudar as crenças morais das pessoas a fim de modificar-lhes o comportamento (não fosse por isso, por que tentar mudar-lhes as crenças?). Essa ambição não é realista. Não está claro nem mesmo por que se deve postular que uma mudança das crenças morais necessariamente produzirá uma mudança de comportamento. Os moralistas acadêmicos creem que, se uma pessoa for persuadida de que deve praticar determinado ato porque é isso o que manda a moral, esse reconhecimento, essa aceitação, fornecerá um motivo para que o ato seja praticado; os kantianos acreditam que qualquer outro curso de ação seria irracional[57]. No entanto, não há nenhuma contradição lógica em dizer: "Sei que devia doar um rim ao meu irmão doente, mas não vou fazer isso"; mais ainda, não há nenhuma relação causal direta entre a percepção, moral ou de outra ordem, e a ação. O mero ato de *ver* um trem avançando em sua direção não faz com que você queira sair do caminho dele, embora nosso jeito de falar pressuponha tal ideia. A percepção não contém o desejo de evitar a dor e a morte. Se você é do tipo de pessoa que obtém satisfação em fazer o que lhe parece correto, a convicção de que determinado curso de ação é moralmente er-

---

[57] Ver, por exemplo, Christine M. Korsgaard, "Kant's Formula of Universal Law", 66 *Pacific Philosophical Quarterly*, p. 24 (1985).

rado pode fazê-lo mudar de conduta; porém, a satisfação não vem do código moral em si, mas de outra coisa. É preciso que você *queira* obedecer ao código. Se deixarmos de lado por hora a lealdade "exagerada" ao grupo, os criminosos têm as mesmas crenças morais que os cumpridores da lei[58]. Simplesmente não querem agir de acordo com essas crenças.

O problema da motivação pode parecer tão grave na ciência quanto é na moral, mas isso não é verdade. Por que o cientista deve buscar a verdade em vez da felicidade quando as duas conflitam[59]? Porque as instituições da ciência foram feitas para recompensar os cientistas por suas descobertas verdadeiras e puni-los pelas falsas. Os códigos morais também têm um sistema que visa a aproximar o interesse próprio individual do interesse social incorporado no código. Aquela parte do código moral que coincide com o direito é imposta por sanções legais. As outras partes se impõem por si mesmas, ou seja, se impõem pela ameaça de retaliação ou de negação de cooperação por parte dos outros partícipes do sistema. Porém, a maioria dos moralistas acadêmicos – não, decerto, aqueles que gostariam de atrair a atenção dos juízes e legisladores – crê que a imposição não tem nada a ver com o assunto; que tudo o que o moralista tem de fazer é convencer o público daquilo que é correto, e a obediência seguir-se-á automaticamente.

---

[58] Wilson, nota 13, acima, p. 11. A maioria das pessoas não é criminosa, mas não conheço nenhum dado empírico que me permita estimar quantos entre os cumpridores da lei evitam o crime por motivos morais, sem levar em conta o medo do castigo, a falta de motivação, o altruísmo (natural, não altruísmo por dever) ou outras considerações ligadas ao interesse próprio, definido este de modo estreito ou amplo.

[59] Cf. David Bloor, *Knowledge and Social Imagery*, pp. 10-1 (2. ed., 1991); Brian Z. Tamanaha, *Realistic Socio-Legal Theory: Pragmatism and a Social Theory of Law*, pp. 163-7 (1997); Dick Pels, "Karl Mannheim and the Sociology of Scientific Knowledge: Toward a New Agenda", 14 *Sociological Theory*, p. 30 (1996).

Às vezes isso acontece. Certas pessoas se orgulham de ser "boas", ou seja, melhores que a maioria das outras. Mas isso é orgulho, não moralidade. Tem relação com o esforço para obter *status*, esforço esse que não supõe nem a publicidade nem a perspectiva de ganho material[60]. A pessoa pode ter satisfação em saber que está mais bem vestida que todos à sua volta, embora só ela tenha ciência disso; e, do mesmo modo, pode ter satisfação em saber que, ao contrário da maioria de seus pares, não cede à tentação das pequenas trapaças ou de outros vícios menores.

O orgulho moral, porém, nem sempre se sustenta como incentivo ao comportamento conforme a moral. É neutro em relação a seus objetos e, portanto, é compatível com o banditismo romântico e outras formas perigosas de egoísmo. Uma pessoa diferente daquela a quem se dirigem os moralistas acadêmicos – um prometeano ou um nietzschiano, não um socialista sueco ou um cristão escrupuloso e observante – pode se orgulhar de transgredir as normas daqueles que, segundo a expressão de Nietzsche, só são mansos porque não têm garras. Uma pessoa desse tipo pode concordar com Nietzsche quando este diz que a vaidade moral é uma forma de autoengrandecimento que, do ponto de vista psicológico, não difere em nada das formas antissociais[61]. Pode ser que essa pessoa tome a natureza como norma e, nesse sentido, se

---

[60] Ver Robert H. Frank, *Choosing the Right Pond: Human Behavior and the Quest for Status*, pp. 23-38 (1985); Elias L. Khalil, "Symbolic Products: Prestige, Pride and Identity Goods" (Universidade do Estado de Ohio-Mansfield, Departamento de Economia, 1997, trabalho não publicado).

[61] O egocentrismo do altruísmo é exemplificado pela frase com que se inicia a autobiografia de Bertrand Russell: "Três paixões, simples, mas soberanamente fortes, governaram toda a minha vida: o desejo de amor, a busca de conhecimento e *uma compaixão insuportável pelo sofrimento da humanidade.*" *The Autobiography of Bertrand Russell, 1872-1914*, p. 3 (1951) (grifo meu). Confiram-se algumas palavras ásperas sobre a personalidade altruísta em James Fitzjames Stephen, "Philanthropy", em Stephen, *Liberty, Equality, Fraternity – and Three Brief Essays*, p. 292 (1990 [ensaio publicado pela primeira vez em 1859]).

revolte contra a tentativa de tornar as pessoas mais sociáveis do que eram antes do surgimento da sociedade organizada.

É concebível que uma pessoa queira adotar as condutas convencionalmente corretas porque é boa de nascença (nesse caso, Agostinho estava errado), ou talvez porque, nascida sem nenhuma tendência de bondade ou maldade, tenha sido tornada boa pela educação. Seria arriscado atribuir demasiada importância a qualquer uma das duas possibilidades. Assim, os moralistas acadêmicos que querem alterar o comportamento das pessoas – e é isso que precisam querer fazer para se sentirem bem na sua profissão, a menos que sejam diletantes ou carreiristas – deveriam dedicar muita atenção ao problema de como motivá-las a fazer aquilo que, segundo procuram persuadi-las, é a coisa "correta" a fazer; do mesmo modo, os juristas acadêmicos deveriam dedicar atenção ao problema de como motivar os juízes federais, de cargo vitalício, a se comportarem de acordo com a melhor concepção da função judicial[62].

O problema da motivação não vicia completamente o projeto dos moralistas acadêmicos. Como eu já disse, existe um sistema de imposição do código moral. Se o moralista acadêmico for capaz de persuadir um número suficiente de pessoas a mudar de opinião, o código moral mudará, o sistema de imposição passará a funcionar e muitas pessoas passarão a obedecer às novas normas, especialmente se estas forem incorporadas ao direito, como acontece com muitos preceitos morais. O primeiro "se", porém, é um grande obstáculo. Lembre-se de que a moral é a esfera do dever. As pessoas resistem a que se lhes imponham novos deveres. Mesmo que os seres humanos sejam bons de nascença, ou sejam

---

[62] Sobre o problema da motivação judicial, ver Richard A. Posner, *Overcoming Law*, capítulo 3 (1995).

tornados bons pela educação, ou tenham orgulho de ser bons, a imensa maioria deles – de nós – não está disposta a pagar um preço alto, renunciando a alegrias e confortos egoístas, só para ser bom. Na verdade, nós relutamos em pagar *qualquer* preço para sermos bons. Para não ter de pagar e, mesmo assim, não sofrer as dores da consciência, negamos que a moral exija de nós uma conduta diferente da que já adotamos.

Os moralistas acadêmicos lutam para impedir essa negação, mas não dispõem das ferramentas adequadas para isso. Têm de superar muito mais obstáculos do que, por exemplo, os críticos literários: é por isso que precisam de argumentos *convincentes*, e não meramente plausíveis. Além disso, ao contrário dos críticos literários, eles precisam convencer um grande número de pessoas a mudar de vida para que sua atividade tenha algum efeito. Se isso não acontecer, as pessoas que se recusam a mudar não sofrerão nenhuma sanção social por sua recusa; continuarão sendo a maioria moral.

O código moral de determinada pessoa não é um balão de borracha que vai estourar ao toque do alfinete do filósofo; é um pneu hermeticamente fechado pelo próprio ar que contém. Para cada argumento em um dos lados de uma questão moral, há um argumento igualmente bom do outro lado. Mesmo que não seja igualmente bom "na realidade" (ou seja, mesmo que admitamos como correta uma versão qualquer de realismo moral que não seja banal), a falta de um método aceito de "ponderação" dos argumentos morais faz com que quaisquer argumentos opostos sejam iguais suficiente para criar um impasse. É irônico que tantos moralistas acadêmicos ataquem a "mercantilização" (ou seja, a comercialização) de coisas que consideram incomensuráveis – o dinheiro e a saúde, por exemplo –, quando, na verdade, o debate moral oferece muitos exemplos melhores de incomensurabilidade, da falta de uma medida comum que permita a comparação entre duas coisas. Dois incomensuráveis podem, sim, ser comparados; nós os comparamos sempre que escolhemos entre um e outro; e isso é coisa que fazemos com frequência. Podem até ser comparados racionalmente, na medida em que se podem apresentar argumentos racionais em prol dos dois lados de um impasse entre incomensuráveis[63]. Porém, o jogo de pingue-pongue entre esses dois argumentos racionais não resulta na vitória de um dos lados; é muito fácil (ou muito difícil – não faz diferença) devolver a bola. Em um debate entre um jusnaturalista católico conservador e uma feminista radical, por exemplo, as premissas de que partem cada um dos debatedores são tão diferentes que os argumentos dos dois lados não podem ser postos na mesma balança e ponderados entre si. Vimos que isso ocorreu até mesmo no debate entre um jusnaturalista católico *liberal* (Michael Perry) e uma feminista *liberal*, não radical (Joan Williams).

Ou o debate será interminável ou será resolvido por outros meios: por uma mudança nas condições sociais, pela força (a política em suas diversas formas) ou, às vezes, por um inovador moral carismático. Pense: qual foi a última vez em que um código moral foi modificado pela persuasão racional, recapitulando ou refinando os argumentos de Aristóteles, Tomás de Aquino, Kant, Hegel ou Mill? O mais comum é que o debate moral *consolide* os desacordos morais, obrigando os debatedores a tomar partido, a reconhecer suas diferenças, a comprometer-se com uma posição[64].

---

[63] Sobre esta questão em geral, ver *Incommensurability, Incomparability, and Practical Reason* (org. Ruth Chang, 1997).

[64] Depois de assumir uma posição, a pessoa tende a interpretar todos os dados obtidos posteriormente como confirmação do que já havia concluído ("tendência à confirmação"); por isso os argumentos, reunindo dados que corroboram os dois lados de uma controvérsia, podem ter um efeito polarizador. Rabin, nota 54, acima, pp. 26-8.

Pense em como nós adquirimos nossos pontos de vista morais. Isso ocorre, sobretudo, na infância, quando a instrução moral baseada em uma teoria tem papel muito menor que o exemplo dos pais, a pressão dos colegas, a religião e outras experiências[65]. Uma vez entranhada em nós, a moral é difícil de mudar. Às vezes ela muda, mas por causa de circunstâncias materiais (ou informações factuais) ou graças à atividade de um tipo de paladino moral muito diferente do moralista acadêmico: o "empreendedor moral".

O típico empreendedor moral procura alterar os limites do altruísmo, seja ampliando-os, como nos casos de Jesus Cristo e Jeremy Bentham, seja estreitando-os, como no caso de Hitler (deixando de lado sua "zoofilia"). E não o fazem por meio de argumentos, pelo menos de bons argumentos. Antes, mesclam apelos ao interesse próprio com apelos emocionais que passam ao largo de nossa faculdade de estimativa racional e despertam inexprimíveis sentimentos de comunhão – ou de distanciamento – em relação ao povo (ou à terra, ou aos animais) que deve constituir a comunidade que o empreendedor moral está tentando criar – ou da qual deve ser expulso. Eles nos ensinam a amar ou odiar a quem eles amam ou odeiam. As técnicas de persuasão não racional que os empreendedores morais empregam e que incluem, em primeiro lugar, o exemplo de seu próprio modo de vida, não fazem parte dos meios de ação habituais dos acadêmicos[66].

---

[65] Ver Robert Coles, *The Moral Intelligence of Children* (1997), esp. pp. 179-82.

[66] Martha Nussbaum reconhece a tensão que existe entre os filósofos morais e os empreendedores morais (que ela chama de "profetas"). Nussbaum, "Rage and Reason", *New Republic*, 11 e 18 ago. 1997, p. 36. Ela observa que "*A sujeição das mulheres*, de Mill, com seus argumentos calmos e racionais, não teve muita influência". Id., p. 37. Mill, contudo, não era professor, era menos acadêmico que os filósofos modernos. E é digno de nota que Bentham, empreendedor moral extremamente influente, publicou somente uma pequena parte de seus escritos, dedicando muito mais tempo a formular e tentar "vender" esquemas práticos (que iam do sufrágio universal ao presídio Panopticon) que incorporassem suas ideias filosóficas do que

Para ser mais preciso, essas técnicas não são usadas pela grande maioria dos acadêmicos; existem exemplos de empreendedorismo moral na moderna academia[67], até mesmo nas modernas faculdades de direito, sendo o exemplo mais notável o de Catharine MacKinnon. Sua influente versão do feminismo radical não vem desacompanhada de argumentos que a corroborem. A influência, porém, não se deve à qualidade desses argumentos. Deve-se à habilidade polêmica de MacKinnon, à sua obstinação, à sua paixão e àquilo que, na academia de hoje, é equivalente ao martírio: o fato de, por muito tempo, inclusive muito tempo depois de ter-se tornado uma das principais pensadoras dos Estados Unidos no campo do direito, não ter conseguido ser nomeada para uma cátedra universitária vitalícia, por ter desafiado as normas convencionais do direito acadêmico. Exemplo de empreendedorismo moral fracassado na academia jurídica é o de Duncan Kennedy, que, em termos acadêmicos, é mais hábil que MacKinnon, mas que tem personalidade menos chamativa e ficou prejudicado nos páreos de empreendedorismo moral por ter sido nomeado muito cedo para uma cátedra na Faculdade de Direito de Har-

---

à redação de textos em estilo acadêmico. O movimento abolicionista foi muito mais impulsionado pelo entusiasmo religioso que pela racionalidade iluminista, a qual diluía seus princípios morais universalistas em um racismo "científico". Ver David Brion Davis, *Slavery and Human Progress*, parte 2 (1984), esp. pp. 108, 131-5.

[67] O caso mais claro na filosofia é o de Peter Singer, cujo livro *Animal Liberation*, lançado em 1975 (uma edição revisada foi publicada em 1990), desempenhou papel de destaque no crescimento do movimento pelos direitos dos animais. Ver, por exemplo, Gary L. Francione, *Rain without Thunder: The Ideology of the Animal Rights Movement*, pp. 51-3 (1996). O livro de Singer foi escrito para o público geral. Não insiste em aspectos técnicos da filosofia, não faz muito esforço para responder a críticas filosóficas, e sua eficácia baseia-se essencialmente em descrições vívidas (inclusive fotos) do sofrimento dos animais. Jasper, nota 42 acima, p. 167, diz que o livro de Singer é "uma mina de ouro de fotos escabrosas", mas assinala que a ideia dos *direitos* dos animais, que tem tido muitíssima influência (lembre-se do nome do movimento), não deve nada ao livro de Singer (um utilitarista) e é dúbia do ponto de vista filosófico. Id., pp. 167-8.

vard. Isso lhe deu uma respeitabilidade que dá à sua pose rebelde um ar levemente ridículo. Aliás, ele personifica o paradoxo do "catedrático radical".

As religiões sabem que, para motivar as pessoas a agir contra ou fora de sua concepção normal de interesse próprio, são necessários incentivos e ameaças, rituais que formem uma noção de comunidade, a força do hábito e, por fim, cerimônias pomposas ou uma simplicidade aparatosa. Os militares sabem, como sabiam os primeiros cristãos, que, para motivar as pessoas a sacrificar ou arriscar a vida, é preciso uma psicologia que constitua vínculos de lealdade entre os membros do grupo e, muitas vezes, ofereça a promessa de uma recompensa póstuma, seja ela a salvação ou a glória[68]. Você não irá longe tentando persuadir as pessoas de que a reflexão mostra que sua causa, moralmente, é a melhor.

Os mártires cristãos e os pilotos japoneses das unidades *Shimpu* (camicases) são exemplos marcantes da capacidade de transcender o estado cotidiano de absorção no interesse próprio, o tipo de capacidade que os filósofos morais gostariam de criar em nós, pelo menos em uma forma diluída[69]. Nem em um caso nem no outro a motivação tinha seu fundamento em uma teoria moral; e é possível encarar os mártires como tolos e os camicases como assassinos. Isso indica que nem mesmo temos certeza de

---

[68] Ver, por exemplo, Rodney Stark, *The Rise of Christianity: A Sociologist Reconsiders History*, pp. 179-94 (1996).

[69] Durante a Segunda Guerra Mundial e por vários anos depois dela, a maioria dos norte-americanos achava que os camicases voavam embriagados, eram acorrentados às cabines dos aviões ou eram, de algum outro modo, coagidos ou enganados para fazer seus ataques suicidas. Agora sabemos que os pilotos eram voluntários e que a maioria deles era motivada pelo altruísmo, pela honra, pelo dever e pelo patriotismo. Ver, por exemplo, Edwin P. Hoyt, *The Kamikazes* (1983); Rikihei Inoguchi e Tadashi Nakajima, *The Divine Wind: Japan's Kamikaze Force in World War II*, capítulo 21 (1958); Bernard Millot, *Divine Thunder: The Life and Death of the Kamikazes* (1971); Richard O'Neill, *Suicide Squads: Axis and Allied Special Attack Weapons of World War II: Their Development and Their Missions*, capítulos 1, 4, 5 (1981).

que o que queremos é que as pessoas sejam *realmente* "boas". Isso poderia torná-las perigosamente dóceis – lembremo-nos de que Churchill, na Segunda Guerra Mundial, descreveu os soldados alemães como "ovelhas mortíferas". Talvez o melhor seja uma sociedade que tenha um grande número de pessoas meio egoístas, meio superficiais, até meio covardes – mas isso pode depender do objetivo da sociedade, se a glória ou a felicidade. O filósofo moral não pode determinar qual deve ser o objetivo, embora o especialista em ciências militares possa determinar se o objetivo da glória, definido em termos de sucesso militar, é ou não é realizável em uma dada sociedade; e o psicólogo ou o sociólogo possam determinar se o objetivo da felicidade é ou não é realizável em outra sociedade.

A existência do empreendedorismo moral pode parecer incompatível com uma teoria adaptacionista da moral. Se a moral reflete as necessidades materiais de uma sociedade, como pode mudar se essas necessidades não mudarem? A resposta está em um fato já assinalado: como as normas morais geralmente são criadas por um processo descentralizado e não impostas por um poder legislativo ou um supremo tribunal, ocorre de hábito certo hiato entre uma mudança nas condições materiais e a adaptação do código moral às novas condições. A escravidão dos negros nos Estados Unidos tornou-se anacrônica no século XVIII ou no começo do século XIX, e suas sucessoras, as leis discriminatórias contra os negros, durante a Segunda Guerra Mundial. O caráter anacrônico desses sistemas morais gerou um solo fértil para os empreendedores morais, como Lincoln no primeiro período e Martin Luther King no segundo. Os empreendedores morais bem--sucedidos são como aqueles que compram barato e vendem caro no mercado de ações. (Os malsucedidos tendem a ser considerados meros charlatães.) Eles percebem a discrepância entre o código existente e o ambiente em processo de mutação e persuadem a sociedade a adotar um código novo e mais bem adaptado. É por isso que encontramos muitos exemplos bem-sucedidos de empreendedorismo moral em períodos ou locais de crise, fluxo ou transição.

A moral na academia

Análise moral versus análise funcional

Os cientistas sociais podem criticar os códigos morais demonstrando que lhes falta funcionalidade, eficiência instrumental ou racionalidade. Podem assinalar que as normas que proíbem a poligamia e a homossexualidade são funcionais em sociedades que atribuem alto valor (por motivos práticos, diga-se de passagem) ao casamento igualitário, mas são anacrônicas quando a importância social do casamento diminui a ponto de as pessoas que permanecem solteiras por opção deixarem de ser anômalas (o que talvez esteja acontecendo nos países ricos hoje em dia). (Mencionarei esse assunto no capítulo seguinte, quando discutirei o testemunho de Martha Nussbaum no caso *Romer*.) Podem, ainda, observar que, embora o código de "honra" que promove a vingança e que vigorava na sociedade homérica e outras sociedades primitivas, bem como no sul e no oeste norte-americanos no século XIX, seja funcional quando o Estado é muito fraco, sua permanência em certas regiões do sul dos Estados Unidos nos dias atuais é antifuncional, e ele mais causa do que impede a violência[70].

Benjamin Franklin disse que a honestidade é a melhor política; uma das interpretações desse preceito é que, para as pessoas que

---

[70] Ver Richard E. Nisbett e Dov Cohen, *Culture of Honor: The Psychology of Violence in the South* (1996), esp. pp. 88-91; David Hackett Fischer, *Albion's Seed: Four British Folkways in America*, p. 892 (1989).

têm condições de não pertencer à classe dos criminosos, a política da honestidade é uma fórmula mais confiável para maximizar o interesse próprio do que a tática aparentemente mais inteligente de escolher entre a honestidade e a desonestidade em cada caso. Como eu já disse, até mesmo os criminosos, quando trabalham em quadrilhas, podem se dar melhor comportando-se honestamente para com seus colegas. Uma vez que as necessidades de sobrevivência nas condições em que a humanidade evoluiu nos tornaram naturalmente capazes de "ler" os sinais de sinceridade e insinceridade nas pessoas, a melhor maneira de parecer confiável é ser confiável de fato, e não empregar a confiabilidade como um expediente ocasional – uma máscara que pode cair na hora errada. Quando pais altruístas instilam em seus filhos uma norma que se impõe pela vergonha ou pela culpa, fazem-no em vista do próprio progresso dos filhos e não porque os filósofos morais os persuadiram de que a honestidade é boa para todos. Ela é boa para eles e para seus filhos, mas por razões instrumentais. Os benefícios da obediência habitual – logo, sincera e não estratégica – à norma podem exceder os custos representados pela ocasional renúncia a uma vantagem desonesta. E, se a norma for bem implantada, e implantada em profundidade, a pessoa jamais incorrerá no custo da culpa, pois a norma jamais será violada.

Pode-se objetar que a funcionalidade ou a sobrevivência são outras tantas normais morais, de modo que, apresentando-as como diretrizes para o estudo da moral, estamos fazendo o que os moralistas acadêmicos fazem: defendendo um ponto de vista moral controverso. Essa objeção, porém, confunde o raciocínio instrumental com o raciocínio acerca dos fins, e a elucidação de valores com um argumento baseado nos valores. Dar conselhos a uma pessoa – ou, o que dá no mesmo, a uma sociedade inteira – sobre as consequências dos diferentes caminhos que conduzem à meta que aquela pessoa ou sociedade escolheu não é o mesmo que comprometer-se com um ponto de vista moral. Se a pessoa não quer viver, mas sim morrer, o especialista pode dar-lhe conselhos sobre os diferentes métodos que causam a morte – sobre seu custo, sua legalidade, a dor que provocam, o tempo que levam etc. Se uma sociedade quer morrer – se tem um complexo de Massada –, o especialista pode, do mesmo modo, dar-lhe conselhos sobre os meios. A maioria das sociedades quer sobreviver; assim, a análise social funcionalista convencional, aquela que os economistas fazem o tempo todo, orienta-se em um sentido mais positivo. O que quero dizer é que não é o especialista, o estudioso, quem escolhe o fim; ele se limita a estudar os caminhos que levam ao fim, e, assim, passa ao largo das questões morais. Se, como às vezes acontece, os fins da sociedade são postos em questão – certas pessoas querem prosperidade ao passo que outras sacrificariam a prosperidade para obter a igualdade –, tudo o que o especialista pode fazer é mostrar de que modo determinados cursos de ação promovem ou retardam a consecução de cada objetivo. Não pode arbitrar entre os objetivos, a menos que sejam objetivos intermediários – estações no caminho de um objetivo geral em torno do qual há consenso.

Muitos economistas, de Stanley Jevons e Francis Edgeworth a Oscar Lange e Abba Lerner, e, posteriormente, Friedrich Hayek, Milton Friedman, John Harsanyi, Murray Rothbard e David Friedman, tentaram transformar a economia em um parâmetro de orientação moral, propondo – no mais das vezes sob a influência do utilitarismo – que a sociedade adote a meta de maximizar a utilidade média, ou a utilidade total, ou a riqueza, ou a liberdade, ou a igualdade (não em si e por si, mas como meio para a maximização da utilidade), ou, por fim, alguma combinação dessas coisas. São esforços fadados ao fracasso. O que os economistas podem dizer (e isso já é alguma coisa, mas não é tudo) é que, *se* determinada sociedade valoriza a prosperidade (ou a liberdade, ou a igualdade), são tais e tais os cursos de ação que conduzirão à meta, e são tais e tais os custos associados a cada curso de ação. Não podem dar o passo final; não podem dizer que a sociedade deve ter por objetivo o crescimento, a igualdade, a felicidade, a sobrevivência, a conquista, a preservação do atual estado de coisas, a justiça social ou qualquer outra coisa. Os economistas que discutem um assunto "quente", como o de determinar se a clonagem humana deve ser permitida, podem estimar os benefícios privados e os custos sociais (entendidos esses termos em sua acepção econômica) dessa técnica e até emitir sua opinião sobre as consequências que advirão se esses custos e benefícios forem ignorados na hora de escolher-se determinado curso de ação política. Mas não podem dizer às autoridades dotadas de poder decisório qual o peso que, por uma questão de justiça social, deve ser dado aos custos e aos benefícios.

A teoria moral elevada

A análise funcional, que (como acabamos de ver) pode dissolver algumas questões morais, não é uma análise filosófica. Isto não é mera questão de definição. As pessoas que se formam em filosofia ou obtêm alguma titulação acadêmica nessa disciplina não adquirem, por meio de seus estudos, o instrumental necessário para a análise de temas sociais e políticos. Não aprendem direito e medicina, psicologia e economia, administração privada e pública, estatística, biologia, ciência política, sociologia, antropologia, assistência social e história[71]. Não obstante, imediatamente

---

[71] Isso não se aplica a todos os filósofos. Alguns adquirem admirável competência em um segundo campo de estudos, como a ciência política, a crítica literária, a psicologia cognitiva, a matemática, a história da ciência, os clássicos, a biologia

se envolvem de novo com a educação, usando sua formação acadêmica para lecionar e escrever. Aqueles que se especializam na filosofia moral como estudantes e, depois, como professores, passam suas horas de trabalho lendo, discutindo, comentando e elucidando os grandes textos da tradição filosófica, de Platão a Rawls, e dominando as técnicas de análise que os autores desses textos empregaram para lidar com as questões que lhes interessavam. Os textos são produtos de diversas sociedades no decorrer de um período de quase dois mil e quinhentos anos. Quando são vistos em conjunto como um cânone ou tradição de intuição e análise, perdem todo e qualquer contato com os aspectos particulares das sociedades em que cada um deles foi escrito. Os filósofos morais não os leem como fariam os historiadores ou antropólogos, que buscam identificar as normas de conduta antifuncionais nas sociedades em que os textos foram escritos. Eles os leem como textos que têm algo a dizer sobre uma sociedade que não é a dos que os escreveram; a saber, a nossa. Para serem lidos desse modo, os textos têm de ser entendidos como afirmações de verdades gerais. "O deleite indevido do filósofo é a supergeneralização."[72]

É inevitável que eles sejam entendidos assim, pois é difícil compreender os filósofos canônicos. Muitos escreveram em linguagem obscura ou em línguas estrangeiras, alguns em línguas "mortas" que não são plenamente compreendidas nem pelos que as estudam. Escreveram em contextos sociais inteiramente diferentes dos Estados Unidos de hoje (Rawls é a grande exceção)[73],

---

evolutiva – até o direito. Até agora, porém, esses estudiosos interdisciplinares não tiveram muito sucesso na tarefa de aplicar os conhecimentos filosóficos às controvérsias sociais, políticas e econômicas.
[72] Griffin, nota 51, acima, p. 104.
[73] Será mesmo? *Uma teoria da justiça* (1971), que privilegia a redistribuição da renda e da riqueza dos mais ricos para os mais pobres, está começando a parecer extremamente datado. De 1971 para cá, a desigualdade na distribuição da renda e

e, sendo o sentido dependente do contexto, a interpretação de seus escritos pode exigir grande familiaridade com a história, além de certa competência linguística entendida em um sentido mais estreito. Mesmo depois de submetidos ao crivo cuidadoso dos filólogos, os textos clássicos transbordam de ambiguidades. O domínio desses textos e dos métodos de análise neles empregados é tarefa para uma vida inteira de estudos, ou talvez seja uma tarefa sem fim, uma vez que muitas questões de interpretação por eles levantadas podem não ter resposta. Em uma carreira acadêmica, sobra pouco tempo para investigar os aspectos particulares de qualquer questão moral concreta. Em decorrência disso, os filósofos morais sofrem a tentação de extrair dos textos canônicos alguns conceitos muito gerais, como os de "dever" ou "florescimento humano", e usá-los em seguida para *deduzir* as respostas a questões morais de nossa época sem ter de investigar as condições sociais da atualidade ("O que Platão permitiria")[74]. Dizem coisas como "o primeiro passo rumo a uma teoria substantiva da justiça consiste necessariamente em estabelecer alguns princípios inclusivos de justiça"[75]. Outros filósofos morais, os que pensam

---

da riqueza cresceu, mas o interesse do público pela questão diminuiu até quase desaparecer. O foco dos igualitaristas mudou e voltou-se, agora, para as desigualdades dentro de grupos cuja renda é mais ou menos homogênea: mulheres de classe média *versus* homens de classe média; homossexuais de classe média *versus* heterossexuais de classe média; negros e hispânicos de classe média (os dois grupos que, ao lado das mulheres de classe média, são os maiores beneficiários dos programas de ação afirmativa) *versus* homens de classe média; deficientes físicos de classe média *versus* pessoas fisicamente capazes de classe média; trabalhadores de classe média com mais de 40 anos (a idade com que começam a vigorar as proteções da Lei contra a Discriminação por Idade no Trabalho) *versus* trabalhadores de classe média com menos de 40 anos. *Uma teoria da justiça* não tem nada a dizer sobre essas questões.
[74] A citação ("What Plato Would Allow") é o título de um artigo de Jeremy Waldron em *Theory and Practice (Nomos XXXVII)*, p. 138 (org. Ian Shapiro e Judith Wagner DeCew, 1995).
[75] Onora O'Neill, *Towards Justice and Virtue: A Constructive Account of Practical Reasoning*, p. 157 (1996).

como juristas adeptos do direito canônico ou do direito consuetudinário, têm a esperança de empregar o método da analogia ou método casuístico para, partindo de intuições morais estabelecidas, resolver casos concretos dos quais nossas intuições não dão conta. A esperança dos especialistas em textos, sejam eles particularistas ou universalistas morais – ou seja, pensem eles que o contexto local deva ser levado em conta ao lado dos princípios gerais dos quais partem, pensem eles que não –, é a que tem menos possibilidade de realização. Para os que não se deixam impressionar exageradamente pelo prestígio dos clássicos, a ideia de que Platão, Aristóteles, Kant, Hegel ou até Mill tenham a chave para resolver qualquer problema social moderno é tão implausível quanto a noção de que a Bíblia tem essa chave, e reflete uma mentalidade semelhante. Os textos religiosos, filosóficos e literários têm valor como consolo e inspiração, como estímulos à reflexão e como fontes de maravilhamento e prazer. Nesse sentido, o moderno filósofo acadêmico, ou, melhor dizendo, o historiador ou filólogo da filosofia, tem um papel útil a desempenhar: o de explicar o que os filósofos clássicos tentavam dizer, papel afim ao de tradutor e ao de crítico ou estudioso da arte e da literatura. O que os clássicos não têm são as respostas para as questões morais contemporâneas, ou os métodos para encontrar essas respostas. Para começar, todos os clássicos, exceto os mais recentes (e "clássico recente" é quase um paradoxo), foram criados em atmosferas sociais que, do ponto de vista moral, eram muito diferentes da nossa. Por isso têm de ser "expurgados" para que possam cumprir para nós qualquer tarefa moral[76], sendo esse também o caso, tristemente famoso, do Antigo Testamento. É preciso separar o essencial do acidental: a

---

[76] Veja-se uma discussão interessante dos esforços de "purgação" de Aristóteles em Larmore, nota 12, acima, pp. 164-7.

defesa que Aristóteles faz da escravidão, por exemplo, ou, tratando-se de Kant, a misoginia, o puritanismo e o entusiasmo pela pena capital e pelo sistema de governo de Frederico, o Grande, têm de ser categorizados como acidentais. Temos aí uma tarefa interpretativa ainda mais ambiciosa e mais incerta que a de descobrir o que dizem os textos filosóficos clássicos; com efeito, pode ser uma tarefa impossível, e nesse contexto a palavra "interpretação" talvez não passe de uma designação educada de uma escolha puramente arbitrária por parte do intérprete. Sempre que Aristóteles, Tomás de Aquino ou Kant são arrolados como combatentes nos modernos debates morais, nos perguntamos se os "verdadeiros" Aristóteles, Tomás de Aquino ou Kant estão entrando na refrega ou se esses grandes nomes não passam de disfarces atrás dos quais se escondem os moralistas modernos que os invocam.

As teorias morais grandiosas também naufragam nos rochedos da recalcitrância das intuições morais, no fato de estas serem praticamente imunes à argumentação. Pode haver uma teoria moral que comece, de maneira bastante plausível, com a tese de que os seres humanos, em virtude da faculdade racional que a maioria deles possui e que os animais não possuem, têm deveres especiais uns para com os outros. Não obstante, em nossa cultura, seria monstruoso deduzir daí que os seres humanos que sofrem de severa incapacitação mental não têm direito a mais consideração que os animais em geral ou mesmo que os animais mais inteligentes, os quais têm mais inteligência que as pessoas mais obtusas; o simples fato de ouvir alguém ser chamado de "burro" mexe com a nossa sensibilidade. A maioria de nós tem, arraigada nos genes, uma fidelidade apaixonada à nossa própria espécie, fidelidade essa que a filosofia moral é incapaz de desarraigar; por isso soa como piada perguntar se o simples fato de sua inteligência ser baseada no silício e não no carbono é razão suficiente para que os computadores sejam nossos escravos. O choque entre os princípios e as intuições pode ser evitado. Basta que os princípios sejam suficientemente vagos, como quando Onora O'Neill diz que o objetivo da justiça "é estabelecer instituições e práticas que (na medida do possível) impeçam e limitem todo dano sistemático ou gratuito"[77]. O preço desse expediente, porém, é a banalidade.

Nem todos têm intuições fortes sobre todas as questões morais. Pode parecer que aqueles que não as têm são alvos legítimos para o moralista acadêmico. Porém, temos de distinguir aqui entre três tipos de pessoas. O primeiro é o daqueles que não se interessam por determinada questão moral. É essa a situação de muitos em relação à questão do aborto; na opinião deles, ela não tem nada a ver com sua vida. Estes, portanto, poderiam ser convencidos pelos moralistas acadêmicos – o problema é que não têm incentivo nenhum para ouvir o que os moralistas têm a dizer sobre o assunto. O segundo tipo de pessoa sente culpa moral por causa de alguma atitude sua. Vai ver que ele come carne, mas sabe que existe um argumento filosófico a favor do vegetarianismo. Esse tipo de pessoa tende a fugir de uma investigação aprofundada da questão moral em jogo, e, por isso, passa bem longe do moralismo acadêmico. (É a "ignorância culposa" de que Moody-Adams se queixa.) O terceiro tipo de pessoa considera muito importante determinada questão moral, mas por ter intuições conflitantes, não sabe como resolvê-la. Talvez sinta com a mesma veemência que os fetos são seres humanos, mas que uma lei que criminalize o aborto sujeita as mulheres a uma espécie de escravidão. Depara, assim, com um dilema moral, e a teoria moral é tão incapaz de resolver os dilemas morais quanto a matemática é incapaz de qua-

---

[77] O'Neill, nota 75, acima, p. 173.

drar o círculo. "Dilema moral" é o termo que usamos para designar uma questão que a teoria moral *é incapaz* de resolver[78]. Quando foi a última vez em que um dilema moral foi resolvido? A teoria moral é como um sistema de matemática que nunca foi além da adição.

Equilíbrio reflexivo

O método do equilíbrio reflexivo procura entretecer em uma estrutura coerente nossos princípios e intuições mais arraigados[79]. Quando é usado modicamente em campos especializados da teoria moral aplicada, como a bioética, pode produzir uma análise de conduta que não diverge do senso comum, de que é exemplo um livro de James Childress sobre a bioética[80]. A abordagem dele foi criticada por não ser suficientemente embasada em uma teoria[81]. Esse é seu ponto forte. As reflexões filosoficamente ambiciosas sobre questões de bioética produzem estranhezas tão pouco convidativas quanto esta: uma "visão da pessoalidade [que] implica que o infanticídio não é necessariamente um mal para o recém-nascido e que os recém-nascidos não têm o direito moral firme de não ser mortos"[82]. A bioética à moda de Childress é um campo que se separou da filosofia.

---

[78] Não é grande consolo ouvir dizer que a existência de um dilema moral pressupõe valores morais. Bambrough, nota 17, acima, pp. 95-6. Caso contrário não haveria dilema, pelo menos não haveria um dilema moral. Mas lembre-se de que não estou negando a existência dos valores morais – só a irrefutabilidade das teorias morais. (Não importa quantas vezes eu diga isso, sempre vou ser acusado de depreciar a moral em si.)

[79] Ver, por exemplo, T. M. Scanlon, "The Aims and Authority of Moral Theory", 12 *Oxford Journal of Legal Studies*, p. 1 (1992).

[80] James F. Childress, *Practical Reasoning in Bioethics* (1997).

[81] Fato de que ele se queixa em id., p. 32.

[82] Dan W. Brock, *Life and Death: Philosophical Essays in Biomedical Ethics*, p. 385, n. 14 (1993).

Ninguém é obrigado a sujeitar suas intuições morais à teoria moral. Talvez você sinta, contra o que diz Rawls, que seus dons naturais – sua inteligência, sua aparência, e assim por diante – são, apesar de fortuitos, uma fonte legítima de direitos morais, do mesmo modo que a inflição de um dano fortuito, ou mesmo inevitável, pode ser uma fonte legítima de condenação moral. Uma vez que nos atribuem a culpa das coisas más que fazemos por motivos que estão além de nosso controle (um resquício da visão grega da natureza como ordem normativa), por que não deveríamos ser louvados pelas coisas boas que fazemos por motivos que igualmente não controlamos? Se você se sente assim, a leitura de Rawls, que considera "a distribuição das capacidades naturais como um bem coletivo"[83], não vai conseguir mudá-lo. Nem deve mudá-lo. Rawls não apresenta nenhum argumento capaz de convencer as pessoas que já não são favoravelmente predispostas ao Estado liberal de bem-estar que ele parece preconizar. A forma de vida que ele oferece talvez não agrade a você.

> No fim das contas, o homem rawlsiano em sua condição original é uma criatura surpreendentemente soturna: não tem vontade de entrar em uma situação que augura o sucesso porque ela também augura o fracasso; não tem vontade de arriscar-se a ganhar porque se sente fadado a perder; está sempre preparado para o pior porque não consegue imaginar o melhor; contenta-se com a segurança e a certeza de que não estará em pior situação que nenhuma outra pessoa porque não tem coragem de correr o risco da liberdade e da possibilidade de vir a estar em situação melhor que os outros.[84]

---

[83] Rawls, nota 73, acima, p. 179.
[84] Benjamin R. Barber, "Justifying Justice: Problems of Psychology, Politics and Measurement in Rawls", em *Reading Rawls: Critical Studies on Rawls'. A Theory of Justice*, pp. 292, 299 (org. Norman Daniels, 1989). Rawls não invoca a aversão ao risco, no sentido técnico que esse termo tem em economia, para justificar o princí-

Se você não gosta dessa criatura soturna nem sente que herdou seus genes de um fundo comum, não é Rawls quem vai persuadi-lo do contrário.

Como a mente acadêmica preza a coerência, os moralistas acadêmicos creem que a comprovação da incoerência das crenças ou comportamentos morais das pessoas pode ser um poderoso fator de mudança moral. Creem que, se você disser a um comedor de carne que ele está sendo incoerente porque considera o sofrimento uma coisa ruim, mas os animais sofrem por causa de sua dieta, poderá persuadi-lo a tornar-se vegetariano. Porém, a coerência comportamental, como princípio ordenador, é mais fraca que a coerência lógica. Defender ao mesmo tempo uma proposição e sua negação é muito mais difícil que contar uma história que agregue em uma unidade várias condutas "incoerentes entre si" ou que concilie a conduta de uma pessoa com uma crença, incompatível com tal conduta, acerca de como ela *deve* se comportar. A pessoa que come carne pode fazer distinção entre o sofrimento humano e o sofrimento dos animais; pode negar que os animais sofram quando são abatidos para consumo (eles podem ser abatidos sem dor, e, como não conhecem o destino que os aguarda, não terão o sofrimento psicológico que vem da expectativa da morte); pode observar que a quantidade de carne que ela consome não é suficiente para afetar o número de animais abatidos; pode até afirmar que a equiparação dos animais com os seres humanos poderia nos tornar menos sensíveis ao sofrimento *humano* (tal equiparação poderia, por exemplo, pôr no mesmo nível o Holocausto e o abate anual de dezenas de milhões de perus para

---

pio (ao qual Barber alude) de maximizar o bem-estar daqueles que se encontram em pior situação ("maximin"); mas chega perto disso ao discutir as "tensões do compromisso" ("*strains of commitment*"). Rawls, nota 73, acima, pp. 176-8. Ver também id., pp. 153-4.

a festa norte-americana de Ação de Graças); pode assinalar que o livro do Gênesis nos conclama explicitamente a comer carne; ou pode tergiversar, comendo somente a carne de animais criados e abatidos sem sofrimento, ou de animais que morrem naturalmente, ou ainda adotando a posição que o filósofo moral R. M. Hare chama de "semivegetarianismo"[85]. Se você quer transformar em vegetariano um comedor de carne, especialmente um que não frequente os meios universitários, tem de levá-lo a amar os animais que abatemos para comer; e não há argumento capaz de produzir o amor. Se você quer que alguém condene a tortura de bebês, mostre-lhe uma foto de um bebê torturado; não lhe recite um ensaio de teoria moral. É pouco provável que um argumento moral acadêmico desperte a consciência, suscite a indignação ou produza o sentimento de amor ou de culpa. E mesmo que o argumento tenha esse efeito, basta a pessoa ouvir os argumentos morais contrários para voltar ao ponto de partida.

Dworkin alega que muitos não filósofos ou mesmo não intelectuais têm, não obstante, "um anseio pela integridade ética e moral", ou "querem uma visão de como viver", e por isso "é muito possível que se perguntem, por exemplo, se as suas opiniões sobre o aborto pressupõem uma posição mais geral acerca da ligação entre a senciência e os interesses ou direitos"[86]. Ficamos a imaginar um grupo de pessoas ansiosas para fazer amizade com professores universitários. O fato é que poucas pessoas são assim. Fora da academia, poucos empregam ou dão ouvidos à retórica

---

[85] R. M. Hare, *Essays on Bioethics*, capítulo 15 (1993). Hare quer dizer somente que não come *muita* carne. Com isso, o semivegetariano torna-se bastante parecido com a pessoa "ligeiramente grávida". Hare admite que não *gosta* de comer muita carne, de modo que sua teoria moral, por um feliz acaso, coincide com suas preferências dietéticas. Trata-se de um triunfo do casuísmo no sentido pejorativo da palavra.
[86] Ronald Dworkin, "Darwin's New Bulldog", 11 *Harvard Law Review*, pp. 1718, 1722, 1726 (1998).

bombástica e pretensiosa do moralismo acadêmico. Porém, mesmo que um grande número de pessoas conseguisse compreender e se deixar mover pelos argumentos de Dworkin sobre o aborto e outros assuntos de direito e política, assim que travassem contato com os argumentos contrários elas retornariam à posição que tinham antes de ouvi-lo. Na esfera dos argumentos morais normativos, todo movimento pode ser sustado por um movimento contrário. O discurso da teoria moral é interminável porque é indeterminado.

Mesmo entre os intelectuais, poucos têm um compromisso firme com a coerência entre as crenças morais e a conduta efetiva. O geriatra hábil e consciencioso que trata com o máximo cuidado e solicitude seus pacientes idosos pode ser pedófilo; e, quando se lhe lançar em rosto a incompatibilidade entre sua conduta profissional e sua conduta pessoal, pode responder que não consegue se controlar; ou que, embora se sinta culpado por praticar a pedofilia, consola-se com o fato de fazer o bem em sua vida profissional; ou que a pedofilia reflete a tensão insuportável criada pela devoção e pelos escrúpulos que ele empenha em sua atividade de médico. Trata-se de um exemplo extremo; é muito mais fácil para as pessoas de ideais elevados explicar e justificar a crueldade, o preconceito, a avareza e a covardia comezinhos que se manifestam nas situações comuns da vida cotidiana. Nós somos racionais no sentido de que, dadas as informações de que dispomos, conseguimos compatibilizar fins e meios de modo mais ou menos inteligente; mas não é necessário que os fins sejam compatíveis entre si. Com efeito, se assim fosse, as pessoas seriam terrivelmente enfadonhas (e esse é um dos motivos pelos quais boa parte do moralismo acadêmico é tão enfadonho). Um dos pressupostos questionáveis da teoria da justiça de Rawls é o de que o ser humano racional é uma pessoa sempre igual no decorrer de toda a sua vida adulta, tendo sempre as mesmas preferências[87]. Pouca gente tem essa sensação a respeito de sua vida. Não há nada de irracional em que uma pessoa tenha uma sequência de "eus" (jovem, de meia-idade, velho, saudável, doente etc.) com preferências incompatíveis – o eu jovem, por exemplo, recusando-se a economizar dinheiro para cuidar da saúde do eu velho –, ou em que desempenhe ao mesmo tempo vários papéis (mãe, banqueira de investimentos, viciada em remédios, adúltera) insuficientemente integrados, entendido o termo "integração" no sentido que agrada aos moralistas acadêmicos[88].

Casuísmo moral

A abordagem analógica ou casuística não é mais convincente que a dedutiva. As analogias estimulam a investigação, mas não justificam as conclusões. Pense na comparação que Judith Jarvis Thomson faz entre uma mulher obrigada a levar o feto no ventre até o nascimento e uma pessoa obrigada a passar nove meses na cama, ligada por tubos a um desconhecido (um violinista famoso) a fim de impedi-lo de morrer de uma doença no rim[89]. A comparação é aduzida para demonstrar que o aborto não deve ser proibido, ou pelo menos não deve sê-lo com a justificativa de que sempre é errado tirar a vida de um inocente. O desconhecido, embora sua vida esteja em jogo, não tem o direito de obrigar uma pessoa a passar nove meses ligada a ele por tubos. Do mesmo modo, conclui Thomson, a mulher grávida não deve ser obrigada a passar nove meses ligada a seu feto, embora esteja em jogo a vida deste.

---

[87] Rawls, nota 73, acima, p. 295.
[88] Ver Richard A. Posner, "Are We One Self or Multiple Selves? Implications for Law and Public Policy", 3 *Legal Theory*, p. 23 (1997).
[89] Judith Jarvis Thomson, "A Defense of Abortion", 1 *Philosophy and Public Affairs*, p. 47 (1971).

Apesar da fama da analogia de Thomson nos círculos filosófico-moralistas, acho muito difícil levar a sério esse "raciocínio". Para começar, não dispomos de nenhuma intuição consolidada ou confiável acerca do caso hipotético que ela postula, pois está muito longe de nossa experiência; pertence antes à ficção científica. Em segundo lugar, normalmente a gravidez não deixa imobilizada a mulher grávida. Em terceiro lugar, em relação à sua mãe, o feto não é um "desconhecido" no sentido comum da palavra, que é o sentido que ela tem nessa analogia. O direito pune o abandono material do filho pelos pais, mesmo que o filho seja fruto de estupro; e Thomson não dá a entender que desaprova essa punição, nem considera anômalo que os pais não tenham para com os filhos de terceiros os mesmos deveres que têm para com os seus. Em quarto lugar, está longe de ser óbvio que o direito *não* deva impor o dever geral de salvar a vida de desconhecidos quando o salvamento pode ser efetuado sem pôr em risco a vida de quem o efetua. As leis de muitos países europeus e, agora, de vários estados norte-americanos impõem esse dever[90]; e as objeções apresentadas contra essas leis são de caráter prático, não tendo nada que ver com a moralidade ou não da recusa a ser um Bom Samaritano.

O que talvez seja o mais importante é que o médico que faz um aborto não se limita a "desligar os aparelhos" que mantêm vivo o feto[91]. Em um aborto efetuado no primeiro trimestre de gravidez, ele usa instrumentos cirúrgicos ou uma bomba de sucção

---

[90] Ver John P. Dawson, "*Negotiorum Gestio*: The Altruistic Intermeddler", 74 *Harvard Law Review*, p. 1073 (1961); Alberto Cadoppi, "Failure to Rescue and the Continental Criminal Law", em *The Duty to Rescue: The Jurisprudence of Aid*, p. 93 (org. Michael A. Menlowe e Alexander McCall Smith, 1993).

[91] Alan F. Guttmacher e Irwin H. Kaiser, "The Genesis of Liberalized Abortion in New York: A Personal Insight", em *Abortion, Medicine, and the Law*, pp. 546, 557--64 (4. ed., org. J. Douglas Butler e David F. Walbert, 1992), fornecem uma descrição clínica clara das técnicas de aborto.

para tirar o feto do útero ("curetagem"). No segundo trimestre, ou usa instrumentos cirúrgicos para o mesmo fim ou injeta uma substância química que mata o feto e assim induz o parto prematuro, ou, como alternativa, simplesmente induz o parto prematuro. Seja qual for o método, ele emprega a força com a finalidade e o efeito de matar o feto; e, embora essa morte seja um subproduto e não o fim único de seu ato, o mesmo se pode dizer do filho que mata os pais para receber a herança. O procedimento cirúrgico de rotina usado no aborto de segundo trimestre envolve o esmagamento do crânio do feto, e até mesmo no primeiro trimestre o feto é, às vezes, removido aos pedaços, pois se lê que "quando se constata que o feto tem mais de 10 semanas de idade gestacional, os fragmentos devem ser recompostos a fim de se determinar se o feto está essencialmente completo"[92] (pois qualquer tecido fetal que permaneça no útero pode causar infecção). Nos raros abortos de terceiro trimestre, o médico mata o feto, tanto lhe injetando uma substância química no coração, como lhe perfurando um buraco no crânio e removendo através do buraco o líquido espinhal.

A técnica exata não tem importância, embora o fato de os defensores do direito ao aborto nunca falarem sobre as operações que essa ação realmente envolve, e de seus adversários nunca mencionarem os motivos urgentes que as meninas e mulheres muitas vezes têm para decidir fazer aborto, dê testemunho da baixa qualidade do debate sobre essa questão. O que importa nessa discussão é que abortar é matar, não é deixar morrer. É assim que, por considerarem o feto um ser humano pleno – e Thomson aceita essa

---

[92] Michael S. Burnhill, "Reducing the Risks of Pregnancy Termination", em *Prevention and Treatment of Contraceptive Failure: In Honor of Christopher Tietze*, pp. 141, 145 (org. Uta Landy e S. S. Ratnam, 1986). Ver também Guttmacher e Kaiser, nota 91, acima, pp. 558-60; David A. Grimes e Kenneth F. Schulz, "Morbidity and Mortality from Second-Trimester Abortions", 30 *Journal of Reproductive Medicine*, p. 505 (1985).

premissa em seu argumento –, os opositores do aborto consideram assassinos os médicos que fazem aborto e as mulheres que os contratam. Isso é perfeitamente compatível com não considerar crime o ato de não salvar a vida de um desconhecido, mesmo que esse ato possa ser concebido como "tirar" a vida de um inocente; a ação e a inação frequentemente têm valências morais diferentes, mesmo quando as consequências de uma e da outra sejam as mesmas.

Portanto, a famosa analogia de Thomson não presta. Mas isso praticamente não vem ao caso, pois nem mesmo com uma *boa* analogia seria possível convencer, por argumentos, os adversários do aborto a mudar de posição. As analogias, na melhor das hipóteses, têm valor sugestivo. E a oposição ao aborto baseia-se quase sempre na convicção religiosa, que põe fim a qualquer debate; em nossa sociedade, uma das normas mais sólidas que regem os debates é a de não colocar em questão as convicções religiosas das pessoas.

Por argumentos, não seria possível convencer os adversários do aborto a mudar de posição nem mesmo se esta se baseasse no simples altruísmo – na ideia de que o feto é um bebê. Se as convicções religiosas permanecerem constantes, quanto mais o feto for visto como um bebê (com a ajuda do ultrassom)[93] tanto maior será a oposição ao aborto. Com efeito, parece que, devido ao ultrassom, que permite que até um feto de parca idade gestacional

---

[93] Ver Cynthia R. Daniels, *At Women's Expense: State Power and the Politics of Fetal Rights*, pp. 15-21 (1993); John C. Fletcher e Mark I. Evans, "Maternal Bonding in Early Fetal Ultrasound Examinations", 308 *New England Journal of Medicine*, p. 392 (1983); Sheryl Gay Stolberg, "Shifting Certainties in the Abortion War", *The New York Times*, 11 jan. 1998, § 4, p. 1. O outro lado desta moeda é o caso de Robin West, que, segundo ela mesma diz, tornou-se "fervorosamente pró-aborto" depois de ver a foto de uma mulher morta durante um aborto ilegal. West, "The Constitution of Reasons", 92 *Michigan Law Review*, pp. 1409, 1435 (1994). Em um espírito bem semelhante ao deste capítulo, West observa "que as convicções morais mudam pela experiência ou pela empatia, não pelo argumento". Id., p. 1436.

seja visto como uma espécie de bebê humano, um número cada vez maior de pessoas está passando a considerar o aborto moralmente errado, apoiem, ou não, a sua proibição – questão completamente diferente. Entretanto, à medida que forem sendo aperfeiçoadas técnicas para detectar e interromper a gravidez de poucos dias (não de semanas, nem meses) depois da concepção, é provável que o pêndulo balance para o outro lado[94].

Se a familiaridade com alguma coisa pode alterar a opinião moral, o mesmo vale para a falta de familiaridade. "As mãos que trabalham pouco são mais sensíveis."[95] A sensibilidade delicada ou exagerada é um importante fator da moral. Nas sociedades pobres, a maioria das pessoas já viu cadáveres humanos e tomou parte no ato de matar, pelo menos no de matar animais. Estão acostumadas a ver sangue, por isso não se melindram com esportes que envolvem a tortura de animais. Se existe o projeto social de tornar as pessoas mansas e pacíficas – o tipo de projeto que Nietzsche tanto odiava e que Foucault discerniu na transição das penas cruéis para as penas "carcerais"[96] –, um dos meios para levá-lo a cabo consiste em proteger as pessoas da visão do sangue e da morte. É assim que, apesar de nossa devoção ao livre mercado, nós proibimos os contratos voluntários de combate até a morte. E, apesar de termos medo da criminalidade, abominamos o sistema islâmico de punição ao crime, com suas flagelações, amputações, apedrejamentos e decapitações. Porém, são as circunstâncias que determinam se o amansamento da população é um projeto adequado para a sociedade. A sensibilidade exagerada pode acarretar a extinção de uma sociedade em que a ausência de uma po-

---

[94] Ver Tamar Lewin, "A New Technique Makes Abortion Possible Earlier", *The New York Times*, 21 dez. 1997, p. 1.
[95] *Hamlet*, Ato V, cena 1, linhas 69-70.
[96] Ver Foucault, nota 19, acima.

lícia e de um exército profissionais deposita o fardo da segurança interna e externa em grande fração da população masculina adulta. Orgulhamo-nos de ter um refinamento moral maior que o de nossos predecessores, mas a simples verdade é que dispomos de uma tecnologia diferente de segurança pública e defesa externa, que nos capacita a matar de longe. A ciência diminuiu o valor social da força física e dos valores brutos ou brutais que facilitam o emprego eficaz dessa força. Foi a ciência – não as ideias morais – que nos tornou (a nosso ver) mais civilizados. As pessoas de grande força física e pouco dotadas de inteligência verbal não contribuem diretamente para os debates filosóficos; sendo agora elementos cada vez mais marginalizados pela sociedade, tampouco conquistam porta-vozes entre os intelectuais; isso significa que o debate é viciado em favor dos valores das classes média e alta e das pessoas que têm formação universitária. Nietzsche talvez dissesse que os valores morais vigentes são uma expressão da vontade de poder dos grupos dominantes na sociedade.

Amy Gutmann e Dennis Thompson, na ambiciosa tentativa de transformar o raciocínio moral no elemento nodal daquilo que tanto eles quanto Rawls chamam de democracia deliberativa, acham perfeitamente natural que a analogia do aborto, de Judith Jarvis Thomson, "seja capaz de convencer até aqueles que entendem o feto como uma pessoa humana plena de que a permissibilidade do aborto não é manifestamente errada no caso das mulheres que não engravidam por culpa própria (em virtude de estupro, por exemplo)"[97]. A palavra "manifestamente" representa uma equivocação característica do livro de Gutmann e Thompson: uma admissão tácita de que o raciocínio moral, na melhor das hipóteses,

---

[97] Amy Gutmann e Dennis Thompson, *Democracy and Disagreement*, p. 85 (1996). A ressalva "não [...] por culpa própria" não faz parte da análise da própria Thomson. Ver Thomson, nota 89, acima, p. 49.

só é capaz de refutar as teses morais mais extremas. É como dizer que o raciocínio jurídico, na melhor das hipóteses, só é capaz de decidir as causas mais fáceis – afirmação que não há de satisfazer aqueles que o consideram um instrumento poderoso para a resolução de conflitos. Mas Guttman e Thompson não têm sequer razão de pensar que a analogia de Thomson é dotada mesmo do poder mínimo que eles lhe atribuem; e esse erro está contido no erro maior de crer que o raciocínio moral é capaz de refutar uma tese qualquer, mesmo extrema. Suponhamos que a única maneira de libertar o salvador involuntário do desconhecido seja passar este último por um moedor de carne. Duvido que Thomson, pelo simples fato de ser errado (se é que é errado) obrigar uma pessoa a salvar outra, considerasse essa possibilidade uma expressão moralmente justificável do desejo do salvador de se ver livre da pessoa a quem ele salva[98].

O que há de revelador no jeito como Guttman e Thompson tratam a analogia de Thomson é que eles parecem não *ver* a distinção – a qual, porém, não é nada sutil – entre matar e deixar morrer. Suspeito que a razão pela qual não a veem é a seguinte: não são realmente capazes de imaginar a hipótese de proibir uma mulher

---

[98] Na verdade, seu artigo não deixa claro como ela resolveria essa hipótese. Ver id., p. 66. Por outro lado, no artigo sobre o bonde, ela havia dito: "O modo como morremos também tem importância para nós. E eu acho pior morrer por esquartejamento, sendo as partes do meu corpo depois distribuídas para outras pessoas, do que morrer em consequência do impacto de um bonde." Thomson, nota 35, acima, p. 178. Martha C. Nussbaum, no artigo "Still Worthy of Praise", 111 *Harvard Law Review*, pp. 1776, 1779 (1998), afirma que "é possível dizer que até o 'esquartejamento' é uma resposta admissível a uma gravidez que resulte de uma agressão tão violenta" (especificamente, um estupro). Em minha opinião, essa fusão da figura do estuprador com a do feto – de tal modo que a imposição da morte a este último seja de algum modo uma resposta adequada ao ato cometido pelo primeiro – é simplesmente bizarra. É o mesmo que dizer que, se A empurra B (um transeunte inocente), e B atinge C, deve-se permitir que C faça retaliação contra B. Se é a isso que conduz a filosofia moral, não precisamos dela.

estuprada de abortar. Esse desejo é estranho demais para que eles o levem em conta como uma possibilidade real. Não obstante, um bom número de pessoas a quem não se pode imputar a pecha de loucura é de opinião contrária, e a filosofia moral não dispõe de instrumentos para resolver o desacordo.

Podemos imaginar os homólogos de Rawls, Guttman e Thompson sentados em roda na Roma do ano 200 d.C., ruminando as questões morais suscitadas pelo combate de gladiadores, pelo concubinato, pela nudez pública, pelo divórcio ao arbítrio do marido e pelo infanticídio, todas práticas comuns na época, mas às quais o cristianismo se opunha. Esses filósofos, sendo membros sossegados do *establishment* (o que quer que correspondesse, na Roma imperial, a ser um catedrático de Harvard ou Princeton), provavelmente teriam querido demonstrar, e facilmente demonstrariam, que as teses éticas dos cristãos, por serem baseadas nas asserções metafísicas de uma religião estrangeira recém-fundada, não mereciam consideração alguma. "Aquilo com que os chamados relativistas querem que nos preocupemos é o provincianismo – o perigo de que nossas percepções sejam embotadas, nosso intelecto seja constrangido e nossas simpatias sejam estreitadas pelo sobreaprendizado e a sobrevalorização daquilo que nossa sociedade já aceita."[99] Os filósofos nunca são tão provincianos quanto no momento em que declaram "irrazoáveis" as opiniões morais de pessoas que não pertencem à sua fechadíssima comunidade.

O problema de o que o Estado deve fazer a respeito do aborto, se é que deve fazer algo, transpõe a indefinida fronteira que separa a filosofia moral da filosofia jurídica e política. É perfeitamente possível considerar o aborto imoral e não querer proibi-lo.

---

[99] Clifford Geertz, "Anti Anti-Relativism", 86 *American Anthropologist*, pp. 263, 265 (1984).

Como observo no próximo capítulo, muitas condutas imorais não são proibidas e muitas condutas indiferentes o são. Isso mostra que não são só as preocupações morais que dão forma à política. Por isso, quando os filósofos morais levam uma questão moral para o campo da política, correm o risco de exceder a sua autoridade. Quando Rawls, por exemplo, desce das abstrações da filosofia política para questões concretas de direito e administração pública, torna-se um propagandista superficial dos dogmas "liberais" correntes acerca do aborto, do financiamento de campanhas eleitorais, da distribuição de renda, da regulamentação da propaganda, da socialização da medicina e dos direitos das mulheres em caso de divórcio[100]. Entrega-se, além disso, a especulações históricas irresponsáveis, dizendo, por exemplo, que *nunca* houve na história dos Estados Unidos uma época em que as restrições à expressão política foram justificadas[101]. Isso pode ser verdade *ex post*, em retrospecto; mas não demonstra que teria sido um ato responsável, *ex ante*, correr o risco de um desastre nacional a fim de manter a liberdade política em seu nível normal. Considerando a importância da perspectiva *ex ante* na filosofia política de Rawls, ficamos surpresos ao vê-lo ignorá-la na avaliação da razoabilidade das restrições à liberdade política em tempo de guerra e antes que o resultado desta possa ser previsto – nos primeiros tempos da Guerra Civil ou da Segunda Guerra Mundial, por exemplo.

Criticando as descidas de Rawls ao nível da política concreta, não quero que pensem que louvo o plano abstrato em que ele habitualmente permanece – o plano da "teoria liberal", um discurso

---

[100] Ver, por exemplo, John Rawls, *Political Liberalism*, p. 243, n. 32, p. 407 (edição em brochura, 1996); Rawls, "The Idea of Public Reason Revisited", 64 *University of Chicago Law Review*, pp. 765, 772-3, 793 (1997).
[101] Rawls, *Political Liberalism*, nota 100, acima, p. 355.

cada vez mais hermético e ininteligível[102]. Esse discurso, um tipo de teoria moral acadêmica no sentido que dou a esse termo, gira em torno do não problema de encontrar fundamentos teóricos para a democracia liberal. O "problema" só existe como um passatempo para os acadêmicos. Fora da academia, nenhuma pessoa importante ou influente se preocupa com os fundamentos da democracia liberal ou mesmo em saber se ela tem algum fundamento. E *por que* alguém deveria se preocupar? Quando uma prática dá certo, ela não precisa de fundamentação. A democracia liberal não é atacada por nenhuma pessoa que tenha algum peso político. E os ataques bem-sucedidos contra a democracia liberal em outros tempos e lugares (na República de Weimar, por exemplo) não foram motivados por teóricos da política. (Ou talvez seja mais exato dizer que, quando é grande e disseminada a insatisfação com a democracia, surgem teóricos para atacá-la.) As únicas pessoas que se preocupam com isso são os acadêmicos, e eles se preocupam em um nível de abstração que não carrega absolutamente nenhuma importância política.

Por acaso a ciência é diferente?

A filosofia moral não é a única disciplina que naufraga nos rochedos das intuições morais fortes ou dos compromissos emocionais ou políticos. Se um dia a ciência provar que o elemento hereditário da inteligência difere sistematicamente de raça para raça, haverá indignação, do mesmo modo que a teoria da evolução continua a provocar indignação em certos círculos. A diferença entre as teorias científicas e as teorias morais é que as primeiras são capazes de sobrepujar as intuições que se opõem a elas, pois a maior parte das pessoas, pelo menos na maioria das

---

[102] Ver um exemplo do sabor desse discurso em Patrick Neal, *Liberalism and Its Discontents* (1997).

sociedades, aceita a autoridade da ciência. E a aceita porque, do ponto de vista da sobrevivência e do crescimento social, a ciência é uma prática extremamente bem-sucedida em comparação com a magia, a ideologia e o pensamento fantasioso. A hostilidade nazista contra a física "judaica" e a crença soviética (no período de glória de Lysenko) na hereditariedade dos caracteres adquiridos ilustram a loucura de opor a ideologia à ciência.

A ciência tem poder para convencer os céticos porque normalmente só lida com coisas que podem ser percebidas pelos sentidos, ainda que somente com a ajuda de instrumentos. E conquanto a maioria desses instrumentos não possa ser efetivamente usada pelos leigos para confirmar uma observação, nós temos confiança em que a comunidade científica não tem o hábito de adulterar os instrumentos. E temos motivos para ter essa confiança. O principal deles é a folha de serviços prestados pela ciência em matéria de cumprir o que promete. Os cientistas disseram que a bomba atômica podia ser construída; ela foi construída e efetivamente explodiu. O sucesso da ciência em prever e alterar as partes visíveis do mundo físico nos leva a acreditar que os instrumentos científicos não deformam, mas corrigem e intensificam nossa percepção sensorial. E temos confiança na percepção sensorial porque ela é acessível a todos.

Nossas intuições, por outro lado, pertencem somente a nós[103]. Quando percebemos, nós vemos (ouvimos, sentimos etc.) algo fora de nós; e, na medida em que nossos órgãos sensoriais (naturais ou artificiais) são os mesmos, nossas percepções são as mesmas quando olhamos (ouvimos etc.) a mesma coisa. Se a sua intuição sobre uma questão moral é diferente da minha, você não pode pedir que eu olhe com mais cuidado, ou que a observe pelo

---

[103] Quem chama a atenção para esse contraste é Griffin, nota 51, acima, p. 14.

microscópio ou pelo telescópio, ou que consulte um respeitável cientista ou, aliás, um respeitável qualquer coisa. Não pode demonstrar que minha intuição é uma ilusão, como o movimento aparente do sol ou a aparente flexão de um galho reto mergulhado na água. Não existem "experimentos cruciais" ou regularidades estatísticas capazes de validar um argumento moral. Nem tampouco existem "invenções" úteis feitas com a ajuda da teoria moral, o que equivale a dizer que o progresso científico não tem paralelo na esfera moral. É verdade que abolimos a escravidão, mas a escravidão já não seria produtiva na economia atual; o mundo está apenas começando a sair de uma era em que mais de um bilhão de pessoas viviam em um estado semelhante à escravidão sem que isso fosse notado por um grande número de filósofos morais; vivemos em uma época de violência criminal nunca antes vista em que também vigora, diriam alguns, um egoísmo sem precedentes; e a maioria dos moralistas acadêmicos que condenam seus predecessores pela indiferença diante do destino dos judeus na Alemanha nazista e dos negros na África do Sul não abriu a boca quando ocorreram os genocídios contemporâneos na Bósnia e em Ruanda[104].

Não que a raça humana só tenha progredido nos aspectos científico e técnico. É evidente que houve um progresso material, o qual, porém, se deve em grande medida aos progressos técnico e científico. A renda média real (ou seja, corrigida pela inflação) é muitíssimo mais alta hoje do que era há mil, cem ou meros cinquenta anos. Sobretudo depois da queda do comunismo, houve um progresso político em decorrência da disseminação da democracia liberal, método de governo que soluciona alguns dos mais

---

[104] Catharine MacKinnon foi a exceção mais notável no que se refere à Bósnia – mas ela é uma empreendedora moral.

antigos problemas de organização do Estado, entre os quais as questões da sucessão ordeira e das guerras religiosas. A democracia liberal é melhor que os sistemas alternativos no quesito de identificar os interesses dos governantes com os dos governados; além disso, ela proporciona uma estrutura melhor para o crescimento econômico, o qual, por sua vez, promove não só a segurança nacional como também o conforto material, a longevidade e outros valores largamente disseminados. Se os valores estimulados pela democracia liberal forem denominados "valores morais", e aqueles promovidos por regimes alternativos (valores como a glória militar, a solidariedade étnica ou religiosa, o respeito pelos idosos, um tradicionalismo pitoresco, a ascese, a proximidade com a natureza, a estetização da política, um código de honra, o patriarcado, o igualitarismo radical, a estase social ou o esplendor artístico) forem rejeitados ou menosprezados, o progresso político acima delineado pode ser identificado com um progresso moral. Essa identificação, porém, resulta de uma estipulação, não de um argumento lógico.

Poder-se-ia pensar que a existência de intuições morais incompatíveis entre si deveria nos tornar mais inseguros de nossas próprias intuições e mais dispostos, portanto, a dar ouvidos ao filósofo que gostaria de nos fazer mudar de opinião. Mas não é assim que funciona a formação das crenças morais. As intuições morais se fazem sentir com veemência até mesmo naqueles que sabem não só que elas são impossíveis de confirmar, como também que muitas outras pessoas têm intuições contrárias. (Quantas pessoas favoráveis ou contrárias ao aborto são *inseguras* de sua posição por reconhecerem que muitas outras discordam delas?) Esse é um dos motivos pelos quais, ao contrário do que receiam os moralistas acadêmicos, a crença no relativismo moral não tende a afetar nem as atitudes morais nem a conduta moral[105]. Aquilo que se sente com veemência pode até ceder diante de uma prova concreta em contrário, mas não diante de uma intuição oposta.

Contra os argumentos que visam a distinguir as teorias científicas das teorias morais, pode-se aduzir o fato incontestável da diversidade das crenças científicas e da impossibilidade de reduzir à uniformidade todos os que duvidam. É esse o tipo de coisa que nos dizem os adeptos do relativismo científico, e é paradoxal que os realistas morais usem os argumentos dos relativistas para defender o realismo moral. Apesar de tudo, é impressionante o número de pessoas que, nesta época e neste país, dominados pela ciência e pela tecnologia, acredita em astrologia, óvnis, reencarnação, vidência, satanismo, cura pela fé e outras teorias, fenômenos e práticas que, de científicas, só têm, no máximo, a aparência; o melhor exemplo talvez seja a obstinada rejeição da teoria da evolução por uma minoria substancial de norte-americanos. Porém, o que é notável nessas crenças anticientíficas é que das duas, uma: ou elas dizem respeito a assuntos que não interferem em nada ou quase nada na vida prática (a teoria da evolução é um exemplo) ou não são alimentadas com vigor suficiente para moldar o comportamento de quem crê nelas. Praticamente ninguém rejeita as teorias científicas naquelas áreas em que a ciência se interpenetra com a vida cotidiana. Nós viajamos de avião, consultamos os médicos e seguimos os conselhos deles, votamos em deputados que querem controlar a chuva ácida ou o aquecimento

---

[105] "O mundo produziu a cascavel como produziu a mim; mas eu mato a cascavel sempre que posso, assim como mato pernilongos, baratas, moscas e assassinos. O único juízo que faço a respeito é que essas coisas são incongruentes com o mundo que eu quero: aquele tipo de mundo que todos nós procuramos moldar na medida do nosso poder." Carta de Oliver Wendell Holmes a Lewis Einstein, 21 maio 1914, em *The Essential Holmes: Selections from the Letters, Speeches, Judicial Opinions, and Other Writings of Oliver Wendell Holmes, Jr.*, p. 114 (org. Richard A. Posner, 1992).

global, tomamos pílulas vitamínicas, fazemos vasectomia e exames de tomografia, tomamos vacina e vacinamos nossos filhos, usamos computadores, conversamos ao telefone, fazemos fertilização *in vitro*, aceitamos a teoria da criação do universo pelo *Big-Bang* e paramos de fumar – e, de todas essas maneiras, demonstramos profunda fé nas teorias da ciência.

Não existe uma fé equivalente nas teorias morais. Ninguém diz: "Os kantianos nos ensinaram a ser X [o equivalente moral de ser capaz de voar, ou de gerar calor a partir de material radioativo, ou de curar a sífilis], por isso aceitaremos seu novo ensinamento Y [de que não devemos comer a carne de animais, por exemplo]. Os moralistas gostam de fazer declarações como esta: "A objetividade da ética não garante que possamos responder a todas as perguntas. O mesmo vale para a objetividade da ciência."[106] É verdade. Mas é uma verdade que tende a induzir a erro, pois insinua uma paridade entre a ética e a ciência que, na prática, não existe. Como explica Moody-Adams, ao rejeitar a tese da paridade, "entre os filósofos que fazem investigações normativas, não há consenso nem mesmo acerca de quais são as considerações que poderiam hipoteticamente ser aduzidas como critérios de confirmação das proposições de uma teoria moral". Tampouco está claro "de que modo tal critério poderia funcionar no processo de pôr à prova e rejeitar teorias 'rivais' ou 'concorrentes' a fim de escolher uma das rivais como a melhor teoria (até agora)"[107].

Portanto, mesmo que o realismo científico seja rejeitado em favor da tese de que a ciência só produz resultados "objetivos" porque os cientistas formam uma comunidade coesa e partilham todos as mesmas opiniões – ou seja, mesmo que aceitemos a ideia

---

[106] Catherine Z. Elgin, "The Relativity of Fact and the Objectivity of Value", em *Relativism: Interpretation and Confrontation*, pp. 86, 97 (org. Michael Krausz, 1989).

[107] Moody-Adams, nota 20, acima, pp. 132-3.

de que o consenso é o único fundamento de aceitação das proposições que pretendem ser verdadeiras, porque é o consenso que faz a "verdade" e não a verdade que forja o consenso –, os teóricos morais têm diante de si o fato bruto de que, em relação aos princípios morais, não existe um consenso a partir do qual possam ser derivadas as respostas a questões morais controversas. E mesmo que (abordando o problema pelo lado oposto) o realismo moral seja correto, a ausência de um procedimento aceito para determinar qual das suas versões é a correta (O jusnaturalismo católico? O utilitarismo? O kantismo?) impossibilita a formação de um consenso em torno da solução correta a problemas morais particulares. Os universais morais "realmente existentes" não servem para nada se são incognoscíveis[108]. Se, como creem os realistas morais, as teorias morais são semelhantes de algum modo às teorias científicas, elas só podem ser semelhantes às teorias científicas fracassadas.

É por isso que há tantos dilemas morais *antigos* que nunca foram resolvidos[109]. Como não existem técnicas para formar consenso em torno das premissas da investigação moral e dos meios de formar e verificar proposições morais específicas, o dilema moral é sempre uma controvérsia acerca dos fins, ao passo que toda deliberação frutífera – o tipo de raciocínio que mantém a bola em movimento – versa sobre os meios. Quando Dworkin diz que para ele é claro que Picasso, como pintor, é maior do que Balthus[110], ele está se referindo implicitamente a uma noção consensual de o que significa a "grandeza" na pintura. Se o consenso se

---

[108] Ver Jeremy Waldron, "The Irrelevance of Moral Objectivity", em *Natural Law Theory: Contemporary Essays*, p. 158 (org. Robert P. George, 1992).

[109] Sobre esta questão em seu aspecto geral, ver *Moral Dilemmas and Moral Theory* (org. H. E. Mason, 1996).

[110] Dworkin, "Objectivity and Truth: You'd Better Believe It", nota 7, acima, p. 133.

desfizer, seu argumento cai por terra. A força de seu exemplo está em que a "grandeza" artística não tem somente conotações estéticas, mas também conotações factuais: inclui os critérios da abrangência, da influência e do tamanho da obra, e o atendimento desses critérios pode ser visto como um meio para o fim que é a grandeza. Nessas dimensões, Picasso é claramente superior a Balthus. Mas se em vez disso perguntássemos qual dos dois é o *melhor* pintor, eu votaria em Balthus e estaria disposto a defender minha preferência diante de Dworkin a fim de aperfeiçoar o olhar artístico dele, mostrando-lhe certos aspectos da arte de Balthus em que ele talvez não tenha reparado. Porém, se eu não conseguisse persuadi-lo, nem por isso concluiria que ele está "errado" por continuar preferindo Picasso.

O que ninguém acharia possível acontecer é que essa discussão nos afastasse um do outro mais do que já estamos afastados. Por outro lado, é exatamente isso que se esperaria que acontecesse se o tema da discussão fosse moral e não estético. Larmore, embora seja adepto do realismo moral, observa que "quanto mais falamos sobre essas coisas" – coisas como "certos aspectos profundos da moral" –, "tanto maior é o desacordo"[111]. Nesse aspecto, a teorização moral e a teorização científica ocupam extremidades opostas do espectro da investigação frutífera. O discurso científico tende à convergência; o moral, à divergência.

Para corroborar sua observação, Larmore aduz uma consideração que parecerá familiar aos estatísticos bayesianos: nossa crença a respeito de uma questão qualquer (digamos, a moralidade do aborto) não depende somente dos argumentos que nos são apresentados, mas também de nossas crenças anteriores. Quanto mais divergentes as crenças anteriores, tanto menos é provável que os

---

[111] Larmore, nota 12, acima, p. 168. Ver também id., pp. 169-74.

argumentos nos façam convergir[112]. Suponhamos que eu tenha 95% de certeza de que o aborto é moralmente errado e você, 95% de certeza de que é moralmente aceitável; suponhamos, ainda, que você apresente um argumento muito convincente a favor de sua posição. Mesmo que o argumento multiplique por dois as minhas dúvidas e elimine completamente as suas, de tal modo que eu passe a ter só 90% de certeza de que o aborto é errado e você, a ter 100% de certeza de que é admissível, ainda estaremos em desacordo. E mais: se, como é provável, seu argumento me estimular a encontrar novos argumentos contra o aborto, e estes, quando eu os apresentar, o estimularem por sua vez a encontrar ainda outros argumentos em prol da posição contrária, é muito possível que nosso desacordo aumente ainda mais em vez de diminuir. A apresentação de argumentos em favor de uma posição tem um efeito solidificador em comparação com a adesão silenciosa, pois as pessoas não gostam de admitir que estão erradas. O ato de assumir uma posição forte em público funciona como um compromisso[113].

Até Mill

Eu disse* que, entre os principais teóricos da filosofia moral, "até Mill" era incapaz de nos ajudar com qualquer problema social moderno. Referi-me a ele desse modo porque, de todos os filósofos morais clássicos, ele é o que parece mais próximo de nós ou, pelo menos, de mim. O conceito de individualismo de Mill me atrai. Seu princípio do dano, que distingue entre os atos autorreferentes e os que se referem aos outros, parece dar uma diretriz adequada, conquanto vaga, para o âmbito das atividades do

---

[112] Ver id., p. 173.
[113] Ver também nota 63, acima.
* Na p. 75. (N. do T.)

Estado. Também me fascina sua concepção pragmática da liberdade de expressão. Sua defesa da tolerância, do não conformismo e da experimentação (inclusive de "experimentos no viver"), bem como seu desgosto pelo paternalismo e pelos moralistas intrometidos encontram eco dentro de mim. Considero-me um pragmatista e vejo Mill como o primeiro pragmatista. Em resumo, tenho grande simpatia pela forma de vida descrita e recomendada em *Sobre a liberdade*.

O que não encontro nessa obra são, primeiro, argumentos capazes de convencer os que duvidam das ideias ali expostas; e, segundo, um aparato teórico passível de ser usado proveitosamente na resolução de problemas modernos. Vou me explicar fazendo referência ao princípio do dano, que é a própria essência da teoria milliana dos limites da ação do Estado. O princípio, tal como Mill o formula, coloca os atos autorreferentes, inclusive os mais ofensivos e escandalosos, fora do alcance não só da proibição legal, mas também da censura moral. Para obter esse resultado, entretanto, Mill essencialmente limita o domínio da moral à esfera daquilo que nós devemos às outras pessoas, de tal modo que, *por definição*, "as faltas autorreferentes [...] só são objeto de reprovação moral quando envolvem um descumprimento do dever para com os outros"[114]. A pessoa que acredita que Deus condena vários atos autorreferentes há de pensar que Mill perdeu completamente o fio da meada. Não há como refutar a opinião dessa pessoa; ela e Mill não raciocinam com base nas mesmas premissas.

Além disso, a distinção entre atos autorreferentes e atos referentes ao outro, que é o núcleo do princípio do dano, pode ser lançada em grave descrédito pela simples observação de que as pessoas podem ser mais ligadas entre si do que supõe Mill – su-

---

[114] John Stuart Mill, *On Liberty*, p. 73 (org. David Spitz, 1975 [1859]).

posição que ele, aliás, aceita sem procurar provar[115]. Quando não há coerção física envolvida em nenhum dos estágios, a promiscuidade, o alcoolismo, a dependência de drogas, o jogo, o suicídio, o "discurso de ódio" (*hate speech*), a poligamia e a produção, a comercialização e o uso de material pornográfico são todos atos autorreferentes segundo a definição de Mill. Isso significa que, de acordo com a análise dele, todas essas coisas devem ser protegidas não só da proibição legal como também da "coerção moral da opinião pública" (p. 10). E, embora ele considere adequado que se impeça que os atos autorreferentes reprovados sejam praticados em público, essa ressalva é incompatível com a crítica que ele faz aos puritanos por proibirem todo tipo de diversão pública. Os atos listados acima, públicos ou privados, podem tornar terrível a vida em comunidade para a maioria das pessoas – não só os pudicos e os abelhudos – e podem conduzir à perpetração de atos antissociais que Mill consideraria referentes ao outro, e é isso que muitas feministas afirmam acerca da pornografia. Até que ponto a sociedade deve impedir que os atos autorreferentes sejam regulamentados pela lei ou pela opinião pública? Essa é uma questão empírica, de ordem prática, que deve ser respondida com base nas condições que efetivamente se verificam em dada sociedade, e não com fundamento em uma definição da moral que exclua desta toda consideração relativa a esses atos.

Outro indício da falta de solidez da teoria moral de Mill é seu argumento contra a autoescravização: "ter a permissão de alienar a [própria] liberdade não é liberdade" (p. 95). Nós alienamos nossa liberdade toda vez que assinamos um contrato, seja ele de compra e venda ou de trabalho, tendo este último prazo de vigên-

---

[115] Isso foi assinalado há muito tempo por James Fitzjames Stephen em *Liberty, Equality, Fraternity*, nota 61, acima, pp. 145-6.

cia de 1 ano, 10 anos ou indeterminado. Suponhamos que se ofereça a um altruísta a quantia de 10 milhões de dólares, adiantados, para que ele se torne escravo de quem lhe oferece o dinheiro. Suponhamos, ainda, que, sabendo que de qualquer modo lhe resta pouco tempo de vida, o altruísta decida que prefere doar 10 milhões em caridade a ser livre. Não vejo de que modo uma troca dessas possa ser entendida como incompatível com a ideia de liberdade ou possa ser considerada outra coisa que não um ato autorreferente dentro da estrutura de Mill. Mas não estou defendendo que a autoescravização seja permitida. Ela é tão contrária ao nosso código moral quanto era ao da época de Mill. O problema para Mill é que ela *não* é contrária ao código moral proposto em *Sobre a liberdade*.

Do mesmo modo, o tratamento que Mill dá à questão da poligamia é incoerente com o princípio do dano. Afirma ele que a poligamia é uma "infração direta" do "princípio da liberdade" (p. 85), e deixa claro que a Inglaterra, embora seja em sua opinião obrigada a deixar que os mórmons de Utah cuidem da própria vida, não tem a obrigação nem de permitir a poligamia nem mesmo de reconhecer como válidos em seu território os casamentos polígamos celebrados pelos mórmons de Utah. Mas por que o princípio de que o Estado e a opinião pública não devem se intrometer nos atos autorreferentes – entre os quais se incluem as transações consensuais entre adultos mentalmente capazes – não exige que a poligamia seja permitida na Inglaterra ou em qualquer outro lugar? O próprio Mill assevera que o casamento polígamo "é tão voluntário por parte das mulheres que o praticam, e que poderiam ser consideradas suas vítimas, quanto é qualquer outra forma da instituição do matrimônio" (pp. 85-6). E ele não propõe proibir o matrimônio em geral. Mais uma vez, portanto, como um utilitarista comum, ele se abstém de levar sua filosofia moral às suas mais extremas consequências lógicas, porque ela entraria em choque com intuições morais profundas.

É preciso fazer uma interpretação criativa de Mill não só para que seus ensinamentos façam sentido, mas também para evitar o anacronismo. *Sobre a liberdade* preconiza um grau de *laissez-faire* econômico incompatível com a maioria das concepções modernas sobre a correta abrangência da regulamentação da economia pelo Estado; além disso, como veremos no próximo capítulo, o livro expõe os fundamentos de um argumento contra *Brown vs. Board of Education* e a favor da segregação racial em um contexto local ou regional. Uma vez que o jogo da interpretação não tem regras, *Sobre a liberdade* pode ser remendado, refundido, depurado e retocado; e, assim "restaurado" (ou "expurgado", como eu disse há pouco), pode ser recolocado em seu pedestal como um ícone do liberalismo moderno. Porém, tal projeto só poderia ter um objetivo polêmico. Não tem absolutamente nada que ver com a resolução de problemas modernos.

Entretanto, não pode ser essa minha última palavra acerca de *Sobre a Liberdade*. Eu disse há pouco que as proposições morais podem ser discutidas com proveito quando dependem de proposições factuais. Só citei como exemplos aqueles casos em que a refutação de uma proposição factual enfraquece ou destrói a proposição moral. Mas é igualmente importante o caso em que a proposição factual aduzida em favor de uma proposição moral *não é* refutada. Em *Sobre a liberdade*, um dos argumentos de Mill a favor da liberdade de expressão é que até mesmo a opinião verdadeira se beneficia das críticas que lhe são dirigidas, porque, se os que a aceitam não tiverem de defendê-la de tempos em tempos, deixarão de compreendê-la e ela perderá toda a sua vitalidade. Trata-se de uma hipótese verificável; pode ser refutada ou confirmada. Se for confirmada (e é corroborada pela tendência dos debates morais à divergência e não à convergência), isso não será suficiente para fundamentar um dever moral de reconhecer o direito à liberdade de expressão; mas para todos aqueles que dão valor ao progresso intelectual, será um argumento convincente em favor desse direito. Isso não é o mesmo que dizer que negar a uma pessoa sua liberdade de expressão é negar sua dignidade de ser humano[116]; *este* sim seria um argumento moral e não factual.

Os riscos da uniformidade moral

Todo moralista acadêmico tem a crença implícita de que a sua abordagem é a correta e todos devem segui-la. Todos devem concordar com ele em que o aborto é errado ou a pena de morte é errada; todos devem ser pacifistas ou beligerantes, hedonistas ou ascéticos; todos devem defender ou atacar a pornografia. Porém, dada a variedade dos papéis sociais necessários em uma sociedade complexa, não é seguro ter uma população moralmente uniforme. Por um lado, precisamos de soldados, policiais, carcereiros, juízes, espiões e outros operadores dos mecanismos de segurança da sociedade; e também de políticos, empreendedores, administradores de empresas gigantescas e diretores de hospitais psiquiátricos. Por outro lado, precisamos de mães, enfermeiras, guardas florestais, professores de jardim de infância, funcionários dos zoológicos e ministros religiosos. Precisamos de pessoas gentis, benignas e sensíveis, mas também precisamos de pessoas que estejam dispostas a fazer uso da força, mentir, fingir, transgredir as regras, impor as regras, despedir funcionários e organizá-los em hierarquias. (Os que apoiam o aborto acham que também precisamos de pessoas dispostas a matar fetos humanos, e os que apoiam a pena de morte, que precisamos de carrascos.) Precisamos

---

[116] Como faz Thomas Scanlon, "A Theory of Freedom of Expression", 1 *Philosophy and Public Affairs*, p. 204 (1972).

de pessoas capazes de sentir empatia e simpatia, mas também de pessoas que sejam corajosas, rijas, insensíveis e obedientes – e de outras que sejam corajosas, rijas, insensíveis e desafiadoras. É possível *imaginar* um mundo em que todos sejam educados de modo que se tornaram agentes morais tão sutilmente calibrados que sejam capazes de adaptar seu jogo de sentimentos morais para atender aos requisitos de todos os papéis sociais, ou tão bem socializados que a sociedade não precise de disciplina nem de defesa. Mas essa expectativa não seria realista. Se ela não se realiza, a variedade moral é melhor para nós, e isso põe em questão todo o projeto da educação moral.

É verdade que muitos moralistas acadêmicos creem que os "atos autorreferentes" de Mill devem ser tolerados. Mas tolerância não significa aprovação. Os moralistas querem que todos tenham os mesmos valores morais. Não acham bom que certas pessoas sejam egoístas, cruéis, vingativas, loucamente ambiciosas, manipuladoras, elitistas, monomaníacas e irresponsáveis. Um ponto que tem relação com esse e que pode ser atribuído à incapacidade dos moralistas de resolver de modo convincente os dilemas morais é que eles desvalorizam o conflito e, portanto, a tragédia. Boa parte da literatura é uma exposição dramática de dilemas morais, situações em que não há "vitória" possível, de que é boa ilustração o caso de Hamlet, apanhado entre o dever de vingar o assassinato do pai e o dever de deixar a vingança nas mãos de Deus. O aborto pode ser considerado trágico no sentido de "impossibilidade de vitória"; nessa hipótese, o moralista que afirma que o aborto é moralmente "correto" ou "errado" está negando o elemento trágico da vida[117].

---

[117] Ver Christopher W. Gowans, *Innocence Lost: An Examination of Inescapable Moral Wrongdoing*, capítulos 1, 9 (1994), sobre a tensão entre a tragédia e as teorias morais que negam a necessidade de escolher entre dois cursos de ação que envolvem, ambos, uma conduta moralmente má.

O direito tem de lidar de algum modo com essas situações trágicas, mas não tem de acatar o moralista que crê que não existe dilema moral que o raciocínio moral seja incapaz de solucionar. Para o direito, é melhor adaptar-se aos elementos de inerradicável conflito na vida social moderna do que engolfá-los em uma harmonia intelectual que não existe.

Do mesmo modo, as discussões sobre o comportamento de juízes e tribunais tendem a negar a existência de conflitos inerradicáveis na medida em que pressupõem – tacitamente, em geral – que todos os juízes deveriam ser iguais (compassivos ou legalistas, ativistas ou moderados, liberais ou conservadores, dependendo do gosto do analista), quando aquilo de que realmente precisamos, dentro de certos limites, são vários tipos de juízes; só assim podemos ter confiança na solidez do direito que os juízes produzem[118]. Um judiciário uniforme não seria, no entanto, um desastre para o país; a uniformidade moral seria. Uma sociedade de pessoas "boazinhas", o tipo de sociedade implicitamente idealizada pelos moralistas acadêmicos, não só seria tediosa como também careceria de resistência, adaptabilidade e inovação. Uma sociedade de fundamentalistas judeus ou muçulmanos, de *Übermenschen* nietzschianos ou de samurais japoneses não seria tediosa, mas seria frágil, terrificante e perigosa. Na moral, a endogamia pode ser tão perigosa quanto na biologia.

NAS FRIAS GARRAS DO PROFISSIONALISMO

A impotência motivacional da investigação moral acadêmica

Ofereci razões para duvidar que os textos acadêmicos e aulas universitárias sobre a moral tenham alguma probabilidade de

---

[118] Ver Richard A. Posner, *The Problems of Jurisprudence*, p. 448 (1990).

influenciar para o bem, direta ou indiretamente, o comportamento das pessoas. Examino agora os dados concretos de que dispomos sobre essa questão. Um desses dados é que os moralistas e seus alunos não parecem ter uma conduta mais moral que a das outras pessoas instruídas – os cientistas, por exemplo, ou mesmo os advogados e economistas. Nas palavras de uma filósofa da moral: "A prova da proficiência moral está em levar, com regularidade, uma vida conforme à moral, e não há absolutamente nenhum indício de que os filósofos morais façam isso melhor do que os não filósofos, ou mesmo tão bem quanto estes."[119] Talvez não devamos ter a esperança de que nem mesmo os melhores filósofos da moral sejam "morais"; talvez só as pessoas perturbadas pela discrepância entre sua conduta e o código moral sintam atração por uma carreira na filosofia moral. Essa consideração, porém, não se aplica à maioria dos alunos de graduação que cursam uma disciplina de filosofia moral. Gostaríamos, assim, de ver provas de que a frequência em tal disciplina é uma experiência edificante para, pelo menos, alguns deles e, portanto, de que a moralidade dos cientistas, advogados etc. se deve, pelo menos em pequena parte, à sua formação em filosofia moral durante o período de graduação universitária. O fato de poucos filósofos morais (Moody-Adams é uma exceção notável) não manifestarem sequer um mínimo interesse pela questão dos dados concretos já é um indício de que o moralismo acadêmico é afligido pelo isolamento profissional.

Outra prova da ineficácia da instrução moral acadêmica é o fato de os filósofos morais fazerem de tudo para reduzir ao mínimo sua carga de docência. Preferem escrever artigos, que só são lidos por seus pares a aperfeiçoar a moralidade da próxima gera-

---

[119] Moody-Adams, nota 20, acima, p. 175.

ção. Ou são carreiristas ou, secretamente, não acreditam na eficácia da filosofia moral para aperfeiçoar a moralidade – ou as duas coisas. "Para cada artigo e livro escrito, centenas de alunos não são ensinados."[120] Isso foi dito dos professores de estudos clássicos, mas aplica-se igualmente aos filósofos, e é claro que os dois grupos coincidem parcialmente. Os autores que acabo de citar mencionam sarcasticamente "o professor que dá aulas sobre Platão [e] abandona seus alunos para viajar 3 mil quilômetros a fim de pontificar para vinte pessoas sobre ética, preparando-se para escrever um artigo, que será lido por quarenta, e que na volta discute sobre o reembolso das despesas de viagem"[121].

É difícil encontrar dados sistematizados sobre os efeitos edificantes da filosofia moral, mas existem alguns. Com base no amplo estudo estatístico do casal Oliner sobre as pessoas de nacionalidade alemã e polonesa que salvaram judeus na época do Holocausto[122], é possível extrair todas as variáveis que, segundo eles constataram, são estatisticamente significativas para explicar a propensão a efetuar o salvamento[123]. Embora a maioria das variáveis éticas tenha correlação positiva com a propensão a salvar, uma delas, a "obediência", tem correlação negativa. A única variável educacional que tem efeito estatisticamente significativo sobre a propensão a salvar é a de ser estudante, e sua correlação com a propensão é *negativa*. As variáveis religiosas são significativas, mas difíceis de interpretar, uma vez que tanto "ser muito religioso hoje em dia" como "ser irreligioso hoje em dia" têm efeito positi-

---

[120] Victor Davis Hanson e John Heath, *Who Killed Homer? The Demise of Classical Education and the Recovery of Greek Wisdom*, p. 155 (1998).
[121] Id., p. 121.
[122] Samuel P. Oliner e Pearl M. Oliner, *The Altruistic Personality: Rescuers of Jews in Nazi Europe*, pp. 261-366 (1988).
[123] Ver Richard A. Posner, "1997 Oliver Wendell Holmes Lectures: The Problematics of Moral and Legal Theory", 111 *Harvard Law Review*, pp. 1637, 1710-7 (1998).

vo, mas ser mais ou menos religioso tem efeito negativo; e o grau de religiosidade que a pessoa tinha na época da guerra não tem efeito nenhum.

Isso significa que a educação formal e a religião, que convencionalmente se crê serem importantes fontes de valores morais, não têm efeito demonstrável ou regular sobre aquilo que se pode, com justiça, descrever como heroísmo moral (do nosso ponto de vista, não do ponto de vista dos nazistas). Mas ser uma pessoa caridosa, ter tido amigos judeus (mas não colegas de trabalho judeus), morar no campo (onde os laços comunitários são mais fortes que na cidade e onde, provavelmente, a presença nazista era menos ostensiva), ser contrário ao nazismo ou ao autoritarismo político, ter tido um bom relacionamento com os pais, ter um porão em casa (o que diminui o risco do salvamento) ou ter vínculos com a Resistência sem participar dela ativamente (o que aumentaria o risco de detecção), tudo isso predispunha as pessoas a salvar judeus. E tudo isso corresponde bastante ao que seria de esperar. Mas também indica que a teoria moral não tem quase nada que ver com a prática moral. Isso é confirmado pelo comportamento dos filósofos morais alemães durante o período nazista[124].

Michael Gross, reinterpretando os dados compilados pelo casal Oliner e outros estudiosos dos salvadores de judeus, conclui que as pessoas dadas à reflexão moral tinham *menos* probabilidade de ser salvadoras que as pouco dadas à reflexão moral[125]. Um salvamento

---

[124] Ver George Leaman, *Heidegger im Kontext: Gesamtüberblick zum N.S.-Engagement der Universitätsphilosophen*, parte 2 (1993), especialmente as pp. 25-7. Os professores distinguiram-se por não participar das células de resistência contra Hitler que se desenvolveram durante seu governo. Alice Gallin, *Midwives to Nazism: University Professors in Weimar Germany 1925-1933*, pp. 4-5, 100-5 (1986).

[125] Michael L. Gross, *Ethics and Activism: The Theory and Practice of Political Morality*, p. 150 (1997). Também há indícios de que as pessoas agressivas, que gostam de brandir armas de fogo, têm mais probabilidade que as pessoas "civilizadas" de fazer o papel de Bom Samaritano. Ver Ted L. Huston et al., "Bystander Intervention

eficaz exige uma ação coletiva e não meramente individual, e os "moralmente competentes" tendem a ser "politicamente incompetentes" porque a competência política (como explica Gross, referindo-se não só ao salvamento de judeus como também ao ativismo pela paz e em prol do aborto) pressupõe motivações marcadas pela parcialidade. Os salvadores de judeus eram motivados pelo interesse material, por normas de civismo e patriotismo que, em geral, nada tinham a ver com o destino dos judeus, e pela solidariedade que existe entre os membros de grupos pequenos, motivações que, na verdade, são minadas pela reflexão moral universalista[126].

Martha Nussbaum, entretanto, afirma que um segundo estudo sobre salvadores e outros altruístas, um estudo em escala menor feito por Kristen Monroe[127],

> demonstra que a característica que mais se destaca [nos salvadores e outros altruístas] é um ponto de vista particular sobre as relações que ligam os seres humanos entre si, um ponto de vista segundo o qual todos os seres humanos são interligados, interdependentes e têm o mesmo valor. É claro que esse ponto de vista pode ser assimilado de diversas maneiras, e a filosofia é só um dos caminhos pelos quais ele chegou aos salvadores. Porém, trata-se de uma concepção universal da teoria moral.[128]

Esse resumo não é exato. É verdade que Monroe constata que os altruístas tendem a ter "um jeito particular de ver o mundo e, em especial, de ver a si mesmos em sua relação com os outros. Todos os altruístas que entrevistei viam-se como indivíduos for-

---

into Crime: A Study Based on Naturally-Occurring Episodes", 44 *Social Psychology Quarterly*, p. 14 (1981).
[126] Ver Gross, nota 125, acima, parte 3.
[127] Kristen Renwick Monroe, *The Heart of Altruism: Perceptions of a Common Humanity* (1996).
[128] Nussbaum, nota 98, acima, p. 1783, n. 33 (citação omitida).

temente ligados aos outros por meio da humanidade comum a todos" (p. 213)[129]. Porém, a noção de que as pessoas "têm o mesmo valor" é um acréscimo de Nussbaum; os salvadores do estudo de Monroe não eram igualitários ou socialistas, mas tendiam a valorizar a vida em *todas* as suas formas, humana e não humana (ver pp. 206-7)[130]. E o estudo não traz absolutamente nenhum indício de que qualquer um dos salvadores e outros altruístas tenha se tornado tal por meio da filosofia[131]. Embora um deles, um alemão que morava em Praga durante a era nazista, tenha descrito a si mesmo como "uma estranha combinação de agnóstico, kantiano e panteísta", ele frisou que "nunca tomou a decisão moral de salvar judeus" (p. xi).

No índice remissivo do livro de Monroe não constam referências à filosofia e à educação. Antes, ela põe em evidência o caráter espontâneo, não refletido, não teorizado, até não ocidental do comportamento altruísta, seja este momentâneo, ou seja – como no caso de boa parte da atividade de salvamento durante a Segunda Guerra Mundial – distribuído no decorrer de um período longo suficiente para dar aos salvadores tempo de sobra para dedicar-se à reflexão moral, caso queiram fazê-lo; o fato é que não querem. Monroe *nega* que o comportamento altruísta decorra "da adoção consciente de certos valores morais e da adesão a

---

[129] Deve-se notar, porém, que o número de entrevistas foi muito pequeno. A população estudada era formada por somente vinte altruístas, dos quais cinco eram filantropos, cinco eram "heróis" (pessoas comuns que arriscaram a vida para salvar alguém que estava em perigo) e dez eram salvadores de judeus. Monroe, nota 127, acima, pp. 16-17.

[130] Mas não se deve pensar que o amor pelos animais sempre acarreta o amor pelos homens. Ver nota 28, acima.

[131] Veja-se a corroboração disto em Jasper, nota 42, acima, discutindo os movimentos de protesto. No índice remissivo de seu livro não há entradas para a filosofia em geral e a filosofia moral. O livro atribui alguma influência aos filósofos no que diz respeito ao movimento pelos direitos dos animais (ver id., pp. 167-9), mas com a importante ressalva que pus em destaque na nota 67, acima.

eles" (p. 231). Nem mesmo "as mensagens éticas transmitidas por modelos cruciais", como os pais (nenhum professor ou ministro religioso foi mencionado pela população estudada), são fatores que determinam o altruísmo (pp. 181-5). Monroe constata, com surpresa, que "foram os salvadores – aqueles que mais se aproximaram do altruísmo puro no meu espectro conceitual – que mais se desviaram dos princípios universais da ética e da moral. Além disso, esse desvio foi necessário para que eles pudessem agir de modo altruísta" (p. 185). Nisso ela prefigura o estudo de Gross.

Há um indício menos dramático da futilidade (na opinião de Gross e talvez na de Monroe, da perversidade) da educação em teoria moral, indício esse que, porém, talvez cale mais fundo nos profissionais do direito: a transformação dos estudantes de direito no decurso de uma formação universitária de elite. Boa parte desses estudantes chega à faculdade de direito cheia de idealismo e determinada a resistir ao fascínio da prática jurídica nos grandes escritórios de advocacia. Recebem uma educação idealista da parte dos professores, muitos dos quais acreditam na interpenetração do direito e da moral. Não obstante, quando se formam, quase todos os alunos vão trabalhar para os grandes escritórios, chamados à razão pela constatação de que seus ideais, longe de terem sido fortalecidos pelo ensino idealista de seus professores, foram despedaçados por embaraços e incentivos materiais que não são nada em comparação com os enfrentados por qualquer pessoa que sirva de exemplo moral. Esse fenômeno, denominado "desvio do interesse público", é bem documentado[132] e é ilustrado pelo fato de que, embora 70% dos alunos de primeiro ano na Faculdade de Direito de Harvard manifestem o desejo de praticar o

---

[132] Ver Howard S. Erlanger et al., "Law Student Idealism and Job Choice: Some New Data on an Old Question", 30 *Law and Society Review*, p. 851 (1996), e os estudos aí citados.

direito a serviço do interesse público, no terceiro ano esse número cai para 2%[133]. Uns poucos encontram emprego em setores ligados ao interesse público, ganhando muito menos que nos escritórios privados – um indício de motivação altruísta[134]. Muitos destes, porém, só ficam aí por alguns anos; alguns recebem como compensação o perdão das dívidas contraídas para pagar a faculdade; e alguns acham o trabalho mais interessante, e menos exigente em matéria de horas de serviço, que o trabalho em um escritório de advocacia privado. A proporção de idealistas verdadeiros e praticantes entre os formandos recentes nas principais faculdades de direito norte-americanas deve ser exígua, apesar do peso que o moralismo acadêmico tem no currículo universitário.

Uns poucos estudos de psicologia identificam um incremento do "discernimento moral" durante a graduação universitária, inclusive naqueles cursos em que a educação moral é um elemento importante[135]. Mas os autores reconhecem que o vínculo entre o discernimento moral e a conduta moral é fraco, por causa da insensibilidade, da fraqueza de vontade e da falta de motivação[136]. Gross aduz dados empíricos para demonstrar que "em qualquer população, são poucos os que se dedicam à reflexão moral orientada por princípios, e os esforços para cultivar um desenvolvimento moral extenso mostraram-se frustrantes"[137].

---

[133] Id., pp. 851-2, citando Robert Granfield, *Making Elite Lawyers: Visions of Law at Harvard and Beyond*, p. 48 (1992).

[134] Robert H. Frank, "What Price the Moral High Ground?", 63 *Southern Economic Journal*, p. 1 (1996).

[135] Ver, por exemplo, James Rest e Darcia Narváez, "The College Experience and Moral Development", em *Handbook of Moral Behavior and Development*, vol. 2: *Research*, p. 229 (org. William M. Kurtines e Jacob L. Gewirtz, 1991).

[136] Id., pp. 243-4. Ver também Steven Thoma, "Moral Judgements and Moral Action", em *Moral Development in the Professions: Psychology and Aplied Ethics*, pp. 199, 201 (org. James R. Rest e Darcia Narváez, 1994).

[137] Gross, nota 125, acima, p. 85.

Os moralistas acadêmicos não responderão que a educação em filosofia moral tem um efeito *direto* sobre a conduta moral ou mesmo as crenças morais, mas que ela aumenta a sensibilidade moral dos alunos e, assim, capacita-os a refletir para resolver quaisquer dilemas morais com que deparem depois de formados. Entretanto, é *forçoso* concluir que o que eles querem dizer é que, por terem sido sensibilizados para as questões morais e ensinados a resolvê-las, os formados terão uma conduta mais conforme à moral. Se não se comportarem melhor que os não instruídos, isso significa ou que a instrução não conseguiu sequer levá-los a pensar mais ou com mais clareza sobre as questões morais, ou – o problema da motivação – que o fato de saber o que é correto não teve efeito nenhum sobre a sua propensão a fazer o que é correto.

A educação em filosofia moral, quando tem algum efeito, tende a gerar o ceticismo moral, na medida em que expõe os alunos a uma variedade de sistemas filosóficos (alguns deles monstruosos se avaliados pelos padrões de nossa época) e a métodos de análise que permitem criticar, minar, mitigar e virar de cabeça para baixo qualquer filosofia moral. O mais importante (pois, como eu já disse, a adoção do ceticismo moral não tende a afetar a conduta de quem o adota) é que a educação em filosofia moral habilita os alunos tanto a elaborar uma filosofia pessoal que oponha o menor número possível de restrições ao comportamento que mais lhes agrada, quanto a justificar racionalmente suas transgressões da moral convencional. Isso é mais verdadeiro ainda no que se refere a seus professores. Os moralistas acadêmicos escolhem em um cardápio *à la carte* os princípios morais que coincidem com as preferências de seu grupo social. Têm agilidade intelectual suficiente para juntar em uma unidade superficialmente coerente um amontoado de cursos de ação incompatíveis, e agilidade psicológica suficiente para só pôr em prática os princípios que escolheram na medida em que isso não venha a interferir com sua felicidade pessoal e progresso profissional.

Se algum princípio moral que você viu em um livro e que chamou a atenção de sua faculdade cognitiva colide com o modo de vida que você prefere, o modo de vida que lhe traz mais vantagens, basta que você adote uma moral alternativa ou, se for corajoso suficiente, uma antimoral (como a de Nietzsche, famoso por atribuir a moralidade das pessoas "boas" à sua vontade de poder) que não contenha o princípio; então, estará livre de todo o fardo da culpa. Você considera incômodas as restrições kantianas à mentira? Leia Nyberg[138]. Ou, melhor ainda, identifique-se com algum dos grandes mentirosos da história – Ulisses, por exemplo. Quanto mais extensos forem seus conhecimentos de filosofia e literatura, quanto mais você for imaginativo e tiver uma faculdade analítica ágil, tanto mais fácil lhe será tecer novamente a sua tapeçaria de crenças morais para que seus princípios lhe permitam fazer o que seu *id* quer que você faça. O maior aliado da moral não é o conhecimento, mas a ignorância. A Igreja Católica medieval reconhecia esse fato quando mandava aos padres que, durante a confissão dos fiéis, não lhes perguntassem sobre práticas sexuais anômalas específicas para não lhes pôr ideias na cabeça[139]. Para ter confiança na noção de que a instrução em raciocínio moral melhora o comportamento das pessoas, seria necessário acreditar, com Sócrates, que as pessoas são naturalmente boas e só fazem maldades por ignorância[140]. Quem acredita nisso, e com que provas?

---

[138] David Nyberg, *The Varnished Truth: Truth Telling and Deceiving in Ordinary Life* (1993).
[139] Ver, por exemplo, Thomas N. Tentler, "The Summa for Confessors as an Instrument of Social Control", em *The Pursuit of Holiness in Late Medieval and Renaissance Religion*, pp. 103, 114-5 (org. Charles Trinkaus e Heiko A. Oberman, 1974).
[140] Nas palavras de Nussbaum, "a fim de acreditar que um argumento lógico pode ter o efeito de chamar a alma a reconhecer as próprias deficiências", os filósofos

Há uma questão mais profunda embutida aí: é possível que, na época atual, a moral esteja perdendo seu domínio sobre as pessoas (os norte-americanos, por exemplo, apesar de sua grande religiosidade aparente) em razão de correntes que a educação moral é incapaz de estancar. Parece que nossa conduta pessoal é cada vez mais determinada pelo direito e pela reciprocidade, e não pelas normas sociais. A privacidade, a riqueza, a urbanização, a mobilidade profissional e geográfica, a educação e a informação, como quer que sejam obtidas – todas as quais se tornaram abundantes na era moderna –, alimentam o individualismo. Alimentam-no quando emancipam as pessoas da família e de outros grupos locais pequenos, minando, assim, o poder coercitivo das normas, que são mais eficazes quando as pessoas vivem sob o olhar de seus pares e não conseguem abandonar facilmente o grupo a que pertencem. Embora não haja falta de normas hoje em dia, e tenham surgido inclusive novas normas antitabagistas, politicamente corretas, antidiscriminatórias e até as que obrigam os donos a limpar as fezes dos cachorros, essas normas novas são em grande medida opcionais, e as antigas estão indo pelo mesmo caminho. (As normas novas também são mais ou menos periféricas na vida das pessoas e são constante e regularmente transgredidas.) Atualmente, cada qual pode escolher as normas que lhe convêm: basta escolher a atividade, o trabalho, a igreja, o grupo social que tenha um sistema de normas compatível com seu caráter e suas preferências. *É possível* que alguém seja atraído para uma comunidade, uma atividade, uma profissão, uma igreja etc. por características que não tenham a ver com as normas, e então se veja a elas vinculado, quer queira, quer não – mas um dos meios

---

morais têm de crer "que pelo menos uma parte considerável do mal se baseia no erro [...] [e] que as pessoas têm muitas crenças boas e boas intenções". Nussbaum, nota 66, acima, p. 36.

de que as comunidades lançam mão para obter novos adeptos consiste em relaxar as restrições normativas. Com algumas exceções, como o mormonismo e o judaísmo ultraortodoxo, as religiões modernas nos Estados Unidos e nos outros países ricos mantêm alto o número de seus membros reduzindo os custos da participação. Para reduzi-los, minimizam a quantidade de prazeres e outras atividades egoístas a que os membros devem renunciar.

O pluralismo moral – o qual, convém lembrar, destrói na prática a autoridade da moral – é devido, em parte, à própria filosofia moral. A educação superior estimula um sentimento de superioridade. Os filósofos morais, que hoje em dia invariavelmente têm o grau de doutorado, não são imunes a esse sentimento; no caso deles, inclusive, o sentimento de superioridade é exacerbado pelo fato de saberem que seu trabalho não é nem bem remunerado nem altamente valorizado pela sociedade. Às vezes, eles devolvem à sociedade o desprezo que esta lhes vota. Chegam, assim, a sentir que não é o código moral dela que deve vinculá-los, mas é ela que deve adotar, ou pelo menos tolerar, o código deles. Em geral, esse código não é nem uma ordem "objetiva" de bondade (pois isso não existe) nem a expressão de uma profunda intuição pessoal, mas simplesmente o código que vigora no meio social imediato do filósofo, em sua "panelinha".

Na verdade, os códigos morais dos filósofos acadêmicos tendem a ser a um só tempo anticonvencionais, parciais, previsíveis e aparentemente irrefletidos. Os liberais defendem o direito livre e absoluto ao aborto, os direitos das mulheres, maior igualdade de renda e um socialismo brando. Não aprovavam o comunismo à moda soviética, mas jamais o censuravam às claras, e tinham talvez certa fraqueza sentimental pela Alemanha Oriental, por Cuba, pela Iugoslávia – ou mesmo pela China maoista. São internacionalistas, multiculturalistas, ambientalistas, às vezes, vegetarianos.

São contrários à pena de morte, e uma pessoa mais maliciosa poderia, assim, acusá-los de ter mais compaixão por um assassino (ou um pinguim, uma lontra-marinha, uma foca-da-groenlândia) que por um feto humano. Apoiam a teoria da evolução quando se trata de saber se o criacionismo deve ou não ser ensinado nas escolas, mas rejeitam-na quando a questão é a existência ou não de um fundamento biológico para as diferenças de atitude ou comportamento entre os homens e as mulheres. Querem proibir legalmente o uso do tabaco, mas permitir o da maconha. Para defender o aborto, comparam analogicamente a mãe e o feto a duas pessoas que não têm nada a ver uma com a outra (a analogia de Thomson), mas para condenar a barriga de aluguel, põem em evidência o elo afetivo entre a mãe e o recém-nascido. Defendem que o Estado tome todas as medidas possíveis e imagináveis para garantir a segurança e a saúde da população, mas opõem-se a que as pessoas infectadas pelo vírus da aids tenham a obrigação legal de revelar sua doença àqueles que podem ser infectados por elas. Acreditam que as pessoas podem ser vítimas de pensamento fantasioso, dissonância cognitiva, da procura de pretextos racionais para atitudes já decididas, do desconto hiperbólico (miopia), da falsa consciência e de todos os outros tipos de deficiências cognitivas que tiram a autenticidade das escolhas do mercado e das crenças populares; mas não consideram o efeito que essas deficiências podem ter sobre o poder da deliberação moral acadêmica de promover o aperfeiçoamento moral. São irreligiosos (ou deístas) e, portanto, consideram moralmente indiferentes as práticas sexuais e temem a Direita Religiosa. São politicamente corretos e votam nos democratas[141].

---

[141] Duncan Kennedy, falando sobre as preferências políticas de Ronald Dworkin, faz uma observação pertinente sobre esse tema: "Hércules" – o juiz-modelo de Dworkin, que segundo este decide todas as causas baseado em princípios, não nas

Outros filósofos morais adotam a posição diametralmente oposta em cada uma dessas questões. Têm compaixão dos fetos humanos, mas não dos animais vitimados por crimes ambientais ou por métodos cruéis de caça e captura. São contra o multiculturalismo – a menos que seja religioso. Fazem forte objeção aos esforços do governo para desencorajar o uso do fumo e do álcool, mas são defensores ferrenhos da "guerra contra as drogas". Têm medo da Esquerda multicultural e votam nos republicanos. Alguns deles expõem doutrinas ortodoxas do catolicismo de um modo incompreensível para a mentalidade secular. As críticas de John Finnis ao homossexualismo vêm embaladas em frases como "A união dos órgãos reprodutivos do marido e da mulher realmente os une do ponto de vista biológico"[142]. Não está claro o que isso significa, por que é importante do ponto de vista moral, de que modo um casamento estéril (pelo menos quando o casal *sabe* que é incapaz de procriar) se distingue da cópula homossexual, ou quem Finnis pretende persuadir. Talvez pareça injusto citar Finnis

---

necessidades ou conveniências políticas "não é somente um liberal; é um defensor sistemático do ativismo judicial liberal desde Brown [*vs. Board of Education*] até a atualidade. É, na verdade, um liberal de esquerda; a levarem-se em conta os resultados que obtém, é o mais próximo possível de um radical." Kennedy, *A Critique of Adjudication* [*Fin de Siècle*], p. 128 (1997). "No decorrer de sua carreira, Dworkin defendeu como a 'resposta judicialmente correta' não só a implementação imediata de Brown e as quotas raciais, mas também a desobediência civil, a anistia dos que queimavam cartões de convocação para o exército, a ponderação explícita das consequências distributivas das decisões judiciais de preferência à consideração da eficiência, o controle judicial das decisões legislativas sobre a proporcionalidade da representação eleitoral, a extensa proteção constitucional dos direitos dos criminosos, a proteção constitucional do direito dos homossexuais de praticar atos proibidos por lei, o direito de produzir e consumir pornografia e o direito ao aborto." Id., pp. 127-8 (notas de rodapé omitidas). Dworkin alega que o resumo de Kennedy não é exato: Ronald Dworkin, nota 86, acima, p. 1721, n. 12. Ele está errado: Posner, nota 1, acima, pp. 1797-9.

[142] John Finnis, "Is Natural Law Compatible with Limited Government?", em *Natural Law, Liberalism, and Morality: Contemporary Essays*, p. 1 (org. Robert P. George, 1996).

fora de contexto. Porém, o contexto é dominado por frases ainda mais estranhas que parecem ter sido traduzidas do latim medieval[143] e nos fazem pensar se Finnis por acaso não concorda com Tomás de Aquino em que a masturbação é mais imoral que o estupro[144]. Mesmo assim, com certa dificuldade, é possível extrair certos argumentos do texto de Finnis[145], assim como é possível fazer o mesmo com Tomás de Aquino. Contudo, esses argumentos não vão convencer ninguém que já não concorde com Finnis, nem vão convencer todos os que partilham de suas premissas teológicas e metafísicas, como Weithman, por exemplo[146].

---

[143] "A união dos órgãos reprodutivos do marido e da mulher realmente os une do ponto de vista biológico (e a realidade biológica deles é um elemento de sua realidade *pessoal*, e não simplesmente um instrumento desta). A reprodução é uma função; assim, no que se refere a essa função, os esposos são efetivamente uma única realidade, e sua união sexual pode, portanto, *atualizar* e permitir-lhes *vivenciar* seu *bem comum real – seu matrimônio*, com os dois bens que lhe são inerentes, a paternidade e a amizade, que perfazem as duas partes da totalidade do matrimônio como um bem comum inteligível mesmo quando, independentemente da vontade dos esposos, sua capacidade para a paternidade biológica não venha a realizar-se em consequência do ato de união genital" (Id., p. 15). Robert George apresenta o mesmo argumento em linguagem um pouco mais moderna, mas mesmo assim não consigo entendê-lo: "É claro que o casal que copula pode ser estéril, mas o ato da cópula, na medida em que é o comportamento reprodutivo característico da espécie, une em um único organismo o macho e a fêmea que têm relação sexual." Robert P. George, "Public Reason and Political Conflict: Abortion and Homossexuality", 106 *Yale Law Journal*, pp. 2475, 2499, n. 112 (1997). Quando o casal sabe que seu ato sexual é estéril, o ato não é um "comportamento reprodutivo", e mesmo um ato sexual com possibilidade de redundar em reprodução não une o homem e a mulher "num único organismo". Mas concordo com a crítica que George dirige a John Rawls (sendo essa crítica o tema do artigo acima citado) por tentar excluir da esfera política os argumentos morais baseados em crenças religiosas, mesmo quando os crentes apresentam justificativas racionais – por mais rasas que pareçam aos não crentes – para suas crenças.
[144] Tomás de Aquino, *Suma teológica*, Parte II-II, questão 154, artigo 12.
[145] Como fez Paul J. Weithman em "Natural Law, Morality, and Sexual Complementarity", em *Sex, Preference, and Family: Essays on Law and Nature*, p. 227 (org. David M. Estlund e Martha C. Nussbaum, 1997).
[146] Em *Religious Inventions: Four Essays*, capítulo 4 (1997), Max Charlesworth nega a legitimidade *religiosa* de uma ética distintivamente cristã, fazendo o pertinente comentário: "Hoje em dia, os cristãos são mais conhecidos por suas atitudes diante

A posição de Finnis não é determinada pela "razão", mas por sua religião. Porém, o mesmo vale para seus adversários seculares, desde que entendamos o termo "religião" de modo amplo suficiente para incluir nele todo compromisso inabalável que determine os valores fundamentais da pessoa. O humanismo secular é uma religião nesse sentido. Thomas Nagel é ateu professo[147], mas acha que ninguém pode *realmente* acreditar que "cada um de nós só tem valor para nós mesmos e para aqueles que gostam de nós"[148]. Para quem mais poderíamos ter valor? Quem nos dá valor sem gostar de nós do mesmo jeito que nós gostamos dos amigos, da família e, às vezes, dos membros de comunidades humanas maiores? Quem mais senão aquele Deus em que Nagel não acredita? Nagel é um cripto-cristão rigorista, que quer que as pessoas se sintam mal por não serem supermorais – por não falarem sempre a verdade, por não darem todo o seu dinheiro para pobres indignos e por não fazerem outros sacrifícios que os seres humanos não tendem naturalmente a fazer.

Finnis e os outros moralistas que derivam seus códigos morais da ortodoxia religiosa cometem um erro tático quando tentam usar a razão para defender suas crenças. Colocam-se, assim, nas mãos de seus opositores seculares, que gostariam de fazer da razão o único fundamento legítimo de qualquer proposição moral. Em vez de jogar no campo do adversário, os moralistas religiosos deveriam mostrar que as opiniões dos moralistas seculares são baseadas na fé tanto quanto as deles próprios; e que o argu-

---

de temas como o aborto, a eutanásia, os meios artificiais de contracepção etc. do que por seguir os preceitos do Sermão da Montanha." Id., p. 136. Como indica Charlesworth, a posição "cristã" sobre esses assuntos não têm raízes nem mesmo sementes nos Evangelhos.

[147] Nagel, *The Last Word*, nota 11, acima, p. 130.
[148] Id., p. 121; e ver id., p. 122, em que ele declara que essa crença é "altamente irrazoável e difícil de aceitar com honestidade".

mento, entendido como uma forma de retórica ou teatro, desempenha na teoria moral secular o mesmo papel que a liturgia desempenha na religião.

A coisa mais importante que temos de entender a respeito dos filósofos morais modernos, estejamos interessados na veracidade de seus argumentos ou em seu poder de persuasão, é que eles não são videntes, profetas, santos, rebeldes ou mesmo não conformistas, mas sim meros profissionais. Seus valores morais são os do grupelho a que pertencem (seu "grupo de referência", diriam os sociólogos[149]): o dos professores de ciências humanas. Esse grupo tem dois subconjuntos principais: o liberal-secular e o conservador-religioso. As pressões sociais que se impõem a esses profissionais criam uma forma de vida que a teoria moral é impotente para mudar: uma forma de vida que, em muitos casos, é moralmente caótica no nível da teoria, isso para não falar na prática, tanto pessoal quanto profissional[150]. O mesmo moralista acadêmico pode defender com veemência o direito de fazer aborto[151] ou de manter relações sexuais sem proteção apesar do perigo que isso acarreta para um parceiro que não suspeita do risco de contaminação e, ao

---

[149] "Ao escolher pessoas específicas, escolhemos um mundo específico em que viver." Peter L. Berger, *Invitation to Sociology: A Humanistic Perspective*, p. 120 (1963).

[150] Sobre a vida profissional, Hanson e Heath fazem um comentário mordaz: "Os docentes em tempo parcial, os assistentes de docência e os assistentes que corrigem provas em troca de um salário mísero são, de todas as pessoas exploradas pela universidade, as que nos deixam mais embaraçados. Homens e mulheres de elite e de pensamento muito liberal contratam subordinados para dar suas aulas e corrigir suas provas, pagando-lhes um décimo do que eles mesmos ganham." Hanson e Heath, nota 120, acima, p. 236. Ver também id., pp. 149, 151-2, 250.

[151] É o que faz Frances Kamm quando, em um livro pró-aborto, ela aborda hesitantemente a questão de saber se o aborto é uma forma de infanticídio: "temos de tomar cuidado ao supor que o feto, além de ser uma pessoa, é também um bebê. Temos de tomar cuidado para que esse ponto de vista não nos torne, por motivos meramente biológicos ou sentimentais, menos dispostos a matá-lo, sem que haja, do ponto de vista moral, razões suficientes para não matar". F. M. Kamm, *Creation and Abortion: A Study in Moral and Legal Philosophy*, p. 6 (1992).

mesmo tempo, lamentar sentimentalmente a morte de lontras-marinhas em um derramamento de óleo e proclamar o que Holmes chamava de "universais irrefletidos. (Nunca minta. Venda tudo o que tem e dê o dinheiro aos pobres etc.)"[152]. Um moralista acadêmico de outro tipo pode ter imensa compaixão por um feto de um minuto de idade gestacional, mas ser impiedoso para com homossexuais, estrangeiros e vítimas de discriminação racial ou sexual sob qualquer forma que não seja a ação afirmativa.

A era do profissionalismo – na filosofia moral como na medicina – é também, e em consequência, a era daquilo a que Weber deu o nome memorável de "desencantamento do mundo"[153]. As coisas nem sempre foram assim na filosofia moral, ou mesmo na medicina. Sócrates não era professor titular e deu a vida por seus princípios. Cícero foi proscrito; Sêneca, assassinado a mando de Nero. Hobbes foi exilado, como o foram também Locke e Rousseau. Bentham era advogado, economista e reformador prático, mas não professor universitário; e, com refinada dramaticidade, mandou que seu cadáver fosse embalsamado e deixado em exposição permanente para servir de inspiração a seus seguidores. Mill também não foi professor universitário; foi funcionário público, economista e membro do Parlamento. Nietzsche abandonou a posição segura de professor de filologia e tornou-se um pária[154]. Wittgenstein foi soldado na Primeira Guerra Mundial e

---

[152] Carta a Lewis Einstein, 23 jul. 1906, em *The Essential Holmes: Selections from the Letters, Speeches, Judicial Opinions, and Other Writings of Oliver Wendell Holmes, Jr.*, nota 105, acima, p. 58.

[153] Referências e discussões podem ser encontradas em Anthony T. Kronman, *Max Weber*, capítulo 8 (1983). O reitor Kronman, especialista tanto em Weber quanto nas aplicações da teoria moral, reconhece e deplora esse fato; acredita que a profissionalização é fatal para a filosofia moral. Anthony T. Kronman, "The Value of Moral Philosophy", 111 *Harvard Law Review*, pp. 1751, 1764-7 (1998).

[154] A renúncia ao cargo, em maio de 1879, foi precipitada por problemas de saúde, mas ele já tinha decidido que "a longo prazo, a vida acadêmica é impossível para

enfermeiro na Segunda; foi também engenheiro mecânico, arquiteto e professor do ensino médio, rompeu com as convenções acadêmicas, não fez questão de publicar suas obras e foi exilado; deu todo o seu dinheiro (uma fortuna) e abandonou o cargo de professor universitário. Bertrand Russell passou um tempo na prisão por causa de suas crenças. Tudo isso é história. A filosofia tornou-se tão profissionalizada quanto a contabilidade. Esse fato tem consequências tanto para o método quanto para o conhecimento filosóficos. Os profissionais tendem a adotar um modo complexo e hermético de análise e expressão (ver o capítulo 3), e os modernos filósofos morais não são exceção à regra. Seus argumentos tão bem tecidos são uma gaze fina, incapaz de abalar, em um centímetro que seja, a rocha da intuição moral.

A tendência da profissão de fechar-se dentro de uma muralha é coibida quando se trata de uma profissão que presta serviços, ou seja, quando tem de agradar a consumidores; é coibida também quando ela faz afirmações que podem revelar-se falsas, seja com relação às hipóteses preditivas das ciências, seja com relação às afirmações das Forças Armadas de que são capazes de derrotar o inimigo. A filosofia moral acadêmica, com raras exceções – a bioética de Childress, por exemplo –, não tem consumidores fora de seus próprios quadros (quando se trata da publicação de trabalhos acadêmicos; no que diz respeito à docência, ela tem de agradar aos alunos – quanto menos, melhor) nem faz afirmações que podem se revelar falsas. Liberto de todos os freios e contrapesos externos, o moralista acadêmico não tem incentivo para

---

mim". Carta a Franz Overbeck, ago. 1877, citada em R. J. Hollingdale, *Nietzsche: The Man and His Philosophy*, p. 133 (1965). Ver também David Breazeale, "Introduction", em Friedrich Nietzsche, *Untimely Meditations*, pp. vii, xxix-xxx (1997); Ronald Hayman, *Nietzsche: A Critical Life*, p. 190 (1980). Já em 1874 ele pensava em abandonar o cargo de professor. Ver id., p. 171.

ser útil para ninguém e, assim, está livre para buscar o prestígio acadêmico mediante demonstrações de brilho e perspicácia. Os filósofos morais competem uns com os outros pela fama e fortuna acadêmicas, demonstrando com quanto cuidado leram os textos canônicos, com quanta esperteza conseguem desenvolver uma analogia ou identificar uma incoerência, com quanta regularidade conseguem raciocinar das premissas às conclusões, quantas distinções sutis conseguem fazer e com quanta habilidade conseguem espetar um oponente. Porém, os talentos intelectuais dos filósofos morais, como o QI elevado em geral, não necessariamente geram um produto social útil – e, em seu trabalho normativo, normalmente não geram.

Não é, porém, no que se refere ao método, e sim no que tange à sua vida concreta, que os modernos filósofos morais mais se afastam de seus predecessores. Acadêmicos com cargo vitalício, nunca saem da escola. Não correm nenhum risco profissional até conseguir um cargo estável; depois disso, correm pouquíssimos riscos profissionais e nenhum risco pessoal. Levam uma confortável vida burguesa, às vezes com um toque boêmio. Ou pensam como esquerdistas e vivem como direitistas ou pensam e vivem como direitistas. Não estou fazendo críticas. Gosto dos acadêmicos. Considero-me um deles; sou tão pouco heroico quanto eles; pertenço à mesma burguesia acomodada. Mas não acho que eles – nós – tenhamos grande possibilidade de estimular o empreendedorismo moral[155]. Os moralistas acadêmicos vivem tão fora da

---

[155] Argumentos semelhantes, apresentados por filósofos, encontram-se em Annette Baier, "Doing without Moral Theory?", em Baier, *Postures of the Mind: Essays on Mind and Morals*, capítulo 12 (1985), reproduzido em *Anti-Theory in Ethics and Moral Conservatism*, nota 3, acima, p. 29. Devo deixar claro, porém, que, embora admire a ciência, não me engano pensando que os cientistas são seres moralmente superiores. Vejam-se observações pertinentes a esse respeito em Gordon Tullock, "Are Scientists Different?", *Journal of Economic Studies*, n. 4/5, 1993, p. 90.

realidade prática quanto os matemáticos, e alguns se orgulham disso[156]. Não são inovadores morais, e muito menos heróis morais ou mentores desses heróis. E isso não só por temperamento, mas também por convicção. Sendo professores e intelectuais, os filósofos morais exageram a importância da educação, da análise, da cultura, do debate e da inteligência para a mudança moral. Por isso nem sequer fazem a tentativa de ser empreendedores morais. Não que essa tentativa pudesse dar certo. O casulo acadêmico não é um ambiente propício para nutrir a coragem moral e a imaginação. A democracia liberal dificulta para *todos* o empreendedorismo moral, pois, ao tolerar os dissidentes, impede-os de provar sua coragem e, assim, de assumir papel inspirador. Se Ralph Nader não tivesse sido assediado pela General Motors, talvez nunca tivesse se tornado um profeta social; e mesmo com a "vantagem" de ter sido perseguido (de modo pouco agressivo, aliás), adotou um estilo de vida aparatosamente modesto a fim de pôr ainda mais em evidência sua superioridade moral.

Não há provas concretas nem razões que nos permitam crer que os moralistas acadêmicos, comparados com as outras pessoas, têm um conhecimento superior da moral. Dizendo que eles não são empreendedores morais, estou frisando o problema de "vender" uma nova moral; mas os moralistas acadêmicos não são sequer inventores discretos. Revestem com a linguagem acadêmica as opiniões morais do grupo a que pertencem, as opiniões que estão "no ar", as opiniões de colegas mais velhos e poderosos ou, às vezes, de alunos teimosos e apaixonados. Assim, quando reclamo de que os moralistas acadêmicos não têm o carisma ne-

---

[156] "Tanto na moral quanto na matemática, parece ser possível descobrir a verdade pelo simples pensamento ou raciocínio." T. M. Scanlon, "Contractualism and Utilitarianism", em *Utilitarianism and Beyond*, p. 103, 104 (org. Amartya Sen e Bernard Williams, 1982).

cessário para mudar o código moral de sua sociedade, não estou negando a divisão do trabalho; não estou criticando os inovadores por também não serem "vendedores".

Pode-se, é certo, *imaginar* a possibilidade de que o moralista acadêmico crie inovações morais e o líder carismático as ofereça às massas. Nesse espírito, Peter Unger, admitindo que o livro em que ele pede que os norte-americanos doem às crianças do Terceiro Mundo todo o dinheiro que sobrepassa suas necessidades mínimas de sobrevivência não terá senão meia dúzia de leitores, manifesta a esperança de que alguém escreva um *best-seller* defendendo sua posição[157]. A divisão de trabalho que ele contempla é semelhante à que existe entre o gerente de produção e o gerente de vendas de uma empresa comercial. E, com efeito, um fenômeno semelhante a esse é perceptível na história da moral. O cristianismo foi influenciado pelo pensamento de Platão e dos estoicos, e depois pelo de Aristóteles; as noções modernas de igualdade entre os sexos têm uma dívida para com Mill; Rousseau influenciou os jacobinos; Hegel influenciou Lênin e Stalin por intermédio de Marx, e o pragmatismo por meio de John Dewey. Será que os acadêmicos modernos, sucessores autoproclamados dos gigantes da filosofia moral, estão criando inovações morais que, na plenitude dos tempos, serão absorvidas por nosso código moral pelos esforços de intermediários morais ou religiosos? É de se duvidar. A moderna carreira acadêmica não é propícia à inovação moral. Os modernos moralistas acadêmicos, mesmo aqueles que exerceram profunda influência sobre a *academia*, como Rawls[158],

---

[157] Peter Unger, *Living High and Letting Die: Our Illusion of Inocence*, p. 156 (196). Para estimular seu minúsculo grupo de leitores a abrir o bolso, Unger, solícito, lista os números de discagem direta gratuita de três instituições de caridade. Id., p. 175.
[158] O próprio Frank Michelman, que é o maior fã de Rawls entre os professores de direito, não se pronuncia sobre a questão de saber se o pensamento de Rawls teve algum efeito concreto no direito norte-americano. Frank I. Michelman, "The Subject of Liberalism", 46 *Stanford Law Review*, pp. 1807, 1808 (1994).

são profissionais, especialistas tacanhos. Arrumam a bagunça dos inovadores morais genuínos, que não são (ou não eram) outros acadêmicos à moda moderna, mas sim as figuras clássicas do passado; ou gente de ação, como políticos, pregadores e visionários; ou mesmo, às vezes, jovens rebeldes.

Nem todos os moralistas acadêmicos contentam-se com o monasticismo intelectual. O "intelectual público" tem a esperança de comunicar-se diretamente com um público que não se limita aos outros acadêmicos, e de influenciar esse público. Essa esperança não tem fundamento, pelo menos para um filósofo moral ou político em uma sociedade que, como a norte-americana, não tem interesse pela filosofia. O público norte-americano não quer um debate filosófico, mas soluções práticas para problemas práticos.

Entretanto, o desejo do moralista acadêmico de ser uma "pessoa pública" é significativo, porque revela sua ambivalência diante da vocação do filósofo. Essa ambivalência é um tema constante do livro *Fieldwork in Familiar Places* [Trabalho de campo em lugares familiares], de Moody-Adams[159]. Embora ela "busque formular uma concepção plausível da objetividade moral e defender, com cauteloso otimismo, a ideia de que a filosofia moral pode auxiliar uma investigação moral séria feita na vida cotidiana" (p. 1), e para tanto dirija vigoroso ataque contra o relativismo moral, já vimos que ela também ataca o realismo moral e a noção de que a teoria moral pode ser considerada semelhante à ciência em matéria de resolver problemas. E isso é só o começo. Ela critica os filósofos morais por "tentar transformar os problemas morais em enigmas filosóficos" e adverte que "os resultados podem ser bons ou mesmo excelentes em matéria de filosofia, mas serão insatisfatórios como forma de investigação moral" (p. 136). Não

---

[159] Nota 20, acima. A mesma ambivalência é patente em muitas outras obras, entre as quais Kronman, "The Value of Moral Philosophy", nota 153, acima.

encontra "razão alguma para pensar que o processo de investigação moral possa, ao fim e ao cabo, resultar na 'convergência' em torno de alguma teoria" (p. 143). "A filosofia não tem a última palavra no argumento moral; não é nem mesmo *prima inter pares*" (p. 176). Rejeita "a noção de que a tarefa própria da filosofia moral é a de validar concepções morais sistemáticas" (p. 184) e considera simplesmente insolúvel um desacordo como o de Rawls e Nozick em torno da natureza da justiça política[160]. Embora veja algum valor na "tendência [da teoria moral] de estimular o exame de si mesmo" (p. 170), acrescenta uma ressalva a esse elogio, reconhecendo que as "teorias morais não resolvem os problemas morais e, na verdade, não podem resolvê-los" (p. 173). Suas intermitentes profissões de fé na investigação moral conduzida pelos filósofos não são amparadas nem por argumentos nem por exemplos persuasivos. Os únicos exemplos que ela apresenta referem-se ao empreendedorismo moral não acadêmico, como o das manifestações pelos direitos civis na década de 1960. É como se ela pensasse que a investigação moral, tal como deve ser conduzida pelos filósofos, *ainda não começou*, e que a disciplina ainda está no estágio de preparação do terreno, durante o qual as falácias são eliminadas e as vias sem saída, identificadas. Mas 2 mil e quinhentos anos é muito tempo para ficar no ponto de partida à espera de que a corrida comece.

Martha Nussbaum, em surdina, expressou também certa ambivalência diante do moralismo acadêmico. Ela é conhecida por querer tratar as tragédias gregas, os romances de Henry James e outras obras da literatura imaginativa como obras de filosofia moral, e um de seus motivos para tal é o fato de opor-se à "academi-

---

[160] Esses desacordos terminam em um impasse que Hilary Putnam caracteriza como um "desprezo respeitoso". Putnam, *Reason, Truth and History*, pp. 165-6 (1981). Ver também Weinreb, nota 10, acima, p. 240.

zação e profissionalização da filosofia"[161]. Porém, desafiada por alguém de fora de sua profissão (eu), ela cerra fileiras com os demais filósofos morais e procura catalogar os êxitos da filosofia moral no domínio da ação[162]. Para dar algum peso ao catálogo, porém, ela é obrigada a pescar em águas profundas – citando não somente Rousseau, Cícero, Locke, Montesquieu, Marx e Burke, nenhum dos quais era acadêmico, mas também Amartya Sen, que, além de filósofo, economista (principalmente este último), e até John Dewey, como filósofo da educação. Diz ela que, se Cícero e os outros não acadêmicos em sua lista estivessem vivos hoje em dia, *seriam* acadêmicos contratados em regime vitalício; ao dizer isso, porém, ela ignora a distinção entre os moralistas acadêmicos e os empreendedores morais. São duas vocações diferentes. As condições da academia moderna (estabilidade no emprego, especialização e por aí afora) impedem que aqueles que nela vivem adquiram a visão e a influência dos filósofos que ela cita, todos mortos há muito tempo.

Nussbaum só dá dois exemplos da influência do moralismo acadêmico sobre o pensamento ou a ação nos Estados Unidos: a defesa dos direitos dos animais por Peter Singer e a literatura filosófica sobre a bioética. Não são bons exemplos – o de Singer porque, como observei, ele não escreve como um filósofo acadêmico nem (o que tem mais relação com o assunto) oferece grandes argumentos filosóficos; o da bioética porque, como também observei, a melhor bioética filosófica (de que é exemplo a obra de Childress) é a menos filosófica de todas.

---

[161] Martha C. Nussbaum, *Love's Knowledge: Essays on Philosophy and Literature*, p. 20 (1990). Ver também Nussbaum, nota 66, acima; Martha C. Nussbaum, *The Fragility of Goodness: Luck and Ethics in Greek Thought and Philosophy*, pp. 15-16 (1986).

[162] Nussbaum, nota 98, acima, pp. 1780-2, 1792-3. Apresento no corpo do texto as demais referências às páginas de seu artigo.

Nussbaum diz ainda que "existem muitos caminhos para se obter influência", e acrescenta que "às vezes os teóricos da ética também são políticos de destaque" – mas o mais recente de seus exemplos, o imperador Marco Aurélio, morreu há 1800 anos (p. 1792). Observa que alguns outros téoricos da ética foram "empreendedores práticos" (id.), mas seus únicos exemplos são Dewey (como fundador da educação progressista) e Sen, o economista (que conseguiu fazer com que o Programa de Desenvolvimento da ONU adotasse suas medidas de auxílio aos pobres)[163]. A maioria dos teóricos da ética não foram nem são políticos e empreendedores, mas sim escritores e teóricos. Nussbaum reconhece a estreiteza e a tacanhice da vida dos moralistas acadêmicos, dá a entender que eles deveriam tentar não passar a vida inteira na universidade, admite que, "com demasiada frequência, nossa insularidade se evidencia no modo como escrevemos" (p. 1794), reconhece a dificuldade que os filósofos enfrentam quando tentam falar a um público que extrapole seus colegas de academia e assevera que "as revistas especializadas em que temos de publicar [artigos] para garantir um cargo vitalício desencorajam um uso mais flexível do estilo... O não texto repleto de jargão das revistas filosóficas é um estilo que não serve para persuadir nenhum ser humano" (p. 1795). Os bons filósofos que influenciam as crenças das pessoas "empregam os recursos da imaginação" para atraí-las "para o argumento filosófico, à maneira de Platão, Cícero, Hume, Rousseau ou William James" (pp. 1794-5). Todos os exemplos citados estão mortos há muito tempo. E não por acaso. Referindo-se ao jargão profissional, à insularidade, às condições para a obtenção de um cargo vitalício e à permanência perpétua na escola, Nussbaum identifica com exatidão aquelas características da mo-

---

[163] Bentham, o maior de todos os empreendedores entre os filósofos morais, também era economista e advogado.

derna filosofia moral que a classificam como uma profissão no sentido weberiano ("desencantado"). Nesse sentido, ela é incompatível com o empreendedorismo moral e, portanto, com a expectativa razoável de que possa alterar as crenças ou práticas morais das pessoas. Hoje em dia, a filosofia moral normativa, com efeito, está "academizada e profissionalizada".

A persistência do debate moral e o moralismo acadêmico

Resumindo a discussão até este ponto, o código moral da sociedade muda quando mudanças nas condições materiais (como a diminuição da importância do combate corpo a corpo, o advento das imagens de ultrassom no começo da gravidez, a superação da magia pela ciência e as mudanças tecnológicas – métodos mais seguros de controle de natalidade, aparelhos que diminuem o trabalho das donas de casa, a substituição da força bruta por máquinas em muitos ramos e a substituição do setor produtivo pelo setor de serviços – que possibilitaram uma participação muito maior das mulheres no mercado de trabalho) põem em cheque as asserções factuais entremeadas no código moral; ou quando um líder moral carismático, percebendo um descompasso entre a moral existente e uma sociedade em mutação, usa métodos não racionais de persuasão para mudar os sentimentos morais. O moralismo acadêmico, porém, não é um agente de mudança moral. A persistência do debate moral não refuta esta conclusão. O desacordo moral interminável talvez não prove que o moralismo acadêmico não vale nada, mas também não prova que ele vale alguma coisa. Dada a moral, o pluralismo moral, a mudança moral e as emoções morais, é de esperar que ocorram discussões morais que gerem pretensões morais rivais; não é necessário, porém, que essas discussões deem amparo racional a tais pretensões, nem é necessário que os filósofos participem delas.

O maior enigma não é a persistência da discussão moral, mas a do moralismo acadêmico. O âmbito e a sofisticação cada vez maiores das ciências naturais e sociais fizeram diminuir o espaço dentro do qual um generalista pode falar qualquer coisa de interessante acerca de um assunto específico. A filosofia é o campo residual da especulação e vai continuamente perdendo terreno para disciplinas mais especializadas. (Está perdendo, por exemplo, para a bioética, a jusfilosofia e a sociologia moral, só para citar algumas que têm certa relação com este livro.) Está cada vez mais difícil para os filósofos dizer algo de inteligente acerca do comportamento social. Vem ao caso citar os filósofos que criticam a política econômica. Um economista ou sociólogo daria risada diante da afirmação de uma renomada filósofa moral de que a filantropia privada tem a tendência intrínseca de "estimular uma 'cultura da dependência'" e que isso demonstra que precisamos de um Estado de bem-estar social[164]. Criando o direito legal à seguridade social, o Estado de bem-estar tem probabilidade maior que a dos cidadãos particulares de estimular a dependência, uma vez que os particulares teriam liberdade para diminuir ou cortar sua liberalidade ao menor sinal de dependência. Outra filósofa moral defende as cooperativas de trabalhadores porque "a proteção ambiental tende a se harmonizar melhor com os interesses e os ideais de empresas dirigidas por trabalhadores do que com os interesses das empresas capitalistas", e isso porque "os trabalhadores, ao contrário dos capitalistas, têm de viver na comunidade onde trabalham e, logo, têm de conviver com a poluição que criam"[165]. Porém, como alguns trabalhadores não são de fábrica, mas de escritório, e como é possível que nem todas as fábricas da empresa

---

[164] Onora O'Neill, *Construction of Reason: Explorations of Kant's Practical Philosophy*, pp. 231-2 (1989).
[165] Elizabeth Anderson, *Value in Ethics and Economics*, p. 213 (1993).

sejam poluentes, e como, ainda, os efeitos da poluição produzida por uma fábrica podem talvez ser sentidos a longa distância, provavelmente a maioria dos trabalhadores-proprietários da cooperativa não será afetada pela poluição produzida pela empresa. Mesmo que fossem, a adoção de medidas de controle da poluição poderia impor-lhes uma perda maior que a sofrida por hipotéticos acionistas: a perda do emprego. Em outra parte no mesmo livro, afirma-se que os trabalhadores subavaliam os perigos do local de trabalho[166], mas não se explica por que isso não valeria também para trabalhadores-proprietários que tivessem de escolher entre menos empregos e menos poluição. Segundo um admirador das empresas geridas pelos trabalhadores, citado pela filósofa, as condições de trabalho das cooperativas que produzem madeira compensada no noroeste dos Estados Unidos – que são as mais bem-sucedidas firmas industriais controladas por trabalhadores nesse país – são tão sujas, barulhentas e perigosas quanto qualquer serraria capitalista[167].

Por acaso, a filósofa mencionada (Elizabeth Anderson) é, ao mesmo tempo, feminista e crítica do livre mercado e da mercantilização exacerbada; e essa concomitância, embora comum (Margaret Jane Radin é um exemplo na jusfilosofia[168]), é incômoda. As feministas querem que as mulheres possam sair de casa e que, para isso, os contribuintes subsidiem creches. O que se pretende é a

---

[166] Id., pp. 195-203.
[167] Christopher Eaton Gunn, *Worker's Self-Management in the United States*, p. 130 (1984). Em matéria de crítica econômica às empresas controladas por trabalhadores, ver, por exemplo, Michael C. Jensen e William H. Meckling, "Rights and Production Functions: An Application to Labor-Managed Firms and Codetermination", 52 *Journal of Business*, p. 469 (1979); Jan Winiecki, "Theoretical Underpinnings of the Privatisation of State-Owned Enterprises in Post-Soviet-Type Economics", 3 *Communist Economics and Economic Transformation*, p. 397 (1991).
[168] Ver Margaret Jane Radin, *Contested Commodities* (1996).

mercantilização do cuidado das crianças – antes realizada fora do mercado, por donas de casa, e agora a ser realizada dentro do mercado por trabalhadores assalariados em creches. A onipresença da "mulher que trabalha fora" significa uma expansão imensa do uso do mercado para direcionar a distribuição dos recursos. As feministas também consideram aborrecidas as restrições do conceito tradicional de casamento; querem, com efeito, mercantilizar o matrimônio, tornando-o mais um relacionamento contratual que um relacionamento de *status* ou condição social.

Michael Sandel, outro filósofo que critica a mercantilização, associa surpreendentemente a aprovação da venda de bebês com a condenação dos contratos de barriga de aluguel[169]. Relata que um médico chamado Hicks, que praticava medicina nas regiões rurais do sul dos Estados Unidos nas décadas de 1950 e 1960, "tinha um negócio secreto de venda clandestina de bebês". Hicks também fazia abortos, e "às vezes, persuadia as jovens que queriam abortar a ter o bebê, criando, assim, a oferta que atendia à demanda de suas consumidoras sem flhos"[170]. Sandel acredita que o "mercado negro de bebês" de Hicks tinha certas qualidades morais que o redimiam, mas não acha o mesmo a respeito da barriga de aluguel. Observa que, comparada à "empresa caseira" do Dr. Hicks, "o aluguel de úteros, que movimenta 40 milhões de dólares por ano, é um negócio de grande escala". Mas está comparando um único vendedor com um mercado inteiro – e, além disso, um único vendedor em um mercado ilegal, cujos operadores se ocultam, com um mercado legalizado. Com mais de um milhão de abortos rea-

---

[169] Ver Michael Sandel, "The Baby Bazaar", *New Republic*, 20 out. 1997, p. 25. Um argumento semelhante (mas um pouco mais elaborado) contra a barriga de aluguel é apresentado por Anderson, nota 165, acima, capítulo 8.

[170] Cf. Elizabeth M. Landes e Richard A. Posner, "The Economics of the Baby Shortage", 7 *Journal of Legal Studies*, p. 323 (1978).

lizados por ano, é manifesto o potencial de a "venda de bebês" eclipsar a barriga de aluguel, se essa venda for legalizada.

O fato principal que permite a Sandel distinguir as duas operações é que o aluguel do útero, ao contrário da atividade do Dr. Hicks, estimula a mercantilização. "O mercado negro de bebês do Dr. Hicks resolvia um problema que surge independentemente das considerações mercadológicas. Ele não encorajava as mães solteiras, cujos bebês vendia, a ficarem grávidas." E não precisava fazê-lo. A demanda estimula a oferta. As mulheres que soubessem que poderiam vender seus bebês se não quisessem criá-los tenderiam a tomar menos cuidado para não engravidar. Não há dúvida de que, se o mercado fosse legalizado e não clandestino, um número maior de mulheres saberia da existência desse mercado. Mas Sandel não afirma que a prática do Dr. Hicks é moralmente redimida por ser ilegal!

Anderson, Radin e Sandel são teóricos morais de boa reputação. Outro teórico bem reputado é Michael Walzer, que defende uma forma de "democracia industrial" que (ao que parece, pois seu conceito permanece vago) restringiria substancialmente os direitos econômicos normais dos proprietários de empresas comerciais, com consequências econômicas adversas que ele não discute[171]. Não estou falando de peixes pequenos. Porém, longe se vai a época em que até mesmo os melhores teóricos morais podiam fazer análise de mercado com a mesma proficiência que os economistas. Hoje em dia, as críticas informadas a respeito dos mercados vêm principalmente de dentro da ciência econômica: de economistas como John Donohue, James Heckman, Albert Hirschman, John Roemer e Amartya Sen[172]. Por outro lado, na

---

[171] Michael Walzer, *Spheres of Justice: A Defense of Pluralism and Equality*, pp. 291--303 (1983).
[172] A palavra mágica que qualifica toda essa frase – "principalmente" – é um reconhecimento de que existem algumas críticas competentes da economia feitas por

mesma linha do que eu vinha dizendo, quando um economista formula uma proposição moral, é tarefa apropriada do filósofo moral pôr em questão essa proposição[173].

A persistência de disciplinas acadêmicas débeis não é incomum nem surpreendente. A competição entre as universidades ou dentro delas não é muito eficaz para harmonizar os interesses dos pesquisadores, docentes e administradores universitários com o interesse social pela produção de conhecimentos valiosos e pela formação de um corpo de cidadãos instruídos[174]. Isso acontece em parte porque as universidades não têm fins lucrativos, em parte por causa dos cargos vitalícios e em parte por causa da ausência de condições externas para a realização de pesquisas universitárias de baixo custo (ou seja, pesquisas não científicas); os professores de filosofia não dependem de financiamentos sujeitos à apreciação e autorização de uma banca de colegas. Mas acima de tudo acontece por causa do alto custo da informação – para os estudantes, seus pais e seus futuros empregadores – acerca da qualidade e do valor das universidades e de seus departamentos específicos. A consequência disso é a lentidão com que a oferta de determinado "produto" acadêmico, como os livros e artigos escritos pelos moralistas acadêmicos, se adapta à demanda social.

---

filósofos (sem contar a de Sen). Um bom exemplo é Jean Hampton, "The Failure of the Expected-Utility Theory as a Theory of Reason", 10 *Economics and Philosophy*, p. 195 (1994). Apesar do título agourento ("O fracasso da teoria da utilidade esperada como teoria da razão"), porém, esse artigo não vai fazer muitos economistas ou administradores públicos perderem o sono; coloca-se em um nível de abstração alto demais para atrair-lhes o interesse. Isso, aliás, é típico de toda crítica da economia feita por filósofos que, ao contrário de Sen, não são também economistas.

[173] Ver, por exemplo, Jules L. Coleman, *Markets, Morals, and the Law* (1988); Ronald Dworkin, "Is Wealth a Value?", em Dworkin, *A Matter of Principle*, p. 237 (1985).

[174] Vejam-se algumas observações pertinentes em Arthur Levine, "How the Academic Profession is Changing", *Daedalus*, outono de 1997, pp. 1, 4-5 – bem como Hanson e Heath, nota 120, acima, *passim*.

Não obstante, essa adaptação acontece. Nos últimos anos, assistimos ao fechamento de várias faculdades de biblioteconomia, pedagogia e odontologia, bem como de departamentos de linguística, sociologia e letras clássicas. Não existem departamentos dedicados exclusivamente à filosofia moral, de modo que não é fácil determinar como vai indo essa disciplina. Minha impressão é de que ela resiste, mas sem muita força e por razões que nada têm a ver com o valor intelectual ou social do moralismo acadêmico. Uma das razões é o pluralismo moral que multiplica não só o número de questões morais submetidas à reflexão acadêmica como também o número de pontos de vista morais, e por ambos os motivos estimula a investigação e o debate na academia. Outra é certo esgotamento da investigação filosófica tradicional, que motivou a busca de novos tópicos. Outra, ainda, é que as pessoas que têm atração por textos repletos de problemas de interpretação encontrarão um sem-número desses textos nos cânones da filosofia moral. E, por fim, não há como negar que a filosofia moral pode atrair pessoas que acreditam, embora erroneamente, que o ensino e a pesquisa em filosofia moral *podem* criar um mundo melhor, bem como pessoas com temperamento fortemente religioso (teísta ou não), mas sem vocação religiosa.

Duas outras razões da persistência do moralismo acadêmico talvez sejam ainda mais importantes. Em primeiro lugar, a repulsa ao nazismo – embora se possa compreendê-la sem fazer referência à moral, sendo ela baseada em um sentimento altruísta pelas vítimas e no medo dos perpetradores – criou a demanda por um vocabulário forte de condenação. Rotular o nazismo como uma experiência fracassada de organização social, empreendida por pessoas limitadas, violentas ou perigosas que não partilhavam nossos valores, parece insuficiente para dar vazão à nossa ira. Não faço objeção ao uso da terminologia moral para denotar graus de indignação. A expressão da indignação é uma das funções do vocabulário moral, função a que os emotivistas atribuem um papel exagerado. Porém, a existência de uma terminologia condenatória universalista – o uso da generalização e até do exagero como mecanismos retóricos ou meios de expressão da raiva – não prova a existência dos universais que nossos termos denotam. O apelo a valores morais universais (a "fraternidade entre os homens", por exemplo) pode ter valor político como contrapeso retórico ao etnocentrismo agressivo consubstanciado no *slogan* "todo direito é o direito de um *Volk* particular"[175], de Carl Schmitt; mas valor político e verdade moral não se confundem.

Os moralistas nos alertam de que talvez não sejamos capazes de reprimir as tendências perigosas em nós ou nos outros se não acreditarmos que, quando dizemos que certa conduta ou seus perpetradores são imorais, estamos falando a verdade pura e simples e não apenas expressando medo e repulsa ou, no máximo, afirmando uma verdade local (verdadeira para nós, mas não necessariamente para aqueles que odiamos). *Talvez* haja aí certa astúcia psicológica, mas não uma resposta para o cético: o fato de uma crença ter valor social não é prova de sua veracidade, a menos que o fato de ela ser falsa ponha em risco a sociedade. Porém, nem astúcia psicológica há naquele alerta. A maioria das pessoas obedece ao código moral de sua sociedade sem pensar. Você desvia o carro para não atropelar uma criança sem pensar se as crianças têm, ou não, mais direitos morais que os esquilos; e faz isso independentemente de ser um cético moral, um realista moral metafísico ou um desses dois extremos. Uma pessoa que conseguisse comportar-se de maneira perfeitamente refletida se-

---

[175] Citado sem a indicação da fonte em Mark Lilla, "The Enemy of Liberalism", *New York Review of Books*, 15 maio 1997, p. 38.

ria uma espécie de monstro. É melhor estar rodeado de gente comum, que não se dedica à reflexão moral: as implicações do estudo de Gross.

Porém, a razão principal da persistência do moralismo acadêmico, apesar de suas múltiplas deficiências, talvez não tenha relação nenhuma com a repulsa ao nazismo nem com qualquer outra consideração que apresentei. Pode ser que o moralismo acadêmico promova certo tipo de solidariedade. Vimos que o professor Finnis ataca a homossexualidade com um estilo de argumentação que dificilmente será inteligível, que dirá persuasivo, para as pessoas que não partilham de suas crenças religiosas. Isso me leva a conjecturar que o público principal que ele *visa* a atingir são seus correligionários, pessoas já convencidas de que a homossexualidade é imoral. (O público que ele atinge, mas não visa a atingir são seus críticos irreligiosos.) O mesmo vale para aqueles do outro lado, como Thomson, Gutmann e Thompson. Também eles pregam aos já convertidos.

Mesmo fora do moralismo acadêmico, a maior parte das pregações visa aos já convertidos. A pregação cumpre a importante função de convencer as pessoas de mentalidade semelhante de que não estão sozinhas em suas crenças; de que contam com o apoio de uma pessoa confiante, competente, bem-falante e sagaz; e de que existe uma linguagem capaz de expressar essas crenças e, assim, de solidificá-las e vivificá-las. A pregação cria uma comunidade de crentes e, assim fazendo, tira as pessoas do isolamento intelectual e lhes dá coragem, pois poucas pessoas têm a coragem de afirmar suas convicções a menos que pensem que estas são partilhadas por muitos outros. Na realidade, o moralismo acadêmico não visa a nos tornar pessoas melhores. Visa a arregimentar as tropas e guarnecer as trincheiras que defendem os grupos em que estamos divididos.

Fazendo esta observação, não incorro em contradição com minha afirmação anterior de que o moralismo acadêmico não muda as crenças das pessoas. Há uma diferença entre mudar as crenças e solidificá-las. A tendência do debate moral de gerar cada vez mais divergências dá a entender que os argumentos morais, nas pessoas a quem se dirigem, não se limitam a entrar por um ouvido e sair pelo outro. Servem também para lembrar-lhes de suas crenças morais intuitivas (e, talvez, apreendidas apenas de modo vago) e para confirmar nelas essas crenças. Trata-se de uma função retórica importante; mas não deve ser confundida com as funções de inspirar as pessoas a mudar de crenças ou de modo de vida e de dar-lhes motivos racionais persuasivos para fazê-lo.

2

TEORIA DO DIREITO, TEMAS MORAIS

O termo "teoria do direito" (*legal theory*) não é tão conhecido quanto deveria ser. A teoria do direito se distingue tanto da filosofia do direito (ou jusfilosofia), que por outro lado ela engloba, como da análise doutrinal. A filosofia do direito analisa abstrações de alto nível ligadas ao direito, como o positivismo jurídico, o jusnaturalismo, a hermenêutica jurídica, o formalismo jurídico e o realismo jurídico. A análise doutrinal é a análise das normas, padrões e princípios jurídicos feita pelos profissionais do direito (advogados, juízes e professores de direito), que empenham nessa análise tão somente sua formação jurídica mais os conhecimentos, técnicas e pressupostos linguísticos e culturais que partilham com o restante de sua comunidade social. A teoria do direito inclui a filosofia do direito, mas é mais ampla que esta, pois inclui também o uso de métodos não jurídicos de investigação para elucidar questões jurídicas específicas; exclui somente a análise doutrinal.

Alguns teóricos do direito pensam que os princípios morais fazem parte do direito. Gostariam, ainda, de aplicar diretamente a teoria moral a questões jurídicas. Outros, especialmente alguns teóricos constitucionais, propuseram teorias jurídicas que, ou são baseadas em uma teoria moral (ou em uma teoria política cognata) ou têm uma forma semelhante à da teoria moral, acompanhada pelas dificuldades metodológicas que caracterizam esta última. E, do mesmo modo, muitas escolas de jusfilosofia, o ramo mais abstrato da teoria do direito, baseiam-se na teoria moral ou são formalmente semelhantes a ela. Este capítulo fala de como a teoria do direito está infectada pela teoria moral e sobre os esforços dos profissionais do direito para resistir à infecção.

JUSFILOSOFIA E TEORIA MORAL

Para estudar o envolvimento da jusfilosofia com a teoria moral, podemos recapitular a evolução do pensamento jusfilosófico desde H. L. A. Hart até Ronald Dworkin, e deste a Jürgen Habermas. A característica que pretendo pôr em evidência nessas teorias jusfilosóficas é a sua pretensão à universalidade. Cada teórico proclama princípios que ele considera aplicáveis a qualquer ordenamento jurídico; mas a melhor maneira de compreender cada sistema teórico é considerá-lo como descrição de determinado ordenamento jurídico nacional – inglês no caso de Hart, norte-americano no caso de Dworkin, alemão no caso de Habermas. Quando se percebe isso, qualquer traço de teoria moral em seus sistemas jusfilosóficos pode ser refundido em terminologia política ou pragmática e a teoria moral pode ser descartada.

Hart *vs.* Dworkin

O conceito de direito que Hart expôs no livro que leva o mesmo título – um clássico do positivismo jurídico – é o direito como um sistema de normas[1]. A norma de reconhecimento permite que as pessoas saibam se determinada norma de conduta faz parte

---

[1] H. L. A. Hart, *The Concept of Law* (1. ed., 1961, 2. ed., 1994). Minhas citações fazem referência à paginação da segunda edição, que é igual à primeira, exceto pelo acréscimo de um grande pós-escrito em que Hart discute suas diferenças com Dworkin.

do sistema de normas de conduta *jurídicas*, as quais são aplicadas pelos juízes. Eles correspondem aos árbitros dos jogos (sendo esses jogos outra atividade baseada em normas). Assim como os jogos deixariam de existir se os árbitros tivessem a liberdade de aplicar as regras ou não, o sistema jurídico deixaria de existir, caso os juízes pudessem fazer um jogo "ao arbítrio do marcador". Porém, como muitas normas jurídicas são menos precisas que as regras dos jogos, às vezes acontece de os juízes não conseguirem decidir uma causa mediante a aplicação de uma norma jurídica existente. Quando deparam com causas que não são, portanto, "regulamentadas juridicamente" (p. 252), os juízes exercem sua discricionariedade. Na verdade, nessas causas, eles atuam como legisladores – as pessoas que criam as normas. Por serem legisladores *não eleitos*, eles têm o dever de proceder com modéstia quando percebem que suas decisões terão caráter legislativo. Se, por outro lado, os juízes não criam, mas simplesmente aplicam o direito ao decidir uma causa, estão agindo dentro do âmbito de sua competência profissional e da função que lhes é autorizada, por isso não precisam atuar com timidez. Essa é a opinião de Ronald Dworkin. O direito não compreende somente as normas estabelecidas por assembleias legislativas e outras autoridades promulgadoras de normas jurídicas formais, mas também os princípios, com destaque para os princípios morais, a que os legisladores ou os juízes podem fazer referência quando criam normas novas. Os juízes têm o dever de ser filósofos morais[2].

---

[2] Ver, por exemplo, Ronald Dworkin, "Introduction", em Dworkin, *Freedom's Law: The Moral Reading of the American Constitution*, p. 1 (1996); Dworkin, "In Praise of Theory", 29 *Arizona State Law Journal*, p. 353 (1997); Dworkin, "Reply", 29 *Arizona State Law Journal*, p. 431 (1997). Quanto às críticas, ver Michael W. McConnell, "The Importance of Humility in Judicial Review: A Comment on Ronald Dworkin's 'Moral Reading' of the Constitution", 65 *Fordham Law Review*, p. 1269 (1997).

É revelador que, embora Dworkin quase nunca discuta outras doutrinas jurídicas que não as do *common law* ou, com mais frequência, doutrinas que a Suprema Corte inventou a partir dos dispositivos mais vagos da Constituição dos Estados Unidos – dispositivos que os juízes trataram essencialmente como diretrizes para que os tribunais criassem a doutrina constitucional pelo método do *common law* –, o livro de Hart nem sequer tem o verbete "*common law*" no índice remissivo. O *common law* é um empecilho à sua teoria[3]. Conquanto reconheça que "em alguns sistemas jurídicos, como nos Estados Unidos, os critérios últimos de validade jurídica podem incorporar explicitamente, além do *pedigree*, princípios de justiça ou valores morais materiais, e estes podem integrar o conteúdo das restrições jurídicas *constitucionais*" (p. 247, grifo meu), Hart não estende esse mesmo privilégio ao *common law*. O *common law* não se encaixa na ideia de uma norma de reconhecimento. Como as fontes a partir das quais os juízes criam o *common law* não se reduzem às promulgações do direito positivo, não há um lugar onde se possam encontrar as normas – não há nada em que a norma de reconhecimento possa basear o processo de reconhecimento normativo. E, ao contrário do direito constitucional, o *common law* não pode ser descartado como uma inovação vinda do estrangeiro: boa parte do direito inglês *é* o *common law*.

O dilema dos positivistas não se resolve, como pensava Holmes (que tinha forte tendência positivista), quando se entende o *common law* como um corpo de legislação promulgado pelos juízes como delegados do Poder Legislativo. Isso privaria a norma de reconhecimento de toda "normatividade"; tudo o que os juízes fizessem seria lícito, pelo simples fato de o fazerem. E essa abor-

---

[3] A. W. B. Simpson, "The Common Law and Legal Theory", em *Oxford Essays in Jurisprudence: Second Series*, pp. 77, 80-4 (org. A. W. B. Simpson, 1973).

dagem implicaria (implicação que Holmes explicitou quando chamou os juízes de legisladores "intersticiais"[4]) que, sempre que modificassem, ampliassem o âmbito de aplicação ou mesmo simplesmente refinassem uma norma do *common law* – e os juízes fazem isso o tempo todo, inclusive em um sistema como o inglês, que dá grande importância a que os magistrados respeitem as decisões anteriores –, os juízes não estariam julgando, mas legislando. Essa caracterização da função judicial não só ignora importantes diferenças entre os tribunais do *common law*, de um lado, e os órgãos legislativos, de outro, como também acarreta esta chocante proposição: a *maior parte* do que os juízes recursais norte-americanos fazem, exceto quando decidem recursos que envolvem questões puramente factuais ou que são tão simples – tão evidentemente regidos por uma norma determinada – que podem ser decididos sem exposição de fundamentação ou razões, é legislação. Outra objeção à concepção positivista é que os juízes e advogados não têm consciência de uma separação entre o juiz como aplicador e o juiz como criador do direito. Não chega um momento no processo de argumentação ou decisão em que os magistrados ou advogados dizem: "Esgotamos o direito; é hora de legislar."

Não surpreende que a concepção de Hart seja mais plausível quando aplicada à Inglaterra que quando aplicada aos Estados Unidos. O Parlamento, diante dos tribunais ingleses, assumiu mais responsabilidade pela criação das normas jurídicas do que as assembleias legislativas norte-americanas assumiram diante do Judiciário norte-americano[5]. Quando alguma doutrina do di-

---

[4] Southern Pacific Co. *vs.* Jensen, 244 U.S. 205, 221 (1917) (voto divergente). Ver também Benjamin N. Cardozo, *The Nature of the Judicial Process*, pp. 113-5 (1921).
[5] Ver Patrick S. Atiyah, "Judicial-Legislative Relations in England", em *Judges and Legislators: Toward Institutional Comity*, p. 129 (org. Robert A. Katzmann, 1988); William S. Jordan III, "Legislative History and Statutory Interpretation: The Relevance of English Practice", 29 *University of San Francisco Law Review*, p. 1 (1994).

reito inglês precisa ser remendada, os juízes ingleses podem decidir, com uma consciência mais limpa que seus homólogos norte-americanos, deixar que o Poder Legislativo resolva o assunto[6]. Como os juízes ingleses têm essa opção, pode-se entender que, quando decidem rejeitá-la e criar as normas, estão atuando como legisladores. Mas há uma questão mais fundamental: mesmo quando criam normas, os juízes não são simples legisladores togados. Diferem dos legisladores propriamente ditos naquilo em que devem tomar como base adequada para a criação das normas. Dworkin afirma que, em sua função de criar normas, os juízes devem baseá-las exclusivamente nos princípios, ao passo que os legisladores podem baseá-las também nos programas de ação política (*policies*)[7]. Fazendo essa distinção, ele assume ponto de vista diametralmente oposto ao de Hart e exagera a diferença entre legisladores e juízes como criadores de normas. É verdade que os juízes deveriam ser (e suas condições de trabalho, bem como os métodos e procedimentos que empregam, os estimulam a ser) mais afetos aos princípios que os legisladores e menos suscetíveis às pressões da opinião pública ignorante e de grupos de interesses estreitos. Mas os "programas de ação política" de que Dworkin fala também podem ser baseados em princípios, ao passo que os "princípios" que ele assinala parecem, aos olhos de muitos observadores, não ser mais que cursos de ação política altamente controversos e que coincidem de maneira altamente suspeita com o programa da ala esquerdista do Partido Democrata. Isso, po-

---

[6] Uma consciência mais limpa, mas não perfeitamente limpa. Se a doutrina só afeta um número pequeno de pessoas, pode ser que, por falta de tempo, o Parlamento não chegue a reformá-la. Christopher Staughton, "The Role of the Law Commission: Parliamentary and Public Perceptions of Statute Law", 16 *Statute Law Review*, pp. 7, 9 (1995).
[7] Ver uma declaração sucinta de sua posição em Ronald Dworkin, "Political Judges and the Rule of Law", 64 *Proceedings of the British Academy*, pp. 259, 261 (1978).

rém, é um detalhe. O ponto importante é que, se boa parte da atividade judicial consiste não em "legislar" no sentido de Hart – ou seja, não em um exercício indiscriminado da discricionariedade –, mas sim na aplicação metódica de princípios e cursos de ação política derivados de um universo de pensamentos e sentimentos que não é circunscrito pelo conhecimento dos profissionais do direito, a ideia do direito como um sistema de normas perde sua força.

A resposta de Hart, de que os princípios são um tipo de norma – uma norma fraca ou vaga, como uma presunção (uma norma fraca) ou um padrão como o que define a negligência (uma norma vaga ou dependente de múltiplos fatores), ou ainda uma norma "latente" (p. 268) –, não atinge a crítica de Dworkin. Entre os princípios e as normas não existe uma relação de coordenação, mas de hierarquia. As normas fazem a mediação entre os princípios e a ação; traduzem os princípios em diretrizes de ação. Estão, assim, subentendidas nos princípios. Na reformulação do positivismo jurídico feita por Joseph Raz, os princípios não fazem parte do direito porque sua fonte (a moral comum, a doutrina dos grandes filósofos ou seja lá o que for) não é uma fonte do direito[8].

Hart reconhece que, quando os juízes atuam como legisladores, estão sujeitos a limitações que não obrigam estes últimos. Descontadas as limitações puramente decorrentes da *Realpolitik*, o juiz "deve atuar como faria um legislador consciencioso, decidindo de acordo com suas próprias convicções e valores" (p. 273)[9]. Não é uma grande concessão. Decidir de acordo com "suas próprias convicções e valores" não é o mesmo que decidir de acordo

---

[8] Ver, por exemplo, Joseph Raz, "The Problem about the Nature of Law", em Raz, *Ethics in the Public Domain: Essays in the Morality of Law and Politics*, p. 170 (1994).
[9] Poder-se-ia objetar que o legislador tem função representativa e, portanto, não deve decidir *unicamente* de acordo com suas próprias crenças e valores.

com princípios ou programas de ação política ou tomar essas coisas como fatores disciplinadores. Não nos surpreendemos ao ver que, na página anterior de seu livro, Hart dá a entender que o juiz "sai do âmbito do direito" toda vez que decide uma causa em que "o direito não pode fundamentar uma decisão nem em um sentido nem em outro" (p. 272)[10]. Hart realmente pensa que o direito é um sistema de normas.

Patrick Devlin, que, como Hart, era um positivista, é ainda mais enfático. Ele reconhece que os magistrados, às vezes, "esticam o direito" para fazer a justiça substantiva, e não os condena por isso – desde que os juízes não *falem abertamente* que estão estendendo o direito[11]. Devlin não admite que no conceito de direito haja lugar para os sentimentos morais que determinam nossas reações ao "equilíbrio de forças" de uma disputa judicial. Quando os juízes agem movidos por esses sentimentos, seu comportamento é ajurídico, mas não é mau; por isso não precisam parar de fazer o que estão fazendo, mas têm de ocultá-lo.

Nas versões "fortes" do positivismo, entre as quais a de Hart, uma das condições necessárias para que uma norma primária de obrigação seja uma norma jurídica é que essa norma seja identificada pela norma de reconhecimento do sistema. Nas versões "moderadas", essa é uma condição suficiente. Para os positivistas do primeiro tipo, todas as leis nazistas efetivamente faziam parte do direito, mas o "direito" aplicado pelo Tribunal de Nuremberg, não; para os positivistas do segundo tipo, os "moderados", as leis nazistas faziam parte do direito, mas o direito aplicado pelo tribunal também poderia ser considerado lei. O jusnaturalista "forte" insiste em que o direito só é direito quando se conforma ao direito

---

[10] Raz, como vimos, o afirma explicitamente. Ver também seu artigo "Authority, Law, and Morality", em Raz, nota 8, acima, pp. 194, 213.
[11] Patrick Devlin, *The Judge*, pp. 90-3 (1979).

natural; o jusnaturalista "moderado", entretanto, é indistinguível do positivista "moderado". Essa é a posição de Dworkin. Ele não nega que as leis nazistas fizessem parte do direito em um sentido admissível da palavra[12]. Mas pensa que as decisões da Suprema Corte durante a presidência de Earl Warren, que não seguiam nenhum princípio, também faziam. Embora Dworkin não seja um jusnaturalista no sentido tradicional, ou seja, não crê que as obrigações jurídicas possam ser derivadas de princípios religiosos ou outros princípios metafísicos, ele não se incomoda com que sua teoria da atividade judicial seja rotulada de jusnaturalista[13].

Acho que a teoria da atividade judicial de Hart é mais exata – do ponto de vista descritivo, não do semântico – naquela zona aberta em que as normas se esgotam. Nessa zona, os casos são frequentemente indeterminados, e não apenas difíceis. Ao decidir esses casos, o juiz é obrigado a fazer uma escolha de valores baseada na intuição e na experiência pessoal – uma escolha que tende menos que a do legislador a refletir as pressões de grupos de interesses especiais ou as paixões do momento –, e não a praticar somente a análise, a reflexão ou um modo especial de investigação chamado "raciocínio jurídico". Mas discordo da afirmação indiscriminada de Hart de que os juízes saem do âmbito do direito quando fazem essas coisas. Isso depende do que se espera dos juízes, e isso varia entre os diversos sistemas jurídicos. Do mesmo modo, acho que Dworkin atribui ao raciocínio jurídico uma natureza exageradamente determinada e penso que não é por acidente que as decisões da Suprema Corte, que ele declara

---

[12] Ronald Dworkin, *Law's Empire*, p. 103 (1986).
[13] Ver Ronald A. Dworkin, "'Natural Law' Revisited", 34 *University of Florida Law Review*, p. 165 (1982). Uma discussão e uma crítica sobre Dworkin e outros dois teóricos do direito modernos, John Finnis e David Richards, como adeptos do direito natural, encontram-se em Lloyd L. Weinreb, *Natural Law and Justice*, capítulo 4 (1987).

serem "baseadas em princípios", coincidem com suas preferências políticas. O que ele devia dizer é que os juízes não deixam de praticar o direito quando proferem decisões políticas, pois o direito e a política se interpenetram. Sob certo aspecto, o direito é simplesmente a *atividade* dos juízes, e essa atividade frequentemente tem uma dimensão política. Não que "juiz sem lei" seja uma contradição em termos. O juiz sem lei é aquele que é político *demais* e por isso deixa de conformar-se à concepção dominante que sua sociedade tem dos limites extremos da liberdade decisória do magistrado. Mas é só isso que essa expressão significa.

Deixando de lado a questão de sua sinceridade, a concepção de Dworkin, segundo a qual o direito abrange não só as normas como também os princípios, perde a força especialmente em seu corolário: que os juízes que concebem sua função de modo mais estreito do que Dworkin e se negam a fazer apelo a uma ampla gama de princípios quando decidem causas inéditas, ou que fazem apelo ao que Dworkin chama de meros programas de ação política e não aos princípios, não têm lei ou estão fora do direito[14]. Isso só seria plausível se sua definição de direito – incluindo os princípios e excluindo os programas de ação política – fosse ortodoxa, e ela não é; é a opinião dele e de um punhado de outros acadêmicos, mas de pouquíssimos juízes. Seria absurdo dizer que os juízes não têm lei porque não aceitam a jusfilosofia de Dworkin.

Subindo a um nível de abstração alto suficiente, podemos encontrar uma área de acordo entre Hart e Dworkin. Para Hart, os supremos tribunais dedicam-se sobretudo a legislar; para Dworkin, dedicam-se a praticar a filosofia moral aplicada. Parecem duas

---

[14] Ver, por exemplo, Ronald Dworkin, "Bork: The Senate's Responsibility", em Dworkin, *Freedom's Law*, nota 2, acima, p. 265.

coisas muito diferentes, mas Raz explica que, sempre que um juiz consciencioso vai além da aplicação das normas, ele efetua necessariamente um raciocínio moral, pois está tomando uma decisão normativa que não se origina do direito[15]. Admitindo isso, Raz se une a Dworkin: ambos trazem a teoria moral para dentro dos tribunais. A única diferença que não se reduz à nomenclatura (para Dworkin, a teorização moral do juiz faz parte do direito, mas para Raz ela é um acréscimo ao direito – uma segunda função desempenhada pelos juízes) é que, para Raz, a zona aberta ou não mapeada na qual os juízes têm de recorrer à teoria moral é pequena, ao passo que, para Dworkin, ela é grande. Ambos têm razão, pois estão descrevendo sistemas diferentes, em um dos quais (o inglês, de Raz e de Hart) ela efetivamente é pequena, ao passo que é grande no outro (o norte-americano, de Dworkin). Por outro lado, a diferença de nomenclatura também é importante, ainda que indiretamente. Quando os juízes de Raz estão na zona aberta, praticam tão somente a filosofia moral – não há um direito que possam aplicar. Isso os torna ou deveria torná-los tímidos. Já os juízes de Dworkin praticam o direito quando estão na zona aberta, pois para Dworkin a filosofia moral *é* direito.

O ponto em que Raz e Dworkin mais se afastam daquilo o que defendo neste livro é o fato de dividirem a função judicial nas funções de aplicar as normas e de fazer teoria moral. A divisão correta é entre aplicar e criar as normas. De todos os fatores que podem colaborar na tarefa de criar as normas, a teoria moral é um dos menos promissores. Raz e Dworkin cometeram o mesmo erro: identificaram o raciocínio normativo com o raciocínio moral.

---

[15] Ver Joseph Raz, "The Inner Logic of the Law", em Raz, nota 8, acima, pp. 222, 232.

Habermas

No prefácio a seu livro, Hart diz que o leitor pode encarar *The Concept f Law* [*O conceito de direito*]* como "um ensaio de sociologia descritiva" (p. v). Encarado desse modo, o livro é uma descrição estilizada e elucidativa do sistema jurídico inglês feita por uma pessoa que estava dentro dele e o conhecia muito bem. Do mesmo modo, a jusfilosofia de Dworkin é uma descrição estilizada e elucidativa dos métodos dos juízes liberais da Suprema Corte, e a discussão da justiça corretiva na *Ética a Nicômaco* é uma descrição estilizada e elucidativa do sistema jurídico ateniense na época de Aristóteles[16] – muito embora, nos casos de Dworkin e Aristóteles, a palavra "idealizada" talvez seja mais precisa que "estilizada". O que nos surpreende no livro de Hart quando o encaramos como descrição (ou autodescrição) e não como filosofia é que ele descreve o sistema jurídico da Europa continental quase tão bem quanto descreve o inglês. A insistência de Hart no direito como um sistema de normas, sua falta de interesse pelo *common law*, sua concepção do juiz antes de tudo como um aplicador de normas prescritas pelo Poder Legislativo, seu desejo de demarcar um domínio que pertença ao direito e não à política, tudo isso reflete uma mentalidade que caracterizou os sistemas jurídicos da Europa continental desde a Revolução Francesa, mas que não estava presente no sistema inglês antes do século XX nem jamais esteve presente no sistema norte-americano[17].

---

* Trad. bras., São Paulo: WMF Martins Fontes Editora, 2009.
[16] Cf. C. S. Todd, *The Shape of Athenian Law*, pp. 264-9 (1993).
[17] Hart reconhece (pp. 292-5) a semelhança entre seu conceito de direito e o do positivista austríaco Hans Kelsen, embora aponte algumas diferenças. E há uma semelhança evidente entre as influentes opiniões de A. V. Dicey, jurista inglês do final do século XIX, e o conceito de Rechtstaat que, como veremos em seguida, é uma característica decisiva do pensamento jurídico da Europa continental, especialmente da Alemanha. Compare-se A. V. Dicey, *Introduction to the Study of the*

Essa observação sobre o sabor "continental" da jusfilosofia de Hart serve de pano de fundo para a compreensão do filósofo e sociólogo contemporâneo Jürgen Habermas, alemão, autor de um livro importante de filosofia do direito[18]. Outra informação útil para definir o contexto é a história pessoal de Habermas (nos casos de Hart e Dworkin, basta saber que eles são respectivamente inglês e norte-americano). Faltava um mês para Habermas fazer dezesseis anos quando o Reich de Hitler ruiu. Chocado ao tomar ciência das atrocidades nazistas, ele passou pelo sistema universitário alemão, sempre horrorizado com a impenitente continuidade desse sistema com o passado. Os departamentos de filosofia eram quase inteiramente ocupados por professores que haviam trabalhado normalmente, sem reclamar, durante o período nazista, e para quem Heidegger (a quem Habermas chama de "Heidegger, oportunamente desnazificado"[19]) era a estrela-guia da filosofia alemã. Essas experiências precoces deram a Habermas, pelo resto da vida, um desgosto bem pouco alemão pela ideia da nacionalidade germânica, pela tradição filosófica alemã na medida em que alimenta o nacionalismo e o extremismo políticos, seja de direita, seja de esquerda (Habermas é um social-democrata), e por teorias metafísicas totalizantes de qualquer espécie, religiosas ou outras. Ele menoscaba "o anseio de muitos intelectuais por uma identidade alemã perdida", chamando-o "kitsch"; e, em um espírito semelhante ao do primeiro capítulo deste livro, diz que

---

Law of the Constitution, capítulo 4 (4. ed., 1893), especialmente as pp. 191-2, com William Ewald, "Comparative Jurisprudence (I): What Was It Like to Try a Rat?", 143 *University of Pennsylvania Law Review*, pp. 1889, 2053-5 (1995).

[18] Jürgen Habermas, *Between Facts and Norms: Contributions to a Discourse Theory of Law ad Democracy* (1996). No texto deste capítulo, refiro-me às páginas desse livro.

[19] *Autonomy and Solidarity: Interviews with Jürgen Habermas*, p. 156 (org. Peter Dews, ed. rev., 1992). Ver também id., p. 192.

"os filósofos não são os mestres da nação. Às vezes – muito às vezes – podem ser pessoas úteis"[20]. Inspira-se em Kant, que antecedeu a formação da nacionalidade alemã e edificou sua filosofia moral e política sobre fundamentos universalistas e não étnicos. A matéria-prima de Kant, porém, eram ideias metafísicas que Habermas, com razão, considera indisponíveis no ambiente predominantemente irreligioso, moralmente heterogêneo, socialmente complexo e diferenciado, relativista e historicista em que vivemos, onde "as ordens normativas têm de perpetuar-se sem o respaldo de garantias metassociais" (p. 26). Em vez de endossar a ideia de que cada um de nós pode usar a razão que Deus lhe deu para construir um meio de acesso às supremas verdades científicas e morais, Habermas emprestou de Charles Sanders Peirce, e sofisticou ainda mais, o credo pragmático de que o modo mais útil de entender a verdade, de natureza científica, moral ou política, é concebê-la como aquilo a que chegaria uma comunidade de investigadores racionais livres e desinteressados se dispusessem de um tempo infinito para levar a cabo sua investigação. Essas comunidades não dispõem de tanto tempo; então, os acordos a que chegam são provisórios e sujeitos a revisão. Mas são a melhor coisa que podemos ter a esperança de obter, e, no geral, são bons suficiente na prática.

Habermas pensa que sua teoria, a teoria da "ação comunicativa" ou "teoria do discurso", é compatível com a rejeição das visões totalizadoras porque tem simplesmente o objetivo de assegurar as precondições da investigação racional e não de prever o fim dessa investigação. À maneira do entendimento que Holmes tinha de Peirce[21], ela busca identificar e conservar um mercado

---

[20] Id., pp. 179, 199.
[21] Ver Abrams *vs*. Estados Unidos, 250 U.S. 616, 630 (1919) (voto divergente).

funcional e competitivo de ideias e opiniões, depositando sua fé nos resultados dessa concorrência de mercado. Portanto, ela se interessa pela igualdade de renda, por exemplo, não como meta que poderia ser deduzida do utilitarismo, do marxismo ou de alguma outra teoria moral ou política, mas somente na medida em que alguma igualdade seja necessária para proteger a racionalidade do debate político, impedindo que esse debate seja prejudicado pelos desequilíbrios na quantidade de dinheiro doada para determinados candidatos ou causas.

A tradição jusfilosófica alemã – ou, antes, as limitações dessa tradição – é quase tão importante quanto a teoria do discurso para a jusfilosofia de Habermas. Tradicionalmente, a jusfilosofia alemã se organiza em torno dos conceitos de *Rechtstaat* e *Sozialstaat*. O primeiro é a ideia de que o Estado deve operar exclusivamente por meio de leis altamente abstratas e impostas de modo uniforme. Essas leis, sejam elas de formulação pelo Poder Legislativo, sejam elas advindas da administração de juízes e outras autoridades, abstraem a situação peculiar das pessoas e classes de pessoas particulares; em razão disso, são leis que, por exemplo, impõem os direitos patrimoniais sem levar em conta as consequências nem tomar em consideração os objetivos ou interesses conflitantes. Em suma, são leis que não deixam absolutamente nenhum espaço para a discricionariedade equitativa. (Isso significa que a negociação de penas criminais é proibida – e ainda é essa a posição oficial do sistema jurídico alemão.) Com o tempo, essa concepção tão rígida do Estado de direito mostrou-se pouco realista. Modificou-se então o sentido do *Sozialstaat*, que busca dar eficácia aos direitos meramente formais criados pelo *Rechtstaat* e (seja para esse fim seja em vista da justiça social considerada como um fim em si) reduzir as tensões sociais e econômicas mediante a criação de direitos a determinados serviços públicos, por exemplo, a educação.

Nenhum dos dois conceitos, porém, faz referência à democracia. A teoria do *Rechtstaat* foi formulada por Kant na Prússia setecentista, uma monarquia absoluta (elogiada por Kant no ensaio *Was ist Aufklärung?*, de 1784), em uma época em que a Inglaterra já era uma monarquia constitucional. Não é uma teoria do governo popular, mas sim uma teoria das limitações ao poder do Estado – uma teoria em que, como explica Habermas, a legitimação do "Estado constitucional [...] é predicada somente de certos aspectos do veículo jurídico por meio do qual o poder político é exercido: a saber, a estrutura abstrata da legislação, a autonomia do Judiciário e também o fato de o executivo ser vinculado pelas leis e ter uma construção 'racional'" (p. 73). O *Sozialstaat*, originado na Alemanha bismarckiana, não era popular, mas paternalista; e, além de conflitar com o caráter abstrato, formal e não discricionário das normas do *Rechstaat*, foi o pai da dependência em relação à seguridade social, entre outras disfunções.

Habermas não acredita que seja possível legitimar o direito seja pela referência ao direito natural (o direito como moral), ou pelo positivismo jurídico (o direito como um corpo de normas promulgadas pela autoridade constituída). A razão está no título de seu livro: o direito reside *entre* os fatos e as normas. Por um lado, é parte da realidade social; por outro, é parte da ordem normativa (moral), mas não é plenamente nem uma coisa nem outra. Em específico, não é um simples subconjunto de deveres morais. Vincula somente aquelas pessoas que por acaso se encontram sujeitas a determinado sistema jurídico. Emprega a coerção e, assim, assegura a obediência até das pessoas para quem o direito, ou este ou aquele sistema de direito, não é moralmente obrigatório. Atinge somente a conduta, e, assim, "impõe a conduta conforme às normas ao mesmo tempo que deixa em aberto as motivações e atitudes" (p. 116). Com efeito, "ele complementa a moral, uma vez que tira dos ombros do indivíduo o fardo cognitivo de formar seus próprios juízos morais" (p. 115). Chega mesmo a criar um espaço dentro do qual as pessoas podem optar por não observar determinados deveres morais. Habermas afirma enfaticamente que "as liberdades garantidas pela lei dão ao cidadão o direito de *sair* da ação comunicativa" (p. 120, grifo do original) e, assim, de levar uma vida não examinada ou uma vida completamente privada.

Embora não esteja disposto a dissolver o direito na moral, Habermas crê que o direito não será eficaz a menos que a maioria das pessoas lhe obedeça não por coerção ou para obter vantagem, mas porque aceita a autoridade moral do direito. Porém, como assegurar sua autoridade moral? Habermas acredita que, de todos os meios possíveis para alcançar esse fim, todos, menos um, são condenáveis (a tradição do *Volk* alemão, por exemplo) ou, por vivermos em uma era "pós-metafísica", indisponíveis. Na opinião de Habermas, Rawls e Dworkin estão entre os modernos metafísicos do direito. Nenhum dos dois se considera detentor de uma concepção metafísica do direito ou da justiça; mas ambos orientam o direito na direção de fins morais concretos; e, "numa sociedade pluralista, a teoria da justiça só tem possibilidade de ser aceita pelos cidadãos se limitar-se a uma concepção pós-metafísica no sentido estrito, ou seja, somente se evitar tomar partido nas disputas entre formas de vida e visões de mundo concorrentes" (p. 60). Na outra extremidade do espectro, estão os positivistas, como H. L. A. Hart, que dão "prioridade a uma história institucional concebida de modo estreito e purgada de todo fundamento de validade suprapositivo" (p. 202); isso também não pode conferir legitimidade a um sistema jurídico.

No mundo moderno, o único fundamento de legitimidade do sistema jurídico que sobrevive às críticas de Habermas é a democracia. Ele reconhece o lado paradoxal dessa tese, pois tem forte compromisso com as ideias nodais do *Rechtstaat* e do *Sozialstaat*: que o direito deve proteger o povo contra o Estado e os fracos contra os fortes. Em uma democracia, o povo *é* o governo; nesse caso, como pode o direito protegê-lo *contra* o governo? E a democracia é o governo da maioria; outro nome da maioria são "os fortes" (embora, às vezes, isso só se dê por causa das normas eleitorais); e, às vezes, a maioria gosta de coagir as minorias. O direito e a democracia – pelo menos a democracia em sua forma populista – parecem incompatíveis.

Segundo Habermas, o dilema se resolve quando a democracia é encarada do ponto de vista da teoria do discurso. A democracia epistêmica ou deliberativa, a democracia dos investigadores, ao contrário da democracia plebiscitária ou populista, pressupõe tanto as liberdades negativas associadas ao *Rechtstaat* como as liberdades positivas decorrentes do *Sozialstaat*. Se as pessoas, em virtude dos direitos (entre os quais o direito à seguridade social) que a lei lhes confere, não estiverem nem intimidadas nem desesperadas, poderão então participar racionalmente do debate político; e as leis assim promulgadas serão legítimas por serem apoiadas por um consenso produzido pelo discurso racional. As leis asseguram as condições da democracia epistêmica na medida em que conferem os direitos essenciais, e a democracia epistêmica por sua vez assegura a legitimidade das leis.

Habermas sabe que a concepção do processo político como um sistema de investigação plenamente racional e, em específico, plenamente *desinteressada* pode dar a impressão de não ter absolutamente nada a ver com a realidade. Os grupos de interesses, a atenção seletiva dos meios de comunicação e sua tendência a distorcer os fatos, a ignorância e a apatia do público e outros fenômenos sociais inter-relacionados que não podem ser regulados nem pelo *Rechtstaat* nem pelo *Sozialstaat* – fenômenos que inclusive são alimentados pelo *Rechtstaat*, na medida em que este cria as precondições do desenvolvimento capitalista – fazem com que o processo político se desvie do ideal deliberativo. Habermas quer regular essas coisas; com efeito, tomando emprestado uma página de John Hart Ely[22]; ele pensa que a função central, e praticamente a única, do direito constitucional é a de assegurar "oportunidades iguais para o uso político das liberdades comunicativas" (p. 127). Sua única crítica é que a Ely falta uma teoria da democracia. Já os outros constitucionalistas norte-americanos ele critica por serem antidemocráticos e, assim, por não fornecerem um fundamento sólido para a legitimidade do direito constitucional. Concebem a Suprema Corte como uma espécie de "regente ou tutora pedagógica" de um "soberano" incapaz, o povo (p. 278). "Aqueles a quem a lei se dirige não seriam capazes de compreender-se como autores dela se o legislador [ou o juiz] descobrisse os direitos humanos como fatos morais pré-dados, aos quais falta meramente a promulgação em forma de direito positivo" (p. 454).

De modo coerente com essas críticas, que assentam em Dworkin como uma luva, Habermas acredita que as pessoas se preocupam demais com as imperfeições da democracia política. Uma vez que os partidos políticos são coalizões de interesses desencontrados, os políticos, quando pedem votos, tendem a não fazer apelo somente aos interesses estreitos dos membros de sua coalizão. São obrigados a falar em termos mais amplos, em princípios, e isso obriga o público votante a pensar também em princípios. Essa situação pode até comprometer o político, para manter a coerência, com uma posição que privilegie o interesse público: "a ocultação de interesses publicamente indefensáveis por trás de pretensas razões morais ou éticas exige certas tomadas de posição

---

[22] Ver John Hart Ely, *Democracy and Distrust: A Theory of Judicial Review* (1980).

vinculantes que [...] levam à inclusão dos interesses alheios" (p. 340). E, para formar sua opinião sobre questões políticas, as pessoas não se limitam a ouvir os políticos e os "sábios" dos meios de comunicação, mas também refletem sobre as experiências pessoais e sociais adquiridas na família, no trabalho, em movimentos políticos ou culturais e em outras associações não políticas voluntárias. Essa competição de pontos de vista permite que as pessoas formem opiniões políticas que pertencem autenticamente a elas. Embora Habermas rejeite, assim, a ideia de que os membros do povo são "'otários culturais' manipulados pelos programas [de televisão] que lhes são oferecidos" (p. 377), ele não é ingênuo a ponto de supor que o interesse próprio possa ser eliminado do processo político. Muito pelo contrário, é em virtude da "debilidade das boas razões como forças motivadoras" (pp. 113-4) (frase, aliás, que vem a calhar) que o direito, além de um componente normativo, tem também seu irredutível componente "fático". "Os processos de negociação são adequados para aquelas situações em que as relações sociais de poder não podem ser neutralizadas do modo pressuposto pelo discurso racional" (p. 166). Quando o consenso é inalcançável, as soluções de meio-termo obtidas por negociação são legítimas, desde que os interesses que entabulam negociação tenham o mesmo poder e, portanto, "as mesmas chances de prevalecer" (p. 167). Esse é outro fundamento de uma política redistributiva, encarada não como um fim em si, mas como uma precondição procedimental para a legitimidade do direito.

A jusfilosofia de Habermas está mais longe do moralismo acadêmico que a de Dworkin ou, mesmo, a de Hart. Este, facultando aos juízes uma zona de discricionariedade, autoriza implicitamente (e Raz, seu discípulo, autoriza explicitamente) o uso da teoria moral dentro dessa zona. Habermas, mais comprometido com a democracia que Dworkin e Hart, parece *não* prever para os juízes, de modo algum, o papel de pôr freio ao processo democrático de tomada de decisões. Não obstante, o conceito de democracia de Habermas é idealista; ele mesmo reconhece, e até frisa, que, atualmente, esse ideal, na melhor das hipóteses, se realiza de modo aproximado. A pergunta que fica sem resposta é: quanta liberdade se deve facultar aos juízes quando lidam com questões que, segundo os parâmetros da teoria habermasiana de democracia deliberativa, não foram contempladas de maneira satisfatória pelo Legislativo?

E a resposta é: talvez mais do que Habermas supõe. Ele exagera a medida em que as promulgações legislativas, ou mesmo as decisões judiciais, podem ser entendidas como produtos de um discurso racional definido segundo sua exigente concepção: a fala orientada para o entendimento[23]. Na maioria das vezes, talvez em geral, os temas das promulgações e decisões são demasiado emocionais ou demasiado carregados de incertezas (ou ambos) para que os participantes da deliberação possam chegar a um acordo. Peirce, além de filósofo, era cientista. Sua noção de uma comunidade deliberativa ideal baseava-se no modelo da comunidade científica. Nessa comunidade, os critérios de validade, além de eficazes, são frutos de um acordo entre todos os participantes, permitindo que a comunidade alcance o nirvana da independência dos observadores: um estado em que pessoas dotadas de valores e perspectivas diferentes entram em acordo sem sofrer coerção alguma. A comunidade política não é assim, e já vimos que a

---

[23] Talvez, como Rawls diz, Habermas espere muito pouco do direito – somente que ele seja legítimo, e não também que seja justo. John Rawls, *Political Liberalism*, pp. 427-31 (ed. em brochura, 1996). O fato de o direito ser produzido por um processo democrático completamente livre e desimpedido pode torná-lo legítimo sem torná-lo justo.

teoria moral não é um instrumento eficaz para criar, em torno das questões morais, um acordo que não dependa da coerção – muito pelo contrário, pode até afastar as pessoas umas das outras. Em geral, os resultados das "deliberações" legislativas refletem uma conciliação de interesses dotados de poder desigual de negociação (é um mistério o que a "igualdade de poder de negociação" significa para Habermas e como ele pretenderia criá-la) ou a força de coalizões de oportunidade (quando os fundamentalistas religiosos e as feministas radicais se unem para apoiar a proibição da pornografia, por exemplo), ou ainda mera ignorância e confusão. Ou, por outra, refletem estimativas divergentes a respeito das consequências, como no caso em que liberais e conservadores concordam em diminuir o poder discricionário dos juízes para determinar a sentença de réus penais condenados – os primeiros na esperança de que a medida reduza as disparidades e discriminações injustas, os segundos na esperança de que as sentenças se tornem mais severas. Diferenças irreconciliáveis de valores e percepções evidenciam-se também, com frequência, nas decisões judiciais colegiadas em que não há unanimidade.

Quando muita coisa está em jogo, quando as emoções são fortes, as informações são escassas, os critérios são controversos, e o conhecimento técnico é indigno de confiança – uma excelente descrição do processo democrático –, não acontece de as pessoas simplesmente se renderem ao peso dos argumentos, especialmente daqueles que decorrem das abstrações da teoria moral ou política. O próprio Habermas nos acautela contra o "vanguardismo": a "dominação consensualmente velada de porta-vozes intelectuais" (p. 470). "Poderosos no discurso, eles tomam para si o mesmo poder que pretendem estar dissolvendo no veículo da palavra" (p. 489). Temos aí duas boas descrições da teoria do direito à moda de Dworkin. E em outras obras, Habermas fez uma distinção entre o "discurso", no qual o acordo é obtido pelo poder dos argumentos, e as avaliações estéticas, das quais não se espera que convençam todos os que duvidam, mesmo que não haja limite de tempo para a deliberação[24]. Na imensa maioria das vezes, os desacordos políticos e judiciais são mais do tipo estético que do tipo de discurso. Se fossem de discurso, o desacordo se dissolveria se a deliberação continuasse por tempo suficiente.

Seria estranho basear a proibição da tortura policial, por exemplo, em um consenso obtido pela ponderação de argumentos favoráveis e contrários. Seria impossível demonstrar que as razões a favor da proibição – que a tortura torna os policiais indolentes, arrogantes ou brutos, que ela produz informações falsas, que tende a ser usada contra inimigos políticos e pessoas excluídas da sociedade, que torna o Estado demasiado poderoso e intimidador, que diminui a força da sociedade civil, que incita a desordem – sobrepujam o fato de que a tortura, em geral, é um método eficaz para obter informações sobre crimes difíceis de solucionar[25]. E existem "direitos" dos dois lados da questão: os direitos das vítimas contra os dos suspeitos. A repugnância diante da tortura (uma repugnância *moderada*, pois a coerção psicológica dos suspeitos é até certo ponto permitida ou tolerada), como outras intuições morais, é em grande medida subconsciente. A academia, porém, acaba atraindo pessoas que gostam de apresentar e ponderar argumentos.

---

[24] Ver Georgia Warnke, "Communicative Rationality and Cultural Values", em *The Cambridge Companion to Habermas*, pp. 120, 126-9 (org. Stephen K. White, 1995).

[25] Penso, por outro lado, que o sistema de justiça criminal medieval e protomoderno, em que as confissões obtidas por meio de torturas aplicadas pelos próprios agentes da lei eram o elemento central do processo penal, perdeu funcionalidade quando surgiram métodos alternativos de investigação dos fatos. Ver Michel Foucault, *Discipline and Punish: The Birth of the Prison*, parte 2 (1977); David Garland, *Punishment and Modern Society: A Study in Social Theory*, capítulo 8 (1990); John H. Langbein, *Torture and the Law of Proof: Europe and England in the Ancien Régime*, pp. 7-12 (1976).

A tortura é um caso fácil porque o consenso existe, embora não deva nada ou quase nada ao discurso entendido no sentido habermasiano. Mas no atual contexto judicial e legislativo, há muitas outras questões que não podem ser resolvidas nem por uma convergência de intuições (como no caso da tortura) nem pelo discurso. Só podem ser resolvidas pelo exercício do poder ou pelos métodos não racionais de persuasão que produzem conversões religiosas e outras mudanças súbitas de *gestalt*. Habermas discorda; e, para tornar a atmosfera política mais semelhante àquela prevista pela teoria do discurso, pede "limitações ao poder dos meios de comunicação" (p. 442). Mas não explica quais seriam essas limitações, de que modo elas se harmonizariam com a preservação da liberdade de expressão – uma das liberdades que garantem a legitimidade democrática do direito – ou por que as limitações são necessárias, dadas a competitividade e a diversidade dos meios de comunicação e o fato de o próprio Habermas rejeitar a ideia de que as pessoas são "otários culturais". Ele é a favor de uma política liberal de imigração por um motivo pragmático, qual seja, o valor de multiplicarem-se os pontos de vista. Mas não considera quais os efeitos que a incorporação ao corpo de cidadãos (com o direito de votar e participar das outras manifestações da vida política da nação), de grandes números de pessoas cujos valores foram moldados em culturas que não resolvem conflitos por meio deliberativo, pode ter sobre a probabilidade de obter-se um consenso racional. Por isso, mesmo que a maior deliberatividade das decisões políticas seja uma coisa boa, Habermas não dispõe de ideias persuasivas para tornar a vida política mais deliberativa.

Os norte-americanos talvez se perguntem qual é o problema para o qual a teoria do direito de Habermas é oferecida como solução. Ele diria que é o problema da legitimidade do direito. Não é evidente que esse problema exista em todos os países – ou, em particular, nos Estados Unidos. Habermas diz que "o direito não pode se limitar a simplesmente atender aos requisitos funcionais de uma sociedade complexa; tem de propiciar também as condições precárias de uma integração social que, em última análise, ocorre por meio da realização do entendimento recíproco por parte de sujeitos que agem comunicativamente" (p. 83). Porém, se o direito atende "aos requisitos funcionais de uma sociedade complexa", na medida em que oferece uma estrutura razoavelmente previsível, adaptável e justa para a ocorrência de interações sociais pacíficas (e "justa", aqui, não significa nada além de "compatível com a opinião pública mais duradoura"), quem haverá de levantar a questão da legitimidade *da estrutura*, ou seja, do próprio direito? Às vezes, será questionada a legitimidade de leis particulares, decisões judiciais particulares, atos administrativos e detalhes institucionais particulares. É exemplo a decisão de um juiz subornado, ou, em nível mais sutil, uma decisão judicial que se justificasse por argumentos que o direito não permite sejam usados pelos juízes. Essas questões que envolvem a legitimidade no varejo não são esclarecidas pela teoria do discurso, e a questão no atacado simplesmente não se apresenta. Uma prática bem-sucedida não precisa de fundamentação.

Ironicamente (em face de sua perspectiva universalista), a teoria de Habermas, como a de Hart e a de Dworkin, tem uma relação muito mais imediata com sua situação nacional, alemã, que com a situação de outros países[26]. Os norte-americanos não precisam tomar lições sobre o valor da diversidade, a indisponibili-

---

[26] Habermas diz a mesma coisa a respeito de Rawls: "Assim que ele [Rawls] chega a seus dois princípios, passa a falar como um cidadão norte-americano dotado de certos antecedentes [...] Não há nada de universal acerca de seu projeto particular de sociedade justa." *Autonomy and Solidarity*, nota 19, acima, p. 200.

dade de uma fundamentação "metafísica" para os princípios políticos, a importância da democracia ou as precondições para a existência de instituições políticas legítimas. Todas essas coisas são características do nosso modo de vida, são o fundo tácito de toda discussão e todo debate. A Alemanha em que Habermas foi criado não tinha uma relação firme e tranquila com a diversidade, a democracia, a razão e o direito. Pelo contrário, parecia perigosamente suscetível a visões totalizadoras, a um sufocante conformismo cultural, ao etnocentrismo, ao irracionalismo, ao extremismo político e, no direito, a um formalismo e paternalismo excessivos. Contra todas essas tendências, que parecem fracas e inofensivas meio século depois da queda de Hitler, mas que talvez tenham sido fortalecidas pela reunificação alemã, a teoria do discurso pode ser um antídoto poderoso. A Alemanha de Habermas tem a necessidade *local* de uma jusfilosofia *universalista* para vacinar os alemães contra o excesso de nacionalismo. Os norte-americanos têm sorte de não precisar tanto de uma polêmica desse tipo.

Porém, embora boa parte da jusfilosofia de Habermas não seja "para nós", a ênfase que ele põe na força da democracia, e que não encontra paralelo nas abordagens jusfilosóficas mais familiares de Hart e de Dworkin, bem como sua crítica da concepção dos juízes como guardiães platônicos, se aplicam tanto aos Estados Unidos como à Alemanha. Nossos intelectuais tomam a democracia como um ponto pacífico, irritam-se com ela e ficam impacientes para que uma elite de juízes teleguiados pela academia a ponham em curto-circuito. Os alemães são mais sábios.

A TEORIA MORAL APLICADA DIRETAMENTE AO DIREITO

Hart, Dworkin e Habermas não esgotam o universo jusfilosófico. Mas são representativos suficiente para demonstrar que os juízes que buscam ajuda para decidir causas difíceis não vão encontrar nada de útil na jusfilosofia. Ela é abstrata demais e, ao mesmo tempo, do ponto de vista cultural, é muito específica para ter alguma utilidade. O resíduo das especulações jusfilosóficas que ainda pode ter algum sentido prático é a ideia de que o positivismo jurídico (Hart) não é uma teoria descritiva ou normativa adequada ao direito norte-americano (Dworkin). Boa parte desse direito resulta de decisões judiciais que não podem ser justificadas pelas fontes convencionais, mas que nem por isso são ilegítimas ou mesmo errôneas. Nossos juízes têm de ir além daquelas fontes; não podem evitá-lo. Mas aonde devem ir? A teoria moral é uma resposta possível. É a resposta a que tradicionalmente se apunha o rótulo de "direito natural", e é a resposta que Dworkin oferece como consequência última de sua teoria jusfilosófica. Porém, enquanto existirem fora do "direito", entendido em sentido estritamente positivista, outros lugares onde buscar respostas às perguntas jurídicas – e veremos que existem –, só haveria motivo para buscarem-se tais respostas na teoria moral se ela fosse melhor que as alternativas. Se estiverem corretos os argumentos do Capítulo 1, é difícil que ela seja melhor, embora isso dependa das alternativas.

Direito e moral

Em virtude da coincidência entre certas obrigações morais e jurídicas, pode-se ter a impressão de que a teoria moral está inextricavelmente ligada ao direito. A coincidência existe até em um sistema jurídico predominantemente positivista, como o inglês. A responsabilidade civil extracontratual e o direito penal giram em torno da responsabilidade por atos que geram dano e, também, da responsabilidade (ou, na maioria das vezes, da falta desta) pela não prevenção desses atos, como no caso em que se procura responsabilizar uma pessoa que poderia ter ajudado outra sem correr perigo, mas não o fez. No direito penal, pelo menos na maioria das vezes, a responsabilidade se baseia na culpabilidade dos estados mentais. O direito contratual gira em torno do caráter vinculante das promessas. O direito das sucessões depara com questões como a de saber se o assassino deve herdar da pessoa que assassinou. Se o título de propriedade dá ao proprietário o direito de despejar um inquilino que está passando fome é questão a ser resolvida pelo direito civil em seu estudo de direitos reais. E assim por diante, *ad infinitum*. A razão da coincidência entre a moral e o direito é que os dois são métodos paralelos (sendo a moral o mais antigo) para propiciar o tipo e o grau de cooperação de que a sociedade humana precisa para prosperar.

Isso talvez nos tentasse a dizer que o direito *respalda* a moral, acrescentando, conquanto de modo seletivo, sanções materiais às sanções da consciência, sempre levando em consideração os custos e os benefícios do acréscimo. Disso decorreria que os juízes de um sistema como o norte-americano, os quais têm muito poder para moldar o direito, teriam, de tempos em tempos, que decidir questões morais controversas a fim de determinar qual o sistema moral que o direito deve seguir. Eu não penso assim. Habermas tem razão em frisar a distinção entre o direito e a moral. Não é útil descrever a atuação do direito como um "respaldo" à moral, e, mesmo que fosse, disso não decorreria que, quando os princípios morais pertinentes são controversos, os juízes devem escolher entre os lados concorrentes.

Muitos princípios morais não são respaldados pelo direito. Mentir não é crime nem delito civil (a menos que se minta sob juramento), nem a caridade é um dever legal. O direito é indiferente à maioria das promessas não cumpridas. A sedução já não é delito civil na maioria dos estados norte-americanos, e o adultério, na prática, já não é objeto de quase nenhuma sanção jurídica. Casos grotescos de difamação dirigida contra grupos são protegidos pela Constituição, e a doutrina da imunidade coloca fora do alcance das sanções legais muitos casos de má conduta por parte de autoridades. Na maioria dos estados, os circunstantes podem dar as costas impunemente a pessoas em perigo, mesmo que o salvamento não lhes impusesse custo ou risco nenhum. Por um lado, portanto, o direito não dá respaldo à moral em geral. Por outro, muitas condutas punidas com sanções legais são moralmente indiferentes: acordos de fixação de preços entre concorrentes, o comércio de títulos baseado em informações privilegiadas, a contratação de um imigrante ilegal quando não há mais ninguém que se disponha a fazer aquele trabalho, dirigir sem cinto de segurança, romper involuntariamente os termos de um contrato, infligir um dano inevitável no decorrer de uma atividade perigosa mas socialmente necessária. As leis que punem esses atos têm suas razões de ser, mas essas razões não devem nada, ou quase nada, às intuições morais.

É duvidoso até mesmo que as leis que punem a venda e o consumo de "substâncias controladas" possam ser justificadas pela moral, dada a legalidade do cigarro, das bebidas alcoólicas, dos tranquilizantes e dos antidepressivos, que têm efeitos semelhantes aos daquelas substâncias. A diferença entre o *status* jurídico de umas e outras parece resultar principalmente da associação de certas drogas, na mente do público, com os membros de grupos minoritários, *hippies*, astros do rock, "marginais", "boêmios" e jovens arruaceiros[27]. Além disso, a criminalização de um serviço

---

[27] Avram Goldstein e Harold Kalant, "Drug Policy: Striking the Right Balance", 249 *Science*, pp. 1513, 1516-7 (1990); Jess W. Bromley, "Our Society's Response to the Addictions", 38 *Clinical Chemistry*, p. 1530 (1992); Patricia G. Erickson, "The Law, Social Control, and Drug Policy: Models, Factors, and Processes", 28 *International Journal of the Addictions*, p. 1155 (1993); Jim Horner, "The War on Drugs: A Legitimate Battle or Another Mode of Inequality?", em *Inequality: Radical Institutionalist Views on Race, Gender, Class, and Nation*, p. 225 (org. William M. Dugger, 1996).

tende a imoralizá-lo. Isso não acontece porque a maioria das pessoas deriva suas preferências morais do direito penal, mas porque a criminalização tem um "efeito selecionador": os cumpridores da lei (ou seja, aquelas pessoas que têm melhores oportunidades nos negócios legais do que nos ilegais) saem de cena, e o serviço passa a ser fornecido pela classe dos criminosos, adquirindo, assim, uma aura repugnante ou desagradável. Pense, por exemplo, em quem distribuía bebidas alcoólicas antes e depois da Lei Seca e quem as distribuía durante a vigência dessa lei.

A discrepância entre o direito e a justiça é conhecida há muito tempo, mas é obscurecida pelo fato de o direito frequentemente tomar emprestada certa terminologia moral: na língua inglesa, termos como *fair* ("justo"), *unjust* ("injusto"), *inequitable* ("iníquo") e *unconscionable* ("inescrupuloso"; "exorbitante")[28]. Esses empréstimos, que refletem em parte a origem eclesiástica dos tribunais de equidade na Inglaterra, induziram Dworkin ao erro de pensar que o direito é embebido de teoria moral[29]. Há muito tempo Holmes nos preveniu dos perigos de entender mal o direito por tomar demasiado a sério seu vocabulário moral[30]. Boa parte da formação em direito consiste em mostrar aos alunos como evitar esses perigos. O direito usa termos morais em parte por

---

[28] E como é frequente esse empréstimo! Ver James A. Henderson, Jr., "Judicial Reliance on Public Policy: An Empirical Analysis of Product Liability Decisions", 59 *George Washington Law Review*, pp. 1570, 1575-8 (1991).

[29] Ver, por exemplo, Dworkin, "Reply", nota 2, acima, p. 435. A tentativa de usar *fairness* ("justiça" ou "equidade") como princípio organizador da responsabilidade civil extracontratual tem uma longa história. Veja-se um exemplo recente, que recorre a Kant para dar conteúdo à palavra, em Gregory C. Keating, "The Idea of Fairness in the Law of Enterprise Liability", 95 *Michigan Law Review*, p. 1266 (1997). Em minha opinião, esses esforços não são promissores. Minhas razões, que têm relação com o ceticismo geral diante da teoria moral que expus no Capítulo 1 deste livro, estão apresentadas em Posner, *The Problems of Jurisprudence*, pp. 323-9 (1990).

[30] É esse um dos principais temas de "The Path of the Law", 10 *Harvard Law Review*, p. 457 (1897), que discuto no próximo capítulo.

causa de suas origens, em parte para impressionar, em parte para falar uma língua que os leigos, a quem se dirigem os comandos da lei, têm mais probabilidade de entender – e em parte, admito, porque *de fato* o direito e a moral se sobrepõem em uma medida considerável. A sobreposição, porém, não é grande suficiente para que se justifique a tentativa de reduzir a um só esses dois sistemas de controle social (o tipo de projeto a que vêm se dedicando países islâmicos como o Irã, o Paquistão e o Afeganistão). Não causa escândalo que o direito deixe de cominar sanção a uma conduta imoral ou que comine sanção a uma conduta que não é imoral. Com efeito, não é crítica válida ao direito que ele não esteja em sincronia com os sentimentos morais contemporâneos. Isso ocorre com frequência e por bons motivos práticos (em específico, o direito é como um volante de motor, que limita os efeitos das grandes variações da opinião pública). Quando as pessoas fazem essa crítica – dirigindo-a, por exemplo, às leis que, em muitos estados, ainda punem as relações homossexuais –, o que querem dizer é que a lei nem é apoiada pela opinião pública nem atende a nenhuma necessidade material, nem mesmo à da estabilidade: é um mero vestígio, um símbolo vazio.

Essa tentativa de separar o direito e a moral poderia ser considerada contrária aos dados históricos. Para imaginar a possibilidade mais empolgante, suponhamos que os redatores da Constituição dos Estados Unidos, embebidos do pensamento filosófico iluminista, quisessem que os juízes interpretassem o sentido da Constituição de acordo com as concepções de uma teoria moral em perene evolução. Nesse caso, e na ausência de qualquer objeção de princípio a que a intenção dos redatores fosse obedecida, toda discrepância entre o direito constitucional e a melhor teoria moral só poderia ser devida a erro ou má-fé por parte dos juízes, de um lado, ou, de outro, a restrições práticas inescapáveis relacionadas à viabilidade, às prioridades, à disponibilidade de recursos ou à opinião pública.

Essa tese abre perspectivas de investigação histórica demasiado amplas para que eu possa explorá-las aqui; por isso limito-me a afirmar dogmaticamente que não existe nenhuma prova convincente em favor dela. Nenhum filósofo participou da redação dos documentos que fundaram o Estado norte-americano ou dos textos que depois se inseriram na mesma tradição, como a Seção 1ª da Décima Quarta Emenda ou o Título VII da Lei de Direitos Civis de 1964. Em nenhum desses documentos se encontra o menor sinal do pensamento de Platão, Aristóteles, Tomás de Aquino, Smith (de *Os sentimentos morais*) ou Kant, ou mesmo de Beccaria, Helvécio, Hume, Priestley, Hutcheson ou Bentham (apesar da referência à "busca da felicidade" na Declaração de Independência).

É verdade que esses documentos foram informados por noções importantes do Iluminismo, como a liberdade, a tolerância religiosa, os limites ao poder do Estado e a igualdade política, e é verdade que essas noções tinham sido abordadas sob o prisma filosófico por Locke e Montesquieu, por exemplo, tendo este último chegado aos norte-americanos pela mediação de Blackstone. Mas nada disso nos autoriza a supor que os redatores e ratificadores da Constituição estavam filosofando, e muito menos que filosofavam em harmonia com as concepções modernas[31], ou, ainda, que tinham a intenção de investir os juízes na função de reis-filó-

---

[31] Considere-se sob esse aspecto a discrepância entre o sentido original e o sentido moderno da expressão "todos os homens foram criados iguais" na Declaração de Independência. Originalmente, ela se referia à situação do homem no estado de natureza; portanto, não tinha nenhuma relação com a situação dos escravos. Ver Pauline Maier, *American Scripture: Making the Declaration of Independence*, pp. 135-6 (1997). Ao que parece, o direito de "todos os homens" (ou seja, todos os cidadãos) à "busca da felicidade" resumia-se a interesses como a segurança, a proteção, o direito de adquirir bens e o poder de decidir como viver a própria vida. Id., pp. 134, 167, 270-1 n. 79.

sofos ou de acólitos dos filósofos, ou, por fim, que, se tivessem tido essa intenção, os juízes deveriam aceitar a investidura. Noções como as de tolerância e igualdade podem ser objeto de uma interpretação filosófica – mas também podem ser tratadas como programas de ação política que servem à realização de diversos objetivos sociais, como a paz, a força, a prosperidade e a conciliação dos elementos sociais descontentes. Está em aberto a questão de saber se Locke serviu de inspiração ou justificativa para o pensamento dos revolucionários norte-americanos.

Além disso, antes de a filosofia se tornar uma disciplina acadêmica especializada, as fronteiras entre ela e as ciências, inclusive as ciências da natureza, eram indefinidas e regularmente transpostas. Bentham, além de filósofo, era advogado, economista e reformador, e suas sugestões para a reforma da justiça criminal podem ser aceitas até por quem não é utilitarista; ou seja, as sugestões não caem quando se removem seus andaimes filosóficos. A influente teoria política de Locke pode ser destacada de seus fundamentos metafísicos (a teologia cristã) e morais (a ideia de que o trabalho produtivo cria um direito). Inovações políticas como o republicanismo, a separação de poderes, o sistema de freios e contrapesos e a secularização da política podem ser separadas de seus rótulos filosóficos e avaliadas sem que se levem em conta quaisquer princípios da filosofia. Locke pode ser discutido tanto pelos cientistas políticos como pelos filósofos morais; as discussões dos cientistas políticos provavelmente serão mais frutíferas.

Do mesmo modo, podemos decidir tratar os criminosos com dignidade não porque aceitamos a ideia de Kant de que as pessoas têm o direito de ser tratadas como fins e não como meios, mas porque pensamos – sem saber nada a respeito de Kant, talvez – que o cultivo de uma mentalidade de punição criminal, baseada na dicotomia entre "nós" e "eles", ou na ideia do "inimigo interno", ou mesmo de uma mentalidade "médica" ou "terapêutica", pode ter consequências políticas adversas e até prejudicar a prevenção e a dissuasão da atividade criminosa. Não é preciso ser utilitarista para ter uma ideia desse tipo. O ponto essencial não é que a imagem do criminoso como "inimigo interno" reduz a soma total de felicidade dos Estados Unidos (ou da humanidade, ou do cosmo), mas que ela é contrária aos objetivos políticos e criminológicos específicos de nossa sociedade. O vocabulário moral seria adotado para fins pragmáticos; e "pragmático" não é sinônimo de "moral", nem mesmo de "utilitário". Os objetivos sociais pragmáticos, como os de diminuir a criminalidade ou de tornar o Estado menos intimidador e, portanto, menos poderoso, não têm de ser validados por nenhuma teoria moral. Nem poderiam sê-lo. Se você por acaso não concorda com esses objetivos por pensar que é presunção querer postular objetivos para uma sociedade inteira ou por pensar (sejamos claros) que eles só podem ser atingidos mediante a degradação ou subordinação de pessoas a quem você dá mais valor que aos burgueses ou pretensos burgueses que preferem a paz e a prosperidade à honra, à glória e a Deus, a teoria moral não pode, e não deve, convencê-lo do contrário.

A atividade judicial é uma atividade normativa; toda vez que o juiz vai além da simples aplicação do direito positivo – e isso, como Dworkin demonstrou, ocorre com frequência –, o problema de passar do "ser" ao "dever ser" levanta sua cabeçorra e, de repente, pode-se ter a impressão de que o magistrado está mergulhado no domínio da teoria moral. Porém, ética e razão prática não se confundem com a teoria moral, a menos que este último termo seja usado (o que não ajuda em nada) para denotar toda espécie de raciocínio normativo sobre questões sociais. Espera-se dos juízes que apresentem razões para seu proceder, e as razões nem sempre estão claramente contidas nas fontes ortodoxas do direito. A partir das razões que um juiz apresenta em uma série de causas, poder-se-á – se o juiz for coerente – alinhavar uma "teoria" que se pode pedir que ele justifique. Disso não decorre que o juiz se beneficiaria da leitura e do estudo da teoria moral. Pensemos na educação, por exemplo. A teoria da educação é tão antiga quanto a teoria moral. Mas onde está a prova de que os professores ou administradores escolares que se saturam de teoria são melhores no que fazem do que aqueles que não se saturam? A história da teoria moral, que começou na mesma época, com Platão, é tão repleta de esperanças frustradas e discussões infrutíferas quanto a da teoria educacional. Por que, então, deveríamos pensar que um curso de teoria moral seria bom para os juízes? Dworkin afirma que "não temos escolha: somos obrigados a pedir [aos juízes] que se defrontem com questões que, de quando em quando, têm caráter filosófico. A alternativa não é evitar a teoria moral, mas encobrir o fato de que está sendo utilizada"[32]. Caso se substituam as palavras "juízes" por "professores", "filosófico" por "pedagógico" e "moral" por "educacional", a fatuidade da afirmação de Dworkin tornar-se-á evidente.

Assim como as questões de teoria educacional não são inescapáveis na atividade docente, as questões de teoria moral não o são na atividade judicial. Os juízes não precisam tomar partido nas questões morais nem pelo fato de a rejeição do positivismo jurídico criar essa necessidade, nem porque há continuidade entre o direito e a moral, nem porque a moral dá conteúdo ao direito nem, por fim, porque a aplicação da lei moral foi prescrita à magistratura. As considerações derivadas da teoria moral são mero subconjunto das considerações normativas potencialmente úteis para o juízo judicial. As questões morais podem ser ou suprimi-

---

[32] Dworkin, "In Praise of Theory", nota 2, acima, p. 375.

das ou reformuladas como questões de interpretação, competência institucional, prática política, separação de poderes ou *stare decisis* (decisão de acordo com os precedentes) – ou, ainda, encaradas como um motivo convincente para que o Judiciário se abstenha.

Anthony Kronman não tem razão ao dizer que "o tipo de dilema moral em que os homens e mulheres comuns se encontram de quando em quando, e que exige o exercício da razão, é para os juízes um problema de rotina"[33]. Ele confunde "moral" com "normativo" e o raciocínio moral com o raciocínio *tout court*. Os juízes se defrontam rotineiramente com questões que não podem ser resolvidas pela aplicação de um algoritmo, e que exigem, em vez disso, o emprego da razão prática – aquele conjunto de métodos, entre os quais as reações instintivas, que as pessoas usam para tomar decisões quando o uso dos métodos da ciência e da lógica não é possível ou produtivo. Isso não quer dizer que o juiz enfrenta um "dilema moral" do qual só poderia sair pelo emprego de algo que se chama "razão moral". A edição de um jornal exige o uso constante da razão prática, mas só de vez em quando impõe que se faça um juízo moral. Assim também a atividade judicial: os juízes só defrontam dilemas morais quando o direito favorece um resultado que contradiz suas mais profundas crenças morais. Não se trata de um problema de rotina neste país.

Uma vez que a teoria moral não é um armamento indispensável no arsenal dos juízes, mas algo que eles podem usar se quiserem, é improvável que a usem como arma se não a considerarem um método objetivo e eficaz para resolver conflitos. Os moralistas jurídicos admitem esse fato. Moore (M. S., não G. E.) diz que "quando os juízes decidem qual é o processo legal devido ao cida-

---

[33] Anthony T. Kronman, "The Value of Moral Philosophy", 111 *Harvard Law Review*, pp. 1751, 1762 (1998). Não queria ser eu a desiludir o reitor Kronman, mas o fato é que os juízes são "homens e mulheres comuns".

dão, ou quais são as exigências da igualdade, ou qual pena é cruel, eles julgam um fato moral que pode ser verdadeiro ou falso"[34]. Se é impossível julgar a verdade ou falsidade de uma pretensão moral qualquer, os juízes não se sentirão à vontade ao propor e responder questões jurídicas como se fossem questões a respeito da lei moral. No primeiro capítulo, reconheci que alguns juízos morais são tão universalmente aceitos que podem aspirar ao título de verdades morais. Em nossa sociedade (a qualificação essencial), matar um ser humano é conduta imoral a menos que haja uma justificativa aceita; matar uma mosca, não. Essas verdades, que dão ao realismo moral aquele mínimo de plausibilidade que ele pode reivindicar, não interessam a um Moore ou a um Dworkin. Estes só se interessam pelas verdades morais que podem ser descobertas por um processo de raciocínio quando existe desacordo sobre a natureza dessas verdades. É fato que matar um ser humano é imoral se o ser humano ainda for um feto, ou, no caso de um adulto, se o homicida for um médico que comete o ato a pedido da vítima? Será que o feto, embora inegavelmente humano, é um *ser* humano? Acaso se trata de "matar" quando você simplesmente se recusa a ajudar alguém que morrerá sem a sua ajuda? A teoria moral não tem como responder a essas perguntas, pois não dispõe de instrumentos para vencer os desacordos morais.

Para tornar um pouco mais clara a relação entre o direito e a moral, talvez possamos traçar uma tripla distinção entre os modos pelos quais uma questão moral pode imiscuir-se em uma causa judicial. Em primeiro lugar, a causa pode ter importância moral

---

[34] Michael S. Moore, "Moral Reality Revisited", 90 *Michigan Law Review*, pp. 2424, 2470 (1992). Ver também Ronald Dworkin, "Is There Really no Right Answer in Hard Cases?", em Dworkin, *A Matter of Principle*, p. 119 (1985); Dworkin, nota 12, acima, pp. viii-ix; e vejam-se críticas a este ponto de vista em Posner, nota 29, acima, pp. 197-203.

para certo segmento da comunidade; a questão jurídica do direito ao aborto, por exemplo, tem relevância moral para os que condenam e os que defendem o aborto. Em segundo lugar, os juízes podem tomar a moral como fundamento para a decisão de algumas causas. Por fim, podem decidir algumas causas usando os métodos de argumentação do moralismo acadêmico. Admito a primeira relação entre o direito e a moral. Admito também a segunda: alguns princípios jurídicos, especialmente os do direito penal, são claramente dependentes das opiniões morais da comunidade. Mas aplicar um princípio moral a uma questão jurídica não é a mesma coisa que tomar partido em questões morais controversas e usar a filosofia moral normativa para resolver a disputa. *Essa* é a relação problemática entre a moral e o direito, como veremos detalhadamente em seguida. Apesar de a criminalização do homicídio e do estupro ser baseada em princípios morais, não se encontram argumentos de teoria moral nos recursos interpostos contra condenações por homicídio ou estupro; e ninguém sente falta desses argumentos.

Contraposição entre teoria abstrata e casuística

No primeiro capítulo, contrastei o tipo de teoria moral em que o teórico parte dos princípios gerais para chegar às questões específicas com aquele outro tipo em que o teórico parte da resolução intuitivamente óbvia de uma questão para chegar à resolução de outra questão "semelhante" à primeira. (O "equilíbrio reflexivo" pode ser considerado uma combinação dessas duas abordagens.) Para exemplificar essa distinção na teoria do direito, podemos comparar o modo como Ronald Dworkin e Leo Katz, respectivamente um raciocinador moral abstrato e um casuísta moral, abordam as questões jurídicas.

Dworkin quer que os juízes "justifiquem as proposições jurídicas demonstrando que os princípios que as sustentam também oferecem a melhor justificativa da prática jurídica mais generalizada na área doutrinal em que o caso se insere" (pp. 355-6)[35]. A melhor justificativa é aquela que "melhor se encaixa na prática jurídica e lança sobre ela a luz mais favorável" (p. 356). Quando procura determinar se o encaixe é bom e a luz é favorável, o juiz pode ver-se engolfado em uma "ascensão justificatória" (id.), ou seja, pode ver-se obrigado a verificar a coerência entre a justificativa que ele postulou para sua decisão, de um lado, e camadas cada vez mais amplas de doutrina jurídica, de outro, à medida que se levantam questões sobre a compatibilidade entre a decisão e esta ou aquela norma ou princípio jurídico – ou moral.

O conceito de ascensão justificatória é o meio pelo qual Dworkin reconhece que os juízes, na maioria das vezes, raciocinam de baixo para cima, a partir de casos e argumentos particulares, e não de cima para baixo, a partir de um princípio generalíssimo – como o igualitarismo, ou o utilitarismo, ou o conceito de liberdade de Mill – que torne coerente todo o conjunto do direito. Mas ele insiste em que, através da ascensão justificatória, o juiz pode, às vezes, elevar-se às excelsas alturas da generalidade. Foi assim que Cardozo, segundo ele, "percebeu que [a ascensão justificatória era] necessária no caso *MacPherson vs. Buick Motor Co.*, e mudou o caráter do nosso direito" (p. 358)[36]. "O raciocínio jurídico pressupõe um vasto domínio justificatório, que inclui prin-

---

[35] Referência às páginas de Dworkin, "In Praise of Theory", nota 2, acima.
[36] Refere-se a *MacPherson vs. Buick Motor Co.*, 111 N.E. 10150 (N.Y. 1916). Não é um bom exemplo da tese de Dworkin. O voto de Cardozo não explica o princípio geral à luz do qual, mesmo na ausência de uma relação contratual direta, o fabricante ainda assim é responsável perante o consumidor final por um dano resultante de um defeito no produto. O voto não se destaca pela franca confrontação das questões de princípio ou realidade política levantadas pelo caso, mas sim pela manipulação engenhosa (ou, talvez, astuta e calculista) dos precedentes. Edward H. Levi, *An Introduction to Legal Reasoning*, pp. 9-25 (1949); Richard A. Posner, *Cardozo: A Study in Reputation*, pp. 107-9 (1990).

cípios muito abstratos de moral política", e o juiz deve estar sempre preparado para "reexaminar alguma parte da estrutura de quando em quando" (p. 360). Assim, os juízes a quem cabe interpretar uma constituição devem empreender "uma 'excursão' considerável no território da moral política", ou, o que dá no mesmo, "uma profunda expedição pelos domínios da teoria" (pp. 360, 372). O juiz que se recusa a confrontar questões filosóficas é um "avestruz" (p. 376).

O que Dworkin pretende estar descrevendo não é uma abordagem entre muitas outras, mas a "teoria" em geral. Todo aquele que não concorda com sua concepção de como os juízes devem decidir é um membro do "exército antiteórico" e cerra fileiras com "os pós-modernistas, os pré-estruturalistas, os desconstrucionistas, os adeptos dos estudos jurídicos críticos e da teoria crítica da raça e mais mil batalhões" desse mesmo exército (p. 361). Em sua polêmica contra a indicação de Robert Bork para a Suprema Corte, Dworkin acusou Bork, um teórico constitucional influente, de não ter "filosofia constitucional alguma... Acredita que não tem a responsabilidade de tratar a Constituição como uma estrutura integrada de princípios morais e políticos"[37]. Para Dworkin, "teoria", "filosofia" e o tratamento de toda a Constituição – e, através da ascensão justificatória, de todo o direito norte-americano – como "uma estrutura integrada de princípios morais e políticos" são uma única e mesma coisa[38].

É um caso gritante de definição tendenciosa. Longe de portar unicamente o significado que Dworkin lhe atribui, o termo "teoria" não tem sentido definido, especialmente no discurso norma-

---

[37] Dworkin, "Bork: The Senate's Responsibility", nota 14, acima, pp. 267, 272-3.
[38] Id., p. 273. Estranhamente, Dworkin cita o juiz Lewis Powell, da Suprema Corte – tristemente famoso por tomar decisões *ad hoc* –, como exemplo de magistrado que tratava a Constituição desse modo.

tivo. Pense, por exemplo, nos usos "teoria crítica" ou (um parente próximo) "teoria marxista", ou, ainda, no uso de "teoria" nos estudos culturais e literários. Os êxitos da ciência encorajaram os praticantes de larga variedade de outras disciplinas a chamar de "teoria" seu próprio trabalho, embora não tenha este quase nenhuma relação com o trabalho científico. A típica teoria jurídica não passa de uma generalização que, segundo se alega, sintetiza os principais precedentes em um campo ou subcampo particular do direito. As teorias jurídicas mais ambiciosas lançam mão de princípios derivados de outros campos do pensamento social, como a economia ou a teoria política ou moral, como critérios para a avaliação de doutrinas e decisões. Algum grau de generalidade ou abstração bem como a exigência de coerência são os requisitos fundamentais da "teoria". Para além disso, não parece possível especificar precondições para determinar se isto ou aquilo é uma teoria moral ou jurídica.

Se para Dworkin "teoria" significasse somente isso – um esforço para alcançar a generalidade e a coerência –, ele não poderia acusar Bork de não ter uma teoria constitucional. Mas o fato é que, para ele, "teoria" significa a sua própria maneira de encarar o direito, a qual descende do influente artigo de Herbert Wechsler sobre os "princípios neutros"[39]. A abordagem de Wechsler, por sua vez, tem afinidade com a escola "processual" e com a jusnaturalista, e Dworkin tem vínculos diretos com ambas[40]. O elemento

---

[39] Ver David A. Strauss, "Principle and Its Perils", 64 *University of Chicago Law Review*, pp. 373, 376-81 (1997) (resenha de *Freedom's Law*, de Dworkin, nota 2, acima); Herbert Wechsler, "Toward Neutral Principles of Constitutional Law", 73 *Harvard Law Review*, p. 1 (1959). "A 'leitura moral' [da Constituição] empreendida por Dworkin foi prefigurada em quase todos os seus aspectos pelos estudos acadêmicos do final da década de 1950 e começo da de 1960." Strauss, acima, p. 376. Isto não nega a considerável originalidade da abordagem dworkiniana: filiação não é identidade.
[40] Ver Neil Duxbury, *Patterns of American Jurisprudence*, pp. 294-7 (1995); Weinreb, nota 13, acima, pp. 119-21; Vincent A. Wellman, "Dworkin and the Legal Pro-

comum é a imposição de um tema dominante (como a legitimidade democrática, o federalismo, a competência institucional ou, no caso de Dworkin, a igualdade) sobre os aspectos particulares do direito. Os professores universitários propõem e os juízes dispõem[41]. É por isso que a ascensão justificatória é tão importante: é o único meio pelo qual um juiz que, desde já, não dispõe de um tema acadêmico dominante pode chegar a um tema desses.

Não se deve confundir a ascensão justificatória com a indução. Depois que o juiz completou a ascensão e vislumbrou os campos ensolarados onde mora a teoria, ele joga fora a escada que o levou até lá. À medida que é obrigado a subir a escada, ele admite que não pode decidir a causa sem adotar um princípio dominante; uma vez adotado, é o princípio que decide a causa. O caráter etéreo desses princípios é demonstrado pelo pouquíssimo interesse de seus criadores pelas realidades particulares. O "memorial dos filósofos", que, como veremos, notabilizou-se por não conseguir

---

cess Tradition: The Legacy of Hart and Sacks", 29 *Arizona Law Review*, p. 413 (1987); William N. Eskridge, Jr., e Philip P. Frickey, "An Historical and Critical Introduction to *The Legal Process*", em Henry M. Hart, Jr., e Albert M. Sacks, *The Legal Process: Basic Problems in the Making and Application of Law*, pp. li, cxvii, cxxxi (1958, edição provisória mimeografada publicada em 1994); ver também Dworkin, nota 12, acima. Duxbury, entretanto, ressalva que não se deve exagerar a continuidade entre a escola processual (*legal-process school*) e Dworkin. Duxbury, acima, pp. 295-6.

[41] "Os tribunais são as capitais do império do direito e os juízes são seus príncipes, mas não são seus videntes e profetas. Cabe aos filósofos, se a isto estiverem dispostos, delinear as ambições do direito, a forma mais pura do direito, algo que está dentro do nosso direito mas que vai além dele." Dworkin, nota 12, acima, p. 407. Dworkin sempre escreve muito bem quando está criticando. Porém, quando expõe suas próprias propostas, às vezes assume um tom de pomposidade quase eclesiástica, como no trecho citado. Acerca de outro trecho desse tipo – "[O direito,] no espírito interpretativo, visa a sobrepor os princípios à prática com o fito de evidenciar o melhor caminho rumo a um futuro melhor, sem trair o passado", id., p. 413 –, Pierre Schlag faz o pertinente comentário: "Quando deparamos com uma frase desse tipo, temos vontade de perguntar: *De que 'direito' você está falando?*" Schlag, *Laying Down the Law: Mysticism, Fetishism, and the American Legal Mind*, p. 5 (1996) (grifo do original).

sugerir soluções para as difíceis questões institucionais suscitadas pela proposta de um direito constitucional ao suicídio assistido por médico, ilustra a falta de textura da análise dworkiniana das questões jurídicas – a mesma falta de textura que caracterizava as análises de Hart e Sacks, ou de Wechsler. Dworkin trabalha com tipos ideais (no sentido weberiano) de ação afirmativa, pornografia e aborto, assim com Hart e Sacks trabalhavam com tipos ideais do tribunal, do Poder Legislativo e do órgão administrativo, e Wechsler, com um tipo ideal de *apartheid*, em que o dano sofrido pelos negros por não poder conviver com os brancos era exatamente contrabalançado pelo dano sofrido pelos brancos por serem obrigados a conviver com os negros caso o *apartheid* fosse proibido. Os princípios de Dworkin são diferentes, mas a abordagem é a mesma, exceto pelo fato de que Dworkin tem ainda menos interesse que Hart, Sacks e Wechsler pelo funcionamento real do sistema jurídico, pelas capacidades práticas e constrangimentos políticos dos juízes[42], pelo texto e a história de peças legislativas particulares, pela diferença entre decisões e meras opiniões judiciais (*dicta* – e, portanto, pela abrangência deste ou daquele precedente), pelos dados e teorias das ciências sociais que tenham relação com as questões envolvidas nos casos que o interessam e pelos efeitos das normas jurídicas.

---

[42] Que estranho que ele diga: "Concordo com os críticos que afirmam que nem *todos* os juízes têm formação prática em filosofia." Dworkin, "In Praise of Theory", nota 2, acima, p. 375 (grifo meu). Quase nenhum juiz tem essa formação, especialmente hoje em dia, embora eu vá mencionar um ou dois exemplos contemporâneos daqui a pouco. É verdade que Learned Hand tinha estudado filosofia em Harvard e que Holmes tinha uma tendência filosófica marcante. Mas esses juízes se formaram no século XIX – e ambos, para cúmulo, eram céticos morais. Seria necessário atribuir um sentido muito especial ao termo "formação prática em filosofia" (*trained in philosophy*) para que essa qualificação pudesse descrever heróis judiciais dworkinianos como Warren, Brennan, Blackmun e Powell, embora seja certo que alguns dos assistentes que redigiram os votos que Dworkin admira tenham estudado filosofia moral.

O estilo de Dworkin é um modo possível de praticar o direito, mas não é o único modo que pode pretender-se baseado em uma teoria. E, mais importante, não é o melhor modo. Descontadas as deficiências que partilha com o moralismo acadêmico – do qual constitui, na verdade, a aplicação jurídica –, é abstrato demais para um sistema jurídico fundado nos precedentes. Talvez se desse melhor em um regime de controle de constitucionalidade preventivo, como os que se encontram nos tribunais constitucionais da Europa Central e, vez por outra, nos supremos tribunais de alguns estados norte-americanos[43]. Os tribunais praticam o controle preventivo quando apreciam a constitucionalidade das leis antes que estas sejam aplicadas – em outras palavras, antes que haja um litígio. O ponto forte do sistema baseado nos precedentes é sua sensibilidade aos aspectos particulares de disputas judiciais específicas. A atenção às particularidades a um só tempo educa os juízes e impede-os de dispersar-se na supergeneralização. O ponto fraco do sistema baseado nos precedentes é que essa educação dos juízes é incompleta, pois os "fatos" elucidados pelos autos de um processo são normalmente fragmentários e quase nunca são sistemáticos. A cura, porém, não é a alta teoria. O que os juízes precisam é uma compreensão melhor das consequências práticas de suas decisões[44].

---

[43] Ver, por exemplo, András Sajó, "Reading the Invisible Constitution: Judicial Review in Hungary", 15 *Oxford Journal of Legal Studies*, p. 253 (1995); Sarah Wright Sheive, "Central and Eastern European Constitutional Courts and the Antimajoritarian Objection to Judicial Review", 26 *Law and Policy in International Business*, p. 1201 (1995); William M. Landes e Richard A. Posner, "The Economics of Anticipatory Adjudication", 23 *Journal of Legal Studies*, pp. 683, 710-13 (1994).

[44] Isto é afirmado, em referência ao uso da teoria feminista no direito, por Stephen J. Schulhofer, "The Feminist Challenge in Criminal Law", 143 *University of Pennsylvania Law Review*, p. 2151 (1995): "Os problemas com que as mulheres deparam na justiça criminal são tão profundos e têm vínculos tão complexos com as metas e estruturas do direito que a teoria [feminista] é intrinsecamente incapaz de nos conduzir adiante no caminho que leva a soluções eficazes. Os problemas só podem

A maioria dos juízes norte-americanos não é ideóloga, mas pragmatista. Para encontrar boas soluções pragmáticas, porém, precisam compreender a dimensão empírica das disputas judiciais submetidas à sua apreciação. A conhecida diferença entre juízes e juízas na decisão dos casos de assédio sexual não se deve a uma divergência teórica. Poucos desses magistrados são machos chauvinistas ou feministas radicais. A diferença provém antes de tudo de uma percepção diferente da incidência e dos efeitos, psicológicos e outros, desse tipo de assédio. Não é vã a esperança de que o estudo empírico desse fenômeno fizesse diminuir tal diferença.

Na prática do direito, além disso, é muito útil conhecer não somente um punhado de casos exemplares, mas também um grande número de casos. O direito é como uma língua. Escrever bem sobre o direito em sua realidade operativa sem conhecê-la intimamente é tão difícil quanto escrever bem sobre a China sem conhecer a língua chinesa. Dworkin quase nunca sai da esfera altamente politizada dos direitos constitucionais, e, quando o faz, os resultados não são notáveis. Mencionei sua discussão "desafinada" da decisão *MacPherson*. Seu artigo de louvor à teoria jurídica sempre retorna aos casos do DES[45] e, por fim, lança, à guisa de desafio, a pergunta: "Deve o juiz tentar decidir se os fabricantes de medicamentos são solidariamente responsáveis (*jointly lia-*

---

ser resolvidos caso se dê muita atenção a seus aspectos particulares." Id., p. 2153. Rorty deu formulação redonda à questão geral: "O distanciamento em relação à prática produz alucinações teóricas." Richard Rorty, *Achieving Our Country: Leftist Thought in Twentieth-Century America*, p. 94 (1998).

[45] O DES foi um medicamento administrado a muitas mulheres grávidas na década de 1950 para prevenir o aborto espontâneo. Muito tempo depois, constatou-se que o medicamento prejudicava as filhas *adultas* de muitas mulheres que o haviam tomado. Na época em que o problema foi descoberto e as ações judiciais foram impetradas, era impossível, na maioria dos casos, descobrir qual o fabricante que havia fornecido o medicamento que causara dano a cada demandante em particular.

ble) sem antes perguntar se é justo, de acordo com os padrões consolidados em nossa tradição, imputar responsabilidade mesmo na ausência de um vínculo causal?" (p. 371). Toda pessoa genuinamente familiarizada com os aspectos práticos do direito há de considerar estranha essa pergunta, e não somente porque a questão não era, de modo algum, a responsabilidade solidária (*joint liability*) no sentido técnico desse termo[46]. É normal imputarmos a responsabilidade *penal* – por uma tentativa fracassada que não causa dano algum, por exemplo, ou por uma conspiração que se formou mas cujos efeitos não chegaram a concretizar-se, ou ainda pelo fato de alguém dirigir embriagado embora disso não resulte nenhum acidente – sem nos preocupar com a ausência de um nexo causal entre a conduta do réu e o dano que a lei se propõe a impedir. Na responsabilidade civil extracontratual, a responsabilidade é convencionalmente imputada a pessoas que agiram com negligência e cujos atos tenham sido meras condições suficientes, e não necessárias, do dano, e que, portanto, não se enquadram na definição tradicional de causa; é comumente imputada aos empregadores das pessoas que causaram o dano do qual o demandante se queixa (sob a doutrina *respondeat superior*); é imputada às vezes a pessoas que simplesmente deixam de evitar um dano (como nos casos de responsabilidade do fabricante por danos causados por produtos supostamente "à prova de impacto", ou nos casos que giram em torno de tentativas

---

[46] Se a responsabilidade fosse solidária, todos e cada um dos laboratórios que fabricaram e comercializaram o DES seriam integralmente responsáveis por todos os danos causados pelo medicamento, embora cada demandante só pudesse receber a indenização uma única vez. A questão, resolvida a favor da demandante em Sindell *vs.* Abbott Laboratories, 607 P.2d 929 (Cal. 1980), era se a responsabilidade de cada empresa que em tese pudesse ter produzido o medicamento que causou o dano deveria ser proporcional à participação da empresa no mercado, na época e no lugar em que a mãe da demandante comprou o medicamento.

fracassadas de resgate ou salvamento); é imputada àqueles que entraram em conluio com os causadores de danos; é imputada, na prática, aos espólios – ou seja, aos herdeiros – dos causadores de danos; às vezes (como nos casos que giram em torno da "perda de uma oportunidade"), é imputada aos que causaram danos não obstante a incapacidade da vítima de provar inequivocamente o nexo causal. É ingenuidade, portanto, perguntar se é "justo" imputar responsabilidade a um fabricante de DES cujo produto não pode ser inequivocamente apontado como "causa" do dano sofrido pela vítima. Além de ingênua, a pergunta é inútil. Não nos aproxima nem um centímetro de uma apreciação inteligente dessas causas.

Não nego que a filosofia, não na forma da teoria moral, mas de uma análise cuidadosa de questões difíceis, possa ajudar a esclarecer certos conceitos jurídicos, como os de intenção, responsabilidade e – por que não? – causalidade[47]. Mas a ideia de que a filosofia possa ser útil por nos mandar refletir sobre a justiça da imputação de responsabilidade sem prova de nexo causal é sinal de ignorância do terreno em exame e da inanidade – do caráter essencialmente retórico – do uso que Dworkin faz do termo "teoria".

Quando deixamos Dworkin de lado e passamos a ler Leo Katz, entramos em um mundo diferente, muito afastado da abstração intelectualista da teoria moral e jurídica. É o mundo do velho casuísmo, em que o estudioso parte de uma intuição moral estabelecida (na casuística moral) ou de um precedente inabalável (na casuística jurídica), revelados em um caso paradigmático, e procura aplicá-lo a um caso novo. É o método do qual Judith

---

[47] Ver Posner, nota 29, acima, pp. 168-84 (intenção) e 324-5 (causalidade); *United States vs. Beserra*, 967 F.2d 254 (7th Cir. 1992) (responsabilidade); *Stewart vs. Gramley*, 74 F.3d 132 (7th Cir. 1996) (livre arbítrio).

Jarvis Thomson fez mau uso. A abordagem de Katz, ilustrada por seu livro *Ill-Gotten Gains* [Ganhos ilícitos][48], é moralística porque faz uso de intuições morais a fim de determinar não somente a abrangência real do direito, mas também sua abrangência ideal.

Katz se preocupa particularmente com aquilo que chama, em inglês, de *avoision*. Esse neologismo denota aqueles casos em que não está claro se determinada conduta deve ser entendida como abstenção (*avoi*dance) de um ato proibido pela lei, sendo portanto lícita, ou como descumprimento (eva*sion*) de um dever legal. Ele apresenta o exemplo seguinte. Duas atrizes competem pelo mesmo papel. Mildred sabe que Abigail foi infiel ao marido. Se ameaçar Abigail de revelar o fato ao marido a menos que ela falte ao teste de representação, Mildred estará cometendo o crime de extorsão. Então, em vez disso, ela diz a Abigail que enviou ao marido dela uma carta em que lhe revela a infidelidade, e que a carta foi enviada para ser entregue na manhã do teste. Sabendo que Abigail ficará em casa para interceptar a carta, Mildred terá atingido o mesmo objetivo que seria obtido pela prática da extorsão, mas não terá cometido crime nenhum. A partir de exemplos como esse, Katz conclui que o direito não é consequencialista, pois muitas vezes trata de maneira diferente atos que têm as mesmas consequências – no caso das atrizes, porque a consequência foi obtida por um meio diferente daquele contemplado pela lei que define o crime de extorsão.

Ele insiste particularmente no diferente tratamento dado aos atos e omissões: afogar uma pessoa é homicídio, mas não é crime deixá-la afogar-se pelo ato de não lhe atirar uma boia, mesmo que esse ato seja praticado sem nenhum motivo ou até com dolo. Se

---

[48] Leo Katz, *Ill-Gotten Gains: Evasion, Blackmail, Fraud, and Kindred Puzzles of the Law* (1996). No corpo do texto deste capítulo, faço referência às páginas desse livro.

você põe uma pessoa na sua frente para usá-la como escudo humano contra alguém que procura lhe dar um tiro, e a pessoa morre, você é réu de homicídio; mas não é crime abaixar-se atrás da pessoa, mesmo que por isso o atirador mire naquela direção e acerte na pessoa um tiro mortal. (Dos exemplos dados por Katz, este é o mais instigante.) E, dependendo do estado mental do perpetrador, o direito frequentemente comina diferentes sanções a um mesmo dano. Ao ver de Katz, trata-se de uma abordagem não consequencialista. Porém, o fator fundamental de sua análise é a distinção entre ato e omissão, uma vez que a maior parte dos casos de *avoision* consiste na substituição de um ato por uma omissão que tenha a mesma consequência.

Katz raciocina a partir de casos, a maioria dos quais são hipotéticos e não reais; alguns são francamente fantasiosos –, por exemplo, o caso de dois gêmeos, um dos quais assalta um banco, e o outro comete homicídio; o tribunal é incapaz de determinar quem fez o quê e, portanto, segundo Katz, tem de libertar a ambos. O uso de hipóteses fantásticas merece uma das críticas que dirigi a Judith Jarvis Thomson: não conseguimos ter intuições firmes a respeito de casos hipotéticos e pouco realistas. E um paralelo com os casos do DES demonstra que Katz não pode ter razão quando diz que ambos os gêmeos devem sair completamente ilesos. Se ambos forem punidos por roubo, nenhum deles poderá reclamar: o que cometeu o roubo terá uma punição justa, e o homicida, uma punição branda. Esse exemplo nos dá um primeiro vislumbre da falha que caracteriza o método de Katz.

O método casuístico tem uma longa história no direito e na ética. Foi usado por Sócrates, tem seus adeptos na filosofia contemporânea (como vimos de relance no Capítulo 1), serve de fundamento para o sistema do *common law* da Inglaterra e dos Estados Unidos e é a pedra fundamental do ensino de direito nos

Estados Unidos. O termo "casuística", porém, não significa somente o raciocínio a partir de casos concretos ou hipotéticos: evoca também a capciosidade, o estabelecimento de distinções falsas, o uso das formas da lógica para defender resultados irracionais, o pensamento literalista, o uso de meias-verdades para enganar. A casuística nesse sentido ruim é ilustrada pela doutrina católica da equivocação, "transmitir uma falsidade sem culpa": um caso típico seria jurar "que não se praticou determinado ato, embora se o tenha praticado, fazendo mentalmente, no momento do juramento, a ressalva de que este não foi praticado em determinado dia, ou antes de a pessoa nascer" (p. 29)[49]. Katz gosta tanto da casuística que aprova não só a doutrina da equivocação como também as outras formas de casuística "má", além das formas boas. Diz que aquela doutrina ilustra o "direito de enganar pelo silêncio" (p. 45), um aspecto da distinção entre atos e omissões. O equivocador não declara uma falsidade explícita; limita-se a omitir exatamente aquilo que permitiria ao ouvinte compreender o que ele de fato quer dizer. O lado capcioso de Katz põe-se ainda mais em evidência quando, referindo-se ao ato pelo qual Mildred evitou o crime de extorsão, ele faz a pergunta retórica: "Por que devemos condenar alguém por ter feito algo *unicamente* por causa da lei?" (p. 12). O perigo de fazer uma pergunta retórica está em que ela seja respondida: Mildred não tramou seu esquema somente para não ser condenada por extorsão, mas também, e antes de tudo, para impedir que Abigail competisse com ela pelo papel teatral.

---

[49] A segunda passagem é uma citação de Blaise Pascal, *The Provincial Letters*, p. 140 (org. A. J. Krailshaimer, 1967). A doutrina da equivocação refuta a tese (apresentada para refutar o relativismo moral) de que "todas [as religiões] condenam a mentira". Ronald M. Green, *Religion and Moral Reason: A New Method for Comparative Study*, p. 11 (1998). Na opinião de um ateu, a mentira é a própria essência da religião.

O gosto de Katz pela casuística "má" provém de uma mentalidade à qual se aplica com justiça o epíteto de "pré-moderna" e que se reflete ainda na sua aprovação implícita à doutrina medieval das correspondências, ou seja, das analogias entendidas literalmente. Deus está para o rei como o rei está para seus súditos e como o pai de família está para seus familiares. O feto é um homúnculo. Os quatro elementos correspondem aos quatro humores. A música sublunar reproduz a música das esferas. E Katz acrescenta: a inversão dos critérios de culpabilidade fornece os critérios de mérito. Atribuímos mais culpa ao criminoso, quando o crime foi cometido com deliberação, e atribuímos mais mérito ao descobridor que fez uma descoberta deliberada do que àquele que a fez por acaso. Aliviamos a sentença do criminoso arrependido do mesmo jeito que atribuímos menos mérito ao inventor ou descobridor vaidoso (convencido) do que ao modesto. O descobridor vaidoso já derramou sobre si mesmo uma fração do louvor que merece, diminuindo, assim, a quantidade que os outros lhe devem; o criminoso arrependido já infligiu a si mesmo uma fração do castigo, diminuindo, assim, a quantidade de castigo que o Estado deve infligir-lhe a fim de atingir a plena medida do castigo que ele mereceu.

O que congrega os elementos do raciocínio pré-moderno (e também do pós-moderno, como veremos no último capítulo) é o esforço de dar preponderância à retórica sobre a ciência, invertendo a tendência que dominou a civilização ocidental desde o século XVIII. Construir argumentos não a partir de teorias ou de fatos, mas a partir de casos; atribuir mais importância às palavras que às coisas, aos estados mentais que às consequências; dar efeito jurídico a distinções verbais aceitas acriticamente (como a distinção entre ato e omissão); reificar analogias – todos esses procedimentos estão muito distantes da teorização lógica ou matematicamente rigorosa, e submetida ao critério rígido dos fatos, que constitui o ideal da ciência. Eles levam Katz a concluir, em primeiro lugar, que "um dos traços centrais de nosso pensamento jurídico e moral [é] seu caráter não utilitarista" (p. xii) – que o direito, e em particular o direito penal, de onde ele tira a maior parte de seus exemplos, é "formalista" no (mau) sentido casuístico, ou seja, no sentido do "predomínio da forma sobre a substância". E, em segundo lugar, que "o formalismo do direito é mero reflexo do formalismo da moral" (p. 52). Na opinião de Katz, esses dois formalismos demonstram que o direito não é utilitarista, e que o utilitarismo não é uma boa teoria moral porque visa a maximizar a satisfação das preferências, privilegiando, portanto, as consequências sobre as intenções e sobre as distinções formalistas (como a distinção entre ato e omissão). Eis o péssimo exemplo que ele dá de como o direito se recusa a acatar as preferências: se uma mulher, a ponto de ser estuprada, diz a seu agressor que preferiria morrer, e ele a mata em vez de estuprá-la, o agressor será punido como homicida, embora a vítima considerasse o ato dele menos hediondo que o estupro e este tenha uma pena menos severa que a do homicídio. Tudo o que o exemplo demonstra é que a mulher considerava o estupro *ainda pior* que o homicídio, não que considerava a pena para o homicídio severa demais.

O erro desse exemplo faz parte de um erro maior, que tem três aspectos: o formalismo não é incompatível com o utilitarismo; não é possível extirpar os princípios da moral das normas do direito penal; a maioria dessas normas não são formalistas. Ao ver de Katz, utilitarista é quem acredita que, se a execução de um inocente permite que duas ou mais vidas se salvem, devemos executá-lo. Ninguém acredita nisso. Assim que se coloca a questão de saber a *quem* a sociedade confiaria a responsabilidade de escolher os inocentes a serem executados, torna-se evidente que a ocasional execução de um inocente em nome do bem maior não aumentaria de fato o total de felicidade⁵⁰. Os direitos e as normas, a limitação da discricionariedade das autoridades são elementos de uma ciência política utilitarista inteligente. À medida que dicotomizam fenômenos contínuos, porém, as normas geram casos difíceis, que ficam na fronteira entre o lícito e o ilícito. Muitos deles são decididos de modo não arbitrário mediante o uso de esquemas como exceção, presunção e ônus da prova; mas alguns só podem ser decididos arbitrariamente, produzindo os formalismos que Katz tanto preza. Esses formalismos, sendo inevitáveis em um sistema normativo, são compatíveis com um compromisso global com o utilitarismo.

Para Katz, o ingênuo "utilitarista dos atos", que pretenderia conduzir todos os negócios públicos sem usar normas, é o porta-voz de *todas* as teorias morais não formalistas. Não é preciso ser um utilitarista dos atos, nem utilitarista de qualquer outra estirpe, para identificar a falha da doutrina da equivocação – qual seja, a de separar completamente a ética de suas consequências. Os jesuítas desenvolveram essa doutrina para que, sem cometer pecado mortal, pudessem mentir nos inquéritos de heresia conduzidos por seus inimigos. Um consequencialista diria que naquelas circunstâncias falar a verdade teria consequências piores que mentir sobre suas crenças religiosas, de modo que mentir seria a atitude correta do ponto de vista ético. Os jesuítas não podiam aceitar essa abordagem, pois não consideravam correto fazer uma "troca moral" entre o bem de falar a verdade e o bem de salvar as vidas dos católicos⁵¹. Nem um nem outro princípio poderia ceder; a

---

[50] Ver Russell Hardin, *Morality Within the Limits of Reason*, pp. 101-5 (1988). A crítica de Katz está no ponto em que o utilitarismo é caracteristicamente atacado por empurrar sua lógica para mais longe do que os utilitaristas fazem.

[51] A hostilidade dos católicos às trocas morais é bem demonstrada pela opinião católica acerca da coleta de sêmen para exames que visam a determinar a infertilidade masculina. É proibido coletar sêmen para o exame mediante relação sexual (mesmo do homem com a própria esposa) com um preservativo não perfurado, pois *"Jamais será lícito, mesmo em vista de um fim louvável, usar a faculdade gera-*

única solução era redefinir a mentira – donde a doutrina da equivocação. A doutrina é astuta e também compreensível no período histórico em que se originou. Mas não é "moral" em nenhum dos sentidos mais comuns desse termo, nem é uma forma de raciocínio.

O direito penal – passando agora a meu segundo ponto de discordância com Katz – não é um espelho da moral, como tampouco o é o direito em geral. James Fitzjames Stephen, o maior estudioso inglês do direito penal no século XIX, que não era nenhum frouxo, disse que o sistema de justiça penal era "o mecanismo mais brutal que a sociedade pode usar"[52]. Cruel, dispendioso, assustador e perigoso, esse mecanismo não busca impor a moral, mas somente prevenir danos temporais graves (e não necessariamente danos culpáveis em um sentido moral profundo), sempre que isso possa ser feito dentro de margens de erro toleráveis e não houver outros meios viáveis de prevenção. O ato de Mildred é imoral; é também um exemplo clássico do delito civil de prejudicar intencionalmente uma relação comercial vantajosa*. Abigail poderia acionar Mildred judicialmente, pedindo que Mildred fosse condenada a pagar não somente indenização compensatória, mas também indenização punitiva**. Como é indefinida a linha

---

dora de modo não natural." Gerald Kelly, "Moral Aspects of Sterility Tests", em Ethics, pp. 262, 263 (org. Peter Singer, 1994) (grifo do original). A solução que Kelly sugere é usar um preservativo perfurado na esperança de que, mesmo com a perfuração, ele retenha um pouco do sêmen.

[52] James Fitzjames Stephen, Liberty, Equality, Fraternity, p. 151 (org. R. J. White, 1967), publicado pela primeira vez em 1873.

* No sistema jurídico norte-americano, os delitos civis (que dão azo a ações judiciais de responsabilidade civil extracontratual) têm formas previstas pelo direito. O mesmo não acontece no sistema brasileiro de responsabilidade civil, onde não é necessário que o ato danoso se enquadre em uma forma predeterminada para que possa ser objeto de reparação judicial. (N. do T.)

** Pedindo que, além de reparar o dano material causado, Mildred fosse obrigada também a pagar uma indenização suplementar. Essa "indenização punitiva" tem uma função análoga à da pena no direito penal, qual seja, a de desestimular o cometimento de atos que causem dano. (N. do T.)

que separa a concorrência leal da desleal, o melhor nesse caso é lançar mão das sanções mais brandas da responsabilidade civil extracontratual – em que, aliás, quem arca com as custas do processo é a vítima e não o público*, como no direito penal. É claro que Abigail poderia preferir não intentar ação para que seu marido não descobrisse o adultério. Mas também poderia preferir, do mesmo modo, que não fosse movida ação penal – ou talvez o preferisse ainda mais nesse caso, vez que por esse meio não obteria nenhuma compensação monetária.

A diferença nas consequências jurídicas que acompanham os atos de afogar uma pessoa e deixá-la afogar-se, diferença que Katz põe em evidência, lembra-nos a cena dos coveiros no Ato V de *Hamlet*. Um dos coveiros, fazendo piada, diz que, para ser enterrada em solo sagrado, é necessário que Ofélia não tenha se afogado, mas que tenha meramente deixado que a água a afogasse, pois nesse caso não seria a autora de sua própria morte. Katz veria aí uma justificativa suficiente para não punir a pessoa que se recusa a jogar uma boia para um homem que está se afogando. Porém, essa pessoa está agindo (ou deixando de agir) de um modo que a maioria de nós consideraria profundamente imoral. É verdade que não se prevê nenhuma pena para esse tipo de conduta, mas isso apenas ilustra quanto é imperfeita a coincidência entre o direito e a moral. A pessoa que age assim não é punida por várias razões: casos como esse são raros; os amadores que tentam fazer salvamento muitas vezes pioram a situação; a imposição de pena por não efetuar salvamento faria com que as pessoas procurassem evitar situações em que pudessem ver-se obrigadas a salvar outras; é difícil determinar se a pessoa poderia fazer um salvamento sem correr perigo; e, por fim, a imposição do dever legal de fazer

---

* Nos Estados Unidos, é em regra o autor do processo, e não quem perde a ação, o responsável pelo pagamento das custas processuais. (N. do T.)

salvamento desencorajaria os salvamentos feitos por altruísmo, visto que o salvador teria mais dificuldade para ser reconhecido como altruísta (as pessoas pensariam que ele agiu para evitar a responsabilidade penal). Como notei no Capítulo 1, o reconhecimento é uma importante motivação do altruísmo. Boas ou más, essas razões (que, entre outras, determinam o fracasso da analogia de Judith Jarvis Thomson) para não criminalizar o ato de não salvar a outrem não têm nada a ver com a moralidade, ou não, dessa conduta.

Katz pergunta o que é pior: "*A* furtar sua carteira. *B* (um desconhecido) deixar você se afogar em um lago quando podia facilmente atirar-lhe um colete salva-vidas" (pp. 131-2). O ato de *A* é crime, o de *B*, não. Procurando desesperadamente compatibilizar a lei moral e o direito penal, Katz afirma que o ato de *B* é "uma barbaridade de tipo muito mais benigno" (p. 132). A verdade é o contrário. Mas o fato de a barbaridade maior não ser punida (pelas razões que aduzi acima) não é motivo suficiente para compactuarmos com a menor.

Por razões práticas, o direito penal não pune muitas condutas más; além disso, pune condutas que muitos não consideram más, como a fornicação, a manutenção de uma casa de jogo, a sodomia entre adultos responsáveis, a venda de maconha, pequenas violações das leis de direitos autorais e uma grande variedade de práticas comerciais feitas no mercado negro. Um estudo do código penal federal revela vários absurdos, por exemplo, a criminalização de qualquer uso comercial da legenda "Give a Hoot, Don't Pollute"* sem a permissão do Ministério da Agricultura[53]. Os fariseus estavam errados. O direito positivo não é a lei moral.

---

* Em uma tradução livre, "Seja sensível, não polua." *Slogan* do Serviço Florestal norte-americano da década de 1970. (N. do T.)

[53] 18 U.S.C. § 711a.

Por outro lado, apesar de suas múltiplas imperfeições, o direito não é, nem de longe, tão formalista quando Katz acredita. Afirma ele que, se tentássemos punir os esquemas engenhosos de elisão fiscal que enriquecem os advogados, baseando-nos na teoria de que esses esquemas tiram do Estado um dinheiro que por direito lhe pertence, seríamos obrigados, por coerência, a tributar segundo sua renda *anterior* o neurocirurgião que abandona a profissão para tornar-se um rato de praia – isso porque, assim fazendo, ele "defrauda" a Receita Federal, que, em virtude do Código Tributário, é sua "sócia" na prática da neurocirurgia. Por isso não punimos a elisão fiscal, e isso, na opinião de Katz, atesta o poder do formalismo lógico na estruturação do direito. A verdade é que o código tributário, ao tributar os imóveis segundo o valor de mercado, obriga certas pessoas a abrir mão da casa onde moram e até de seu meio de vida. É o que ocorre quando terras agrícolas são tributadas segundo seu valor de mercado no processo de constituição de um loteamento residencial. Alguns sistemas tributários chegam a lançar imposto sobre a renda "presumida" de donos de imóveis (o aluguel que receberiam se alugassem suas casas a terceiros em vez de ocupá-las). Isso não se faz com os salários porque é difícil determinar na prática a renda máxima de cada pessoa; porque a maioria das pessoas já tenta, de qualquer modo, maximizar a renda; e porque há trabalhos não remunerados que podem produzir grandes benefícios à sociedade.

Existe até uma doutrina do predomínio da "forma sobre a substância" no direito tributário[54]. E o corretor de ações que faz uso da equivocação para vender seus títulos é tão culpado de fraude quanto o corretor que mente. Katz diz que, se você atear fogo a

---

[54] Ver, por exemplo, Gregory *vs.* Helvering, 293 U.S. 465 (1935); Yosha *vs.* Commissioner, 861 F.2d 494 (7th Cir. 1988).

um edifício para receber o prêmio do seguro, sabendo que dentro do edifício há uma pessoa que morrerá, e a pessoa de fato morre, você é réu de homicídio; mas se por milagre a pessoa escapar, você não será réu de tentativa de homicídio a menos que seu objetivo não fosse unicamente receber o seguro, mas fosse também, ou exclusivamente, matar a pessoa. Isso é verdade. Mas como o incêndio premeditado é um crime grave, na prática, quase não faz diferença que o incendiário seja também réu de homicídio tentado; as diretrizes federais de dosimetria penal determinam que, em um caso desses, o incendiário receba uma pena tão pesada quanto receberia se fosse culpado de tentativa de homicídio[55].

Suponhamos que você queira matar um inimigo e com esse intuito vá armado até o bairro onde ele mora, na esperança de que ele o ataque e você possa matá-lo em legítima defesa. Segundo Katz, não há nada de errado com isso: é como comprar uma pintura para depois destruí-la, o que é muito diferente de destruí-la sem comprá-la. O fato é que a doutrina dos direitos morais, que vigora em muitas partes do mundo mas não é mencionada por Katz, atribui ao artista direitos inalienáveis sobre a integridade de sua obra[56]. E o exemplo de legítima defesa que Katz apresenta é na verdade um exemplo de duelo. Como o duelo é crime, a legítima defesa não é atenuante para o ato de matar uma pessoa em duelo.

Katz pensa que a ignorância culposa – exemplificada no caso da pessoa que receia estar comprando mercadoria roubada e por isso pede ao vendedor que não lhe informe a procedência do produto – é motivo para que a pena seja menor, porque, na opinião dele, tal ignorância ilustra o princípio casuístico que os jesuítas chamam de "direcionamento da intenção". Mas isso não acontece;

---

[55] Ver United States *vs.* Martinez, 16 F.3d 202 (7th Cir. 1994).
[56] Ver Henry Hansmann e Marina Santilli, "Authors' and Artists' Moral Rights: A Comparative Legal and Economic Analysis", 26 *Journal of Legal Studies*, p. 95 (1997).

para o direito penal, a ignorância culposa é equivalente ao pleno conhecimento[57].

Quando baseia suas distinções no estado mental do réu, o direito não está sendo formalista. Ao ser morto por um motorista imprudente ou por um motorista que o atropelou de propósito, você estará morto do mesmo jeito. Mas o segundo motorista é mais perigoso para a sociedade e mais propenso a reagir à ameaça da pena criminal. Onde há paridade de intenções, tendemos, ao contrário do que pensa Katz, a atribuir peso demais às consequências, e não de menos. Pode ser por mero acaso que o mesmo ato cause a morte em um caso e não cause dano nenhum em outro; o primeiro ato será punido, o segundo, não. A diferença de tratamento ilustra a "sorte moral", tema de textos filosóficos discutidos no Capítulo 1.

Katz é fascinado pelo fato de o direito permitir que um moribundo recuse tratamento médico[58], mas (como veremos em seguida) proibir que ele autorize seu médico a matá-lo. A omissão é permitida, o ato é proibido e a consequência – a morte – é a mesma. Certa ou errada, porém, a distinção não é mero reflexo formalista. Os opositores do suicídio assistido por médico preocupam-se com várias coisas: com que a qualificação de assassino seja acrescentada à lista de funções dos médicos; com a possibilidade de médicos impacientes apressarem moribundos indigentes rumo à morte prematura; com a possibilidade de parentes impacientes assediarem o moribundo para que se vá sem alvoroço. Esses perigos não estão totalmente ausentes das situações de recusa de tratamento, mas são atenuados pelo fato de ser simplesmente grotesco obrigar um pa-

---

[57] Ver, por exemplo, United States *vs.* Ramsey, 785 F.2d 184 (7th Cir. 1986); United States *vs.* Giovannetti, 919 F.2d 1223 (7th Cir. 1990).
[58] Ver Cruzan *vs.* Director, Missouri Department of Health, 497 U.S. 261, 278-9 (1990).

ciente mentalmente capaz a submeter-se a tratamentos terminais que, na maioria das vezes, são inúteis, dolorosos e humilhantes. O debate não tem nenhuma relação com distinções escolásticas.

Katz diz que mesmo uma pessoa negligente que pratica atividades perigosas (uma empresa aérea que contrata pilotos inexperientes, por exemplo) pode escapar da responsabilidade civil comprando um robô (um piloto automático, por exemplo) que conduza aquelas atividades em seu nome. Mesmo que o robô seja tão "negligente" quanto o dono da empresa aérea, ou seja, mesmo que também tenha a tendência de funcionar mal de vez em quando e de causar dano a terceiros nessas situações, o dono não terá responsabilidade se o robô for construído com a melhor tecnologia existente. Isso não é verdade. Pela doutrina da responsabilidade do fabricante (*product liability*), sempre que do mau funcionamento resultar um acidente, o fabricante do robô será responsável perante as vítimas. O preço do robô refletirá o custo previsto dessa responsabilidade, de modo que, no fim das contas, o comprador do robô arcará indiretamente com a responsabilidade que, em sua opinião (depois de ter lido Katz), ele havia transferido para o robô.

Por que o furto de 100 dólares de um milionário é punido com tanta severidade quanto o furto de 100 dólares de um pobre, se o último furto causa muito mais infelicidade que o primeiro? O fato é que não é punido com a mesma severidade. As diretrizes federais de dosimetria penal preveem uma pena maior para quem tira vantagem de vítimas particularmente vulneráveis[59].

Concluo que os truques jesuítico-talmúdicos que Katz leva na manga não são nem um pouco mais capazes de explicar ou aperfeiçoar o direito que as teorias morais "de cima para baixo" que ele tanto critica.

---

[59] Ver United States *vs.* Lallemand, 989 F.2d 936 (7th Cir. 1993).

ALGUNS PLEITOS "MORAIS" FAMOSOS

A irresolubilidade dos dilemas morais é devida, em parte, ao fato de eles não serem suficientemente especificados. Esse fato é inerente à filosofia moral e explica por que alguns filósofos morais consideram que os romances realistas, com sua textura densa, podem auxiliar a reflexão filosófica[60]. A subespecificação do dilema moral reflete a subespecialização da filosofia moral entendida como método para a resolução de problemas de direito ou ação política. Do ponto de vista da filosofia moral, não é preciso conhecer nada sobre o canibalismo em alto-mar para determinar se os náufragos famintos em um bote salva-vidas têm ou não o direito de matar e comer o mais fraco ou o mais pobre entre eles. Não é preciso conhecer nada sobre a família e a sexualidade para refletir sobre a moralidade do aborto. Essas questões podem ser formuladas como dilemas e ponderadas a partir de premissas generalíssimas que versam sobre autonomia, responsabilidade, crueldade, humanidade e os limites da comunidade. Quando uma questão desse tipo é levantada em um pleito judicial, pode ser tratada de maneira igualmente abstrata. Mas não é necessário que as coisas sejam assim. No sistema judicial anglo-americano, os pleitos nascem de conflitos concretos enquadrados pelos princípios e usos do direito[61]. Não há nenhuma norma que obste o recurso a uma ampla gama de dados empíricos fornecidos por

---

[60] Ver, por exemplo, Martha C. Nussbaum, *Love's Knowledge: Essays on Philosophy and Literature* (1990); Colin McGinn, *Ethics, Evil, and Fiction* (1997).

[61] Dworkin admite a possibilidade de que uma questão irresolúvel em um domínio normativo seja passível de solução em outro, especificamente no domínio jurídico. Assinala que, embora talvez seja impossível determinar qual dos dois foi maior, Picasso ou Beethoven, se o Congresso decretasse a construção de um monumento ao maior dos dois artistas o texto ou a história da lei talvez permitissem determinar qual o conceito de "grandeza" a ser empregado e, logo, de que modo ele poderia ser implementado. Ronald Dworkin, "Objectivity and Truth: You'd Better Believe It", 25 *Philosophy and Public Affairs*, pp. 87, 137-8 (1996).

pesquisas históricas, psicológicas, sociológicas e econômicas, bem como a considerações de viabilidade, prudência e competência institucional. Quando esses dados e considerações entram em cena, muitas vezes a questão moral desaparece, como aconteceu nos primeiros casos de eutanásia decididos pela Suprema Corte[62]. Esse é um motivo pelo qual a teoria moral seja considerada inútil para o direito[63], mesmo que tenha algum uso socialmente importante em seu domínio original.

Eutanásia e aborto

A questão de saber se se deve permitir que uma pessoa contrate um médico para matá-la é uma das prediletas dos filósofos morais, a ponto de ter motivado um distinto grupo de filósofos a unir-se a Dworkin para submeter à Suprema Corte um memorial de *amici curiae*, instando a Corte a reconhecer um direito constitucional ao suicídio assistido por médico[64]. A Corte se recusou a reconhecer (ou, para dizê-lo de maneira mais realista, a criar) tal direito[65]. Mas

---

[62] Para dar mais um exemplo, considere-se como a questão em jogo no famoso caso inglês de canibalismo, Regina *vs.* Dudley e Stephens, 14 Q.B.D. 273 (1884), se transforma quando se recapitula todo o contexto do canibalismo em alto-mar no século XIX. É o que faz A. W. Brian Simpson em *Cannibalism and the Common Law* (1984).

[63] Ver Richard Craswell, "Contract Law, Default Rules, and the Philosophy of Promising", 88 *Michigan Law Review*, p. 489 (1989), que faz comentário semelhante acerca das tentativas de Charles Fried e Randy Barnett de usar teorias filosóficas sobre as promessas para construir uma teoria do direito dos contratos. E vale assinalar que os argumentos morais estão excluídos da famosa tipologia dos argumentos constitucionais de Philip Bobbitt. Ver Bobbitt, *Constitutional Fate: Theory of the Constitution*, pp. 94-5 (1982).

[64] O memorial foi reproduzido em Ronald Dworkin et al., "Assisted Suicide: The Philosophers' Brief", *New York Review of Books*, 27 mar. 1997, pp. 41, 43-7. Os outros signatários do memorial, além de Dworkin, foram Thomas Nagel, Robert Nozick, John Rawls, Thomas Scanlon e Judith Jarvis Thomson.

[65] Washington *vs.* Glucksberg, 117 S. Ct. 2258 (1997); Vacco *vs.* Quill, 117 S. Ct. 2293 (1997). Dworkin tenta caracterizar positivamente a derrota, mas mesmo assim critica acerbamente não só os votos dos juízes como também, é claro, o resultado dos dois pleitos. Ronald Dworkin, "Assisted Suicide: What the Court Really

fez isso sem tomar partido na questão filosófica, que fora objeto de vigorosa controvérsia no contexto de um debate mais amplo acerca da moralidade do suicídio[66], debate no qual o "memorial dos filósofos" não representava senão um ponto de vista entre outros[67]. Os juízes da Suprema Corte não explicaram por que se esquivaram da questão filosófica, mas tinham diversas razões práticas prementes (que o memorial dos filósofos ignorou) para agir dessa maneira. A primeira é que, dado o equilíbrio entre os argumentos filosóficos opostos, tais como seriam compreendidos pela maioria das pessoas dentro e fora da filosofia, a Corte não poderia ter redigido uma defesa convincente de nenhuma das duas posições[68]. Aos olhos dos observadores, ela estaria tomando partido em um desacordo que nem de longe é passível de resolução objetiva.

Essa observação é independente da teoria metaética, ou seja, do fato de alguém ser adepto do realismo moral, do emotivismo ou de qualquer meio entre esses dois extremos[69]. Mesmo que haja

---

Said", *New York Review of Books*, 25 set. 1997, p. 40. O mais interessante no *post mortem* de Dworkin é sua admissão tardia, conquanto bem-vinda, de que as experiências concretas de uso da eutanásia – especialmente na Holanda, onde é semilícita e muito comum – devem ser levadas em conta para se resolver a questão constitucional. Ver id., pp. 41-3; ver também "Assisted Suicide and Euthanasia: An Exchange [entre Ronald Dworkin e Yale Kamisar]", *New York Review of Books*, 6 nov. 1997, p. 68. Não obstante, Dworkin continua insistindo em que são "raros" os casos em que os fatos ou consequências têm importância para a tomada de decisões constitucionais. Dworkin, "Reply", nota 2, acima, p. 433.

[66] Ver, por exemplo, *Suicide: Right or Wrong?* (org. John Donnelly, 1990).

[67] O outro lado do debate filosófico é ilustrado por Daniel Callahan, "Self-Extinction: The Morality of the Helping Hand", em *Physician-Assisted Suicide*, p. 69 (org. Robert F. Weir, 1997); Susan L. Lowe, "The Right to Refuse Treatment Is Not a Right to Be Killed", 23 *Journal of Medical Ethics*, p. 154 (1997); "Comments of John Finnis", em Lawrence Solum, Ronald Dworkin e John Finnis, "Euthanasia, Morality, and the Law", 30 *Loyola of Los Angeles Law Review*, pp. 1465, 1473 (1997).

[68] Veja-se uma crítica do "memorial dos filósofos" feita por um filósofo, colega de Dworkin e partidário de sua tendência ideológica geral, em F. M. Kamm, "Theory and Analogy in Law", 29 *Arizona State Law Journal*, pp. 405, 414-6 (1997).

[69] Jeremy Waldron, "The Irrelevance of Moral Objectivity", em *Natural Law Theory: Contemporary Essays*, pp. 158, 176-84 (org. Robert P. George, 1992).

uma resposta objetivamente correta para toda questão moral que surja em um litígio judicial, a resposta parecerá arbitrária, pois não há nenhum processo de raciocínio que o juiz possa seguir e que se caracterize, aos olhos de um observador independente, como justificativa objetiva para a resposta. Isso é um exemplo de como a tese deste capítulo (a inutilidade da teoria moral para o direito) é independente da tese do primeiro capítulo (a inutilidade da teoria moral para a moral e a política).

Em segundo lugar, nada obstava a resolução *democrática* da questão do suicídio assistido por médico. O problema estava na ordem do dia das assembleias legislativas em vários estados, e os adeptos do *status quo* – a proibição legal de todas as formas de eutanásia – tinham a seu favor a força da inércia e da convicção intensa, ao passo que os adeptos da mudança eram sobretudo os mais ricos e mais instruídos, que, geralmente, nos Estados Unidos como em qualquer outro país, conseguem direcionar o processo político a seu grado. Uma vez que a batalha política não estava viciada em favor de um dos dois lados, os argumentos em favor da intervenção judicial perdiam um tanto de sua força.

Quando defendo a resolução da questão por meio do processo democrático, talvez dê a impressão de estar inserindo clandestinamente na análise da tese moral de que o autogoverno é bom. Isso seria verdade se a teoria moral e a teoria social fossem a mesma coisa, de tal modo que toda proposição acerca do processo político ou judicial fosse necessariamente uma proposição moral. Porém, devemos evitar essa equiparação confusa. Se a evitarmos e se atribuirmos um sentido mais restrito ao termo "teoria moral", veremos que o argumento em favor da intervenção judicial perde força no sentido *pragmático* toda vez que, pelo fato de as opiniões concorrentes estarem bem representadas e plenamente ventiladas no processo político, a democracia é capaz de "funcionar" de modo útil, embora não muito sutil. Embora se possa citar Habermas para defender essa ideia, ela só se torna uma ideia moral se fizermos da moralidade um sinônimo de boa política, ou se concluirmos que é necessário definir e justificar filosoficamente a tomada de decisões por via democrática.

Em terceiro lugar, a formulação de protocolos e salvaguardas para o suicídio assistido por médico pressupõe uma série complexa de juízos técnicos e práticos que não se reduzem facilmente a normas judicialmente exigíveis. Sob esse aspecto, a questão é radicalmente diferente do problema correlato do aborto realizado por médico[70]. É possível medir o tempo decorrido desde a concepção e, assim, regulamentar o aborto trimestre por trimestre usando critérios cada vez mais rígidos. Mas é impossível medir o tempo retroativamente a partir da morte e, sabendo quando alguém iria morrer, permitir-lhe acelerar o desenlace segundo um cronograma mais ou menos preciso. A formulação de um direito legalmente administrável ao suicídio assistido por médico exige que conceitos vagos como os de "morrer" e "dor insuportável" sejam revestidos de um sentido jurídico preciso e funcional; exige ainda a especificação de sistemas de controle que protejam o moribundo de médicos e parentes impacientes. Os juízos necessários são quintessencialmente legislativos ou administrativos, e não judiciais. Além disso, são difíceis; as experiências com a eutanásia na Holanda revelam abusos que poderiam se reproduzir neste país[71].

---

[70] Esse paralelo foi explorado no voto do juiz Reinhardt, do Nono Tribunal Regional, em um dos casos referentes à eutanásia que depois chegaram à Suprema Corte dos Estados Unidos. Compassion in Dying vs. Washington, 79 F.3d 790, 813-14, 829-31 (9th Cir. 1996) (tribunal pleno), reformado pela Suprema Corte sob o título de Washington vs. Glucksberg, nota 65, acima.
[71] Ver, por exemplo, Herbert Hendin, *Seduced by Death: Doctors, Patients, and the Dutch Cure* (1997). Entretanto, nem o livro de Hendin nem os outros livros contrá-

Em quarto lugar, os juízes da Suprema Corte, como quaisquer outros, trabalham sob a pressão do tempo e por isso relutam em debruçar-se sobre os argumentos herméticos apresentados nos memoriais de *amici curiae*. Em quinto lugar, por fim, os juízes, muito mais que os professores, querem preservar a autonomia do direito e não fazer deste um servo de outras disciplinas – especialmente da filosofia moral, que está tão longe da compreensão e do gosto do norte-americano médio, incluindo-se nessa categoria não só os juízes médios como também os acima da média. Dworkin considera "seguramente exagerada" a ideia de que "aos juízes, como grupo, falta competência para se dedicarem à análise detida de questões difíceis de moral política". Afirma que os juízes não precisam "de muita formação em filosofia geral, se é que precisam de alguma", para poder "refletir sobre questões morais complexas", ao contrário das questões sobre biologia e economia, que ele considera mais difíceis para o intelecto judicial[72]. É um erro comum pensar que os problemas "técnicos" são os mais difíceis de solucionar. A maioria dos problemas técnicos pode ser facilmente solucionada por pessoas dotadas da formação correta. Já os problemas filosóficos não podem ser resolvidos nem mesmo pelos filósofos mais bem treinados. Os juízes sabem disso, ou o pressentem, e mantêm-se afastados de questões desse tipo.

Dworkin não apresenta nenhum exemplo de um juiz que tenha competência ou propensão para refletir sobre questões morais complexas. Em Holmes e Hand, dois dos juízes mais competentes em matéria de filosofia de toda a história dos Estados Unidos, essa propensão estava totalmente ausente. Tampouco a vislumbro em

---

rios à eutanásia deixam clara a extensão desses abusos. Ver Richard A. Posner, *Aging and Old Age*, pp. 242-3, 252-3 (1995), que faz uma avaliação geral positiva da experiência holandesa.

[72] Dworkin, "Reply", nota 2, acima, p. 451.

Charles Fried – distinto moralista acadêmico que virou juiz de uma suprema corte estadual –, embora talvez ainda seja cedo demais para saber. Ele *diz* que sua atuação judicial é informada por suas leituras e escritos filosóficos[73], mas só cita como prova disso um único voto que, aliás, não confirma a asserção. É em vão que se procura no voto – voto concorrente em um caso que envolvia a obrigatoriedade de registro oficial e notificação à comunidade sobre pessoas já condenadas por crimes sexuais[74] – qualquer coisa que se possa reconhecer como filosofia moral. O voto diz que, para que o Estado possa justificar uma "regulamentação contínua, invasiva e humilhante" imposta a um criminoso que já cumpriu a pena, sob o pretexto da necessidade de impedi-lo de infligir novos danos à comunidade, "a urgência deve ser demonstrada pela severidade do dano e pela probabilidade de sua recorrência"[75]. Isso não parece filosofia, mas sim a fórmula de custo-benefício de Learned Hand para determinar se houve negligência[76]. Fried não procura derivá-la explicitamente de um princípio moral, a menos que se possa chamar de princípio moral a alegação de que "não temos um regime geral que regule os adultos capazes como tais. As pessoas têm liberdade de escolha e, quando fazem escolhas erradas, sujeitam-se à condenação e à punição retrospectivas"[77];

---

[73] Charles Fried, "Philosophy Matters", 111 *Harvard Law Review*, pp. 1739, 1743 (1998).
[74] Doe *vs.* Attorney General, 686 N.E.2d 1007, 1016 (Mass. 1997).
[75] Id., 1016.
[76] Ver *United States vs. Carroll Towing Co.*, 159 F.2d 169, 173 (2d Cir. 1947); Richard A. Posner, *Economic Analysis of Law*, § 6.1 (5. ed., 1998). Em um trecho anterior do voto, e na mesma veia, Fried diz que a exigência de publicação dos registros de cidadãos condenados por crimes sexuais "só pode ser imposta depois da cuidadosa ponderação de três fatores: o tipo e a severidade da imposição reguladora, o tipo e a severidade do perigo que se procura evitar e a adequação da relação entre a medida corretiva e o perigo a ser evitado". 686 N.E.2d, 1016.
[77] 686 N.E.2d, 1015.

para mim, isso é um truísmo liberal. Começo a suspeitar – e há outros indícios desse fato em uma discussão de Fried acerca dos direitos dos homossexuais[78] – de que ele equipara "princípio moral" a princípio *tout court*, e a moral à normatividade.

Outro moralista acadêmico notável que virou juiz, John T. Noonan, Jr., do Nono Tribunal Regional, redigiu o voto aprovado pela turma original de três juízes em um dos casos sobre a eutanásia[79]. É o melhor dos muitos votos redigidos em torno desses casos. Em seu voto, porém, Noonan evita cuidadosamente dar a entender que a eutanásia é imoral – tese em que ele acredita como católico e filósofo.

Não devemos nos surpreender pelo fato de a questão moral ter-se dissolvido durante a apreciação judicial dos casos de eutanásia[80]. Como quer que a questão venha a se resolver, a Suprema

---

[78] Fried, nota 73, acima, p. 1745 n. 43, citando Charles Fried, *Order and Law: Arguing the Reagan Revolution – A Firsthand Account*, pp. 82-3 (1991). Essas páginas lembram vagamente Mill, mas não consigo discernir qual é a bússola filosófica de sua discussão global dos direitos dos homossexuais, ver id., pp. 83-5.

[79] Compassion in Dying *vs.* Washington, 49 F.3d 586 (9th Cir. 1995). A decisão da turma foi afastada pelo tribunal em sessão plenária. A decisão do tribunal pleno, por sua vez, foi aquela reformada pela Suprema Corte sob o nome Washington *vs.* Glucksberg, ver nota 65, acima, confirmando-se assim a tese original de Noonan.

[80] Como aconteceu também no caso inglês análogo, Airedale NHS Trust *vs.* Bland [1993], All E.R. 858 (H.L.), que envolvia a questão de determinar se era lícito interromper os procedimentos de apoio à vida em um paciente em estado vegetativo (a corte respondeu que "sim"). O incômodo dos juízes diante dos aspectos morais da questão foi expresso pelo Lorde Browne-Wilkinson na Câmara dos Lordes, que assinalou que, embora os juízes do Tribunal de Apelações (o grau de jurisdição intermediário) houvessem dado importância a "fatores impalpáveis, como a dignidade pessoal e o modo como Anthony Bland gostaria de ser lembrado", não haviam levado em conta "valores espirituais que um católico, por exemplo, consideraria pertinentes à avaliação desse benefício". Id., 879. Em outras palavras, o debate moral chegara a um impasse, o que levou Browne-Wilkinson a opinar, em seu voto, que "as questões morais, sociais e legais suscitadas por este caso devem ser apreciadas pelo Parlamento", id., e que recorrera a "fundamentos estreitos e legalistas" para chegar à sua própria conclusão sobre como decidir a causa. Id., 884. Dworkin diz que o caso *Airedale* é "paralelo" ao caso de eutanásia apreciado pela Suprema Corte, Ronald Dworkin, "Darwin's New Bulldog", 111 *Harvard Law Review*, pp. 1718, 1727-8 n. 32

Corte tinha prementes razões práticas para não reconhecer um direito constitucional. O memorial dos filósofos não tinha nada a ver com o assunto.

Tendemos a nos esquecer de que a Corte também havia fugido da questão moral nos casos referentes ao aborto. A discussão da história dos programas de ação do Estado a respeito do aborto, que ocupa tanto espaço no voto vencedor de *Roe vs. Wade*[81], tem o objetivo de mostrar que o aborto não foi anatematizado em todas as épocas e lugares. Do fato de ele ter provocado reações morais divergentes na tradição ocidental, a Corte aparentemente inferiu que o aborto não pode ser objeto de apreciação moral. Usar o desacordo como prova de indeterminação é uma falácia; não quero defender a presunção tácita da Corte de que o aborto não suscita questões morais; ignorar uma questão moral não é um meio de resolvê-la. Só o que quero dizer é que a Corte não estava procurando resolver a questão, mas neutralizá-la.

Seguindo adiante, a Corte tratou a questão do direito de fazer aborto como uma questão de autonomia profissional: é o médico quem deve decidir se faz ou não o aborto; o Estado não deve se intrometer (pelo menos quando o aborto é feito no começo da gravidez)[82]. A questão da autonomia profissional poderia ter sido apresentada como uma questão moral, mas não foi; e, de qualquer modo, está muito distante da questão moral mais importante levantada pelo aborto, e que tem relação com os direitos do feto.

A Corte poderia ter dito mais coisas sem fazer intervir a filosofia moral. Poderia ter dito, como diria depois nos casos referentes

---

(1998), ecoando assim o argumento do memorial dos filósofos segundo o qual não há diferença moralmente significativa entre matar e deixar de salvar. É o mesmo erro que Judith Jarvis Thomson cometeu quando equiparou o aborto cometido por uma vítima de estupro à recusa de salvar a vida de um violinista famoso.

[81] 410 U.S. 113, 129-52 (1973).
[82] Ver id., 165-6.

à eutanásia, que, pelo menos de início, a resolução da questão do aborto poderia ser deixada a cargo dos estados. Na época em que *Roe vs. Wade* foi decidido, havia considerável movimentação nas leis estaduais referentes ao aborto, e realizava-se um número cada vez maior de abortos legais. Ou senão os juízes poderiam ter dito – como diriam, mais uma vez, nos casos referentes à eutanásia – que, pelo fato de o aborto ser foco de debates morais e religiosos irresolúveis, a Corte estaria mexendo em casa de marimbondos se tomasse partido; e seria inevitável que o público entendesse qualquer posicionamento como tomada de partido, mesmo que a Corte evitasse cuidadosamente a questão moral, como de fato evitou. (Lembre-se da distinção entre uma decisão baseada em fundamentos morais e uma decisão que pode ter significado ou repercussão moral.) A abordagem das decisões sobre a eutanásia não é conforme com a das decisões sobre o aborto. Não é surpresa que, tanto nos tribunais inferiores como na Suprema Corte, boa parte da análise do suposto direito ao suicídio assistido por médico envolveu o esforço de distinguir como precedentes – ou demonstrar que isso era impossível – as decisões sobre o aborto.

Os juízes que divergiram em *Roe vs. Wade* tampouco discutem a questão moral[83]. Para eles, a própria existência dessa questão era razão premente para que o Judiciário não se manifestasse. Isso é compatível com o princípio geral, que me parece prudente, segundo o qual os juízes não devem tomar partido em questões morais. Dworkin criticou esse princípio de prudência por ignorar "o custo moral, no caso do aborto, de milhares de vidas de mulheres jovens arruinadas nesse meio-tempo"[84]. Essa crítica não só é hiperbólica – uma vez que, na maioria das vezes, levar a

---

[83] Ver id., 171-8, 223 (juiz Rehnquist, voto divergente); id., 221-3 (juiz White, voto divergente).
[84] Dworkin, "Reply", nota 2, acima, p. 437.

termo uma gestação não planejada não arruína a vida da mãe – como também incorre em petição de princípio. Há também um custo moral para o outro lado – as vidas de milhões de fetos mortos. Nem os filósofos nem os juízes são capazes de ponderar "custos morais".

Dworkin sustenta que o tribunal necessariamente faz um juízo moral quando decide uma causa que envolve uma questão moral. Já vimos que isso não é verdade. Suponhamos que o Congresso emende a Constituição e elimine o direito constitucional ao aborto; suponhamos que, em seguida, chegue à Suprema Corte uma causa que ponha em questão uma lei proibindo o aborto. A Corte negaria o pedido e daria a vitória aos adversários do aborto, mas nem por isso estaria resolvendo uma questão moral. Por mais óbvia que pareça essa consideração, é possível que Dworkin não concorde com ela. Falando sobre a ponderação de custos morais nos casos referentes ao aborto, ele diz que, depois de decidido o caso *Roe vs. Wade*, os abortos feitos no primeiro trimestre de gravidez não impuseram um custo moral comparável ao custo que as mulheres sofreriam caso fossem impedidas de abortar, e isso porque a decisão da corte reduziu o *status* moral do feto na medida em que o privou de seus direitos[85]. A mim me parece que *Roe vs. Wade* deixou a questão moral exatamente no mesmo pé em que antes se encontrava. Pensar o contrário equivale a supor que a decisão *Dred Scott* contribuiu positivamente para resolver a questão da moralidade da escravidão, ou que *Plessy vs. Ferguson* contribuiu positivamente para resolver a questão da moralidade da segregação racial. Esses exemplos mostram-nos aonde pode levar a concepção do direito como um ramo da filosofia moral.

---

[85] Dworkin, nota 80, acima, p. 1729 n. 43.

Segregação, ação afirmativa, herdeiro homicida

Outro caso famoso em que a Corte se esquivou de uma questão moral notável foi *Brown vs. Board of Education*[86]. A Corte não disse que a integração é um imperativo moral nem que a segregação nas escolas públicas nega aos negros a mesma consideração e respeito conferida aos brancos. Disse, isso sim, que a educação tem imensa importância para os habitantes do mundo moderno e que os psicólogos haviam constatado que a segregação prejudica a autoestima e as possibilidades de sucesso educacional dos negros. A essas considerações não morais, poderia ter acrescentado a dificuldade de garantir que as escolas segregadas fossem realmente iguais; poderia ter apontado que a segregação tinha o objetivo latente, mas claro, de manter os negros em posição subordinada; poderia ter posto em tela o sofrimento resultante das declarações públicas de inferioridade (a mensagem evidente da segregação em equipamentos públicos que iam de banheiros e bebedouros a ônibus e escolas); poderia ter assinalado a incompatibilidade entre a segregação, de um lado, e os objetivos da política externa e da propaganda internacional dos Estados Unidos, de outro; poderia, por fim, e de modo mais sutil, ter indicado que os obstáculos aos negócios (não só nas relações comerciais e de emprego, mas também no "comércio" não comercial que consiste nas interações sociais) prejudicam mais a minoria que a maioria porque esta tem mais possibilidade de ser autossuficiente, do mesmo modo que os Estados Unidos são mais autossuficientes que a Suíça e, portanto, menos dependentes do comércio exterior[87]. A maioria dessas questões independe de quaisquer considerações de igualdade física ou mesmo de qualidade educacional, como se pode ver caso imagi-

---

[86] 347 U.S. 483 (1954).
[87] Ver Gary S. Becker, *The Economics of Discrimination* (2. ed., 1971); Posner, nota 76, acima, § 26.1.

nemos que os estados do Sul gastassem a mesma quantidade de dinheiro por aluno nas escolas dos negros e que, em decorrência disso, essas escolas fornecessem uma educação tão boa quanto as dos brancos (ou seja, caso suponhamos que a integração como tal não confira nenhum benefício educacional aos negros). Permaneceriam os elementos de proscrição, de estigmatização, de um sistema de castas, os quais, ao lado da obstaculização de trocas mutuamente vantajosas, forneceriam argumentos fortíssimos contra a constitucionalidade da segregação, a menos que os estados do Sul tivessem bons contra-argumentos, o que não acontecia.

Ou seja, há muito o que dizer acerca da segregação racial em escolas públicas sem nos emaranharmos em questões morais. Pode parecer, por outro lado, que *há* uma teoria moral implícita em todas as questões "práticas" que mencionei – a teoria de que o sofrimento, o insulto, devem ser levados em conta para a formulação de uma norma de direito em um caso difícil. Quero insistir mais uma vez na diferença entre um princípio moral e uma *questão* moral. A moral é um dado inescapável da vida social e está por trás de muitos princípios do direito. Porém, a moral comum que constitui o pano de fundo de um litígio judicial e que em *Brown* incluía a crença de que o governo precisa ter uma excelente razão para infligir dano material ou emocional a seus cidadãos ou para distribuir benefícios ou encargos com base na raça, assemelha-se aos fatos provados em um litígio judicial, que não são objeto de controvérsia, mas dados aceitos. A teoria moral de tipo casuístico entra em cena quando se quer construir sobre os fundamentos sólidos de intuições morais já existentes. O problema é que não existem tijolos com que levantar o edifício.

Falando de "fundamentos sólidos", talvez eu dê a impressão de ter recaído no realismo moral. Nada disso. É possível que um princípio moral seja inabalável hoje em dia sem que esteja "correto". O fato de nenhum membro de uma sociedade questionar um tabu sobre o casamento inter-racial não torna correto esse tabu. Pensar o contrário é abraçar o relativismo vulgar, a ideia de que a aceitação de um princípio moral por uma sociedade o torna moralmente correto. Não; essa aceitação simplesmente faz com que o princípio moral seja... um princípio moral.

O que distingue o caso da segregação do caso do aborto é que a maioria dos juízes da Suprema Corte, talvez todos (com a possível exceção de Reed) e quase todas as pessoas com quem eles conviviam pensavam que a segregação racial em instituições públicas era imoral[88]. Mesmo assim, a Corte não estruturou sua decisão em cima de fundamentos morais. Não há dúvida de que o fez em parte por um motivo político: o de minimizar a ofensa aos brancos do sul, que tinham uma moral diferente no que diz respeito à raça. (Esse é um exemplo de como a formulação de decisões judiciais em termos morais pode causar divisão.) Mas o fez também por outro motivo: os argumentos morais são argumentos fracos em juízo. E eu poderia omitir o "em juízo". Todos concordam, e concordavam em 1954, que o governo não deve infligir sofrimento gratuitamente. Não concordavam que a segregação inflige sofrimento e, caso inflija, que esse sofrimento é gratuito. Todos concordam, e concordavam em 1954, que o Estado tem a obrigação de tratar da mesma maneira os cidadãos que estão na mesma situação. A questão era saber se, na educação, o esquema "separados, mas iguais" viola esse princípio; e se a resposta fosse "sim", a Corte teria de se perguntar se e em que sentido os negros realmente são iguais aos brancos, proposição que teria sido contestada em 1954; muitos sulistas afirmavam que nem no campo político as duas raças deveriam ser iguais.

---

[88] Ver Richard Kluger, *Simple Justice: The History of* Brown v. Board of Education *and Black America's Struggle for Equality*, capítulo 23 (1976).

Mesmo que todos concordassem que as duas raças deveriam ser consideradas iguais, ainda seria possível propor um argumento "moral" no sentido de que elas se mantivessem separadas, de que a mistura das raças nas escolas públicas levaria inevitavelmente à exogamia e à resultante eliminação das distinções raciais que Deus ou a natureza teriam ordenado por razões inescrutáveis quando criaram raças diferentes. Esse argumento moral teria tido muito peso no século XIX, ou mesmo no sul dos Estados Unidos, até as décadas de 1950 e 1960. E há também a conhecidíssima afirmação de Wechsler de que a proibição da segregação viola a liberdade de associação dos brancos que não querem que seus filhos frequentem a escola junto com os negros[89]. Trata-se de um argumento moral apoiado pela tese de John Stuart Mill de que os mórmons deveriam ter tido liberdade em Utah, desde que as pessoas que não gostassem de suas leis também tivessem liberdade para sair do estado[90]. Em 1954, os negros que não queriam viver sujeitos às leis discriminatórias já tinham tido bastante tempo para mudar-se para aqueles estados do Norte que não tinham essas leis, e muitos haviam feito exatamente isso.

Em *Brown vs. Board of Education*, uma fundamentação que trilhasse a senda moral teria se perdido em um labirinto de argumentos, contra-argumentos e alegações factuais. O melhor era mesmo ter dito o que a Corte disse, embora o tenha feito de modo incompleto e, digamo-lo às claras, incoerente (pois a Corte, pouco tempo depois, vedou a segregação em outras instituições públicas baseando-se em mera referência a *Brown*[91], caso que manifesta-

---

[89] Em seu artigo citado na nota 39, acima.
[90] John Stuart Mill, *On Liberty*, p. 86 (org. David Spitz, 1975).
[91] Ver, por exemplo, Mayor and City Council *vs.* Dawson, 350 U.S. 877 (1955) (decisão *per curiam*); Holmes *vs.* City of Atlanta, 350 U.S. 879 (1955) (decisão *per curiam*); Gayle *vs.* Browder, 352 U.S. 903 (1956) (decisão *per curiam*).

mente dizia respeito à educação e mais nada), ou simplesmente ter dito que "todos sabem" que a segregação imposta por lei em escolas e outros locais públicos tinha a finalidade de manter os negros "em seu lugar", que essa prática era ofensiva, que colaborava para consolidar um sistema de castas – que era ofensiva ao ver dos juízes que decidiram o caso e de outras pessoas que pensavam da mesma maneira, e não ofensiva *sub specie aeternitatis* – e que a cláusula da igual proteção tinha de algum modo a intenção de impedir esse tipo de coisa, ou devia ser usada para tal. Um voto redigido desse modo não teria sido um exemplo marcante de "raciocínio jurídico", mas pelo menos teria sido sincero. A decisão da Corte foi menos sincera, mas foi adequada do ponto de vista político. Uma decisão que procurasse aplicar a teoria moral à questão não teria tido nem uma virtude nem outra.

O mesmo se pode dizer da resposta judicial à questão mais premente que envolve a raça hoje em dia: a constitucionalidade da ação afirmativa praticada por universidades públicas e outros órgãos públicos. A discussão da moralidade da ação afirmativa não leva a lugar nenhum. Eis a minha opinião não moral sobre o assunto: hoje em dia, os norte-americanos se incomodam com o uso de classificações raciais para distribuir os benefícios e encargos públicos, mas reconhecem que o descontentamento dos negros representa um problema social sério[92]. Embora seja possível que o problema tenha sido até agravado pela ação afirmativa, que

---

[92] Esse incômodo é patenteado pelos resultados de pesquisas de opinião. Ver, por exemplo, Sam Howe Verhovek, "In Poll, Americans Reject Means But Not Ends of Racial Diversity", *The New York Times*, 14 dez. 1997, p. 1. A inclusão de outros grupos ao lado dos negros como objetos do favoritismo estatal é altamente questionável. Esses outros grupos, sobretudo as mulheres, os asiáticos e os hispânicos, têm (especialmente mulheres e asiáticos) muito menos necessidade ou direito ao favoritismo e não têm um grau de descontentamento que tenda a pôr em risco a paz social. Mas não vou desenvolver essa tese aqui.

prejudica a pretensão de todos os negros de serem reconhecidos como verdadeiramente iguais aos brancos, a eliminação súbita e completa desse sistema em todo o setor público (e também no privado, caso uma reinterpretação das leis de direitos civis vede a ação afirmativa) não poderia ser "vendida" aos negros como a eliminação de um privilégio injusto. Seria, ao contrário, um ato de provocação e exacerbaria as tensões raciais, coisa que, por motivos pragmáticos, seria altamente prejudicial à nossa sociedade. Por isso nem a aceitação completa nem a rejeição total da ação afirmativa seriam programas de ação práticos e, felizmente, nem um extremo nem outro são claramente exigidos pelos textos da Constituição ou da legislação e pelos precedentes. Quando a ação afirmativa impõe um custo pesado a particulares brancos (como em um caso em que se atribua anterioridade presumida aos negros em uma firma que despede seus empregados pela ordem inversa de anterioridade), ela provavelmente será rejeitada. Quando for evidentemente necessária, seja como remédio contra a discriminação ilegal, ou para manter a legitimidade e, portanto, a eficácia dos órgãos de segurança do governo (caso da ação afirmativa nas polícias e penitenciárias), provavelmente será aceita. Entre esses dois extremos, a decisão dependerá dos valores daqueles que decidem – em outras palavras, será inevitavelmente política. Isso conduz a um paradoxo: a aceitabilidade da decisão talvez dependa da diversidade política do Judiciário, o que significa que a resolução adequada do problema da ação afirmativa talvez dependa de uma decisão anterior de usar a própria ação afirmativa para constituir os órgãos decisórios!

    O reconhecimento do caráter inevitavelmente político de uma categoria importante de decisões judiciais deve escandalizar muitos juristas. Mas o raciocínio moral não nos oferece nenhuma solução melhor para o problema da ação afirmativa. O raciocínio moral ver-se-ia preso em debates intermináveis sobre injustiças históricas, justiça entre gerações, direitos, expectativas razoáveis e igualdade.

Na busca de decisões com fundamentação moral, podemos retroceder até o século XIX, por exemplo, e a decisão *Riggs vs. Palmer*[93], o caso do "herdeiro homicida" que Dworkin adora discutir[94]. A Corte concluiu que a lei de testamentos de Nova York não dava a um homem que havia assassinado o avô o direito à herança, muito embora o neto fosse nomeado no testamento e esse documento atendesse a todos os requisitos de validade exigidos pela lei. Para corroborar essa conclusão, o voto majoritário invocava expressamente a tradição moral, remontando a Aristóteles. Mas não o fez para resolver uma questão moral. A *questão* moral não existia. Todos concordavam que o ato do neto fora imoral e que, por uma questão de princípios, não poderia acarretar-lhe nenhum benefício. A questão era saber se a imoralidade poderia obstar *legalmente* sua pretensão baseada na lei de testamentos, que não mencionava o caso de um herdeiro homicida. A resposta foi "sim", pois não se podia derivar nenhuma inferência do fato de o legislador ter deixado de inscrever essa exceção na lei. Ele não previra tal caso. Se a lei fosse interpretada de modo que facultasse a sucessão ao herdeiro homicida, estaria contrariando os interesses dos testadores, que são os principais interesses a que ela visava a proteger; essa interpretação seria estúpida[95].

---

[93] 115 N.Y. 506, 22 N.E. 188 (1889).
[94] Ver Dworkin, nota 12, acima, pp. 458-9 (referências no índice remissivo a "*Elmer's case*").
[95] Os juízes que divergiram achavam que, caso se negasse a herança ao homicida, ele seria punido suplementarmente por seu crime sem que para isso houvesse autorização legislativa. Essa tese era questionável, para dizer o mínimo. Comparem-se dois homicidas, um dos quais mata um pobre e não obtém do crime nenhum fruto monetário, e outro que mata o avô e, em decorrência desse ato, recebe uma

Além disso, criaria uma distinção completamente arbitrária entre a sucessão testamentária e a sucessão legítima, uma vez que o neto baseara todo o seu argumento na letra da lei de testamentos. Essa análise não deve absolutamente nada à teoria moral. A única questão em jogo era saber se a interpretação adequada da lei de testamentos – adequada no sentido não moral de ser conforme às intenções reais ou prováveis do legislador – admitia o resultado recomendado pela moral incontroversa.

Na ausência da moral, o quê?

O leitor cuidadoso terá notado que, sob certo aspecto, minha tese neste capítulo é mais ampla que a do Capítulo 1. Lá eu dizia que certo tipo de raciocínio moral é "uma absoluta nulidade", mas referia-me só a esse tipo, que chamei de moralismo acadêmico: um tipo de raciocínio moral associado a um subconjunto dos filósofos morais contemporâneos. Aqui eu digo que a teoria moral não tem nada a oferecer *ao direito*; e este argumento não se limita ao moralismo acadêmico. A ideia de que a discriminação racial é imoral não deve quase nada aos moralistas acadêmicos e deve muito a empreendedores morais não acadêmicos, como

---

herança. Se forem punidos com a mesma pena, o segundo homicida estará, na verdade, recebendo uma punição mais leve, uma vez que a herança é uma compensação parcial (ou, quem sabe, total) da sentença. Ele poderia receber a herança e ficar na prisão por mais tempo, mas para quê?

Defendendo o resultado de Riggs *vs.* Palmer, não menosprezo os perigos, contra os quais Holmes nos advertia em "The Path of the Law", que decorrem da tentativa de os juízes usarem suas crenças morais – por menos controversas que sejam – para resolver questões técnicas de direito. Temos um exemplo notável disso nos votos de Mazzei *vs.* Commissioner, 61 T.C. 497 (1974), que tratava da dedutibilidade do imposto de renda federal, de uma perda decorrente de fraude sofrida por um dos participantes de uma conspiração para cometer crime. Mas quero, sim, chamar a atenção para a diferença que existe entre basear uma decisão judicial em um consenso moral e baseá-la na teoria moral entendida como método de resolução de uma questão moral controversa.

Abraham Lincoln, Harriet Beecher Stowe e Martin Luther King, Jr. Não obstante, como mostra *Brown vs. Board of Education*, os tribunais tampouco fundamentam suas decisões nas ideias dos empreendedores morais. Não que eles nunca sejam citados nas decisões judiciais; mas são citados como representantes de posições morais incontestes, não como autoridades que justifiquem uma tomada de partido em uma questão moral.

Existem exceções, mas elas confirmam a sabedoria da regra. Considere *Commonwealth vs. Wasson*[96], por exemplo, que cita *Sobre a liberdade* de Mill como autoridade para justificar a declaração de nulidade de uma lei que proibia o ato sexual entre pessoas do mesmo sexo. A base para essa citação de Mill foi um caso muito mais antigo, também do Kentucky, que havia por assim dizer "recepcionado" o livro de Mill no direito desse estado norte-americano, citando-o como autoridade para a declaração de nulidade de uma lei que proibia a posse de bebidas alcoólicas[97]. O caso mais velho estava saturado da ideologia *laissez-faire* de sua época, ideologia que hoje em dia foi desacreditada como fundamento de decisões constitucionais[98]. Ou considere *Commonwealth vs. Bonadio*[99], que declarou nula uma lei estadual que proibia toda relação sexual anormal, mesmo consensual. O voto vencedor cita extensamente *Sobre a liberdade* – a pretexto de que a Constituição poria em exercício o conceito de liberdade de Mill, o que seria demonstrado por uma decisão da Suprema Corte dos Estados Unidos

---

[96] 842 S.W.2d 487 (Ky. 1992).
[97] Commonwealth *vs*. Campbell, 117 S.W. 383 (Ky. 1909).
[98] Ver, por exemplo, State *vs*. Eitel, 227 So. 2d 489 (Fla. 1969); State *vs*. Darrah, 446 S.W.2d 745 (Mo. 1969); Picou *vs*. Gillum, 874 F.2d 1519, 1522 (11th Cir. 1989). Todos eles citam Mill com deferência, mas deixam claro que sua economia do *laissez-faire* não faz parte do moderno direito constitucional norte-americano.
[99] 415 A.2d 47 (Pa. 1980).

tomada em 1894[100], a qual por sinal reflete a mesma doutrina constitucional desacreditada que informara o caso mais antigo citado em *Wasson*. Se fosse invocado como autoridade constitucional com regularidade e coerência e não por simples oportunismo, Mill provocaria uma revolução jurídica – a volta a uma concepção oitocentista do *laissez-faire* como parâmetro de doutrina constitucional – que provocaria horror nos liberais modernos que gostam de usar o conceito de liberdade de Mill para declarar nulas as leis que restringem a liberdade sexual. Isso ilustra algo que foi dito no Capítulo 1: que os moralistas acadêmicos de hoje em dia (e acrescento também seus aliados em matéria de teoria constitucional) têm de "expurgar" seus ídolos para poder colocá-los a serviço de um programa moral ou jurídico moderno.

Porém, se a teoria moral não pode ser posta a serviço do direito, o que poderia cumprir esse papel? A resposta é fácil para quantos creem que todas as questões constitucionais podem ser resolvidas pela reconstrução da intenção dos constituintes. Mas Dworkin e outros explodiram esse mito. Considerações práticas podem ser usadas para resolver muitas questões constitucionais que não giram em torno de um desacordo sobre premissas morais ou políticas. Mas e as questões que não podem ser resolvidas desse modo? O juiz tem duas opções. Uma é dizer que, se a opinião pública está dividida em uma questão moral, os tribunais devem deixar que o processo político resolva o assunto. A outra é dizer, com Holmes, que, embora o processo político seja ordinariamente o caminho correto a trilhar, de vez em quando uma questão que divide a opinião pública excita a tal ponto as emoções morais do juiz que ele simplesmente não é capaz de engolir a so-

---

[100] Lawton *vs.* Steele, 152 U.S. 133 (1984). Ver também Mugler *vs.* Kansas, 123 U.S. 623 (1887), caso que, como *Campbell*, nota 97, acima, cita *Sobre a liberdade*.

lução política cuja constitucionalidade foi posta em questão. Foi essa a situação em que se viu o primeiro juiz Harlan em *Plessy vs. Ferguson*[101] e em que o próprio Holmes se via de tempos em tempos[102] – o que mostra que os céticos e relativistas morais têm as mesmas emoções que todos os outros, e só se diferenciam por não pensar que os desacordos morais podem ser solucionados pelo raciocínio moral.

Prefiro o segundo caminho (que será discutido de modo mais completo em seguida e no próximo capítulo). Ele deixa espaço para a consciência. Se os juízes forem escolhidos com cuidado, como normalmente o são os juízes federais, a desobediência civil de um juiz – sua recusa de fazer valer a "letra" da lei porque ela viola seus mais profundos sentimentos morais – é um dado significativo. É um sinal da potencial insatisfação da elite, coisa que deve fazer as autoridades políticas pararem para pensar. É verdade que essa atitude judicial injeta um elemento de desestabilização na vida política do país, mas não mais do que ocorreria se os juízes tivessem liberdade para praticar o raciocínio moral, dado o caráter indeterminado desse raciocínio. E pode retardar a introdução de inovações desestabilizadoras pelos ramos populistas do Estado – de modo que, no conjunto, pode promover e não prejudicar a estabilidade política.

Os profissionais do direito, especialmente aqueles que gostariam de aumentar o poder do Judiciário, resistem à ideia de que a decisão constitucional contém um elemento irredutivelmente discricionário, no sentido de "subjetivo" ou sem regras. Essa resistência deve-se em parte ao orgulho profissional e ao interesse próprio, mas também ao fato de que as intuições morais de cada pessoa

---

[101] 163 U.S. 537, 552 (1896) (voto divergente).
[102] No caso da escuta clandestina, por exemplo. Ver Olmstead *vs.* United States, 277 U.S. 438, 469 (1928) (voto divergente).

(as "impossibilidades"* de Holmes[103]) não parecem ter peso suficiente para contrabalançar as preferências democráticas refletidas nos atos das autoridades eleitas e dos funcionários nomeados por elas. Daí o potencial fascínio da filosofia moral, que aparenta ter a possibilidade de servir de arma com a qual os juízes possam provar que aqueles atos estão "errados" e devem ser vedados. Em uma sociedade civilizada, porém, são poucos os atos oficiais *demonstravelmente* errados, de modo que o ceticismo moral pragmático que defendi no Capítulo 1 lança sombra sobre o ativismo judicial liberal que está em voga entre os profissionais do direito, especialmente os professores universitários; Holmes não era ativista. O profissionalismo – que, como eu disse, paradoxalmente enfraqueceu a filosofia moral em vez de fortalecê-la, uma vez que a privou do "encantamento" que poderia habilitá-la a alterar o código moral – aumentou, entre o professorado de direito, a demanda por uma espécie de rigor analítico associado à moderna filosofia moral. Não digo que essa associação seja falsa, mas ela nada nos acrescenta. Muitos moralistas acadêmicos são pessoas inteligentes e analistas cuidadosos, mas não dispõem dos instrumentos que lhes permitiriam resolver desacordos morais. Não podem ajudar os profissionais do direito, especificamente os juízes. Estes terão de buscar ajuda em outro lugar, ou, talvez, terão de restringir suas ambições de remodelar a sociedade.

---

* No original, "*Can't helps*". (N. do T.)
[103] Ver, por exemplo, a carta de Oliver Wendell Holmes a Harold J. Laski, 6 fev. 1925, em *Holmes-Laski Letters: The Correspondence of Mr. Justice Holmes and Harold J. Laski*, vol. 1, pp. 705, 706 (org. Mark DeWolfe Howe, 1953). "Quando digo que tal coisa é verdade, quero dizer que para mim é impossível não acreditar nela (*I cannot help believing it*) [...] Defino assim a verdade como o sistema das minhas limitações, e deixo a verdade absoluta para aqueles que são melhores do que eu. Junto com a verdade absoluta, igualmente deixo de lado quaisquer ideais absolutos de conduta." Oliver Wendell Holmes, "Ideals and Doubts", 10 *Illinois Law Review*, pp. 1, 2 (1915). Ver também Holmes, "Natural Law", 32 *Harvard Law Review*, p. 40 (1918).

TEORIA CONSTITUCIONAL

Sua natureza, suas variedades, suas limitações

Na seção anterior, tratei das tentativas de aplicar o raciocínio moral diretamente a questões jurídicas. A aplicação indireta, através de uma teoria constitucional temperada com teoria moral, tem importância pelo menos equivalente. A teoria constitucional distingue-se, por um lado, das investigações das ciências sociais sobre a natureza, a proveniência e as consequências do constitucionalismo – o tipo de coisa que se costuma relacionar com historiadores e cientistas políticos, como Charles Beard, Jon Elster e Stephen Holmes – e, por outro lado, de comentários sobre casos e doutrinas específicas, o tipo de coisa que se costuma atribuir a doutrinadores especializados em direito constitucional, como Kathleen Sullivan, Laurence Tribe e William van Alstyne. Vários acadêmicos atuam de ambos os lados desse divisor de águas, entre eles Bruce Ackerman, Ronald Dworkin, Richard Epstein, Andrew Koppelman, Lawrence Lessig, Michael McConnell, Frank Michelman e Mark Tushnet; e embora eu pretenda me ater a um dos lados, não é por acidente que eles atuam dos dois. Os teóricos constitucionais são normativistas: suas teorias têm o objetivo de influenciar o modo pelo qual os juízes decidem causas constitucionais difíceis. Quando esses teóricos são conhecedores do direito, caso da maioria deles, não conseguem resistir à tentação de dizer a seus leitores quais causas, em sua opinião, foram decididas de acordo com sua teoria ou a partir de um ponto de vista contrário. Com efeito, a maioria dos teóricos constitucionais acredita na reforma social por meio da atuação do Poder Judiciário.

A aplicabilidade da teoria constitucional ao direito constitucional propriamente dito é, na melhor das hipóteses, limitada. Não é necessário nada que leve o nome pretensioso de "teoria" para decidir aquelas causas constitucionais em que o texto ou a história da Constituição proporcionam diretrizes seguras; não é necessária nenhuma teoria para determinar quantos senadores podem ser eleitos em cada estado. Questões de interpretação mais difíceis, como saber se a cláusula da autoincriminação proíbe que o promotor teça comentários sobre o fato de o réu não ter deposto em juízo[104], podem ser resolvidas de modo muito simples; basta ponderar as consequências das interpretações alternativas. Se o promotor pudesse dizer ao júri que a recusa do réu a testemunhar deve ser entendida como admissão de culpa, seria muito difícil à defesa retrucar com uma explicação plausível e compatível com a inocência do réu. Assim, a permissão desse tipo de comentário praticamente eliminaria o privilégio de não depor contra si mesmo – pelo menos segundo o modo pelo qual ele é entendido atualmente. Trata-se de uma ressalva importante. Já se afirmou que o entendimento atual é incorreto, que o objetivo histórico do privilégio, e o mais sensato, é meramente o de impedir a tortura e outros métodos impróprios de interrogatório; se assim é, a norma que proíbe o comentário da promotoria não tem fundamento[105]. Esse exemplo dá a entender que, entre os princípios de direito constitucional não fundados em uma das disposições enumeradas da Constituição, talvez não haja nenhum que, examinado sob todos os seus aspectos, não dê margem à contestação. Porém, é possível que uma questão seja contestável sem ser resolúvel mediante a aplicação de uma teoria geral. Há grandes áreas do direito constitucional que os debates sobre teoria constitucional não tangenciam e que vou, portanto, ignorar.

---

[104] Foi essa a decisão tomada em Griffin *vs.* California, 380 U.S. 609 (1965).
[105] Albert W. Alschuler, "A Peculiar Privilege in Historical Perspective", em R. H. Helmholz et al., *The Privilege against Self-Incrimination: Its Origins and Development*, pp. 181, 203 (1997).

A teoria constitucional, no sentido em que uso o termo, é pelo menos tão antiga quanto os *Federalist Papers*. Não obstante, dois séculos depois, ainda não há no horizonte nenhum sinal de conclusão ou mesmo, a meu ver, de progresso. A teoria constitucional não tem o poder de impor a concordância a quem já não esteja predisposto a aceitar o programa político do teórico. Isso ocorre porque, como a teoria moral, ela é normativa, abstrata, não empírica e muitas vezes contraria intuições morais ou convicções políticas profundas; porque é interpretativa, e a precisão da interpretação de um documento antigo não é verificável nem demonstrável; e porque os normativistas, entre os quais os professores universitários de direito, não gostam de ver-se encurralados por comprometer-se com uma teoria que pode ser derrubada pelos dados concretos – do mesmo modo que nenhum advogado gosta de assumir uma posição que possa obrigá-lo a admitir que a causa de seu cliente não tem fundamento.

A teoria constitucional não atende, aliás, tende a pôr entre parênteses, a maior necessidade dos juízes que decidem causas constitucionais: a necessidade de conhecimento empírico. É essa a tese que vou defender daqui a pouco, tomando como exemplos as recentes decisões da Suprema Corte que obrigaram o Instituto Militar da Virgínia a admitir mulheres[106] e proibiram o Colorado de vedar a edição de leis municipais que protegem os homossexuais contra a discriminação baseada em sua orientação sexual[107]. É claro que o mero esclarecimento dos fatos não pode decidir uma causa; é necessária uma estrutura analítica na qual se possam encaixar os fatos. Mas o desenho da estrutura não é o maior problema do direito constitucional hoje em dia. O maior problema é a falta

---

[106] *United States vs. Virginia*, 116 S. Ct. 2264 (1996).
[107] *Romer vs. Evans*, 116 S. Ct. 1620 (1996).

daquele conhecimento cuja produção é função própria da pesquisa acadêmica, não do litígio judicial; o único detalhe é que se trata de uma pesquisa diferente da feita pelos teóricos constitucionais. Os principais teóricos são capazes e eloquentes, e é possível que seus debates tenham um impacto difuso, mas cumulativamente significativo, sobre o tom, a textura e, às vezes, até os resultados de litígios constitucionais, embora a questão de saber se esse impacto é bom seja um assunto completamente diferente e não possa ser respondida com base nos conhecimentos de que hoje dispomos. Os teóricos não têm um grande público entre os juízes, mas o têm entre seus próprios alunos e, portanto, entre os assistentes dos juízes* – cuja influência sobre o direito, embora pequena, não é desprezível – e entre os futuros profissionais do direito constitucional. Não obstante, a verdadeira importância da teoria constitucional, ou pelo menos de seu forte desenvolvimento nas últimas décadas, é que ela assinala a crescente academização dos professores que dão aula nas faculdades de direito. Mais do que antes, hoje eles tendem a escrever para serem lidos não pelos juízes e demais praticantes do direito, mas por seus colegas. O número de professores de direito é tão maior do que antigamente que, mesmo que os trabalhos deles tenham por alvo somente outros professores, o público não será de tamanho desprezível. E à medida que a teoria constitucional se torna mais "teórica" e menos ligada à prática do direito, ela se torna cada vez mais acessível a professores universitários de outros campos, como a teoria política e a filosofia moral. Isso colaborou para que o número de teóricos constitucionais crescesse a ponto de a categoria alcançar a autossuficiência. O resultado desse crescimento, porém, é que a teoria constitucional hoje se desenvolve em um meio opaco para os juízes e advogados praticantes.

---

* Esta a tradução adotada neste livro para *law clerks*. (N. do T.)

Na teoria política, o problema para o qual a teoria constitucional é apresentada como solução é que, na medida em que pode ser garantida e imposta pelos tribunais, a Constituição confere aos juízes um poder fora do comum. Esse fato já era considerado problemático muito antes de o princípio democrático alcançar o lugar central que hoje ocupa em nosso conceito de governo. A solução que Hamilton deu ao problema, logo reafirmada por John Marshall, consistiu em asseverar que o poder supremo não eram os juízes, mas a *lei*, uma vez que os juízes (a frase é de Blackstone, mas era isso que Hamilton também queria dizer) são somente os oráculos, os porta-vozes da lei, e não centros de poder não eleitos e completamente autônomos[108].

Depois de um século em que as autoridades judiciais se mostraram cada vez mais voluntariosas, era difícil manter essa posição sem corar. Era óbvio que a Constituição fizera dos juízes um centro de poder concorrente. Na década de 1890, James Bradley Thayer afirmou que isso era ruim porque, ao contrário do que previa a Constituição, deslocava do Legislativo para o Judiciário o papel primordial de fazer as leis e (detalhe estreitamente associado a esse, mas não distinguido claramente por Thayer) minava a iniciativa e a responsabilidade das assembleias legislativas. Disse ainda que os tribunais só deviam fazer valer um direito constitucional quando a própria existência de tal direito, posta em evidência por um processo de hermenêutica constitucional, não pudesse ser objeto de nenhuma dúvida razoável[109]. Em outras pa-

---

[108] Ver William Blackstone, *Commentaries on the Law of England*, vol. 1, p. 25 (1769); *Federalist* Nº 78 (Hamilton); Osborn *vs*. Bank of United States, 22 U.S. (9 Wheat.) 738, 866 (Marshall, juiz-presidente).

[109] James B. Thayer, "The Origin and Scope of the American Doctrine of Constitutional Law", 7 *Harvard Law Review*, p. 129 (1893). Para ele, o sentido de "dúvida razoável" nesse contexto era o mesmo que esse termo tem quando entendido como critério de prova de culpa no processo penal norte-americano. Ver id., p. 150.

lavras, na opinião dele a concessão errônea de um direito constitucional era mais grave que a negação errônea desse direito, do mesmo modo que o direito penal pressupõe que a condenação errônea de um inocente é erro mais grave que a absolvição errônea de um culpado. Thayer não procurou provar que aquele erro de fato era mais grave, e baseou sua proposta, sobretudo, na autoridade dos precedentes.

Thayer é um predecessor da escola de interpretação constitucional baseada na "indignação" (*outrage*), cujo adepto mais famoso foi Holmes. Cardozo, Frankfurter e o segundo juiz Harlan foram outros membros ilustres. De acordo com a escola da indignação, para que um tribunal possa bloquear a ação dos ramos eleitos do Estado não basta que o autor da ação de inconstitucionalidade tenha um argumento melhor que o do governo; é preciso que o argumento seja *muito* melhor. A violação da Constituição deve ser moralmente indubitável (a posição de Thayer), ou de revirar o estômago (o critério do "vômito" de Holmes)[110], ou chocante para a consciência (o critério de Frankfurter)[111], ou algo que nenhum ser racional defenderia. Como disse Holmes em sua divergência no caso *Lochner*, uma lei não impõe uma privação da "liberdade" sem o devido processo legal (no sentido das cláusulas do devido processo da Quinta e da Décima Quarta Emendas) "a menos que se possa afirmar que um homem racional e justo necessariamente admitirá que a lei proposta [impugnada?] infringe princípios fundamentais, tais como estes foram compreendidos pelas tradições de nosso povo e de nosso direito"[112].

---

[110] Ver Richard A. Posner, *Overcoming Law*, p. 192 (1995).
[111] Ver *Rochin vs. California*, 342 U.S. 165. Será por acidente que Frankfurter propôs seu critério em um caso que envolvia a lavagem estomacal de um suspeito, feita para se obterem provas?
[112] *Lochner vs. New York*, 198 U.S. 45, 76 (1905) (voto divergente).

Essas formulações não são intercambiáveis. Uma violação da Constituição que não dê margem a nenhuma dúvida razoável pode não ser repugnante – é o caso de uma proposta para que se aumente de dois para três o número de senadores de cada estado. E um ato oficial repugnante pode não configurar uma violação indubitável da Constituição – proibir que cada casal tenha mais de um filho, por exemplo. Caso se privilegie a versão de Thayer, a doutrina (caso se possa assim chamá-la) da indignação se torna quase intercambiável com a da automoderação judicial, quando esta é entendida como uma recomendação para que se minimizem as ocasiões em que o Judiciário anula os atos dos outros poderes do Estado. O juiz automoderado neste sentido quer se colocar em segundo plano em relação aos outros poderes, mas é movido a agir quando outro ramo não só talvez viole, mas chega mesmo a zombar das limitações que a Constituição lhe impõe.

Mesmo que a noção de "indignação" seja definida de modo mais amplo, abarcando não só as violações claras como também aquelas que não são claras, mas são realmente intoleráveis (a preocupação de Holmes) – e essa definição mais ampla é inevitável, uma vez que as violações claras em geral ocorrem em áreas em que os juízes não precisam recorrer a teoria alguma para chegar a uma solução satisfatória –, a escola da indignação tende à moderação no exercício do poder judicial. Isso é especialmente verdadeiro quando se atenta para a qualificação que Holmes impõe aos "princípios fundamentais" que podem autorizar o juiz a declarar a inconstitucionalidade de uma lei – que sejam princípios "tais como foram compreendidos pelas tradições de nosso povo e de nosso direito" –, de tal modo que o elemento de reação meramente pessoal perde importância. Se, desse modo, a abordagem da indignação for temperada com uma pitada de impessoalidade e amarrada à doutrina da automoderação judicial (doutrina que se baseia em razões[113]), não será uma abordagem tão puramente visceral quanto dei a entender em meu primeiro esboço. Mas não posso fingir que a indignação ou mesmo a automoderação judicial forneçam diretrizes suficientes para os juízos que lidam com casos difíceis. E a abordagem da indignação só poderá ser defendida de modo convincente caso se ofereça uma demonstração que, na prática, talvez seja impossível: que as declarações de inconstitucionalidade de leis ou outros atos oficiais, decididas sem fazer apelo aos critérios de Thayer, ou Holmes, ou Cardozo, ou Frankfurter, ou Harlan, fizeram mais mal do que bem[114]. Também estou ciente de que a indignação de uma pessoa é o êxtase de outra, ou, em outras palavras, que as emoções de atração e repulsão podem ser despertadas de ambos os lados de qualquer questão controversa. Mas isso equivale simplesmente a dizer que os valores pessoais e as preferências políticas tendem a desempenhar papel importante em tribunais dotados de grande poder discricionário[115], e, portanto, que é conveniente que haja grande diversidade na magistratura e que os candidatos a juízes sejam selecionados cuidadosamente, levando-se em conta não somente seu temperamento, caráter, inteligência e conhecimento das leis, mas também suas experiências e seus valores. Mas todas essas são coisas que se dizem há muito tempo – o que demonstra que, lá no fundo, todos admitem que a escola da indignação conta entre seus membros boa parte da magistratura.

---

[113] Razões que enumero e desenvolvo no livro *The Federal Courts: Challenge and Reform*, capítulo 10 (1996).
[114] Voltarei a falar sumariamente sobre a escola da indignação no capítulo 4, onde a relaciono com a abordagem judicial pragmática.
[115] Quem quer que duvide disto deve ler Richard L. Revesz, "Environmental Regulation, Ideology, and the D.C. Circuit", 83 *Virginia Law Review*, p. 1717 (1997).

O formalismo à moda de Hamilton tem agora um representante na pessoa do juiz Scalia, da Suprema Corte[116]. Mas ele não tem coragem de defender suas convicções: assume posições radicalmente libertárias em assuntos como a ação afirmativa e a liberdade de expressão com base na tese de que essas posições são ditadas não pela Constituição, mas por precedentes judiciais que a interpretam[117]. Eliminando-se a invocação esporádica do *stare decisis*, o direito constitucional de Scalia revela-se extraordinariamente magro. Esta não é uma objeção, mas é preciso um esforço de justificação maior que os lugares-comuns democráticos que ele arrolou até agora. A queixa de que a Suprema Corte é antidemocrática nem sequer resvala na questão aqui em jogo, mesmo que se postule uma concepção de democracia que Dworkin e mesmo Habermas, em menor escala, considerariam ingênua – uma concepção que ignore todos os obstáculos à deliberação. Isso porque a Corte faz parte de uma Constituição que, desde sua criação, foi repleta de elementos não democráticos, como a eleição indireta do Presidente e do Senado (tendo como pano de fundo um eleitorado altamente restrito), que dificultam a leitura da Constituição dos Estados Unidos como uma simples carta magna da democracia. Mesmo depois de emendada no decorrer dos anos, a Constituição ainda tem vários traços não democráticos, entre eles o método de distribuição de cadeiras no Senado, que faz com

---

[116] Ver Antonin Scalia, "Common-Law Courts in a Civil-Law System: The Role of the United States Federal Courts in Interpreting the Constitution and Laws", em Scalia et al., *A Matter of Interpretation: Federal Courts and the Law*, p. 3 (1997).

[117] Antonin Scalia, "Response", em id., pp. 129, 138-9. Ele diz: "O originalismo não atuará para repelir princípios de direito constitucional antigos e aceitos, mas sim para rejeitar princípios novos e ilegítimos." Id., p. 139. Porém, segundo o entendimento que ele mesmo tem da hermenêutica constitucional, a maioria dos "princípios antigos e aceitos" eram "ilegítimos" quando foram anunciados pela primeira vez, e alguns deles só foram anunciados nas últimas décadas, e derivados, para cúmulo, da própria hermenêutica não originalista que ele considera ilegítima.

que os votos dos habitantes de estados com pouca gente tenham muito mais peso que aqueles dos habitantes de estados populosos; a eleição do Presidente com base nos votos do Colégio Eleitoral e não do povo, que pode resultar na eleição de um candidato que perdeu na contagem popular e faz com que os candidatos dirijam desproporcionalmente suas campanhas para os estados pouco populosos, que têm representação relativamente maior no Colégio Eleitoral; a expansão dos direitos constitucionais garantidos pela Declaração de Direitos e pela Décima Quarta Emenda, que tolhem os poderes dos ramos eleitos do governo; e a vitaliciedade dos juízes federais, que exercem um poder político considerável em virtude da expansão de direitos acima mencionada e cujo poder cresce anualmente à medida que o texto constitucional vai deixando de exercer uma limitação operante sobre a discricionariedade judicial.

É certo que a Suprema Corte é antidemocrática, mas dados os outros elementos não democráticos que mencionei, ela não é antidemocrática em um sentido que a torne anômala no contexto do sistema político criado pela Constituição; e, anômala ou não, a Corte faz parte da Constituição. Outro problema da abordagem de Scalia é que ela exige que os juízes sejam também teóricos da política, de modo que saibam o que é a "democracia" (a menos que se admita que o próprio Scalia disse a última palavra sobre essa questão); e que sejam historiadores, pois é preciso ser historiador para ser capaz de reconstruir o sentido originário de documentos redigidos há séculos[118].

---

[118] Muitas vezes já se chamou a atenção para as deficiências dos advogados e juízes, e até mesmo dos professores universitários de direito, quando atuam como historiadores do direito. Vejam-se discussões ilustrativas em Alfred H. Kelly, "Clio and the Court: An Illicit Love Affair", 1965 *Supreme Court Review*, p. 119; Martin S. Flaherty, "History 'Lite' in Modern American Constitutionalism", 95 *Columbia Law Review*, p. 523 (1995); Laura Kalman, "Border Patrol: Reflections on the Turn to

Mas a concepção maniqueísta de Scalia, na qual um Poder Legislativo democrático confronta um Judiciário oligárquico, tem um ponto em seu favor: põe em evidência uma tensão que realmente existe, mas que os ativistas judiciais de hoje em dia (e aqueles que os apoiam na academia), particularmente os de esquerda, parecem decididos a obnubilar. Considere a versão de "democracia deliberativa" de Joshua Cohen. Ela faz da democracia uma doutrina substantiva e não procedimental, uma moldagem e não uma agregação das preferências dos cidadãos. Com isso, Cohen pode qualificar não somente de opressivo ou retrógrado, mas também de antidemocrático, o hipotético desejo da maioria de suprimir as observâncias religiosas de um grupo minoritário[119]. Segundo essa interpretação de o que é a "democracia", todo programa político que o ativista quiser ver implementado pode ser objeto de um pedido à Suprema Corte – sempre em nome da democracia. Dworkin diz coisa semelhante, mas com descaramento ainda maior: "A concepção norte-americana de democracia é a forma de governo estabelecida pela Constituição, segundo a melhor interpretação desse documento."[120] Quando diz "melhor interpretação", Dworkin se refere à sua própria interpretação, rica em elementos materiais – ou seja, ele se põe na posição de um porta-voz autêntico do *conteúdo* da democracia norte-americana. A Constituição contém um princípio democrático, mas Constituição e democracia não são sinônimos. Scalia tem razão quando sente que as pessoas que buscam fazer a reforma

---

History in Legal Scholarship", 66 *Fordham Law Review*, p. 87 (1997); Barry Friedman e Scott B. Smith, "The Sedimentary Constitution" (Vanderbilt Law School, 30 out. 1997, não publicada).

[119] Joshua Cohen, "Procedure and Substance in Deliberative Democracy", em *Deliberative Democracy: Essays on Reason and Politics*, pp. 407, 417-9 (org. James Bohman e William Rehg, 1997).

[120] Dworkin, *Freedom's Law*, nota 2, acima, p. 75.

social através dos tribunais não levam a democracia totalmente a sério. Em espírito, Dworkin está mais próximo de Platão que de Andrew Jackson.

A maior parte das teorias constitucionais do século XX deu muito menos importância que Hamilton ou Scalia à fidelidade ao texto; por outro lado, deu mais importância a esse elemento do que Dworkin. Podemos começar com a tese de Learned Hand de que a Declaração de Direitos fornece tão poucas diretrizes aos juízes que a maior parte dela não deveria ser exigível judicialmente[121], e daí passar à pronta resposta de Herbert Wechsler, segundo a qual o direito constitucional pode ser estabilizado pela imparcialidade judicial mediante o uso do que chamou de "princípios neutros", os quais logo foram reconhecidos como meros princípios, sem epíteto; uma vez que os princípios podem ser bons ou maus, a resposta de Wechsler dá com os burros n'água[122]. Alexander Bickel procurou chegar a um meio-termo entre Wechsler e a escola da indignação, propondo que a devoção judicial aos princípios fosse temperada pela prudência[123].

Por fim, as atenções concentraram-se na identificação de *bons* princípios que orientassem a tomada de decisões judiciais em matéria constitucional. Entre os principais candidatos figuram o princípio de "fortalecimento da representação", de John Hart Ely[124], e o de justiça natural igualitária, de Dworkin. É importante distinguir este último daquela outra ideia de Dworkin, segundo a qual os juízes, em casos difíceis, devem buscar orientação na

---

[121] Learned Hand, *The Bill of Rights* (1958).
[122] Wechsler, nota 39, acima. As críticas a esse artigo são resumidas em Posner, nota 110, acima, pp. 71-5.
[123] Ver Alexander M. Bickel, *The Least Dangerous Branch: The Supreme Court at the Bar of Politics* (1962). Sobre suas diferenças com Wechsler, ver id., pp. 49-65; sobre suas diferenças com Thayer, ver id., pp. 39-45.
[124] Ely, nota 22, acima.

teoria moral. Este é um princípio procedimental semelhante àqueles propostos pelos formalistas, por Thayer e seus seguidores e por Wechsler: trata de como os juízes devem encontrar os princípios materiais com os quais irão decidir as causas. Já a justiça natural igualitária, que é a concepção dworkiniana de o que os juízes concluem quando se voltam para a teoria moral, é em si mesma um princípio material.

Tanto o fortalecimento da representação como a justiça natural igualitária, tomados como princípios dominantes de direito constitucional, caem por terra em virtude de sua arbitrariedade (Por que *mais* democracia? Por que *mais* igualdade?) e da falta de interesse de seus autores pelos detalhes concretos da ação política, bem como de conhecimento firme desse assunto. Em outra obra, reclamei da flagrante subespecialização dos teóricos constitucionais[125] (que corresponde à subespecialização dos moralistas acadêmicos). Aqueles que dedicam a carreira ao estudo da teoria política e da doutrina constitucional não adquirem *ipso facto* a capacidade de formular princípios materiais para orientar a tomada de decisões em toda uma gama de questões difíceis relacionadas à ação afirmativa, ao zoneamento urbano restritivo, à distribuição proporcional das cadeiras legislativas por zona de território, à administração carcerária, às telecomunicações, à eutanásia, à educação de crianças estrangeiras e à administração da pena capital, para mencionar somente alguns problemas recentes e controversos de direito constitucional.

A formulação de teorias procedimentais continua. São exemplos a teoria dos "momentos constitucionais" de Bruce Ackerman[126],

---

[125] Posner, nota 110, acima, pp. 207-14. Ver id., pp. 198-207, sobre as falhas da teoria de Ely. E ver McConnell, nota 2, acima, sobre as falhas da teoria de Dworkin.

[126] Bruce Ackerman, *We the People*, vol. 1: *Foundations* (1991), vol. 2: *Transformations* (1998).

a teoria da "tradução" de Lawrence Lessig[127], a teoria da "razão pública" de John Rawls[128] e a resposta de Cass Sunstein a este último, sob a forma da teoria do "minimalismo judicial" ou "teorização incompleta"[129]. Ackerman afirma que os tribunais devem tentar identificar os grandes divisores de águas em matéria de política, como o *New Deal*, e atribuir-lhes a mesma autoridade para mudar o direito constitucional que atribuiriam a uma emenda constitucional formal. Essa abordagem pressupõe que os juízes sejam hábeis como historiadores, teóricos da política e cientistas políticos; nessa medida, torna-se alvo das mesmas objeções dirigidas à abordagem de Scalia, que é muito diferente em todos os outros aspectos. Além disso, a teoria de Ackerman pende demasiadamente para o "realismo jurídico", quem sabe até para a *Realpolitik*, na medida em que convida os juízes a atribuir *status* constitucional a correntes poderosas de opinião pública como as que surgiram durante o *New Deal* e que, segundo o entendimento de hoje, padeciam, em grau considerável, de profunda falta de informação. Segundo a lógica do extratextualismo de Ackerman, se um tribunal acreditasse firmemente que certa lei teria sido aprovada pelo Congresso e sancionada pelo Presidente, mas não o foi por algum motivo irrelevante (um descuido do secretariado de uma das casas do Congresso, digamos), o mesmo tribunal poderia fazer valer a lei como se tivesse sido devidamente promulgada. Os leitores formalistas de Ackerman sentirão fortalecida a sua fé.

---

[127] Ver, por exemplo, Lawrence Lessig, "Fidelity in Translation", 71 *Texas Law Review*, p. 1165 (1993); Lessig, "Fidelity and Constraint", 65 *Fordham Law Review*, p. 1365 (1997).

[128] John Rawls, *Political Liberalism*, pp. 231-40 (ed. em brochura, 1996).

[129] Ver, por exemplo, Cass R. Sunstein, *Legal Reasoning and Political Conflict* (1996); Sunstein, "The Supreme Court, 1995 Term: Foreword: Leaving Things Undecided", 110 *Harvard Law Review*, p. 4 (1996); Sunstein, *One Case at a Time: Judicial Minimalism on the Supreme Court* (1999).

Lessig afirma que, assim como uma boa tradução não será necessariamente literal, assim também a fidelidade ao sentido intencionado pelos constituintes pode impor a tomada de decisões judiciais que contrariem o sentido literal do que eles escreveram. Porém, para saber se uma tradução literal é boa ou não, é preciso conhecer a finalidade da tradução; para certas finalidades, as traduções literais são as melhores. Por outro lado, a fidelidade aos sentidos originais não é necessariamente a virtude soberana da interpretação constitucional. A importância da ideia de Lessig está em contrapor-se à teoria de Scalia, demonstrando que o originalismo é compatível com uma flexibilidade interpretativa que para Scalia seria inadmissível[130].

Rawls não pretende estar bem informado acerca do direito constitucional e da prática judicial nessa área. Porém, seu prestígio nos círculos acadêmicos é tamanho que sua sugestão mais ou menos displicente de que os juízes, na interpretação da Constituição, se limitem a usar o que ele chama de "razão pública" – definida como o conjunto de considerações que toda pessoa razoável consideraria admissíveis para resolver problemas ligados ao bem público[131] – mereceu a atenção respeitosa de certos teóricos constitucionais. Se a sugestão fosse adotada, os juízes ficariam circunscritos a um grau de generalidade tão vazio de conteúdo

---

[130] Veja-se uma análise mais completa das posições de Ackerman e Lessig em Posner, nota 110, acima, capítulo 7; Posner, "This Magic Moment", *New Republic*, 6 abr. 1998, p. 32; e Posner, *Law and Literature*, capítulo 7 (ed. revista e aumentada, 1998).

[131] "Para conduzir suas discussões políticas públicas acerca dos aspectos essenciais da constituição e de assuntos de justiça fundamental, os cidadãos devem permanecer dentro do quadro daquilo que, ao ver sincero de cada um deles, é uma concepção razoável de justiça política, concepção que expresse valores políticos dos quais se poderia razoavelmente esperar que fossem razoavelmente endossados por outras pessoas igualmente livres." Rawls, nota 128, acima, p. 1 (omitida a nota de rodapé); ver também Rawls, "The Idea of Public Reason Revisited", 64 *University of Chicago Law Review*, p. 765 (1997).

operativo que não teriam acesso a nenhum dos instrumentos de que necessitam para decidir as causas[132].

Sunstein assume posição quase oposta à de Rawls. Observa que as pessoas comumente concordam com a solução oferecida para determinado problema, embora discordem quanto aos princípios que determinam essa solução[133]. Isso é verdadeiro no que se refere aos juízes, que têm, afinal de contas, de concordar entre si (pelo menos a maioria dos juízes de um tribunal de entrar em acordo nas decisões colegiadas) mesmo que não entrem em acordo a respeito de uma tese ampla que poderia resolver também inúmeras outras questões. Sunstein assinala ainda que uma abordagem "minimalista", rejeitando as teses amplas, pode reduzir a magnitude dos inevitáveis erros dos juízes. Sua abordagem não é tanto uma teoria como um alerta contra as teorias, à maneira daqueles analistas constitucionais de tendência teórica que não chegaram eles mesmos a propor teorias constitucionais, como Jack Balkin e Stanford Levinson[134]. Não obstante, aproxima-se da posição que eu mesmo adoto, que chamei de "pragmática" e que será detalhada no Capítulo 4. O pragmatismo pode dar a impressão de ser apenas mais uma teoria; nesse caso, estou contradizendo a mim mesmo quando nego a denominação de "teoria" à abordagem de Sunstein. Porém, embora o pragmatismo de fato seja por um lado uma teoria, e especificamente uma teoria cons-

---

[132] Posner, nota 110, acima, pp. 196-7.

[133] A mesma coisa foi dita a respeito das questões morais: é possível entrar em acordo sobre aspectos específicos da moral mesmo que não haja acordo em torno dos princípios superiores que devem orientar a investigação moral. Ver, por exemplo, David B. Wong, "Coping with Moral Conflict and Ambiguity", 102 *Ethics*, p. 763 (1992). Eis mais uma razão para duvidar de que a filosofia moral, tal como normalmente é praticada, seja um empreendimento frutífero.

[134] Ver, por exemplo, J. M. Balkin, "Agreements with Hell and Other Objects of Our Faith", 65 *Fordham Law Review*, p. 1703 (1997). Ver também Schlag, nota 41, acima, capítulo 8.

titucional quando aplicado ao direito constitucional, em outro sentido, muito mais esclarecedor, ele manifesta ceticismo acerca de várias formas de teorização, entre as quais aquela a que dou o nome de teorização constitucional.

Embora a abordagem de Sunstein e a minha sejam mais ou menos semelhantes, nós discordamos com frequência quando chegamos aos casos particulares. Ele elogia certas decisões recentes da Suprema Corte, entre as quais *Romer* e VMI, por serem adequadamente minimalistas na medida em que evitam (de modo mais claro no caso de *Romer*) proclamar princípios que poderiam minar a validade de muitas outras leis. A meu ver, essas decisões são divisores de águas. Nelas, a Corte, ainda hesitante, dá um primeiro passo rumo a um novo abismo, como fez na época em que, rapidamente e sem pensar muito, saltou da decisão simples de *Baker vs. Carr*, segundo a qual a desproporção entre o número de cadeiras no Legislativo e o número de eleitores por distrito é passível de apreciação judicial, para uma regra rígida ("uma pessoa, um voto") baseada em uma concepção ingênua de democracia (onde estava Dworkin naquela época?). As decisões que Sunstein elogia são minimalistas quando comparadas com decisões hipotéticas que decretem a inconstitucionalidade de toda discriminação do Estado contra os homossexuais ou de toda segregação por sexo (em banheiros públicos, nas unidades militares, nos dormitórios das universidades). Mas podem igualmente ser vistas como manifestações desinformadas de ativismo judicial.

A diferença entre Sunstein e mim é semelhante àquela entre Bickel e Brandeis, de um lado, e Holmes e Hand, de outro. Bickel tinha uma noção bem clara de para onde o país deveria caminhar, com a Suprema Corte à frente. Tinha, como Brandeis, um programa; como o de Brandeis, este era amplo e liberal; e, como

Brandeis, queria que a Corte demonstrasse moderação e sensibilidade política na busca de seus objetivos, mesmo que para isso tivesse de portar-se com menos sinceridade e trair alguns princípios. Bickel abordava a função judicial como se fosse um cientista político[135]. Holmes e Hand atribuíam papel menos importante aos tribunais, em parte porque, como juízes, não tinham tanta certeza de para onde queriam que o país caminhasse; não obstante tivessem opiniões bem definidas sobre várias questões políticas, sociais e econômicas, tendiam a não interferir com os poderes políticos do Estado (a bem da verdade, os poderes *mais* políticos). Como todos, porém, também eles tinham suas "impossibilidades", os pontos que os incomodavam, os pontos em que estavam dispostos a usar o poder judicial para deter a ação de outro ramo do Estado, ou porque o outro ramo estivesse agindo de maneira escandalosa, ou porque fosse impossível refutar a tese de que sua ação era inconstitucional. É, talvez, *porque* não quisessem fazer da Suprema Corte um "agente" político, que Holmes e Hand não formularam teorias ambiciosas sobre a legitimidade da atividade judicial. Quase todas essas teorias nasceram no lado ativista. Bickel, Dworkin e todos os outros querem que os tribunais tenham papel ativo na formulação dos programas de ação pública; quando têm mentalidade prática, como Bickel, se preocupam com a possibilidade de os tribunais esbanjarem seu capital moral (ou seja, com a possibilidade de os próprios tribunais minarem a crença popular de que o que juízes fazem é direito e não política); quando têm tendência doutrinal, como Dworkin, sim-

---

[135] Vejam-se as críticas a essa abordagem vindas do lado oposto do espectro ideológico da profissão jurídica em Gerald Gunther, "The Subtle Vices of the 'Passive Virtues' – A Comment on Principle and Expediency in Judicial Review", 64 *Columbia Law Review*, p. 1 (1964); Mark Tushnet, "How to Deny a Constitutional Right: Reflection on the Assisted-Suicide Cases", 1 *Green Bag* (2d ser.), p. 55 (1997).

plesmente traduzem suas preferências políticas em princípios passíveis de aplicação judicial e conclamam os tribunais a não hesitar em impor esses princípios. Tanto em um caso como no outro, a preocupação fundamental são as táticas de ativismo judicial; a teorização é só o glacê do bolo.

A atitude política de Sunstein é semelhante à de Ackerman, Dworkin, Ely e Lessig: ele não é só um observador imparcial, mas também um combatente. Porém, reconhece que a maioria dos juízes não se sente à vontade na companhia da teorização constitucional. Mesmo que sejam ex-professores de direito, os juízes em geral não têm formação em disciplinas teóricas. A maioria dos professores de direito ainda são analistas de casos e doutrinas jurídicas, e não formuladores de teorias gerais sobre a legitimidade judicial ou política. E mesmo que a formação de um juiz *seja* teórica, é difícil conservar a perspectiva teórica quando se está mergulhado no processo de decidir causas judiciais como membro de um órgão colegiado. A ascensão da teoria constitucional tem menos relação com o valor desta para os juízes do que com a academização cada vez maior dos estudos jurídicos. Quando Herbert Wechsler e Learned Hand se digladiavam, os professores de direito ainda se concebiam primeiro como profissionais do direito e só depois como professores universitários, e entendiam que cumpriam, em relação ao Judiciário, um papel de auxiliares. Hoje em dia, muitos professores, em especial os mais prestigiados nas faculdades mais famosas, concebem-se como membros de uma comunidade acadêmica que trava um diálogo consigo mesma – e os juízes que se danem.

Estou exagerando; a maioria dos teóricos constitucionais quer, sim, influenciar a prática judicial em matéria constitucional. É impossível lê-los sem perceber o forte desejo de influenciar as decisões judiciais ou até mesmo (no caso de Dworkin) a composição da Suprema Corte (já mencionei sua polêmica contra a indicação de Bork). E Scalia *está* na Suprema Corte. Mas para obter as mais ricas recompensas que se oferecem hoje em dia aos membros da comunidade jurídica acadêmica, os professores têm de fazer "teoria"; e esse fato tende a afastá-los dos juízes. A antiteoria de Sunstein tem mais possibilidade de mover a magistratura, mas sua cumplicidade com os demais acadêmicos o condena igualmente. Um número cada vez maior de juízes acredita que os acadêmicos de direito não estão sintonizados no mesmo comprimento de onda que eles; que os acadêmicos não estão interagindo como a magistratura e com os demais profissionais práticos do direito, mas sim correndo atrás do próprio rabo e do rabo dos outros professores. A participação ativa do juiz Scalia nos debates de teoria constitucional não é incompatível com isto que estou dizendo. Está claro que as críticas dos acadêmicos à sua posição não o afetam. E também está claro que a maioria deles o considera um antagonista pouco refinado, academicamente ultrapassado – um antagonista que, entre outras coisas, transita indiscriminadamente entre a teoria e a prática, usando as restrições inerentes ao seu papel judicial (as restrições impostas pelos precedentes, por exemplo) para justificar os desvios em relação à sua afiada posição teórica.

Os direitos e suas consequências: o caso do direito processual penal

O tipo de teoria constitucional que eu gostaria de ver é completamente diferente. Ela postularia para si mesma a tarefa difícil, conquanto (do ponto de vista dos teóricos de hoje em dia) intelectualmente modesta, de estudar o funcionamento e as consequências do constitucionalismo. Surgiriam perguntas como: Quais as diferenças entre os Estados Unidos e a Inglaterra, em matéria de liberdade de imprensa e conduta policial, que podem ser atribuídas ao fato de os Estados Unidos terem uma Declaração de Direitos exigível em juízo e a Inglaterra, não (pelo menos antes de sujeitar-se à Convenção Europeia de Direitos Humanos e Liberdades Fundamentais)? Em que medida os juízes de causas constitucionais são influenciados pela opinião pública? De que modo a opinião pública é influenciada pelas decisões constitucionais? Será que as questões constitucionais estão se tornando mais complexas, e, nesse caso, o que os tribunais estão fazendo para compreender essa nova complexidade? Acaso o controle judicial de constitucionalidade invasivo gera uma legislação constitucionalmente dúbia, uma vez que habilita os legisladores a transferir para os tribunais o ônus de descascar o abacaxi constitucional? Qual o efeito do ativismo judicial sobre a carga de trabalho dos membros do Judiciário? Acaso haveria nisso um mecanismo de reforço inverso – o ativismo produz uma carga de trabalho pesada que, por sua vez, faz com que os juízes se moderem a fim de reduzir o número de ações impetradas e aliviar o ônus do excesso de trabalho? Será que a Suprema Corte procura impedir a formação de grupos de pressão que possam obter a aprovação de emendas constitucionais que diminuam o poder da Corte ou ab-roguem algumas de suas doutrinas? Será que procura estimular a formação de grupos de pressão que defendam suas prerrogativas? E qual o papel dos grupos de pressão na redação e emenda das constituições? – na nomeação dos juízes da Suprema Corte? – no acolhimento das decisões da Suprema Corte pelos meios de comunicação e, através destes, pelo público? Quais foram os efeitos de decisões e doutrinas específicas? Será que *Brown vs. Board of Education* melhorou a educação dos negros? Será que *Roe vs. Wade* retardou a reforma das leis sobre o aborto em âmbito estadual? Quais foram os efeitos políticos concretos das decisões sobre a proporcionalidade entre número de eleitores e cargos eletivos? Essas questões não têm sido totalmente ignoradas[136], mas a literatura sobre elas é pequena diante de sua amplitude e importância. A exploração delas em profundidade seria um uso mais frutífero do tempo e da inteligência dos professores de direito do que a perpetuação do jogo de retórica política a que damos o nome de teoria constitucional, jogo esse que já dura duzentos anos. É muito possível que algumas dessas perguntas tenham resposta, e as respostas alterariam a prática constitucional em grau muito maior do que a teorização já alterou ou tende a alterar no futuro.

Todas essas perguntas estão contidas na esfera da análise positiva, não da normativa. Ao contrário da maioria dos cientistas naturais e sociais, os teóricos constitucionais são normativistas inveterados e obsessivos. A razão tem algo a ver com a relação tradicional entre os professores universitários de direito e os juízes. Estes últimos têm de decidir as causas de qualquer jeito, independentemente de ter, ou não, uma boa compreensão da reali-

---

[136] Ver, por exemplo, Gerald N. Rosenberg, *The Hollow Hope: Can Courts Bring about Social Change?* (1991); Rosenberg, "The Implementation of Constitutional Rights: Insights from Law and Economics", 64 *University of Chicago Law Review*, p. 1215 (1997); Rosenberg, "Protecting Fundamental Political Liberties: The Constitution in Context" (Universidade de Chicago, Departamento de Ciências Políticas, 1988, não publicado); William J. Stuntz, "The Uneasy Relationship Between Criminal Procedure and Criminal Justice", 107 *Yale Law Journal*, p. 1 (1997); Seth F. Kreimer, "Exploring the Dark Matter of Judicial Review: A Constitutional Census in the 1990s", 5 *William and Mary Bill of Rights Journal*, p. 427 (1997); Stephen J. Schulhofer, "Bashing Miranda Is Unjustified – and Harmful", 20 *Harvard Journal of Law and Public Policy*, p. 347 (1997) (e os estudos aí citados; Donald J. Boudreaux e A. C. Pritchard, "Rewriting the Constitution: An Economic Analysis of the Constitutional Amendment Process", 62 *Fordham Law Review*, p. 11 (1993); Stewart J. Schwab e Theodore Eisenberg, "Explaining Constitutional Tort Litigation: The Influence of the Attorney Fees Statute and the Government as Defendant", 73 *Cornell Law Review*, p. 719 (1988); Isaac Ehrlich e George D. Brower, "On the Issue of Causality in the Economic Model of Crime and Law Enforcement: Some Theoretical Considerations and Experimental Evidence", 77 *American Economic Review Papers and Proceedings*, p. 99 (maio 1987); Geoffrey P. Miller, "The True Story of *Carolene Products*", 1987 *Supreme Court Review*, p. 397.

dade prática que deu motivo ao litígio ou das circunstâncias econômicas psicológicas, institucionais e sistêmicas que determinam os efeitos das decisões judiciais no mundo real. Os professores de direito como que espiam por sobre os ombros dos juízes e consideram-se capazes de fazer críticas a partir da própria perspectiva destes – concebem-se como um Judiciário paralelo que difere do Judiciário oficial por ser mais especializado, menos apressado, menos responsável, mais intelectual. Como eu já disse, essa situação está mudando, e pretendo falar detalhadamente sobre isso nos dois capítulos seguintes. O direito acadêmico está se tornando uma profissão voltada para si mesma – e, com isso, temos motivos para ter esperança de que se dará atenção às grandes lacunas que marcam nosso conhecimento do constitucionalismo.

Mas essa esperança só se realizará quando for superado o fetichismo dos direitos que é característica tão marcante da moderna teoria constitucional. Os sentimentos religiosos dos modernistas seculares deslocaram-se para diversos aspectos da "religião cívica", entre os quais a proteção e a imposição de direitos. Estes, especialmente os direitos constitucionais, são tratados como formas platônicas universalizadas e eternizadas ou como trunfos que superam automaticamente qualquer outra consideração, e não como instrumentos de governo, sujeitos à habitual ponderação e passíveis de ser estudados pelos métodos comuns de investigação das ciências sociais[137]. Aquela abordagem desencoraja a investigação empírica e a análise imparcial. Pretendo esboçar aqui uma abordagem diferente, dessacralizada, usando exemplos do processo penal definido pela Constituição para indicar um jeito melhor de fazer teoria constitucional.

---

[137] Ver Ronald Dworkin, *Taking Rights Seriously*, p. 198 (1977), onde ele rejeita explicitamente a ideia de que os custos sociais devem influenciar a definição dos direitos.

Para que haja um sistema eficaz de direitos pessoais e patrimoniais, é absolutamente necessário um mecanismo que mantenha a criminalidade dentro de limites toleráveis[138]. Percebe-se assim, de imediato, que existe uma tensão entre os direitos dos cidadãos cumpridores da lei e os direitos dos criminosos; evidencia-se a necessidade de fazer uma ponderação desses direitos e revela-se a fatuidade de supor que os direitos sejam uma coisa incondicionalmente boa. Imagine, em primeiro lugar, o que a sociedade poderia fazer para minimizar o perigo de ocorrerem crimes e, assim, em uma suposição ingênua, maximizar a proteção dos direitos dos cumpridores da lei: ela imporia penas crudelíssimas, negaria direitos processuais aos acusados de crime, exigiria que os cidadãos portassem documentos de identificação, recompensaria generosamente os informantes, sujeitaria os juízes ao controle dos promotores (ou dispensaria completamente os juízes) e daria liberdade à polícia para que usasse métodos brutais nas investigações criminais. Algumas dessas medidas talvez fossem contraprodutivas. Porém, no conjunto – um conjunto modelado nos métodos antigos de disciplina militar, cujo epítome é a corte marcial sumária –, elas seriam eficazes para minimizar a taxa de criminalidade e, assim, maximizar a proteção dos direitos, desde que os juízes, a polícia e outros administradores da justiça criminal fossem competentes e agissem sempre de boa fé. Mas é esse o problema. O sistema de justiça criminal seria tão poderoso que colocaria em risco os bens e os direitos pessoais dos cumpridores da lei. Inocentes seriam pegos nos arrastões da polícia, capturados e detidos por mera suspeita de crime, espionados, delata-

---

[138] Mesmo descontando-se os custos impostos aos inocentes, não valeria a pena tentar extirpar completamente a criminalidade. Presume-se que os gastos com a imposição do direito penal não devem ser aumentados até o ponto em que o último dólar gasto compre menos que um dólar de benefício (como quer que os benefícios sejam computados) em matéria de redução da atividade criminal.

dos, seriam obrigados a pagar suborno, às vezes apanhariam, ocasionalmente poderiam até ser condenados e mandados para a prisão ou coisa pior. Pode até ser que o sistema, como veremos, fosse ineficaz para conter a criminalidade.

A fim de prevenir os abusos inerentes a um sistema demasiado poderoso de imposição do direito penal, é preciso alterar os incentivos daqueles que fazem cumprir a lei, criar direitos compensatórios ou fazer essas duas coisas ao mesmo tempo; porém, os direitos compensatórios podem ser encarados como instrumentos de alteração dos incentivos, e não como trunfos. Esse processo é evidente na história do processo penal inglês do século XVIII. No começo desse século – aliás, desde muito antes –, os livros de legislação continham penas criminais severíssimas. Porém, não havia força policial organizada, e o direito das autoridades de entrar na residência dos cidadãos era muito limitado ("a casa de um homem é seu castelo"). Essas duas características do sistema de justiça criminal devem ter prejudicado imensamente a proteção aos direitos*, mas eram justificadas pelo perigo de abuso de poder caso se desse rédea solta às autoridades encarregadas de fazer cumprir as leis. No começo do século XVIII os juízes adquiriram vitaliciedade no cargo, emancipando-se, assim, do domínio da autoridade encarregada de promover o processo penal (o rei e seus ministros). Não obstante, mesmo ao final do século eram poucas as corporações policiais organizadas e ainda não havia o direito geral de fazer busca nas casas dos cidadãos. Ao mesmo tempo, proibia-se aos réus penais que fossem representados por advogado, mesmo que tivessem dinheiro para contratar um desses profissionais[139]. Tampouco tinham o direito de apelar contra a

---

* O autor se refere aqui aos direitos dos cidadãos cumpridores da lei, não dos criminosos. (N. do T.)
[139] O primeiro relaxamento dessa proibição ocorreu na década de 1730, mas o papel atribuído ao advogado de defesa permaneceu extremamente limitado até o

condenação. Ou seja, as restrições à imposição da lei eram contrabalançadas por restrições impostas aos réus penais. O Estado tinha poderes limitados, mas os réus penais tinham direitos limitados. Os processos penais eram rápidos e baratos.

A evolução do sistema norte-americano de justiça criminal no século XX fornece um exemplo paralelo. No começo do século, havia grandes corporações policiais que frequentemente maltratavam os membros dos grupos sociais marginalizados. As condições dos presídios eram brutais. Os réus pobres quase nunca tinham advogado, embora o processo penal fosse mais complexo que no século XVIII. A partir da década de 1930, mas em ritmo mais acelerado na de 1960, a Suprema Corte tentou corrigir essa situação mediante a criação de direitos compensatórios, entre os quais o direito de excluir do processo as provas obtidas ilegalmente, o direito à assistência de advogado em todas as ações penais, outros direitos que até então só beneficiavam os réus penais federais, o direito de pedir *habeas corpus* federal para garantir em âmbito federal a revisão das condenações estaduais e o direito de mover ação civil (sem nenhuma das regras artificiais que tornavam ineficaz a ação civil como remédio judicial contra os atos ilícitos das autoridades) em razão de brutalidade policial e condições inumanas de detenção.

A criação desses direitos compensatórios tornou o sistema de justiça penal pesado, caro e talvez menos eficaz como barreira contra o crime. Um grande aumento da taxa de criminalidade seguiu de perto as decisões temerárias da "Corte de Warren" em matéria de processo penal. Esse aumento não reflete plenamente a elevação

---

século XIX. Ver John H. Langbein, "The Privilege and Common Law Criminal Procedure: The Sixteenth to Eighteenth Centuries", em Helmholz et al., nota 105, acima, pp. 82, 87-8, 97. Sobre a história do direito penal inglês em geral, ver Leon Radzinowicz, *A History of English Criminal Law and Its Administration from 1750* (4 vols., 1948-68).

do custo total do crime, uma vez que o risco maior de ser vítima da criminalidade induz o aumento do esforço de autoproteção por parte das potenciais vítimas, o que diminui o aumento da taxa de criminalidade considerada em si[140]. Há indícios de que as decisões da Corte não somente coincidiram com o aumento da criminalidade, mas de fato contribuíram para esse aumento[141]. Os legisladores reagiram em nível estadual e federal. Permitiram o uso mais extenso da escuta telefônica e de outros meios de vigilância eletrônica, autorizaram a imposição de penas mais severas, diminuíram a discricionariedade judicial na imposição das penas, tornaram mais lato o uso da prisão preventiva antes do julgamento (reduzindo, assim, o direito à soltura sob fiança), restringiram as defesas plausíveis (como a alegação de insanidade, por exemplo) e destinaram dinheiro para aumentar enormemente a capacidade dos presídios e penitenciárias, para contratar mais promotores e para aumentar o contingente da força policial e equipá-la melhor[142].

Desse modo, a ampliação judicial dos direitos dos réus penais, ao mesmo tempo que por um lado protegeu e garantiu os direitos, pode também, sob outro aspecto igualmente importante, tê-los prejudicado ao minar a proteção do patrimônio e da pessoa, postos em risco pelo crime; e, não menos, na medida em que

---

[140] Ver Tomas J. Philipson e Richard A. Posner, "The Economic Epidemiology of Crime", 39 *Journal of Law and Economics*, p. 405 (1996).

[141] Ver Ehrlich e Brower, nota 136, acima.

[142] Tome-se como exemplo o aumento do nível educacional dos policiais nos Estados Unidos. Entre 1960 e 1970 – a era de ouro da Corte de Warren –, a porcentagem de policiais com nível superior, mesmo incompleto, subiu de 20 para 31,8 por cento. U.S. Dept. of Justice, National Institute of Law Enforcement and Criminal Justice, *The National Manpower Survey of the Criminal Justice System*, vol. 5: *Criminal Justice Education and Training*, p. 138 (1978) (tabela IV-1). Por causa da complexidade cada vez maior do processo penal, os policiais tinham de ter mais instrução. Afinal, é a polícia quem está na linha de frente da administração da justiça penal; se os policiais cometerem erros jurídicos, podem impossibilitar a condenação dos criminosos.

estimulou uma reação legislativa que resultou em nova restrição dos direitos dos próprios réus penais. Além disso, o aumento do custo do processo penal acarreta o aumento dos impostos, que oneram direta e indiretamente o patrimônio e, portanto, o direito de propriedade. Considerados todos esses efeitos (e é exatamente esse tipo de consideração que os teóricos constitucionais *não* fazem), é possível que a Corte de Warren não tenha avançado nada, ou tenha mesmo retrocedido, no que se refere à realização dos objetivos primordiais que lhe poderiam ser atribuídos: os de tornar o país mais pacífico, seguro e civilizado.

Essas questões todas são obscurecidas pela origem dos direitos dos réus penais. As pessoas que trabalharam para obter, obtiveram e confirmaram os direitos conferidos aos réus penais, primeiro pelo direito inglês e depois pela Declaração de Direitos norte-americana, não eram criminosos nem pessoas pobres. Eram homens de negócios, editores, escritores, comerciantes e políticos. Os direitos pelos quais lutaram eram aqueles de que a sociedade necessita para evitar que o governo usurpe os bens e os direitos políticos dos cidadãos. Por outro lado, os direitos que a Corte de Warren derivou da Constituição mediante uma interpretação flexível desta são favoráveis ou necessários para os criminosos e para os membros do lumpemproletariado, que tendem a ser confundidos com criminosos por policiais ou promotores excessivamente zelosos. Em geral, a imposição desses direitos prejudica os direitos patrimoniais e a segurança da pessoa, na medida em que torna mais lenta e menos garantida a punição dos criminosos.

A diferença é ilustrada pelas mudanças na interpretação da Sexta Emenda, uma de cujas cláusulas garante aos réus penais a assistência de advogado. Originalmente, isso significava que, mudando a prática inglesa a que já me referi, a cláusula dava aos réus penais a faculdade de contratar um advogado – se pudessem pagá-lo[143]. Só no século XX é que se entendeu que a emenda garantia aos réus penais pobres a assistência de advogado à custa do Estado. Esse acréscimo interpretativo exprime de forma dramática a mudança que se processou no sistema jurídico dos Estados Unidos: se antes protegia os direitos dos que têm bens, depois passou a proteger também os dos que não os têm.

É possível que a proliferação dos direitos constitucionais dos réus penais não tenha sequer reduzido o custo líquido das condenações *errôneas*. Há um cabo de guerra entre os tribunais, que são os principais responsáveis pela criação de novos direitos, e as assembleias legislativas. Para neutralizar os efeitos de um direito conferido pelos tribunais aos réus penais, estas últimas podem diminuir a quantidade de dinheiro dedicada à defesa dos réus pobres, tornando, assim, mais fácil a condenação deles; podem aumentar a severidade das penas, donde resulta que, mesmo que um número menor de inocentes seja condenado, os que o forem terão de passar mais tempo na prisão; e podem restringir os direitos não constitucionais dos réus penais[144]. O sofrimento total dos inocentes não será reduzido, a menos que os tribunais declarem a

---

[143] É esse, pelo menos, o entendimento convencional do sentido original da cláusula. Esse entendimento é questionado em uma discussão interessante, mas especulativa, em Akhil Reed Amar, *The Constitution and Criminal Procedure: First Principles*, p. 140 (1997).

[144] Seja CP o custo previsto da punição para o criminoso (uma medida do poder de dissuasão do direito penal). Seja $CP = pS$, sendo p a probabilidade de ser pego e condenado e S, a sentença. Se um direito criado por um tribunal reduz p tanto para os réus inocentes quanto para os culpados (sendo essa a consequência mais provável, uma vez que, se o direito dificulta a condenação de um inocente, também dificultará a de um culpado), e o Legislativo quiser manter CP no nível anterior, poderá fazê-lo quer aumentando o valor de S (criando uma lei que aumente as penas), quer devolvendo p ao nível anterior (reduzindo a verba destinada à defesa de réus penais indigentes ou restringindo os direitos processuais não constitucionais). Foram essas as reações das assembleias legislativas diante daquilo que elas consideraram excessos do Judiciário na proteção dos direitos dos réus penais, e do aumento da taxa de criminalidade que talvez seja resultado dessa proteção.

nulidade das leis que impõem penas severas e, ao mesmo tempo, obriguem o Estado a pagar generosamente os advogados criminalistas por ele contratados. O Judiciário norte-americano não tem se mostrado disposto a fazer nem uma coisa nem a outra.

O problema oculto que aflige a maior parte das tentativas dos tribunais de fazerem engenharia social é que o Judiciário não tem nas mãos, ou não quer usar, todos os instrumentos que controlam o sistema jurídico – neste caso, em seu aspecto de justiça penal. As tentativas de expandir os direitos de uma classe particular de pessoas podem ser contrabalançadas por medidas tomadas pelo executivo e pelo Legislativo. O resultado líquido, muitas vezes, é simplesmente o aumento dos custos.

Vamos examinar mais de perto a garantia do direito à assistência de advogado. Embora a maioria dos réus penais seja pobre, o gasto anual total com a assistência judicial a todos os réus penais pobres, em âmbito estadual e federal, é de somente 1,4 bilhão de dólares[145]. Isso dá menos de 6 dólares por norte-americano por ano. É verdade que a cifra de 1,4 bilhão não dá um retrato fiel da realidade. Alguns juízes fazem pressão sobre os advogados para que estes ofereçam "voluntariamente" seus serviços para réus penais pobres em troca de honorários inferiores ao valor de mercado. (Alguns advogados, de fato, oferecem seus serviços voluntariamente, mas o fazem para ganhar experiência ou como verdadeiro ato de caridade; tanto em um caso como no outro, o réu não tem prejuízo líquido.) Ainda assim, o gasto total com a defesa de réus pobres é pequeno – mas estamos falando apenas

---

[145] U.S Dept. of Justice, Bureau of Justice Statistics, *Justice Expenditure and Employment in the United States 1988*, p. xix (1991) (tabela F). O número é de 1990, o último ano para o qual consegui encontrar dados confiáveis. Mas está claro que, de lá para cá, o Congresso e as Assembleias Legislativas não se tornaram mais generosos. Ver "The Criminal Law: Too Poor to Be Defended", *Economist* (edição norte-americana), 11 abr. 1998, p. 21.

dos gastos diretos, pecuniários. É mais difícil condenar um réu representado por advogado que um réu sem representação, de modo que o fornecimento de assistência judiciária aos réus penais pobres torna o sistema de justiça penal mais custoso e possivelmente menos eficaz para coibir o crime.

Digo "possivelmente menos eficaz" porque um sistema de justiça penal em que inocentes são condenados com frequência pode, na verdade, reduzir o custo previsto da punição para o criminoso. Esse custo é uma razão do custo previsto das punições para aqueles que não se dedicam ao crime. No limite, se a probabilidade de ser condenado fosse completamente independente de culpa ou inocência, a possibilidade de ser punido não dissuadiria ninguém da criminalidade[146]. Porém, não é ponto pacífico que a negação do direito automático à assistência de advogado nas causas penais resultaria na condenação frequente de inocentes. Quando a taxa de criminalidade é alta em relação aos recursos destinados à promotoria pública, os promotores tenderão a levar a processo somente as causas em que a vitória é mais garantida, sendo essas, em geral, aquelas em que o réu tem menor probabilidade de ser inocente. Esse efeito, resultante da seleção de causas, será mais fraco nos países que seguem o modelo alemão (no qual a instauração de ação penal é obrigatória) do que naqueles que seguem o modelo norte-americano (no qual a instauração de ação penal é faculdade da promotoria); será mais fraco, também, se no país hou-

---

[146] Trabalhando com a fórmula proposta na nota 144, acima, podemos exprimir o custo previsto da punição para quem comete um crime como a diferença entre o custo previsto da punição se o acusado for culpado e o custo previsto da punição se ele for inocente. Ou seja, $CP = CPc - CPi$. Fazendo a equivalência, $CP = pcS - piS$, onde pc é a probabilidade de punição se o acusado for culpado e pi, a probabilidade de punição se ele for inocente (supõe-se que a sentença seja a mesma em ambos os casos). A fórmula pode ser simplificada para $CP = (pc - pi)S$, evidenciando que, se a probabilidade de punição for a mesma para o culpado e o inocente (ou seja, se $pc = pi$), o custo previsto da punição para quem comete um crime será zero.

ver uma minoria discriminada entre cujos membros a taxa de criminalidade seja alta. Nesse caso, às vezes é mais fácil condenar um membro inocente da minoria que um membro culpado do grupo majoritário. Esse problema atingia seriamente os negros nos estados do Sul dos Estados Unidos até a década de 1950, e foi, embora tacitamente, um dos motivos para que a Suprema Corte ampliasse os direitos dos réus penais; hoje em dia, a gravidade do problema é muito menor[147].

Extensa literatura critica, por insuficiente, a quantidade de recursos destinados à defesa dos réus penais pobres nos Estados Unidos de hoje, e assinala a baixa qualidade de boa parte dessa representação[148]. Minha própria experiência como juiz me permite confirmar que, em geral, os réus penais pobres não são muito bem representados. Porém, de um ponto de vista realista, temos de admitir que isso talvez não seja tão mau. Os advogados que representam réus penais pobres parecem ser bons suficiente para que a probabilidade de um inocente ser condenado esteja reduzida a um nível muito baixo. Se fossem muito melhores, ou muitos culpados seriam inocentados ou a sociedade teria de dedicar uma quantidade muito maior de recursos à promoção das ações penais. Talvez o ideal seja exatamente um sistema "magro" de assistência judiciária para os réus penais pobres. Mas há um fator que complica essa equação. Se, como hoje em dia se interpreta, a Constituição dá ao réu o direito a uma assistência judiciária *eficaz*, os baixos honorários pagos a quem defende réus pobres, honorários esses que afastam os advogados competentes,

---

[147] Ver Randall Kennedy, *Race, Crime, and the Law*, pp. 94-107 (1997).
[148] Ver Stephen J. Schulhofer e David H. Friedman, "Rethinking Indigent Defense: Promoting Effective Representation through Consumer Sovereignty and Freedom of Choice for All Criminal Defendants", 31 *American Criminal Law Review*, p. 73 (1993), e as referências ali citadas; ver também Stuntz, nota 136, acima, pp. 32-5.

podem, no fim, ser mais custosos para o sistema, na medida em que muitos processos terão de recomeçar do zero em acatamento à conclusão de que, no primeiro processo, o advogado do réu era incompetente.

São questões complicadas, que não pretendo ter resolvido nesta breve discussão. (Pode ser, por exemplo, que eu esteja sendo complacente demais ao pensar que é improvável que muitos inocentes sejam condenados[149].) Levanto-as somente para evidenciar as limitações da teoria constitucional. A pior dessas limitações é a cegueira em relação às consequências das decisões judiciais constitucionais. Que eu não dê, porém, a impressão de que a solução consiste em fazer do processo judicial um meio de coleta de dados das ciências sociais e de verificação experimental de hipóteses científicas. A capacidade dos tribunais de fazer pesquisas empíricas é reduzidíssima, talvez nula. Porém, seus poderes de assimilação são bem maiores. Agradar-me-ia se os professores universitários de direito redirecionassem seus esforços de pesquisa e docência para uma participação mais plena nas tarefas das ciências sociais (concebidas de maneira ampla e de modo algum limitadas a estudos quantitativos) e, assim, ajudassem os juízes a compreender melhor os problemas sociais que se manifestam nos litígios judiciais. É fácil encarar com ceticismo as pesquisas empíricas sobre o sistema jurídico. Os adeptos do realismo jurídico, nas décadas de 1920 e 1930, falavam muito sobre pesquisas empíricas mas quase não as realizavam, e as poucas que realizaram pouco contribuíram para a compreensão e o aperfeiçoamento do direito. Acho que a situação melhorou, mas esta é uma discussão que guardo para o próximo capítulo.

---

[149] Ver Daniel Givelber, "Meaningless Acquittals, Meaningful Convictions: Do We Reliably Acquit the Innocent?", 49 *Rutgers Law Review*, p. 1317 (1997).

Os casos da academia militar e dos direitos dos homossexuais

Usando os casos VMI e *Romer* como amostra mínima, vou discorrer agora sobre as consequências desastrosas da ignorância, por parte dos juízes, das realidades sociais que estão por trás dos problemas que eles têm de resolver.

United States vs. Virginia (caso "VMI")

O Virginia Military Institute (VMI) é uma instituição educacional pública cuja missão consiste em formar "soldados-cidadãos" mediante métodos violentos – o "método adversativo", nome pelo qual é eufemisticamente chamado. O modelo desse método é a notória brutalidade dos colégios internos ingleses e dos campos de treinamento para fuzileiros navais, instituições concebidas para criar solidariedade entre pessoas do sexo masculino a fim de propiciar uma atividade militar eficaz. O VMI não admitia mulheres (que, evidentemente, também eram excluídas das instituições em que o VMI se baseou), o que deu causa ao litígio. O colégio perdeu na Suprema Corte, cuja decisão começa louvando "o histórico impressionante da instituição em matéria de formação de líderes", mas acrescenta a esse polido obséquio a afirmação, não corroborada por nenhuma prova, de que "nem o objetivo de formar soldados-cidadãos nem a metodologia do VMI são intrinsecamente inadequados para as mulheres"[150]. Como a Corte sabe disso?[151] E,

---

[150] 116 S. Ct., 2269.
[151] O tribunal apela, em um estágio anterior ao do processo, que essa conclusão foi baseada em um dado que não a justifica: o sucesso das instituições de ensino superior para mulheres, que não são militares, são exclusivamente femininas e não empregam o método adversativo. United States *vs.* Virginia, 976 F.2d 890, 897 (4th Cir. 1992). Não obstante, a Suprema Corte citou, em tom de aprovação, a conclusão do tribunal recursal ("nem a metodologia do VMI [é] intrinsecamente inadequada para as mulheres", 116 S. Ct., 2279, citando 976 F.2d, 899).

mesmo que a metodologia fosse adequada para as mulheres, disso não decorreria que os objetivos da escola não fossem postos em risco pela admissão de mulheres; seria necessário levar em conta os efeitos da convivência entre pessoas dos dois sexos. Tanto os homens como as mulheres vão ao banheiro; disso não decorre que um banheiro público "unissex" seja tão adequado quanto banheiros segregados. Na mesma página da qual a Suprema Corte extraiu o trecho citado em tom de aprovação, o tribunal recursal concluíra "que a missão do VMI só pode ser cumprida em um ambiente unissexual, e que as mudanças necessárias para prover a coeducação atingiriam a própria essência da metodologia singular da instituição"[152].

Para vedar mesmo assim a exclusão de mulheres do corpo discente do VMI, o raciocínio essencial da Corte foi que, no passado, os homens – e, aliás, muitas mulheres também – tinham crenças errôneas a respeito dos sexos. (A Corte não o menciona, mas Aristóteles, por exemplo, achava que as mulheres tinham menos dentes que os homens[153].) Ridicularizando as crenças das gerações anteriores, a Corte ignorou a possibilidade de que essas crenças errôneas, qualquer que fosse sua motivação, pudessem representar a melhor interpretação do conhecimento científico então disponível (consideração essa que já foi feita a respeito de outra crença sexista de Aristóteles: a de que a criança, na terminologia moderna, é um clone de seu pai, sendo a mãe uma mera incubadora[154]). Além disso, certas crenças ora desacreditadas acerca das capacida-

---

[152] 976 F.2d, 897.
[153] Aristóteles, *History of Animals*, Livro II, § 3, em *The Complete Works of Aristotle*, vol. 1, p. 797 (org. Jonathan Barnes, 1984) (referência Bekker 501b.20).
[154] Johannes Morsink, "Was Aristotle's Biology Sexist?", 12 *Journal of the History of Biology*, pp. 83, 110-12 (1979). Mesmo assim, a analogia de Judith Jarvis Thomson efetivamente trata a mãe como se fosse uma incubadora, na medida em que compara a uma relação entre desconhecidos a relação entre a mãe e o feto.

des educacionais e profissionais das mulheres podem ter sido razoáveis em outra época. Quando uma mulher tem de passar todos os seus anos férteis grávida a fim de ter uma garantia razoável de que pelo menos alguns de seus filhos sobreviverão até a idade adulta, e quando a maioria dos trabalhos disponíveis no cenário econômico exige o emprego de força física, a igualdade de oportunidades de trabalho para homens e mulheres não será sequer cogitada, por mais que umas poucas mulheres excepcionais pudessem se beneficiar delas. A indignação diante das injustiças cometidas em outros períodos históricos frequentemente é simples reflexo da ignorância da história – ignorância das circunstâncias que explicam e, às vezes, justificam práticas que, na sociedade moderna (cômoda, rica, cientificamente avançada, onde tudo está disponível ao apertar de um botão), seriam arbitrárias e injustas.

É gostoso pensar que somos moralmente superiores a nossos ancestrais, mas como assinalei no Capítulo 1, isso não é verdade. Outro engano, que tem relação com esse, é o de atribuir sabedoria aos pensadores utópicos do passado sem levar em conta a situação da época. A defesa do "amor livre" (essencialmente, a faculdade de se divorciar sem apontar o motivo) por parte de Victoria Woodhull e outras feministas radicais do século XIX[155] não era nem progressista nem profética; dadas as condições de vida na época, era pura insensatez, uma vez que não havia sistemas sociais de segurança para amparar as mulheres abandonadas pelos maridos. O fato de essas condições terem mudado, possibilitando o divórcio imotivado, não justifica suas defensoras prematuras, assim como um relógio quebrado não se justifica pelo fato de marcar a hora certa duas vezes por dia.

---

[155] Ver David A. J. Richards, *Women, Gays, and the Constitution: The Grounds for Feminism and Gay Rights in Culture and Law*, capítulos 3-4 (1998), esp. as pp. 157-62.

Erro pior que o de não levar em conta as condições históricas é o de afirmar que, se o passado exagerou as diferenças biológicas entre os sexos (na medida em que essas diferenças determinam a aptidão para diversos tipos de trabalho), então, na verdade, essas diferenças devem ser inexistentes; trata-se da falácia da indução ingênua. Não que a Corte vá tão longe no voto vencedor do caso VMI; mas dá a impressão de pensar que as únicas diferenças significativas entre homens e mulheres são as diferenças físicas. É verdade que as diferenças biológicas, na medida em que podem determinar as várias atividades profissionais, foram exageradas no passado, em uma época em que a ciência biológica era muito menos avançada do que é hoje em dia e as condições sociais eram muitíssimo diferentes das atuais. Disso não decorre, porém, que não exista *nenhuma* diferença entre os sexos que diga respeito ao trabalho ou à educação. Antigamente, nós não percebíamos que os golfinhos se comunicam entre si por um sistema semelhante à fala; disso não decorre que, com maiores oportunidades educacionais (e, quem sabe, uma pitada de ação afirmativa), eles possam aprender a falar francês. O fato de a biologia antiga ser repleta de erros, superstições e ideologias não significa que essa ciência continue sendo repleta de erros, superstições e ideologias.

Uma vez admitido o progresso da ciência, vem ao caso observar que, como muitos outros artigos de fé, a tese da "ausência de diferenças" é desmentida pela ciência moderna. Esta ensina que as diferenças físicas evidentes são acompanhadas por diferenças *psicológicas* intrínsecas entre o homem médio e a mulher média: diferenças em matéria de agressividade, competitividade, propensão a correr riscos e propensão a recorrer à violência[156]. São dife-

---

[156] Ver Kingsley R. Browne, "Sex and Temperament in Modern Society: A Darwinian View of the Glass Ceiling and the Gender Gap", 37 *Arizona Law Review*, pp. 971, 1016-64 (1995).

renças que, ao lado da reconhecida diferença de força física, têm relação direta com a aptidão e o desempenho militares, especialmente em situações de combate. Diante dos desafios dos criacionistas à teoria da evolução, os juízes se mostram donos de uma mentalidade resolutamente científica; mas diante dos desafios da biologia evolutiva às carolices do politicamente correto e do igualitarismo radical, os mesmos juízes viram carolas[157].

É verdade que em cada um dos sexos há toda uma gama de características e que as duas gamas se sobrepõem parcialmente. Como certas mulheres são mais agressivas, competitivas e belicosas que certos homens, o método adversativo usado pelo VMI pode ser mais adequado a essas mulheres do que a alguns dos homens que, de fato, entram nessa escola militar. Porém, a preocupação com as consequências da mistura dos sexos no ambiente inusitado de uma academia militar não tem relação alguma com a questão de saber se as mulheres são tão capazes quanto os homens de se dar bem em um contexto desse tipo. E a realidade de quase todos os exames de qualificação e outras exigências para a admissão a faculdades e outras instituições de ensino superior dão a entender que a política de dar a todos a oportunidade de tentar, em vez de fazer uma pré-seleção baseada na probabilidade de sucesso, seria altamente ineficiente.

E não só ineficiente. É uma crueldade deixar que os alunos entrem em uma faculdade sem fazer uma pré-seleção e depois reprová-los em grande número por não estar à altura dos padrões exigentes da instituição. É verdade que o número dos que *real-*

---

[157] Como explica Browne, as diferenças psicológicas entre homens e mulheres, acima mencionadas, podem em tese ser explicadas por diferenças biológicas entre os papéis masculino e feminino na reprodução (sobre este assunto, ver, por exemplo, Bruce J. Ellis e Donald Symons, "Sex Differences in Sexual Fantasy: An Evolutionary Psychological Approach", 27 *Journal of Sex Research*, pp. 527, 546-7 [1990]), e, portanto, é provável que tenham origem genética, não cultural.

mente seriam reprovados na ausência de pré-seleção depende do grau de sutileza da própria pré-seleção, e o sexo talvez não seja um critério muito sutil. Suponhamos que 10% dos homens e "só" 9% das mulheres fossem aptos a se dar bem sob o método adversativo. Nesse caso, a exclusão absoluta das mulheres seria um método grosseiro para impedir a entrada dos não qualificados. Se, porém, as porcentagens fossem 10% e 0,1%, e se não houvesse nenhum outro critério de pré-seleção viável e mais sutil do que esse, a exclusão de mulheres faria perfeito sentido. Nessas condições, o número de mulheres beneficiadas por uma avaliação individualizada dos pedidos de admissão seria muito pequeno. A faculdade estaria procurando uma agulha em um palheiro, sem nenhum instrumento que a auxiliasse a encontrá-la.

A Corte não discutiu, e provavelmente não conhece em absoluto, as semelhanças e diferenças nas distribuições de gostos e aptidões (aqueles que podem ter relação com o programa do VMI) entre homens e mulheres; tampouco conhece a eficácia que poderia ter uma pré-seleção não baseada no sexo. Desviou-se desse caminho e fez uma analogia entre a segregação por sexo e a segregação por raça nas instituições educacionais públicas. Os juízes têm um fraco pelas analogias, uma espécie de "prova" (se é que podem ser assim consideradas) gerada não pelo conhecimento, mas pela engenhosidade. Tipicamente (e neste caso também), as analogias são inexatas; com frequência (e neste caso também), tendem a induzir ao erro. É possível demonstrar que a segregação racial era elemento de um sistema social de exploração derivado da escravidão, que procurava preservar as suas características essenciais. A segregação sexual, por sua vez, tem uma história mais complexa. Não é desprovida de elementos de opressão, mas também está ligada ao desejo de limitar os contatos sexuais entre os jovens, de proteger as mulheres do assédio masculino e de adequar a educação aos diferentes papéis sociais de homens e mulheres – diferenças essas que refletiam condições fundamentais da sociedade, condições essas que, apesar de terem desaparecido em grande medida, nem por isso eram menos reais no passado. Mesmo hoje em dia, não consideramos que a existência de banheiros públicos e equipes profissionais de atletismo segregados por sexo depare com os mesmos problemas que decorreriam da existência de banheiros ou equipes de atletismo segregados por raça[158].

Mesmo que a história do tratamento das mulheres pela sociedade seja tão opressiva e injusta quanto a maioria dos atuais juízes da Suprema Corte – sem ter investigado o assunto ou refletido sobre ele – parece acreditar que é, e mesmo que essa história não reflita principalmente as limitações do conhecimento e as diferentes condições materiais da vida social que vigoravam no passado, disso não decorreria que uma "discriminação" específica – no treinamento militar, por exemplo – fosse necessariamente opressiva e injusta. Eu ficaria surpreso de saber que algum juiz da Suprema Corte acredita que a existência de banheiros públicos segregados por sexo viola a Constituição. Isso significa que a segregação dos sexos nas instituições públicas deve ser avaliada caso a caso e, portanto, que a Corte não ganha absolutamente nada ao ridicularizar a antiga exclusão das mulheres da prática da medicina e do direito, como fez em compridos trechos de sua decisão.

Depois de *milhares* de palavras, a Corte por fim entra no assunto, mas nele permanece por pouco tempo: um único parágrafo curto e ambíguo. Um estudioso dos negócios públicos que não levasse sobre os ombros o fardo do compromisso com esta ou aquela teoria constitucional haveria de concluir que o assunto é o se-

---

[158] Não estou propondo o argumento de que, uma vez que é lícito haver banheiros segregados, o VMI deve ter o direito de excluir as mulheres. Esse uso da analogia seria tão ilegítimo quanto os que estou criticando.

guinte: se o fato de o sexo feminino ser excluído do VMI causa às mulheres em geral um dano maior – seja esse dano material, psicológico ou, quem sabe, apenas simbólico (e assim, talvez, indireta ou finalmente material ou psicológico) – do que aquele que a inclusão delas causaria à missão de formar soldados-cidadãos. A Corte nada diz acerca da primeira questão, como se fosse óbvio que a proibição do ingresso de pessoas do sexo feminino em uma academia militar obscura, conquanto de boa qualidade[159], seria um insulto tão grave às mulheres quanto seria para os negros a proibição de que frequentassem academias militares, ou para os homens homossexuais a proibição de seu ingresso nas forças armadas. Seria ridícula a ideia de que a igualdade das mulheres depende, mesmo que minimamente, de elas terem o direito de entrar no Virginia Military Institute; talvez seja por isso que a Corte não se manifestou sobre a questão. E, para as pouquíssimas mulheres que talvez quisessem entrar no VMI, o estado havia estabelecido uma instituição paralela – uma academia "separada mas igual" que na verdade não era igual, como assinalou a Corte (ignorando porém o fato de que *não poderia* ser igual). Na Virginia, o número de mulheres que *querem* frequentar uma faculdade de regime quase militar é muito pequeno para que se justifique a fundação de uma instituição feminina tão rica e tão bem apoiada quanto a masculina.

Se um número significativo de instituições públicas de ensino quisessem excluir as mulheres e uma decisão favorável ao VMI servisse de precedente para que elas o fizessem, o dano causado às mulheres seria maior. Entretanto, são pouquíssimas as institui-

---

[159] Quando se pensa em "academia militar" nos Estados Unidos, aquelas que vêm à memória são as três patrocinadas diretamente pelas Forças Armadas: a do Exército em West Point, a da Marinha em Annapolis e a da Força Aérea em Colorado Springs.

ções públicas que pretendem excluir o sexo feminino hoje em dia, e as que têm essa pretensão só poderiam invocar como precedente uma decisão favorável ao VMI se também usassem o método adversativo. Tal decisão, portanto, só serviria de precedente para a exclusão do ingresso de mulheres em outras academias militares e nas divisões de combate das forças armadas, que são as que mais tendem a favorecer o estilo "adversativo" de educação superior. Para essas exclusões, porém, nenhum precedente seria necessário. Se o governo federal decidisse diminuir a porcentagem de mulheres nas forças armadas, é inconcebível que a Suprema Corte lhe opusesse qualquer obstáculo. A Corte, com razão, sempre foi tímida quando se trata de intrometer-se em assuntos militares e diplomáticos. Nessas áreas, ou ela tem ciência das limitações de seu conhecimento e dos custos potenciais de seus erros, ou sabe que não tem autoridade política suficiente para garantir o cumprimento de suas decisões. Por assim dizer, foi a insignificância militar do VMI, seu papel extremamente periférico na defesa do país, que permitiu que a Corte proibisse uma forma de discriminação por sexo em ambiente militar sem se preocupar com a possibilidade de que a admissão de mulheres pusesse em risco o programa do VMI. Tudo quanto a Corte disse a esse respeito foi que "a entrada bem-sucedida das mulheres nas academias militares federais e sua participação nas forças militares do país indicam que os temores do estado da Virgínia quanto ao futuro do VMI podem não ter fundamento sólido"[160].

Na palavra "podem" reside uma notável concessão à realidade. Ninguém sabe quais efeitos a incorporação de um grande número de mulheres às forças armadas terá sobre a eficácia militar

---

[160] 116 S. Ct., 2281 (notas de rodapé omitidas). A Corte refere-se às academias mencionadas na nota anterior.

do país. Trata-se de um experimento cujos resultados talvez só venham a ser conhecidos quando os Estados Unidos se envolverem em outra guerra de porte. As forças armadas nunca promoveram o influxo de mulheres nem o receberam de bom grado. Esse influxo foi imposto pela liderança civil em resposta a pressões políticas. Isso não quer dizer que seja uma coisa ruim. Os profissionais das forças armadas, como outros profissionais (entre os quais os advogados e juízes), tendem a ter mentalidade estreita e tacanha e a reagir instintivamente contra qualquer mudança. A integração racial das forças armadas foi implementada em 1948 por iniciativa dos civis e em face da objeção dos militares, mas foi um sucesso. O desempenho das mulheres na Guerra do Golfo, em 1991, foi excelente sob todos os pontos de vista. Porém, a Guerra do Golfo foi uma guerra curta. As forças armadas norte-americanas tiveram poucas baixas e, logo, o número de mulheres feridas ou mortas foi muito reduzido. De 1991 para cá, a porcentagem de mulheres nas forças armadas aumentou, elas passaram a ocupar mais postos de combate, novas tensões surgiram e as queixas são cada vez mais frequentes nos círculos militares e de segurança nacional – boa parte delas dirigida contra os treinamentos não segregados por sexo[161]. Talvez isso explique aquele revelador "podem". Porém, se a simples prudência aconselha cautela na eliminação de todo vestígio de segregação sexual entre os militares, torna-se difícil entender qual foi o processo racional que a Corte usou para concluir que, por excluir as mulheres do VMI, a Virgínia estava violando a Constituição. O dano causado

---

[161] Ver, por exemplo, James Kitfield, "Like It or Not, Women Are Rapidly – and Dramatically – Reshaping the U.S. Military", 29 *National Journal*, p. 2124 (1997); Stephanie Gutmann, "Sex and the Soldier", *New Republic*, 24 fev. 1997, p. 18; "Gender Mending", *New Republic*, 19 jan. 1998, p. 7; Steven Lee Myers, "To Sex-Segregated Training, Still Semper Fi", *The New York Times*, 26 dez. 1997, p. A1.

às mulheres reduzia-se à diferença entre o valor da educação no VMI e o da educação no programa alternativo que o estado criara para o sexo feminino, multiplicada pelo exíguo número de mulheres que gostariam de estudar no VMI. O dano era pequeno, e a Corte não tinha motivo algum, nem teórico nem empírico, para concluir que a admissão de mulheres não prejudicaria o programa educacional do VMI em um grau desproporcional ao leve dano infligido às mulheres por não poderem entrar naquela instituição de ensino.

Vivemos em uma época de profunda paz – ou, pelo menos, é essa a sensação daquelas pessoas para quem não só as duas guerras mundiais como também a guerra fria são memórias em rápido processo de desaparecimento. Em uma época dessas, é difícil levar totalmente a sério as necessidades da defesa nacional diante de pretensões que emanam de preocupações sociais mais atuais. Em uma época dessas, o Virginia Military Institute parece apenas um resíduo pitoresco de uma época anterior e, assim, afigura-se um ambiente apropriado para levar a cabo experimentos sociais. A meu ver, nisso e somente nisso residem a essência e a substância do pensamento da Corte no caso VMI.

Poder-se-ia objetar que, ao sugerir que a Corte deveria ter ponderado o dano infligido às mulheres por não poderem entrar no VMI diante do dano infligido ao VMI por ter de aceitá-las, estou propondo minha própria teoria constitucional – de caráter utilitarista – e, assim, expondo-me às mesmas críticas que eu mesmo dirigi contra outros teóricos, ou pelo menos reconhecendo que é impossível uma abordagem antiteórica em matéria de atividade judicial constitucional. Porém, em nenhum momento eu quis dar a entender que é possível avaliar as questões constitucionais sem nenhuma predisposição, ou seja, sem nenhum modo de abordar a questão – sem, digamos, uma teoria. Acontece que eu me filio à escola da "indignação", e é natural que os membros dessa escola procurem fazer uma ponderação de danos; é quando os atos do Estado infligem danos graves e aparentemente gratuitos que os humores da indignação começam a borbulhar. Eu só seria incoerente com minha própria tese se procurasse demonstrar que a escola da indignação tem uma concepção constitucional mais verdadeira que as de suas rivais. Não procurei demonstrar nada disso. Ainda não foram criados os instrumentos intelectuais necessários para determinar qual das teorias da decisão judicial constitucional é a melhor.

Reconheço também que, na prática, a Corte não poderia ter ponderado os danos envolvidos no caso VMI. Faltavam-lhe os dados necessários[162]. A culpa, pelo menos em parte, é da teoria constitucional, que, em vez de colaborar para descobrir e analisar os dados pertinentes, pretende oferecer aos tribunais um método para decidir as causas sem levar em conta nenhum dado concreto. A primeira coisa que os tribunais têm de aprender é o quão insignificante é seu conhecimento das realidades com as quais têm de lidar. A questão de saber o que fazer diante da incerteza radical é outro problema. Uma das soluções que talvez cativassem o pragmatista seria a de manter as opções em aberto. Uma vez que as academias patrocinadas pelo governo federal já não são exclusivamente masculinas, o ato de permitir que o VMI ex-

---

[162] Agora já temos alguns dados: nos primeiros sete meses do primeiro ano em que o VMI teve de aceitar mulheres em cumprimento da decisão da Suprema Corte, sete das 30 mulheres admitidas desistiram (23 por cento), diante de 69 dos 470 homens (16 por cento). Wes Allison, "Testing Their Freedom at VMI", *Richmond Times-Dispatch*, 22 mar. 1998, p. C1. Não é possível determinar se o VMI alterou seu programa para torná-lo mais fácil para as mulheres (nem, tampouco, qual tem sido o desempenho das mulheres comparado com o dos homens e quantas mulheres vão perseverar no curso até a graduação – é cedo demais para saber), embora as autoridades da instituição o neguem. Mais significativo que a porcentagem de desistentes, talvez, é o quão exíguo é o número de mulheres afetadas pela decisão da Corte.

cluísse as mulheres preservaria uma abordagem alternativa e facilitaria a avaliação por comparação.

O voto divergente do juiz Scalia segue uma linha diferente das críticas que dirijo ao voto majoritário; trata das implicações da decisão da Corte para a educação unissexual em geral, não restrita a um ambiente militar ou paramilitar. Uma corte infectada por uma analogia grosseira entre a segregação sexual e a segregação racial não tenderá a olhar com bons olhos nenhum tipo de programa educacional dirigido a um único sexo, a menos talvez que se trate do sexo feminino – e pode até estar disposta a sacrificar os benefícios de uma educação dirigida exclusivamente às mulheres no altar de uma pretensa neutralidade. As cortes, porém, são igualmente ineptas para avaliar a educação segregada por sexo no ambiente não militar e no militar. Os juízes que não têm formação militar certamente pensam que entendem mais de educação que de guerra e, assim, estão menos dispostos a dar margem de manobra aos outros dois poderes do Estado quando o assunto é educação. Mas será que sabem suficiente sobre educação para tomar decisões inteligentes? Como eu disse nos comentários depreciativos dirigidos à teoria da educação no começo deste capítulo, pouco se sabe acerca dos fatores que tornam eficaz um processo educacional. Continua essencialmente desconhecido o papel dos recursos financeiros, do número de alunos por classe, do currículo, da separação ou integração racial ou baseada em outros fatores demográficos, das atividades extracurriculares, da tecnologia, da avaliação padronizada, do agrupamento dos alunos segundo seu desempenho escolar, dos métodos inovadores de ensino, da estrutura familiar, da lição de casa. Pode-se, decerto, perdoar aos juízes o não saberem algo que não é sabido nem mesmo por pessoas que dedicam toda a sua vida a um campo especializado de atividade; não é tão fácil lhes perdoar por não saberem que não sabem. O sentido da realidade, o sentido empírico, o sentido que a teoria constitucional absolutamente *não* cultiva, consiste em parte em saber quais áreas da vida social são mapeadas e quais não são; e em ter a disposição de seguir o mapa quando este existe e de reconhecer quando se está prestes a navegar por mares não mapeados. Se, ao cabo de dois milênios e meio de reflexão séria, os próprios especialistas não sabem muito sobre educação, os juízes deveriam ser capazes de tolerar a experimentação e a diversidade contínuas na educação pública.

Hoje em dia (ou seja, com a vantagem da perspectiva histórica), muitos consideram a própria decisão de *Brown vs. Board of Education* equivocada *quando se considera a educação como tema nodal do litígio*, sendo esse o modo como a Corte, provavelmente por motivos políticos, pretendeu considerá-lo. Não há provas incontestáveis de que essa decisão melhorou a vida educacional dos negros ou mesmo produziu uma integração racial substancial nas escolas públicas; essa integração foi obstada pela "fuga dos brancos" precipitada por *Brown* e pelas decisões que se lhe seguiram[163]. O melhor é supor que o tema dominante de *Brown* era a subordinação racial. E, dado o poder político e econômico das mulheres nos Estados Unidos de hoje, a exclusão das mulheres do Virginia Military Institute não pode, em boa fé, ser encarada como parte da trama ou da urdidura de um tecido de subordinação sexual.

---

[163] Ver David J. Armor, *Forced Justice: School Desegregation and the Law*, p. 113 (1995); Rosenberg, *The Hollow Hope*, nota 136, acima, pp. 49-57; Martin Patchen, *Black-White Contact in Schools*, capítulo 11 (1982); Harold B. Gerard e Norman Miller, *School Desegregation: A Long-Term Study* (1975); James S. Coleman, Sara D. Kelly e John A. Moore, *Trends in School Desegregation, 1968-73* (1975); Charles T. Clotfelter, "Urban School Desegregation and Declines in White Enrollment: A Reexamination", 6 *Journal of Urban Economics*, p. 352 (1979); Sonia R. Jarvis, "*Brown* and the Afrocentric Curriculum", 101 *Yale Law Journal*, p. 1285 (1992); Steven Siegel, "Race, Education, and the Equal Protection Clause in the 1990s: The Meaning of *Brown vs. Board of Education* Re-examined in the Light of Milwaukee's Schools of African-American Immersion", 74 *Marquette Law Review*, p. 501 (1991).

Romer vs. Colorado

Romer foi a segunda vez em que a Suprema Corte teve de haver-se com a questão da homossexualidade. A primeira fora *Bowers vs. Hardwick*[164], quando recusou a alegação de inconstitucionalidade das leis estaduais que criminalizavam a sodomia entre homossexuais. O mais notável em ambas as decisões foi a incapacidade ou falta de disposição da Corte de se manifestar de modo realista a respeito da homossexualidade. Em *Bowers*, o voto majoritário e o voto concorrente do juiz-presidente Burger tratam a homossexualidade como uma abominação unanimemente condenada, como a pedofilia, ao passo que os votos divergentes em *Bowers* e a maioria em *Romer* a tratam como uma qualidade inata e socialmente indiferente, como o fato de alguém ser canhoto; já a divergência do juiz Scalia em *Romer* trata os direitos dos homossexuais como um projeto caritativo e sentimental dos círculos intelectuais, como a proteção das focas-da-groenlândia. Em *Romer*, a maioria concluiu, de modo bastante sensato, que a emenda constitucional estadual impugnada – que vedava aos governos locais dentro do estado a proibição da discriminação contra os homossexuais – fora motivada por uma hostilidade contra o homossexualismo. A Corte decretou, então, que a hostilidade não é justificativa adequada para dar a uma classe de pessoas um tratamento diferente do conferido a outras classes. E a isso se resume o voto vencedor. São ignoradas as questões que uma pessoa normal, cuja mente não esteja obnubilada pelo casuísmo jurídico, consideraria cruciais: por que a hostilidade contra o homossexualismo existe? A emenda impugnada era, ou não, uma expressão racional dessa hostilidade?

Muitos dos que têm religião creem que a atividade homossexual é moralmente errada. Não é possível avaliar a validade dessa

---

[164] 478 U.S. 186 (1986).

crença; e o peso a ser-lhe conferido em um litígio constitucional parece-me questão igualmente indeterminada. Do mesmo modo que a antipatia judaico-cristã pela homossexualidade, a crença na igualdade sexual que informa a decisão VMI é um artigo de fé[165]. A suposição de que a garantia de igualdade para os homossexuais faz parte do sentido da cláusula de igual proteção é, igualmente, um salto no escuro decorrente de uma fé cega. De qualquer modo, a maioria dos norte-americanos, religiosos ou não, não gosta da homossexualidade e, em específico, não quer que seus filhos se tornem homossexuais[166]. Não sabem se a homossexualidade é inata ou adquirida, mas, por via das dúvidas, temem que seus filhos se tornem homossexuais por meio de imitação ou sedução. Também se preocupam com a possibilidade de a aids se espalhar da população homossexual para a não homossexual (embora esse medo tenha diminuído quando a epidemia atingiu seu pico nos Estados Unidos e começou a diminuir). Por essas razões e por outras, a maioria das pessoas não gosta da exibição ostensiva de relacionamentos e atividades homossexuais. Não querem que o governo apoie a homossexualidade como um modo de vida me-

---

[165] Sanford Levinson, "Abstinence and Exclusion: What Does Liberalism Demand of the Religiously Oriented (Would Be) Judge?", em *Religion and Contemporary Liberalism*, pp. 76, 79 (org. Paul J. Weithman, 1997), assinala (na trilha de Michael Perry) os dois pesos e duas medidas empregados nas discussões sobre a amplitude legítima do raciocínio judicial: os não religiosos podem apresentar praticamente qualquer argumento para defender suas posições, mas os religiosos não podem apresentar argumentos religiosos em defesa das suas. No mesmo sentido, ver Stanley Fish, "Mission Impossible: Setting the Just Bounds between Church and State", 97 *Columbia Law Review*, p. 2255 (1997). O duplo padrão é reconhecido – e defendido – por Kent Greenawalt, *Private Consciences and Public Reasons* (1995). Fish, acima, pp. 2301-9, faz uma crítica eloquente da tese de Greenawalt. Ver também Steven D. Smith, "Legal Discourse and the *De Facto* Disestablishment", 81 *Marquette Law Review*, p. 203 (1998).

[166] Ver o resumo dos resultados de pesquisa de opinião em Stephen Zamansky, "Colorado's Amendment 2 and Homosexuals' Right to Equal Protection of the Law", 35 *Boston College Law Review*, pp. 221, 245-6 (1993).

recedor da mesma consideração e respeito que dedicamos aos relacionamentos heterossexuais, sobretudo no contexto do casamento. Um ato normativo que proíba a discriminação por orientação sexual no fornecimento de habitação, emprego ou hospedagem em hotéis é visto naturalmente como uma forma de apoio público à homossexualidade, uma vez que dá a esta um tratamento idêntico ao conferido à raça, ao sexo, à religião, à deficiência física, à etnia e a outras características que, na opinião da maioria dos norte-americanos, não devem, na medida do possível, servir de justificativa para diferenças de tratamento.

Minha opinião é que existem provas científicas muito fortes no sentido de que a preferência homossexual é genética ou pelo menos congênita, e não adquirida[167], de modo que o medo de "contágio" da homossexualidade por meio de sua exibição ostensiva ou do apoio do Estado ao modo de vida homossexual não tem fundamento. O fato de os homossexuais estarem muito mais em evidência hoje em dia, em decorrência da diminuição da discriminação contra eles e da reticência geral em abordarem-se assuntos relacionados com sexo, não significa que eles sejam mais numerosos. (Os judeus também estão mais em evidência, mas a porcentagem da população constituída por judeus vem diminuindo.) A ampliação dos direitos dos homossexuais poderia estimular as práticas sexuais que disseminam a aids, mas poderia igualmente coibi-las[168]. Entretanto, o voto vencedor em *Romer* não faz alusão alguma aos dados das ciências naturais e sociais que poderiam ter alguma relação com o fenômeno da homossexuali-

---

[167] Ver Posner, nota 110, acima, p. 572; Posner, "The Economic Approach to Homosexuality", em *Sex, Preference, and Family: Essays on Law and Nature*, pp. 173, 186, 191 n. 26 (org. David M. Estlund e Martha C. Nussbaum, 1997).
[168] Ver Thomas J. Philipson e Richard A. Posner, *Private Choices and Public Health: The AIDS Epidemic in Economic Perspective*, pp. 179-80 (1993).

dade; isso significa que a Corte parece disposta a vedar a discriminação contra os homossexuais mesmo que a proibição de toda legislação protetiva, proposta pelo Colorado, represente uma forma totalmente racional de discriminação – equivalente à "discriminação" dirigida contra os pilotos de avião que, por azar, são velhos ou doentes e por isso têm de ficar no chão contra sua vontade. Admito que essa tese pressupõe que a homossexualidade é uma infelicidade ou uma desvantagem, ou que pelo menos, sob uma óptica racional, pode ser assim considerada; caso contrário, não haveria por que ter medo do contágio. Mas o pressuposto é razoável, quanto mais não seja porque os homossexuais têm mais dificuldade que os heterossexuais para constituir família; e a ideia de que essa dificuldade se deve unicamente ou mesmo principalmente à discriminação é mero princípio da fé liberal de esquerda. Não se podem acusar os pais de loucura por não quererem que seus filhos sejam homossexuais, embora eu ache que eles se enganam ao crer que a repressão dos homossexuais é um meio eficaz para evitar esse destino. Não obstante, em um ambiente repressivo será maior o número de homossexuais a casar e ter filhos, mesmo que somente para ocultar sua tendência; e isso pode contentar os pais dos homossexuais, que talvez vejam o mundo com óculos cor-de-rosa ou, talvez, se preocupem mais com a possibilidade de ter netos que com a felicidade de seus filhos.

É possível que os juízes tenham sido motivados pela analogia entre a hostilidade contra os homossexuais e outras formas de hostilidade atualmente fora de moda, em especial o antissemitismo. Tanto os judeus como os homossexuais são difíceis de identificar à primeira vista, são altamente urbanizados, parecem desproporcionalmente bem-sucedidos, tornaram-se alvos preferenciais de perseguição pela primeira vez na Idade Média (embora ambas as categorias tenham sofrido alguma perseguição na Antiguidade), atraíram a ira de Hitler e foram tradicionalmente acusados de subverter os valores patrióticos e cristãos e de constituir uma rede internacional "cosmopolita". Mas para repetir de modo menos polêmico algo que já afirmei, toda analogia deve precipitar uma investigação acerca de semelhanças e diferenças; a analogia não elimina a necessidade de investigação. Muitas pessoas que não são antissemitas são hostis ao homossexualismo. Isso demonstra que os fundamentos dessas duas antipatias não são idênticos e, portanto, que a repulsa ao antissemitismo não é motivo suficiente para declarar-se automaticamente a ilegalidade de todas as formas de discriminação contra os homossexuais. E judaísmo e homossexualidade têm consequências diferentes para a instituição familiar. É verdade que certas formas de discriminação contra os homossexuais são tão chocantes, lesivas, maliciosas e até bárbaras que os tribunais devem invalidá-las imediatamente, sem esperar para adquirir mais conhecimento a respeito do fenômeno; seria o caso de uma lei estadual que obrigasse os homossexuais a levar costurado na roupa um triângulo rosa, ou, de modo só um pouco menos óbvio, de uma proibição a que os homossexuais ingressassem no serviço público. Porém, a mera proibição aos governos locais de envidar esforços para impedir atos privados de discriminação pacífica (de tal modo que os governos locais não deem a impressão de aprovar o modo de vida homossexual) está muito longe de ser uma selvageria.

No que diz respeito ao tema deste livro, a característica mais curiosa da decisão *Romer* é que ela pode ser – e efetivamente foi por uma de suas defensoras – interpretada como uma afirmação da ideia de que as considerações morais não têm lugar no direito constitucional. Barbara Flagg escreve que, depois de *Romer*, "uma posição moral não pode constituir *por si só* um interesse 'legítimo' do Estado no contexto do controle de constitucionalidade ligado à cláusula da igual proteção"[169]. Pensa ela que *Romer* exemplifica a tese de que somente considerações funcionais podem justificar uma lei que impõe um encargo qualquer a um grupo; a desaprovação moral jamais é suficiente. Não há dúvida de que essa posição pode ser defendida como sendo, em si mesma, uma posição moral; os direitos e deveres morais do Estado não são necessariamente iguais aos dos indivíduos particulares. Nesse domínio, porém, qualquer proposição pode ser defendida; e é no mínimo paradoxal que uma leitura moral da constituição acarrete a rejeição de uma opinião moral profundamente enraizada nas tradições e nas crenças correntes do povo norte-americano.

A parte do argumento de Flagg que talvez possa ser salva é a ideia de que, para que o poder judicial de declarar a inconstitucionalidade da legislação tenha um mínimo de eficácia, não é suficiente, para justificar uma lei impugnada, alegar que ela tem o amparo da opinião pública, como aliás tem a maioria das leis. Porém, até mesmo essa proposição é dúbia quando aplicada a uma norma constitucional tão vaga quanto a da igual proteção. Se a moral é somente a cristalização da opinião pública – se a censura moral à homossexualidade (ou à exibição ostensiva de homossexualidade) não tem mais autoridade do que a antipatia da maioria dos norte-americanos pelo uso do bigode –, os juízes também não podem fazer apelo à moral para justificar a declaração de nulidade de uma lei anti-homossexual; a moral deles não passa da opinião desse público restritíssimo que são os juízes da Suprema Corte. Em outras palavras, Flagg está diante de um sério problema de autorreferência: se a incorporação da moral à legislação é ruim, por que a Corte pode impor legalmente a sua moral? Flagg

---

[169] Barbara J. Flagg, "'Animus' and Moral Disapproval: A Comment on *Romer vs. Evans*", 82 *Minnesota Law Review*, pp. 833, 852 (1998) (grifo do original).

só poderia superar esse problema se encontrasse um fundamento cogente de natureza não moral para a ideia de que a cláusula de igual proteção exclui a legislação "moral". Esse fundamento não existe.

Por acaso, no caso *Romer* ocorreu um episódio análogo ao do memorial dos filósofos nos casos referentes à eutanásia. No julgamento, Martha Nussbaum testemunhou sobre a aprovação da homossexualidade por Platão no *Banquete* e por outros filósofos clássicos[170]. Seu testemunho teve o mesmo destino do memorial dos filósofos: pelo que se pode inferir a partir dos votos, foi completamente ignorado pelos juízes. Para saber se deveria realmente ter sido ignorado, temos de considerar que papel a erudição clássica deve desempenhar no pensamento judicial sobre a homossexualidade na sociedade norte-americana atual. Nisso há uma questão sociológica e uma questão normativa. A questão sociológica é até que ponto os norte-americanos (entre eles, os juízes e os jurados) podem ser influenciados, em suas opiniões sobre a homossexualidade nos Estados Unidos, por aquilo que os gregos e romanos fizeram e pensaram. A resposta, provavelmente, é que não podem ser influenciados em absoluto, ou pelo menos em medida significativa. E, diante da modernidade computadorizada e do multiculturalismo, o papel já diminuto[171] da civilização clás-

---

[170] Ela publicou duas versões acadêmicas de seu testemunho. Ver Martha C. Nussbaum, "Platonic Love and Colorado Law: The Relevance of Ancient Greek Norms to Modern Sexual Controversies", 80 *Virginia Law Review*, p. 1515 (1994), e uma versão resumida sob o mesmo título em *The Greeks and Us: Essays in Honor of Arthur W. H. Adkins*, p. 168 (org. Robert B. Louden e Paul Schollmeier, 1996).

[171] Cf. Victor Davis Hanson e John Heath, *Who Killed Homer? The Demise of Classical Education and the Recovery of Greek Wisdom*, pp. 4-5 (1998): "Os estudos clássicos, atualmente, estão essencialmente em estado de coma [...] Nós, clacissistas, somos animais em extinção na academia; quando morremos ou nos aposentamos, nossas posições são eliminadas ou assumidas por pessoas contratadas temporariamente ou em período parcial." Ver também id., pp. 2-3. É verdade que Hanson e Heath estão falando do ensino de grego e latim clássicos e do estudo da literatura e

sica no pensamento leigo e judicial norte-americano só poderá minguar ainda mais nos anos vindouros.

A questão normativa é em que medida aquilo que os gregos e romanos fizeram e pensaram a respeito da homossexualidade *deve* influenciar as opiniões modernas. É necessário fazer três distinções. A primeira é entre a análise crítica e a análise construtiva. No primeiro capítulo, defendi a ideia de que o papel adequado para os filósofos morais no debate público se limita ao de derrubar os maus argumentos filosóficos apresentados por outros participantes do debate. O mesmo vale para os especialistas nos textos filosóficos da Antiguidade clássica. Se os participantes de um debate sobre os direitos dos homossexuais apresentam argumentos baseados nesses textos (como fez John Finnis no caso *Romer* – Nussbaum estava refutando o testemunho dele), cabe aos clacissistas apontar os erros desses argumentos. Disso não decorre que o classicista seja capaz de extrair desses textos argumentos pertinentes acerca dos direitos que os homossexuais devem ter nos Estados Unidos de hoje.

A segunda distinção é entre o conteúdo documental e o conteúdo analítico ou avaliativo dos textos clássicos. De um lado, podem-se investigar a fundo os textos de Platão, de Aristóteles e de todos os outros autores clássicos, bem como as pinturas em vasos, as estátuas e todas as outras fontes de dados históricos e antropológicos, para descobrir quais eram *na prática* os costumes, atos e atitudes dos gregos e romanos; de outro, podem-se estudar os textos para descobrir quais as opiniões e argumentos dos próprios autores. Essa distinção é importante para que não se faça confusão entre um relacionamento idealizado, apresentado sob

---

da filosofia dos gregos e romanos na língua original. Os clássicos gregos e latinos continuam sendo lidos em tradução, conquanto provavelmente com menos frequência que no passado.

uma luz favorável nos textos filosóficos, e uma descrição precisa das condutas e atitudes típicas naquela sociedade.

A terceira distinção se traça entre três modos pelos quais os pensamentos ou práticas da Antiguidade podem influenciar a opinião moderna. Em primeiro lugar, eles podem corroborar as lições do relativismo: as práticas e normas de outras civilizações eram diferentes das nossas; coisas que consideramos inconcebíveis e antinaturais não eram vistas desse modo em outras culturas. Tanto nos casos em que a teoria moral segue um tipo qualquer de jusnaturalismo católico como naqueles casos em que reflete o pensamento liberal de esquerda, o relativismo moral tende a minar os esforços de fazer com que o direito siga os ditames teórico-morais. Em segundo lugar, os textos clássicos podem conter argumentos, demonstrações ou dados de natureza científica ou lógica. Por fim, podem despertar a simpatia do leitor, apresentando uma norma ou prática estranha sob uma luz amiga – iluminando-a desde dentro, por assim dizer.

A descoberta de que outras culturas, especialmente aquelas que admiramos ou que consideramos antepassadas da nossa (sendo que, muitas vezes, essas duas categorias formam uma única), fizeram ou ainda fazem coisas que nós, sem refletir, consideramos antinaturais ou inconcebíveis, pode nos causar pelo menos um choque momentâneo que nos leve a reexaminar nossas convicções. Na maioria das vezes, porém, esse choque é apenas momentâneo. Os gregos e romanos aprovavam ou encaravam com indiferença não só a homossexualidade (a rigor, a homossexualidade masculina, pois condenavam veementemente o lesbianismo), mas também o infanticídio, a escravidão, a censura, a xenofobia e o etnocentrismo, a tortura, a crueldade, a exibição do corpo nu em público e a discriminação religiosa e sexual. A descoberta das opiniões da Antiguidade grega sobre esses assuntos não tende a nos conduzir a um reexame profundo de nossas próprias concepções sobre isso. O que dá a entender é que a aplicação das obras clássicas aos modernos problemas sociais consiste simplesmente em um exame dessas obras a fim de destacar as opiniões que por acaso coincidem com as nossas, ignorando-se todas as outras.

Nussbaum nos chama a atenção para os "valiosos argumentos concretos" que os textos gregos apresentam em favor da moralidade do homossexualismo[172]. Mas ela não identifica esses argumentos, e eu também não conheço nenhum. No *Banquete*, a encantadora parábola de Aristófanes sobre as duas metades separadas não é um argumento, mas uma alegoria que exemplifica o lado literário dos diálogos platônicos. Segundo Nussbaum, Platão demonstra que o amor homossexual pode atender a finalidades dignas que nada têm a ver com a procriação. Seria mais exato dizer simplesmente que Platão cita favoravelmente esse amor, pois ele não apresenta prova alguma de que sua descrição é verdadeira. Pode até ser que Platão promova certa empatia pelas relações homossexuais, apresentando-as como normais e benfazejas. Porém, a demonstração é prejudicada por sua preferência evidente pelas relações homossexuais sublimadas em face das consumadas e pela condenação (da qual voltarei a falar daqui a pouco) da passividade habitual nas relações sexuais. Ao que parece, Platão pensava que a única função não problemática da vida sexual é a procriação (não que esta não fosse problemática, mas era a única função apropriada do sexo). E embora os textos gregos nos citem exemplos de relacionamentos homoeróticos prolongados entre homens plenamente adultos, a forma convencional de

---

[172] Nussbaum, "Platonic Love and Colorado Law: The Relevance of Ancient Greek Norms to Modern Sexual Controversies", em *The Greeks and Us*, nota 170, acima, p. 168.

homossexualidade entre os gregos aparentemente consistia em relações entre um homem de vinte e tantos anos ou mais e (pelo menos no começo do relacionamento) um rapaz adolescente. Quando essa relação tem uma dimensão física, chamamo-la de pederastia (a palavra grega que se refere à prática dos gregos); e fazer com que os norte-americanos tenham pela pederastia algum outro sentimento que não o puro horror é praticamente tão difícil quanto fazê-los aprovar o infanticídio. Nos estados que revogaram suas leis contra a sodomia, a idade mínima exigida para a participação em relações homossexuais ainda é maior que aquela exigida para a participação em relações heterossexuais, muito embora o risco de gravidez não exista. A pederastia não é pedofilia nem atentado ao pudor contra uma criança. O rapaz é púbere ou pós-púbere. Assim, a pederastia não é tão ruim, mas os norte-americanos consideram-na ruim suficiente. Para complicar ainda mais a comparação, a pederastia grega era encarada como um estágio de transição tanto para o homem como para o rapaz, dos quais se esperava, no fim, que se casassem com mulheres e abandonassem a atividade homossexual. Isso significa que a maioria dos pederastas eram homossexuais de oportunidade (como muitos marinheiros, monges e presidiários), e não pessoas que realmente tinham uma orientação homossexual[173].

Resta, além disso, o problema convencional dos exemplos. Temos de nos perguntar qual a *representatividade* dos relacionamentos homossexuais ideais retratados na cultura grega. Se o que nos importa é saber se a orientação homossexual pode conduzir

---

[173] Esta discussão das práticas sexuais é baseada em meu livro *Sex and Reason*, capítulo 6 (1992). Vejam-se dados posteriores que corroboram estas teses em Michael Rocke, *Forbidden Friendships: Homosexuality and Male Culture in Renaissance Florence*, capítulos 3-4 (1996). O estudo canônico sobre a homossexualidade na Grécia antiga é o de K. J. Dover, *Greek Homosexuality* (2. ed., 1989).

a uma vida feliz ou a um relacionamento estável, não é citando os casos de Aquiles e Pátroclo, Sócrates e Alcibíades e Pausânias e Agatão que obteremos resposta. Isso porque, quando discutimos problemas sociais, é natural que as situações típicas nos interessem mais que as excepcionais.

Os dados da Grécia e de Roma, bem como muitos outros dados antropológicos e biológicos, de fato dão a entender que a homossexualidade não é "antinatural" em qualquer sentido objetivo da palavra. Porém, não sei o que mais esses dados demonstram. Segundo Nussbaum, eles refutam a tese de que a homossexualidade conduz à ruína das civilizações. Essa tese é ridícula, mas devemos nos lembrar de que, por muito tempo, o declínio e a queda do Império Romano foram atribuídos à tolerância para com os "vícios"; que o Império Ateniense também degringolou calamitosamente e que o de Esparta o seguiu de perto. Assim, o estudo atento de Platão e Aristóteles não fará mudar de ideia os que defendem aquela tese; eles têm suas "provas".

O maior problema dos argumentos que partem da Grécia e da Roma antigas e pretendem aplicar-se aos dias de hoje é que, não só na Grécia e em Roma como também em todo o mundo mediterrâneo e latino (inclusive em um local tão distante quanto as Filipinas) e até mesmo no Japão, os dados disponíveis nos dizem que a homossexualidade tende a ser relativamente não problemática em sociedades em que o casamento não é igualitário. "Casamento igualitário"* é aquele em que se espera que esposo e esposa sejam íntimos e confidentes um do outro, que se associem em igualdade de condições, que convivam constantemente, que tomem juntos suas refeições, criem os filhos juntos e constituam, em suma, uma

---

* Seguindo a terminologia adotada na edição brasileira de *A economia da justiça*, do mesmo autor, traduzimos por "casamento igualitário" o termo *companionate marriage* e por "casamento hierárquico" o termo *noncompanionate marriage*. (N. do T.)

espécie de parceria. Nas culturas em que o casamento igualitário é incomum, geralmente se constata uma grande diferença de idade entre esposo e esposa a qual é enclausurada – às vezes, vive literalmente reclusa – e tem pouca instrução. Nessas culturas, em que os homens se casam tarde e não têm acesso às mulheres mais desejáveis antes do casamento, os jovens podem procurar válvulas de escape não convencionais para seus impulsos sexuais. Uma dessas válvulas de escape é a homossexualidade masculina de oportunidade, a homossexualidade daqueles homens que preferem as relações heterossexuais mas aceitam as homossexuais em caso de necessidade. É a homossexualidade dos ativos; em geral, o parceiro passivo é um "homossexual de verdade" ou um prostituto.

Quando digo "homossexual de verdade" refiro-me àquele que prefere as relações homossexuais às heterossexuais, o homem de grau 5 ou 6 na escala Kinsey; pois essa escala (que vai de 0 a 6) não mede a atividade, mas a preferência ou a orientação homossexual. Quando os norte-americanos modernos falam de homossexuais, em geral são estas as pessoas que eles têm em mente. A situação desses homossexuais é muito mais tranquila em uma sociedade em que o casamento é hierárquico. Em uma sociedade desse tipo, é tão pouco o que se exige dos maridos que até homossexuais "de verdade" podem ter um casamento estável e buscar clandestinamente a satisfação erótica. Os homossexuais se encaixam no contexto com tal facilidade que não representam um problema social; chegam a ser invisíveis (sem fazer esforço para ocultar-se), a tal ponto que até hoje, nas sociedades mediterrâneas ou latinas, há quem afirme que em sua sociedade não existe *nenhum* homossexual. Os homossexuais chamam tão pouca atenção quanto os canhotos, pois, como o destes, seu "desvio" tem pouca ou nenhuma importância social. Não obstante, tendem a ser menosprezados por não serem plenamente homens. Isso ecoa a censura dos antigos gregos à passividade habitual nas relações sexuais. Essas pessoas habitualmente passivas, que *gostavam* de ser penetradas (embora também pudessem gostar de penetrar), eram provavelmente as que estou chamando aqui de homossexuais "de verdade".

É difícil para os homossexuais manter um casamento igualitário bem-sucedido[174]. Em sociedades como a nossa, onde o casamento igualitário é a forma dominante e aprovada, os homossexuais geralmente se casam para disfarçar ou porque tentaram enganar a si mesmos, e os casamentos quase nunca dão certo. Portanto, uma sociedade cuja norma é o casamento igualitário tende a excluir os homossexuais da participação em uma instituição social básica, tornando-os pela primeira vez "transviados" em sentido socialmente significativo, obrigando-os a constituir uma subcultura, estigmatizando-os como estranhos e até ameaçadores e criando a hostilidade contra os homossexuais que é característica tão patente de nossa sociedade quanto o foi por muito tempo da sociedade inglesa, tendo sido a Inglaterra, talvez, o primeiro país europeu a adotar como norma o casamento igualitário. Um dos fatores que determinam o declínio dessa hostilidade é a erosão do casamento como instituição. Os que temem e combatem tal erosão estão na vanguarda da moderna censura à homossexualidade.

Se estiver correta esta análise dos efeitos do casamento igualitário sobre a situação dos homossexuais, ela implica que as descrições antigas da homossexualidade podem nos induzir a erro se tentarmos usá-las para estabelecer as possibilidades abertas para os homossexuais em nossa cultura. Mesmo que forem derrubados os obstáculos legais que ainda impedem a plena igualdade dos homossexuais, enquanto nossa sociedade for dominada pelo

---

[174] É evidente que me refiro aqui ao casamento entre um homem homossexual e uma mulher. O casamento homossexual entrou agora para a agenda política e será discutido sumariamente no Capítulo 4.

ideal e pela prática do casamento igualitário, os homossexuais terão dificuldade para ser aceitos tão tranquilamente quanto eram nas civilizações retratadas nos textos clássicos. Do mesmo modo que a teoria moral ou constitucional, assim também a erudição clássica não pode substituir um entendimento empírico do comportamento social moderno.

Porém, o objetivo de tudo isso não é demonstrar que o caso *Romer*, ou mesmo o caso VMI, foram decididos de maneira incorreta, mas sim evidenciar que essas decisões estão a tal ponto distanciadas da realidade que a questão de serem corretas ou não praticamente não se coloca. O calcanhar de aquiles do direito constitucional não é a falta de uma boa teoria constitucional, mas a ausência de fundamentação empírica. Mas o que os tribunais podem fazer se sua ignorância é – temporariamente, espera-se – invencível? Os juízes que acreditam na automoderação judicial, no sentido de estarem dispostos a minimizar as ocasiões em que os tribunais anulam atos dos outros poderes do Estado, hão de pensar que, na ausência de indicações claras dadas pelo texto constitucional, pela história ou pelos precedentes, sua ignorância das consequências de uma política governamental impugnada (que não seja patentemente escandalosa) é motivo mais que suficiente para deter a atuação do Judiciário. Os ativistas, por outro lado, continuarão agindo. Os extremos somente se tocarão quando for muito mais amplo o nosso conhecimento das consequências do ativismo judicial, de um lado, e da automoderação judicial, de outro. Uma das coisas que podemos ter a esperança de obter por meio da aplicação dos métodos da teoria científica e da pesquisa empírica ao direito constitucional é um conhecimento que habilite os juízes a lidar de modo sensato com a incerteza acerca das consequências. Até então, o máximo que se pode – de modo realista – exigir dos juízes é que tenham consciência das limitações de seu conhecimento. E não me refiro a seu conhecimento das teorias constitucionais.

II

A SAÍDA

3

PROFISSIONALISMO

OS DOIS PROFISSIONALISMOS

A Parte Um foi principalmente crítica e não construtiva, embora não o tenha sido exclusivamente. Agora, quero ser mais construtivo (sem deixar de ser bastante crítico!). Defenderei a ideia de que as chaves para o aperfeiçoamento do direito são o profissionalismo e o pragmatismo, segundo a definição que darei desses dois termos. Em outra obra, falei sobre o declínio do direito como profissão, entendido este termo no sentido ruim que o vincula à guilda medieval e ao moderno cartel[1]. Porém, em outro sentido que praticamente se opõe a este, o direito tornou-se mais profissional, tendo sido arrastado por uma onda de profissionalização genuína – não formal ou "atmosférica", mas substancial – que é uma das grandes histórias de nossa época, conquanto não tenha sido adequadamente divulgada. Mas essa onda não fez o direito avançar tanto quanto poderíamos esperar.

Neste capítulo, procuro distinguir esses dois sentidos do profissionalismo e relacioná-los às críticas dirigidas contra a teoria

---

[1] Richard A. Posner, *Overcoming Law*, capítulo 1 (1995). Ver também Jonathan Rose, "The Legal Profession in Medieval England: A History of Regulation", 48 *Syracuse Law Review*, pp. 1, 72-3, 79-80, 89-90, 108-9 (1998).

moral e jurídica na Parte Um deste livro. No último capítulo, proponho que o direito seja orientado para uma direção mais pragmática e faço sugestões de reforma institucional. O profissionalismo e o pragmatismo são interligados; o profissionalismo "ruim" é um obstáculo à reforma jurídica no sentido do pragmatismo, ao passo que o profissionalismo "bom" é uma precondição dessa reforma.

As profissões liberais e a mística profissional

A gama de significados dos termos "profissão" e "profissionalismo"* é ampla e vaga, para desespero da sociologia, a disciplina acadêmica que mais se dedica ao estudo desse assunto[2]. No nível mais simples, esses termos denotam o que convencionalmente se chamam de "profissões liberais": o direito, a medicina (e os campos correlatos, como a odontologia, a farmacologia, a oftalmologia, a enfermagem, a fisioterapia e a psicologia), as profissões militares, a engenharia, o ministério clerical das religiões organizadas, a docência (ao lado da pesquisa em grau de doutorado, associada ou não à docência universitária), certos tipos de consultoria, a arquitetura, a atuária, a assistência social e a contabilidade. Entre as ocupações que não se classificam habitualmente como profissões liberais, podemos citar a administração de empresas, o empresariado e o comércio em geral, propaganda e *marketing*, relações públicas, agricultura, política, a atividade de escritor de ficção e outras atividades artísticas nos campos das artes

---

* Em inglês, o termo *profession* se refere ao que no Brasil se chamam as "profissões liberais", e *professionalism* tem o sentido correlato. *Professionals* são os profissionais liberais. (N. do T.)

[2] Ver, por exemplo, Andrew Abbott, *The System of Professions: An Essay on the Division of Expert Labor* (1988); Eliot Freidson, *Professionalism Reborn: Theory, Prophecy, and Policy* (1994); Elliott A. Krause, *Death of the Guilds: Professions, States, and the Advance of Capitalism, 1930 to the Present* (1996); *The Authority of Experts: Studies in History and Theory* (org. Thomas L. Haskell, 1984).

plásticas e da criação ou atuação teatral, musical ou cinematográfica, a consultoria de investimentos, o funcionalismo público, a atividade militar abaixo da patente de oficial, o entretenimento (aí incluído o esporte "profissional"), a construção civil (descontadas a arquitetura e a engenharia), a atividade policial e de investigação, a programação de computadores, as atividades de escritório e a maioria dos empregos na área dos transportes, além da atividade operária em geral. Os jornalistas, os clérigos de religiões não estruturadas, os diretores e funcionários de creches, os fotógrafos e os diplomatas ocupam zona fronteiriça entre as profissões liberais e as não liberais.

O sinal distintivo de toda profissão liberal é a crença de que ela constitui uma ocupação de importância considerável para o público, cuja prática pressupõe um conhecimento altamente especializado, até esotérico, que só pode ser adquirido mediante educação formal especializada ou um aprendizado cuidadosamente supervisionado. Consequentemente, a profissão liberal é uma ocupação na qual a pessoa responsável não entra por um simples ato de sua vontade, mas somente mediante prova de competência e após cumprir um protocolo prescrito e, em geral, minucioso. Dada a importância da ocupação e, logo, a capacidade potencial dos profissionais liberais de causar dano à sociedade, em geral se crê que a entrada nas profissões liberais deve ser controlada pelo Estado. Os títulos de "médico", "advogado", e assim por diante devem ser reservados àqueles que atendem aos critérios de admissão estabelecidos pela própria profissão; além disso, ninguém deve ter a permissão de fornecer serviços profissionais liberais sem a autorização do governo. Pelos mesmos motivos (a importância da profissão e seu potencial de causar dano), e também porque as habilidades misteriosas dos profissionais liberais dificultam o julgamento de seu desempenho por aqueles que estão do lado de fora e, assim, facilitam a exploração dos clientes, em geral se crê que as normas e condições de trabalho dos profissionais liberais devem-se estruturar de modo que desestimule a busca exclusiva de interesses pecuniários. Existe aí uma curiosa justaposição do "profissional" e do "amador". Espera-se que o profissional liberal seja um tipo de amador, que ame o seu trabalho e não o lucro; mas ao mesmo tempo "amadorístico" é o oposto de "profissional".

Essa descrição das profissões liberais, construída a partir da literatura sociológica e da observação cotidiana, reflete melhor o direito e a medicina – as profissões liberais mais poderosas e mais estudadas nos Estados Unidos de hoje – que as outras profissões liberais, muitas das quais podem ser exercidas sem licença; e certas ocupações não liberais pressupõem licenciamento. Porém, todas as profissões liberais refletem melhor uma ou mais partes de minha descrição que as ocupações não liberais, embora a linha divisória fique um pouco indistinta quando consideramos a psicologia, a assistência social e a gestão florestal, bem como as ocupações limítrofes já mencionadas. Para os objetivos que aqui tenho em mente, essas bordas indistintas não importam; basta que se reconheça uma "semelhança de família" entre as diversas profissões liberais, apesar de sua heterogeneidade.

Deve-se deixar muito claro que a chave para que uma ocupação seja classificada como profissão liberal não é a posse concreta de um conhecimento especializado e valioso para a sociedade; é a *crença* de que determinado grupo possui esse conhecimento. É essa crença que permite ao grupo reivindicar para si o *status* de liberal e obter, assim, os privilégios exclusivos e as resultantes vantagens pessoais que acompanham aquele *status*. Não é necessário que a crença seja verdadeira, nem mesmo que tenha uma correlação positiva com a quantidade de conhecimento especializado e valioso para a sociedade que o grupo possui. É possível que, hoje, tenhamos mais consciência das limitações do conhecimento dos médicos do que as pessoas tinham no fim da Idade Média, embora os médicos daquela época tivessem pouquíssimos recursos terapêuticos à sua disposição[3].

Quando a crença nas pretensões de conhecimento de uma profissão liberal não é justificada pelo conhecimento que tais profissionais efetivamente possuem, configura-se um caso de "mística profissional"[4]. Quanto mais deslumbrante e convincente essa mística, mais segura a pretensão dos profissionais aos privilégios de seu *status* liberal. A profissão liberal cujas pretensões de conhecimento são intrinsecamente frágeis tem um interesse particularmente urgente na preservação de sua mística. Consideremos as técnicas pelas quais ela pode fazer isso.

Uma delas é o cultivo de um *estilo de discurso obscurantista* a fim de tornar impenetráveis aos estranhos os processos de investigação e inferência da profissão. Outra (que são, na verdade, duas outras, a segunda e a terceira em minha lista) é o estabelecimento de qualificações educacionais exigentes para o ingresso na profissão. Aumentando o nível educacional dos profissionais, essas qualificações tornam mais plausível a pretensão da profissão liberal à posse de um conhecimento especializado. Isso porque a educação é geralmente reconhecida como via de acesso ao conhecimento e porque torna menos acessíveis, para quem está de fora, os processos de pensamento dos profissionais.

---

[3] Cf. Lawrence I. Conrad et al., *The Western Medical Tradition: 800 B.C. to A.D. 1800*, pp. 204-5 (1995).

[4] Cf. a definição de Berger das ideologias profissionais – "a autointerpretação oficial de grupos sociais inteiros, obrigatória para seus membros sob pena de excomunhão", Peter L. Berger, *Invitation to Sociology: A Humanistic Perspective*, p. 41 (1963) – e o conceito de "capital simbólico" de Bourdieu: David Swartz, *Culture and Power: The Sociology of Pierre Bourdieu*, p. 43 (1997).

Um dos tipos de qualificação educacional é a insistência na instrução de todos os membros da profissão; o objetivo dessa insistência é restringir o ingresso na profissão liberal a uma camada de pessoas altamente inteligentes. O outro tipo é a formação profissional especializada em si. Ela visa não somente a transmitir o conhecimento essencial, mas também a estabelecer a singularidade desse conhecimento diante daquele que os "de fora" possuem. Os dois tipos de qualificação correspondem a duas técnicas distintas de preservação da mística profissional: a filtragem dos candidatos a ingresso, segundo sua *intelectualidade*, e a conservação da *impermeabilidade do conhecimento profissional*, ou, em outras palavras, da autonomia da profissão. Embora essas funções possam ser separadas analiticamente, elas interagem. A filtragem segundo a inteligência aumenta a impermeabilidade, pois as pessoas muito inteligentes gostam da complexidade e dos jargões especializados. Pessoas de inteligência mediana não poderiam ter criado coisas tão intelectualmente complexas e difíceis quanto o Código Tributário Nacional dos Estados Unidos ou as doutrinas tradicionais dos direitos reais.

A quarta técnica de mistificação profissional é o cultivo de uma *personalidade carismática* – a escolha, para ingresso na profissão, de pessoas cuja aparência, personalidade ou histórico pessoal criem uma impressão de sabedoria profunda, talvez inefável, e de singular e consumada competência.

Em quinto lugar, a profissão liberal dedicada a intensificar sua mística resistirá a que as tarefas que a caracterizam sejam decompostas em subtarefas, pois isso tornaria transparentes seus métodos de atuação. A misteriosa maestria do profissional pareceria então consistir na mera colagem de procedimentos de rotina que podem ser adequadamente desempenhados sem nenhuma educação especializada, assim como a intricada arte de construção de carruagens degenerou na produção em linha de montagem de um veículo muito mais complexo, o automóvel, fabricado por trabalhadores menos hábeis. A profissão liberal, ocupada em manter sua mística, caracterizar-se-á, portanto, pela *subespecialização*.

A sexta técnica é a *falta de hierarquia*. Quando uma tarefa complexa é decomposta em tarefas mais simples, cada qual desempenhada por uma categoria de trabalhadores, surge inevitavelmente a necessidade de supervisão e coordenação, que gera, por sua vez, a estrutura hierárquica característica das empresas, com seus diferentes graus de gerenciamento. Tradicionalmente, os profissionais liberais não se organizam em hierarquia. Os advogados exercem a profissão sozinhos ou em sociedade com outros advogados; os médicos idem. Isso indica sua falta de especialização.

Em sétimo lugar, a profissão liberal tende a empregar a *simulação de altruísmo*. Procura ocultar quanto seus membros são movidos pelo incentivo do lucro, a fim de tornar crível a ideia de que ingressaram na profissão em vista da oportunidade de seguir uma vocação que lhes dá ricas recompensas intelectuais ou atende a seu desejo de servir o próximo. A simulação de altruísmo reforça a personalidade carismática, que seria prejudicada pela aparência de busca do interesse próprio.

Em oitavo lugar, a profissão liberal será *anticompetitiva*. Buscará tanto repelir a competição vinda de fora quanto limitar a competição entre os próprios profissionais. Fará essas coisas não só para promover diretamente os interesses pecuniários de seus membros, mas também para reforçar a mística profissional. Assim, há de envidar esforços particulares para ilegalizar os serviços concorrentes cujo sucesso poderia minar suas pretensões de conhecimento exclusivo. Caso se pensasse que os conselhos tributários dos contadores são tão bons quanto os dos advogados tributaristas, a pretensão dos tributaristas à posse de um conjunto precioso de habilidades que nenhum outro grupo possui perderia credibilidade; o mesmo ocorreria se os farmacêuticos pudessem não só manipular e vender medicamentos, mas também prescrevê-los. E, dentro da própria profissão liberal, a competição promove a ambição e a autopromoção que prejudicam o esforço dos profissionais liberais para apresentarem-se como mestres carismáticos e com domínio da situação; em um mercado competitivo, quem domina a situação é o consumidor, não o fornecedor. Nesse campo, a simulação de altruísmo desempenha papel de auxiliar na medida em que oculta o caráter egoísta dos esforços para limitar a competição.

Em nono lugar, a profissão liberal resistirá à sistematização do conhecimento profissional; será *antialgorítmica*. Enquanto "os meios de produção dos serviços de uma profissão liberal, baseados no conhecimento, estiverem contidos dentro da cabeça dos profissionais", o monopólio da profissão estará seguro[5]. Quando esse conhecimento, que representa o capital dos profissionais, for organizado de tal modo que as pessoas possam empregá-lo sem sofrer os rigores da formação profissional, os profissionais tornar-se-ão dispensáveis. Pode-se imaginar, nesse sentido, que as técnicas computadorizadas de diagnóstico e a inteligência artificial venham um dia a minar as posições dos médicos e dos advogados, respectivamente.

O fato de uma profissão liberal cultivar a mística profissional não prova que ela não possua um conhecimento real. A mística eleva o *status* da profissão e, por isso, é valiosa mesmo que os profissionais de fato possuam uma grande quantidade de conhecimentos genuinamente úteis e inevitavelmente herméticos. Não obstante, quanto mais densa for a teia de técnicas de intensifica-

---

[5] Keith M. McDonald, *The Sociology of the Professions*, p. 5 (1995).

ção da mística usadas por determinada profissão liberal, tanto mais frágeis tendem a ser as pretensões de conhecimento de seus profissionais. Isso porque as técnicas têm proporcionalmente mais valor e, assim, tendem a ser mais usadas, quando é muito o que se tem a esconder. Inversamente, quanto mais fundamentadas forem as pretensões de conhecimento de uma ocupação qualquer – seja ela uma profissão liberal ou não (e pode ser uma profissão liberal não por tapeação, mas porque seus membros *efetivamente* possuem um conhecimento altamente especializado, valioso para a sociedade e que não pode ser acessado pela pessoa comum nem incorporado em algoritmos ou esquemas fixos) –, menos frequentemente se empregarão essas técnicas.

Além do recurso a uma ou mais técnicas de criação de mística, há dois outros sintomas da fragilidade das pretensões de conhecimento de uma profissão liberal. O primeiro é a derrota diante de um desafio novo. Esse sintoma é manifesto no caso dos profissionais das armas, que mais que todos os outros se expõem a desafios em um ambiente sobre o qual não têm controle. A feitiçaria e a profecia têm *status* de profissão liberal em muitas sociedades primitivas, mas esse *status* cai por terra quando seus praticantes enfrentam a competição de grupos que usam métodos racionais. O *status* do clero declinou acentuadamente com o crescimento da ciência.

O segundo sintoma pode ser chamado de práticas não racionais de emprego: o uso de métodos de ingresso ou promoção dentro da profissão que não promovem a aquisição de conhecimento. É o caso da seleção que privilegia a personalidade carismática. Entre esses métodos incluem-se o nepotismo, o credencialismo, a discriminação, a compensação pecuniária atrelada ao grau hierárquico e a promoção automática. Todos os familiarizados com a formação em direito, especialmente antes da década de 1960, vão reconhecer esse sintoma; e todos os familiarizados com a profissão jurídica em geral, especialmente antes da década de 1960, vão reconhecer não só esse sintoma como também cada uma das nove técnicas pelas quais uma profissão liberal disfarça suas fraquezas epistemológicas.

O profissionalismo cada vez maior do direito...

Depois da década de 1960, os acontecimentos parecem ter tornado o direito mais profissional no bom sentido. O sentido bom do profissionalismo é aquele em que uma profissão liberal adquire seu *status* e os privilégios que o acompanham pelo fato de realmente fazer uso de um conjunto de habilidades genuínas, especializadas, valiosas para a sociedade e baseadas no conhecimento, e não pelo cultivo de uma mística profissional. O processo mediante o qual a mística profissional é suplantada por métodos plenamente racionais é um aspecto daquilo que Max Weber chamava de "racionalização" (falo mais sobre isso daqui a pouco). É evidente na profissão jurídica hoje em dia, embora esteja longe de estar completo. O estilo obscurantista – o jargão jurídico – continua péssimo como sempre. E a insistência em uma dose cavalar de instrução formal, tanto na graduação quanto durante a vida profissional, não dá sinais de perder terreno. Porém, a formação profissional em si está mais permeável do que no passado às teses de outras disciplinas. É menos confiante a afirmação da autonomia da profissão, especialmente em seu ramo acadêmico – aquele em que perspectivas novas sobre o direito, vindas de fora da profissão, mais exerceram sua influência. Economistas, teóricos da política, psicólogos e até críticos literários estão escrevendo sobre direito com autoridade suficiente para chamar a atenção e provocar a reação dos juristas acadêmicos.

Diminuiu o cultivo da personalidade carismática como elemento importante do sucesso profissional; um dos sintomas disso é o deplorado declínio do modelo de prática profissional do "advogado estadista"[6]. E a especialização cresceu. Isso se vê no surgimento dos "para-advogados" (*paralegals*) como categoria distinta de fornecedores de serviços jurídicos e na divisão de trabalho cada vez mais padronizada entre os juízes e seus assistentes. Vê-se ainda na distância cada vez maior que separa o direito acadêmico, de um lado, e os juízes e advogados, de outro. Hoje em dia, quase todos os estudos jurídicos dignos de nota são produto da academia; e os advogados e juízes, e mesmo um ou outro professor universitário, reclamam que boa parte desses estudos nada tem a ver com os problemas que têm de enfrentar na prática[7]. Vê-se, por fim, na especialização cada vez maior da prática dos advogados – é menor o número de advogados que se mostram competentes em mais de uma área do direito. O aumento da especialização contribuiu para o declínio da personalidade carismática, uma vez que os clientes cada vez mais exigem a competência de um especialista e não a sabedoria de um estadista. Outra coisa que colaborou com esse declínio foi a eliminação de muitos obstáculos à competição dentro do setor de serviços jurídicos, eliminação essa que revelou que a maioria dos advogados é motivada pelos mesmos incentivos que estimulam os membros das ocupações não liberais. O aumento da competição obrigou os advogados a servir melhor a seus clientes; obrigou-os, assim, a confiar menos na mística e mais em um conhecimento especializado que, de fato, tem valor para o cliente.

---

[6] Ver Anthony T. Kronman, *The Lost Layer: Failing Ideals of the Legal Profession* (1993); e veja-se uma crítica em Posner, nota 1, acima, pp. 93-4. Para uma visão geral, ver Kenneth Anderson, "A New Class of Lawyers: The Therapeutic as Rights Talk", 96 *Columbia Law Review*, p. 1062 (1996).

[7] Ver, por exemplo, Harry T. Edwards, "The Growing Disjunction between Legal Education and the Legal Profession", 91 *Michigan Law Review*, p. 219 (1992); Patrick J. Schiltz, "Legal Ethics in Decline: The Elite Law Firm, the Elite Law School, and the Moral Formation of the Novice Attorney", 82 *Minnesota Law Review*, p. 705 (1998), esp. pp. 763-71.

A especialização foi acompanhada por um inchaço das hierarquias profissionais; a função judicial, por exemplo. Antigamente, o trabalho judicial era desempenhado por... juízes. No judiciário federal, havia originalmente dois graus de cargos judiciais: os juízes distritais e os juízes da Suprema Corte[8]. Hoje em dia, há muitos: estagiários, advogados auxiliares, assistentes judiciais, *magistrates**, juízes distritais, juízes regionais e juízes da Suprema Corte. Os judiciários estaduais estão seguindo o mesmo caminho e, além disso, vem crescendo aos poucos o número de tribunais federais especializados. Atualmente, a maioria das grandes sociedades de advogados congrega para-advogados, advogados não associados, sócios que não contribuem com capital para a sociedade (*income partners*), sócios que contribuem com capital para a sociedade (*equity partners*) e sócios diretores (*managing partners*), e não somente sócios (ou sócios e estagiários, isto é, aprendizes), como originalmente, ou, mais tarde, sócios e advogados não associados. Algumas sociedades empregam professores de literatura para ajudar os advogados a escrever e não são administradas por advogados, mas por gente formada em administração de empresas.

O móvel desses desenvolvimentos na profissão jurídica, análogo ao que determinou o desenvolvimento que se deu paralelamente na esfera militar e que será discutido em breve, foi em parte aquele sintoma que revela quanto uma profissão liberal depende da mística profissional: a derrota. A partir de meados da década

---

[8] Tecnicamente, havia três graus, pois na verdade há dois graus de juízes na Suprema Corte: o Chief Justice dos Estados Unidos e os Associate Justices da Suprema Corte.

* Os *magistrates* são juízes auxiliares nomeados pelo tribunal para um período de oito anos, renováveis. Encarregam-se da gestão processual, mas não julgam (exceto com a anuência das partes e em determinados tipos de causas cíveis). (N. reproduzida de N. do T. do livro *Para além do direito*, do mesmo autor, publicado pela WMF Martins Fontes.)

de 1960, todos os ramos das profissões jurídicas começaram a ser associados com formas de conduta que, com o tempo, perderam quase toda a credibilidade. Entre essas formas de conduta podemos citar o ativismo judicial da Suprema Corte no período em que foi presidida por Earl Warren; a correlata receptividade instintiva a toda proposta "liberal" de ampliação da gama de direitos legais – e, incidentalmente, de ampliação dos ganhos dos advogados; a simples incapacidade do raciocínio jurídico (posta em evidência pela economia moderna) para dar sentido lógico à regulamentação legal da concorrência e dos monopólios; a remoção dos obstáculos à promoção de ações judiciais, que contribuiu para um aumento gigantesco, imprevisto e desestabilizador da litigância judicial; e um sem-número de reformas legislativas promovidas por juristas em esferas que vão das falências e da proteção ao consumidor à discriminação no emprego, às regulamentações de segurança e à proteção ambiental, reformas essas que, amiúde, tiveram consequências imprevistas e desastrosas. O impacto traumático desses fracassos sobre a autoconfiança da profissão jurídica foi muito menor que o impacto traumático que a Guerra do Vietnã teve sobre a profissão militar; mas houve algum impacto, o qual, aliado a outros fatores, estimulou a profissão jurídica a tornar-se mais profissional no bom sentido. Os outros fatores são uma tendência à desregulamentação que determinou a remoção de vários obstáculos à concorrência entre advogados; o efeito desestabilizador do enorme crescimento da demanda por serviços jurídicos e do gigantesco inchaço do número de profissionais que ocorreu como reação àquele crescimento; e a preocupação cada vez maior dos clientes empresariais com a questão dos custos, preocupação devida ao profissionalismo e à competitividade cada vez maiores do mundo empresarial.

Um dos subprodutos do aumento do profissionalismo no meio jurídico foi o declínio das práticas irracionais de emprego. A discriminação e o nepotismo nas contratações e promoções são muito menores do que já foram, embora esse dado tenha sido parcialmente neutralizado pela ação afirmativa sob formas que constituem discriminação inversa (contra homens de raça branca, principalmente) e não simples correção da discriminação passada. O declínio das práticas irracionais de emprego afetou particularmente a representação das mulheres no meio jurídico, que até outro dia era, em todos os seus ramos, completamente dominado pelos homens. A Faculdade de Direito de Harvard só passou a admitir mulheres na década de 1950, e a primeira mulher nomeada para a Suprema Corte dos Estados Unidos só tomou posse em 1981. Em decorrência da quase ausência de mulheres em posições influentes no meio jurídico e do papel subordinado das mulheres na sociedade em geral, o direito não refletia a perspectiva feminina em grande número de esferas, entre as quais os procedimentos de julgamento de réus acusados de estupro, a venda e a distribuição de pornografia, o assédio sexual no ambiente de trabalho, a discriminação por sexo no trabalho e na educação, as normas que regem o divórcio e a guarda de menores, as restrições legais ao aborto e as disposições relativas à gravidez no trabalho. Hoje, tudo isso mudou.

A promoção automática perdeu terreno tanto nas sociedades de advogados quanto na academia, onde a imposição de requisitos rígidos (em matéria de publicação de trabalhos acadêmicos) para a contratação vitalícia possibilitou que se estabelecessem critérios racionais, conquanto às vezes inflexíveis, para a promoção. Na década de 1960, o ensino universitário de direito era um dos ramos menos profissionais (mais amadores, menos racionalizados) da profissão jurídica. As características que desde há muito haviam transformado a docência e a pesquisa universitárias em uma ocupação altamente liberal[9], apesar de não ser exigido o licenciamento – entre essas características, mencione-se a exigência de uma tese de doutorado e de publicação de artigos em periódicos sujeitos à avaliação especializada –, quase não existiam no mundo do direito. Embora a tese de doutorado em direito ainda seja incomum nos Estados Unidos, é cada vez maior o número de professores universitários de direito que têm doutorado em alguma disciplina correlata; é cada vez maior o número de periódicos especializados e sujeitos à avaliação de especialistas; a publicação de trabalhos em periódicos respeitados é agora um dos fatores de mais peso como critério para promoção à cátedra universitária; e é cada vez mais exíguo o número de professores universitários de direito que têm experiência substancial em prática jurídica[10].

Este último dado – o número cada vez menor de professores universitários de direito que têm experiência significativa na prática do direito – é particularmente importante. Com o processo de profissionalização, o direito acadêmico está se tornando uma profissão liberal independente (isolada da prática do direito, mas próxima de outras disciplinas acadêmicas, como a economia e a teoria política). É esta a causa fundamental da distância crescente que separa os juristas acadêmicos e os demais profissionais do direito (juízes inclusive). Cada profissão liberal tende a não se colocar na mesma frequência de onda de qualquer outra ocupação.

---

[9] Ver Louis Menand, "The Demise of Disciplinary Authority", em *What's Happened to the Humanities?*, p. 201 (org. Alvin Kernan, 1997).

[10] Ver Schiltz, nota 7, acima, pp. 748-52. Schiltz assinala que só 3 dos 75 membros do corpo docente da Faculdade de Direito de Harvard têm mais de 5 anos de experiência em prática particular do direito; e, dos 13 membros mais jovens, nenhum tem tanta experiência – sendo que 10 não têm experiência nenhuma. Entre os membros mais velhos, o número de pessoas com experiência prática é muito mais alto. Id., p. 761. Nenhum dos membros do corpo docente da Faculdade de Direito de Yale, velhos ou jovens, tem mais de 5 anos de experiência na prática profissional do direito. Id., p. 762 n. 221.

O direito acadêmico não será uma profissão liberal independente se for totalmente transparente para os juízes e outros práticos do direito. Contra o juiz Edwards e outros queixosos (ver nota 7), é preciso assinalar que a utilidade de uma profissão liberal não depende de que sua clientela entenda seus modos de operação. O fato de os pacientes não compreenderem a ciência médica não desvaloriza a medicina; a lacuna cada vez maior que separa o conhecimento dos médicos do de seus clientes leigos reflete tão somente a crescente sofisticação científica da profissão de médico. Para prestarem mais auxílio ao judiciário, é melhor que os juristas acadêmicos desenvolvam e analisem dados empíricos relacionados com o direito, e não que se coloquem na posição de um poder judiciário paralelo policialesco e abelhudo[11]. (Não que sejam essas as únicas alternativas; a análise doutrinal, especialmente quando consubstanciada em tratados de doutrina, continua sendo uma forma extremamente valiosa – conquanto menosprezada hoje em dia – de estudo acadêmico do direito.) Além disso, no processo pelo qual abraçou a interdisciplinaridade e tornou-se mais opaco para os ramos práticos da profissão, o direito acadêmico tornou seus estudos mais transparentes para outras disciplinas acadêmicas, como a filosofia e a ciência política, e com isso tornou-se menos provinciano.

As mudanças na profissão jurídica acima descritas são boas no conjunto, mas esta ressalva ("no conjunto") não deve ser esquecida. A especialização pode passar dos limites; esta e outras limitações que afetam até mesmo o bom profissionalismo (como fenômeno distinto do profissionalismo de guilda e do profissio-

---

[11] Vejam-se as observações adequadamente mordazes de Pierre Schlag sobre os professores universitários de direito que se identificam com os juízes em Schlag, *Laying Down the Law: Mysticism, Fetishism, and the American Legal Mind*, capítulo 8 (1996).

nalismo místico) representam perigos reais para o direito. Porém, embora seja um engano fingir que esses perigos não existem, também é um engano opor-se radical e globalmente à crescente profissionalização dos serviços jurídicos e lamentar a perda dos idos tempos da guilda e da mística profissional, como faz Mary Ann Glendon[12]. Tradicionalista e um pouco nostálgica, Glendon acredita que a profissão vem decaindo há muitos anos. Contemplando com admiração a antiga tradição jurídica anglo-americana, ela encontra grande valor até mesmo em figuras nebulosas como Lorde Coke (que exaltava a "razão artificial do direito"), William Blackstone e os formalistas do século XIX, de quem Holmes zombava. Na opinião dela, os melhores elementos dessa tradição foram entretecidos na década de 1950. No ano de 1960 – quando a própria Glendon era estudante de direito – os advogados, o judiciário e os juristas acadêmicos operavam em frutífera harmonia. Nessa época, era de ouro do direito, o ideal do jurista ou jurisconsulto era o do artesão paciente. Os juízes, ou pelo menos os melhores entre eles, "aproximavam-se da tarefa de julgar com temor e tremor" (p. 129).

De 1960 para cá, segundo Glendon, o tecido se desfez e cada um de seus fios se desfiou. Os advogados tornaram-se exibicionistas, mercenários e inescrupulosos. A ética "guerreira" dos litigantes predominou sobre a ética "comercial" que caracterizava os jurisconsultos. (Glendon toma esses termos – *raider* e *trader* – emprestados de Jane Jacobs, mas eles nos lembram as distinções estabelecidas por Nietzsche e Weber entre a atitude aristocrática e a atitude burguesa.) Isso ocorreu porque, graças à "explosão da litigância" que começou por volta de 1960, os litígios perfazem uma

---

[12] Mary Ann Glendon, *A Nation under Lawyers: How the Crisis in the Legal Profession is Transforming American Society* (1994).

proporção muito maior da prática do direito do que perfaziam antigamente. Glendon cita o folheto de propaganda de um advogado: "Temos o prazer de anunciar que obtivemos para nosso cliente **a maior indenização já concedida pela amputação de um braço – US$ 7,8 milhões**" (p. 5). A concorrência feroz dentro da profissão não é somente causa e consequência da camelotagem profissional; obrigou também os advogados a trabalhar mais que no passado e com menos estabilidade no emprego.

Também o judiciário, segundo Glendon, tornou-se uma arena de exibicionismo e presunção. O juiz Douglas, da Suprema Corte,

> era um homem adiante de seu tempo. Seu desprezo pela forma era visto como desleixo; seus votos visionários eram tidos como sinal de que tudo o que lhe importava era chegar à presidência; e sua solicitude pelos que ele considerava oprimidos era entendida como favorecimento ilícito. Na década de 1990, por outro lado, ele certamente teria repousado tranquilo sob o "Efeito Greenhouse"* – termo (cunhado a partir do nome de Linda Greenhouse, jornalista do *The New York Times*) que designa a calorosa reciprocidade entre os jornalistas ativistas e os juízes que caem nas suas graças. (p. 153)

Glendon cita e ridiculariza, merecidamente, o voto concorrente pomposo e presunçoso da decisão *Planned Parenthood vs. Casey* (que reafirmou a essência de *Roe vs. Wade*) no qual três juízes da Suprema Corte declararam que a "própria crença" que os norte-americanos têm em si mesmos como "povo que aspira a viver sob o primado do direito" "não se distingue imediatamente do entendimento que eles têm da [Suprema] Corte"[13] – e isto para de-

---

* Trocadilho intraduzível que joga com a identidade entre o nome da jornalista e o sentido comum da palavra *greenhouse* em inglês ("estufa"). (N. do T.)

[13] 505 U.S. 833, 868 (1992).

fender o direito ao aborto, o qual, tenha o mérito que tiver, não se pode considerar seja solidamente garantido pela Constituição. Os juízes parecem afirmar que são dotados de percepção extrassensorial em matéria constitucional. Glendon lembra-nos de que um dos três juízes que redigiram o voto tinha por acaso um jornalista em seu escritório no dia em que o voto foi publicado; a esse jornalista, ele se comparou a César atravessando o Rubicão. Talvez tenha se esquecido de que César atravessou o Rubicão para fazer a guerra civil e instalar-se no posto de ditador. Os juízes foram acusados de ativismo; talvez a palavra mais adequada seja cesarismo.

O direito acadêmico, afirma Glendon, atomizou-se em escolas concorrentes de erudição hermética que pouco têm a ver com a vida jurídica prática. Esses eruditos desprezam os tratados de doutrina, comparando-os a "encouraçados" – úteis no passado, mas ora obsoletos. Glendon cita uma observação de um velho e rabugento professor de Harvard: os jovens rebeldes da academia jurídica preferem escrever sobre a vida sexual das taturanas a escrever tratados que deem forma ao direito (p. 205). Porque esses fedelhos rejeitam as normas tradicionais do profissionalismo jurídico, os formandos em direito de hoje em dia encontram-se despreparados para atuar como advogados e juízes.

É verdade que todos os ramos da profissão jurídica sofreram enormes mudanças desde a década de 1950 e que essas mudanças correspondem aproximadamente à descrição de Glendon. Que as mudanças trouxeram em seu rastro muitos absurdos; que o exercício da profissão se torna cada vez mais escandaloso aos olhos dos mais perspicazes e exigentes; que o estudo tradicional do direito é estupidamente menosprezado; que os custos diretos e indiretos do direito se tornaram enormes, como se o sistema jurídico procurasse apropriar-se de uma fatia tão substancial do Produto

Interno Bruto quanto a destinada ao sistema de saúde – tudo isso também é verdade. Mas essas coisas não têm o significado que Glendon lhes atribui. Em 1960, a profissão não era tão maravilhosa quanto ela gostaria que fosse. Muitas mudanças ocorridas desde então são aperfeiçoamentos ou vieram de braços dados com os aperfeiçoamentos. Além de tudo, Glendon não explica *como* nem *por que* as mudanças aconteceram, nem apresenta um programa para revertê-las.

Na selva darwiniana, a concorrência é literalmente um genocídio; no mercado econômico, ela é meramente dolorosa e vulgar, e sua antítese não é a paz, mas a cartelização. Na década de 1950, a advocacia era um cartel regulamentado. As leis estaduais limitavam o ingresso à profissão, proibiam a concorrência de não advogados na prestação de serviços jurídicos ("prática não autorizada") e restringiam a concorrência entre os advogados na medida em que vedavam a propaganda e a busca ativa de clientes, encorajavam a fixação de uma tabela de honorários, proibiam aos não advogados investir em firmas de advocacia e coibiam a mobilidade interestadual. (Muitas dessas restrições continuam em vigor.) "A fixação de honorários era uma arte", diz Glendon com aprovação (p. 29) – correto, era a arte sutil da discriminação de preços, pela qual os monopolistas maximizam seus lucros. Quanto ao judiciário estadual ou federal, seria dificílimo demonstrar – e Glendon não demonstra – que ele tinha mais qualidade na década de 1950 do que hoje. Atualmente, a estabilidade dos juízes estaduais no cargo é um pouco mais sólida, e a corrupção provavelmente é menor; os aspirantes ao cargo de juiz federal são avaliados com mais cuidado; e a maioria dos juízes trabalha mais e é mais produtiva que seus predecessores. Embora o crescimento do número de assistentes e outros funcionários de apoio tenha seu lado negativo, o voto judicial de hoje em dia é, em média, um produto mais profissional do que na Era de Ouro que Glendon celebra. (Basta ler e fazer a comparação.) É verdade que a maioria dos juízes de hoje não se aproxima de suas tarefas com "temor e tremor", mas a maioria dos juízes de ontem também não o fazia. Do mesmo modo que o cirurgião não estremece antes de fazer um corte, o juiz não vacila antes de tomar uma decisão.

Na média, os juízes de hoje em dia provavelmente não são mais agressivos que os de outrora, mas concordo com Glendon em que são mais agressivos do que deveriam ser e se metem fundo demais nas atividades dos outros poderes do Estado, agindo com demasiada frequência como czares ignorantes. Porém, como dei a entender ao discutir o processo penal constitucional no Capítulo 2, é possível que os juízes não fossem suficientemente ativos em seu papel de garantir direitos antes de a Corte de Warren tomar a dianteira nesse sentido. Na década de 1950, surpreendentemente, a proteção judicial concreta dos direitos constitucionais era exígua. Bom número de réus penais que não tinham dinheiro para pagar um advogado era obrigado a defender a si próprio; a nomeação de advogados para defender réus penais pobres não era comum. Muitos presídios e manicômios estaduais eram verdadeiras sucursais do inferno, e os tribunais faziam-se de surdos perante as queixas dos internos. O direito à liberdade de expressão era interpretado de maneira estreita para esmagar o Partido Comunista Norte-Americano e proteger o público leitor contra os livros de Henry Miller. A brutalidade policial era rotineira e os remédios judiciais civis contra ela, ineficazes. A imposição de pena aos réus condenados era praticamente aleatória; em certas regiões do país, a pena de morte era imposta quase com displicência. Na prática, a Declaração de Direitos protegia, sobretudo, os elementos respeitáveis da sociedade que não precisavam de sua proteção. E não era só a Constituição que parecia mais bonita no papel do que na prática. Muitos direitos privados não eram efetivamente exigíveis. Era impossível ganhar uma ação judicial por imperícia jurídica ou médica, embora saibamos hoje que as duas formas de imperícia eram comuns, como ainda são. Quase não havia proteção jurídica eficaz do meio ambiente. Eram comuns todas as formas de discriminação maliciosa no trabalho, contra as quais praticamente não havia remédio jurídico. Os juízes ignoravam a ciência econômica; suas interpretações das leis antitruste frequentemente viravam de ponta-cabeça os princípios desse ramo do direito, desestimulando a concorrência e promovendo o monopólio.

Os cursos de ação política são como um pêndulo. Se ele oscila demais em determinada direção, vai oscilar demais na direção oposta antes de chegar ao repouso (e, se ficar sendo empurrado, talvez nunca chegue a repousar). Se os direitos legais não eram suficientemente garantidos na década de 1950 – mas talvez isso não seja verdade; talvez, como aventei na discussão sobre o processo penal constitucional, o Estado de direito não deva chegar até as margens extremas da sociedade –, hoje em dia eles provavelmente o são em demasia[14]. A falácia consiste em supor que, se hoje existe demasiada imposição de direitos por via judicial, ou um número demasiado de advogados, é necessário que em algum momento do passado essas coisas tenham existido na quantidade correta. Glendon tem razão em afirmar que o aumento da concorrência nos serviços jurídicos torna menos provável que o advogado subordine os interesses do cliente à sua própria concepção dos interesses sociais "superiores"; mas também torna menos provável que ele os subordine a seus próprios interesses egoístas.

---

[14] Veja-se uma invectiva polêmica contra as táticas dos advogados criminalistas que protegem os culpados contra o merecido castigo em Susan Estrich, *Getting Away with Murder: How Politics Is Destroying the Criminal Justice System* (1998).

Como Glendon observa, é possível que, hoje em dia, as mulheres constatem que é "quase impossível conciliar" o casamento e o cuidado dos filhos "com o ritmo rápido dos escritórios de advocacia" (p. 88). Na Era de Ouro elas não eram sequer contratadas pelos grandes escritórios. Quando Glendon se apresentou para uma entrevista de emprego na firma Cravath no começo da década de 1960, um dos sócios lhe disse: "Assim como não posso levar um judeu em uma reunião com Tom Watson [da IBM], não posso levar uma moça" (p. 28).

A maioria dos professores de direito da década de 1950 vivia alienada do abismo que separava as aspirações e as realizações concretas no direito. A "razão cantante" do direito (expressão de Karl Llewellyn) era algo que se encontrava nas melhores fundamentações de decisões judiciais e artigos das revistas de direito, e não no nível operativo do sistema jurídico. A fé na razão ("a razão chamada direito", nas palavras de Felix Frankfurter e Herbert Wechsler) era a fé complacente de acadêmicos e juízes que ou não sabiam como o direito estava sendo concretamente implementado ou não achavam adequado divulgar o que sabiam. Também eram intelectualmente provincianos, estavam na universidade, mas não eram dela, pouco se importavam com as contribuições que outras disciplinas podiam dar à compreensão e ao aperfeiçoamento das instituições jurídicas. Boa parte dos desenvolvimentos que Glendon deplora, tal como o uso imensamente mais disseminado (e o consequente potencial de abuso) da apresentação prévia de provas entre as partes (*pretrial discovery*), é consequência de reformas arquitetadas por seus heróis acadêmicos que não conseguiram prever os efeitos dessas reformas no mundo real. Ela mesma reconhece, decepcionada, que esses gigantes, como Archibald Cox e Louis Loss (o paladino antitaturanas), na qualidade de membros dominantes do corpo docente da Faculdade de Direito de Harvard no final da década de 1960 e começo da de 1970, contrataram adeptos niilistas dos movimentos dos estudos jurídicos críticos, mergulharam de cabeça na ação afirmativa, dobraram os joelhos diante dos "monstros sagrados do politicamente correto" (p. 228) e, por meio dessas e de outras atitudes, contribuíram para a ruína do edifício do direito. Ela aventa a possibilidade de que a seus próprios monstros sagrados faltasse a sofisticação intelectual e a coragem moral necessárias para fazer frente aos que queriam destruir o direito: observa que, embora "eles [os heróis dela] fossem muito capazes de 'praticar' o direito [...], ficavam mudos quando tinham de explicar e defender seu modo habitual e tradicional de agir" (p. 231). Será mesmo possível 'praticar' bem o direito sem ter consciência do que se está fazendo?

Muitos intelectuais, entre os quais alguns juristas, entre os quais a própria Glendon, têm um ponto de vista pré-darwiniano. Veem o presente como uma degeneração em relação a um passado áureo, não como uma evolução a partir de um passado mais simples. Tornam-se, assim, vulneráveis à falácia de comparar o melhor de antigamente com a média de hoje em dia[15]. James Madison, Abraham Lincoln, Elihu Root e os primos Hand são apresentados como os típicos advogados norte-americanos de antes da Queda; e são comparados com o advogado que conseguiu uma tremenda indenização pela amputação de um braço.

Não podemos retroceder no tempo, especialmente para uma época que só existe na imaginação. Seria ótimo se os principais juristas teóricos, em vez de lamentar-se pelo ontem perdido, começassem a pensar no amanhã. Glendon tem medo dos "inova-

---

[15] Essa falácia é o resultado de uma seleção tendenciosa. A média de antigamente é esquecida; e o melhor de antigamente, que é lembrado, é tomado como a média.

dores, iconoclastas e advogados litigantes" que vêm engrossando as fileiras da profissão (p. 102). Mas são os inovadores e iconoclastas, não os nostálgicos e conservadores, que vão adaptar o direito de hoje às necessidades do amanhã. Ela justapõe louvores ao incrementalismo de Burke e elogios aos fundadores da nação norte-americana; mas estes últimos eram revolucionários. Cita com agrado o elogio que Paul Freund faz do direito como aquela disciplina que "nos ensina a deixar de lado as grandes antinomias", entre liberdade e autoridade por exemplo, "a fim de descobrir a questão exata que dá causa à controvérsia, as exatas consequências desta ou daquela decisão e as possibilidades de conciliação, tirando a força dos 'ismos' e estreitando as cisões" (p. 103)[16]. Mas essa é a concepção pragmática do direito – e também, talvez, uma concepção inovadora e até iconoclasta –, não a concepção nostálgica.

... E de tudo o mais

O que aconteceu com a profissão jurídica norte-americana a partir da década de 1960 é parecido com o que aconteceu com os militares norte-americanos a partir da década de 1970. A Guerra do Vietnã revelou deficiências terríveis na condução civil dos assuntos de segurança nacional. Por outro lado, revelou também o amadorismo da profissão militar[17]. Os oficiais confiavam muito mais na mística que no estudo sério e no planejamento direcionado para as exigências da guerra moderna. O nepotismo era a regra tanto nas promoções de rotina quanto na nomeação para postos de comando importantes; o carisma frequentemente fazia

---

[16] Paul Freund, *The Supreme Court of the United States*, p. 75 (1972).

[17] Veja-se um excelente relato não acadêmico em James Kitfield, *Prodigal Soldiers: How the Generation of Officers Born of Vietnam Revolutionized the American Style of War* (1995).

as vezes de competência; o blefe, o pensamento fantasioso e até a mentira pura e simples eram usados para ocultar os fracassos. Uma hipertrofia do profissionalismo místico consubstanciava-se em rivalidades devastadoras entre os diversos braços das forças armadas, rivalidades que só podiam ser controladas pelo equivalente militar dos acordos de não competição; assim como era inconcebível para os advogados que um contador conduzisse um litígio de direito tributário, era impensável para a marinha que o exército comandasse missões aéreas lançadas de porta-aviões. As Forças Armadas só se uniam na crença de que os militares constituíam um mundo à parte que não tinham nada a aprender com o setor civil – por exemplo, acerca da gestão inteligente das relações raciais e de outros problemas de gestão de pessoal – nem sequer deveriam comunicar-se com ele. Curtis LeMay, caricatura do militar-Neandertal, tornou-se o emblema dos militares norte-americanos daquela época.

Vinte cinco anos depois, o desempenho das Forças Armadas americanas na Guerra do Golfo mostra-nos que a profissão militar se transformou[18]. Isso ocorreu em parte como reação aos efeitos desastrosos da Guerra do Vietnã sobre a moral e a eficácia dos militares e a estima do público pela classe militar; e, em parte, porque o fim do serviço militar e da convocação obrigatória obrigou os militares a criarem Forças Armadas "profissionais". No processo de reforma, o sistema de promoção foi reformulado de modo que se atribuísse mais peso ao bom desempenho em exercícios militares realistas e passíveis de avaliação objetiva; toda a

---

[18] Ver id.; David McCormick, *The Downsized Warrior: America's Army in Transition*, pp. 106-11 (1998). McCormick manifesta preocupação com as consequências que a grande redução do efetivo militar, iniciada em 1990, terá para o profissionalismo das forças armadas. Apesar disso, a tendência geral de profissionalismo militar permanece positiva desde a década de 1960.

política de pessoal foi profissionalizada. Sistemas de *feedback* ("revisão após a ação") foram criados para promover o aprendizado com a experiência. A insistência na educação continuada, tanto em disciplinas militares como em disciplinas civis, facilitou a criação de um corpo de oficiais mais inteligente e capaz de fazer o melhor uso possível das modernas tecnologias e ferramentas analíticas na condução da guerra, bem como de se comunicar eficazmente com os civis, como demonstraram as assessorias de imprensa das Forças Armadas durante a campanha do Golfo. Foram criados procedimentos e instituições que garantissem pelo menos um mínimo de cooperação entre as armas. A guerra continua sendo mais emocional e imprevisível que qualquer outra atividade profissional; mas os oficiais militares norte-americanos tornaram-se legitimamente profissionais em um grau muito maior que no passado.

Mais interessante ainda que a crescente profissionalização das profissões liberais tradicionais é a crescente profissionalização de todas as formas de trabalho. A essência do "bom" profissionalismo é a aplicação de um conjunto especializado de conhecimentos a uma atividade importante para a sociedade. À medida que o conhecimento cresce – e concomitantemente se torna mais especializado, dadas as limitações intelectuais dos seres humanos, inclusive dos mais capacitados –, é previsível que um número cada vez maior de ocupações vá se tornando profissionalizadas no sentido bom. Mas é possível que elas nunca venham a precisar da parafernália tradicional do profissionalismo, porque não precisarão cultivar a mística profissional.

O primeiro a perceber a tendência à profissionalização universal foi Weber, para quem o sinal distintivo da modernização era a congregação de um número cada vez maior de atividades sob a égide da racionalidade. Um dos primeiros exemplos dessa tendência, bastante questionável, foi a "racionalização" (na verdade, a cartelização ou monopolização) da indústria por meio de fusões empresariais e do controle da produção mediante estudos de tempo e movimento ("taylorismo")[19]. Weber previu, com acerto, que a expansão dos métodos racionais acarretaria o desencantamento do mundo, à medida que as atividades humanas fossem se tornando desmistificadas e transparentes[20].

Em anos recentes, o processo que ele previu cresceu espantosamente[21]. Tome-se a administração das universidades, por exemplo. No passado, esse ramo era um bastião do amadorismo. O típico reitor universitário era um erudito de renome que chegara à reitoria vindo diretamente de uma carreira de docência e pesquisa. Era auxiliado por uma pequena equipe administrativa também composta, sobretudo, de amadores: ex-professores e ex-pesquisadores como ele, e, em algumas universidades mais tradicionais do nordeste norte-americano, ex-alunos dotados de excelentes contatos sociais. Nos dias atuais, quando as grandes universidades são empresas que valem centenas de milhões de dólares e estão sujeitas a leis e regulamentos complexos, o típico reitor universitário é um administrador profissional. Já passou pelos escalões infe-

---

[19] Ver Cecelia Tichi, *Shifting Gears: Technology, Literature, Culture in Modernist America*, pp. 76-87 (1987).

[20] Ver, por exemplo, Max Weber, *The Protestant Ethic and the Spirit of Capitalism*, 180-3 (trad. ingl. de Talcott Parsons, 1958); Anthony T. Kronman, *Max Weber*, capítulo 8 (1983).

[21] Cf. Steven Brint, *In an Age of Experts: The Changing Roles of Professionals in Politics and Public Life*, pp. 205-7 (1994). O processo é deplorado por Brint, id., capítulo 10, e por outro sociólogo de esquerda, Elliott Krause, no livro *Death of the Guilds*, nota 2, acima. Na opinião de Brint e Krause, a racionalização das profissões liberais foi um triunfo lamentável do capitalismo e colocou todas as atividades econômicas sob o domínio do mercado. Veja-se uma crítica a Brint em Anderson, nota 6, acima, pp. 1072-81. A condenação do profissionalismo é um sinal de que a esquerda vem se tornando cada vez mais reacionária, ansiando nostalgicamente por métodos de produção pré-modernos.

riores de uma carreira administrativa que, geralmente, inclui os cargos de diretor acadêmico da universidade e, antes, diretor de faculdade[22]. É assistido por uma grande equipe de especialistas em administração, muitos dos quais não têm um histórico acadêmico substancial, mas têm, antes, experiência em prática de direito, contabilidade, finanças e administração de empresas. O hospital universitário será administrado por um profissional de gestão hospitalar, a qual se tornou um campo especializado e independente.

Também as empresas se tornaram extraordinariamente racionalizadas, profissionalizadas. Embora os empreendedores solitários ainda tenham importante papel a desempenhar nas pequenas empresas e em situações de fusão e aquisição, as firmas maduras estão cada vez mais sob o comando de executivos dotados de compreensão cabal de métodos racionais e sistemáticos de gestão financeira, gestão de pessoal ("recursos humanos"), controle de estoque, *marketing*, produção, compras, relações com o governo, direito e todas as demais dimensões de um empreendimento complexo. À medida que as profissões liberais se tornam cada vez mais empresariais, também as empresas se tornam mais profissionais – não no sentido falso, sob cuja égide algumas profissões liberais antigas cultivavam a mística profissional, mas no sentido verdadeiro: fazem uso de conhecimentos especializados para alcançar, de modo racional e eficaz, objetivos claramente definidos e valorizados pela sociedade.

A companheira tradicional do direito é a medicina. A espantosa transformação que essa profissão sofreu a partir da década

---

[22] Hoje em dia, afirma-se nos círculos universitários que ninguém pode chegar a ser reitor ou diretor acadêmico se não tiver experiência anterior em administração "complexa", definida esta como a supervisão de pessoas que também exercem cargos administrativos e que, portanto, não respondem perante seus supervisores como indivíduos, mas como representantes de seus subordinados.

de 1960 foi impulsionada por uma verdadeira explosão de conhecimento que aumentou enormemente a eficácia dos tratamentos médicos em matéria de prolongamento da vida e alívio do sofrimento. Como era de esperar, essa explosão foi acompanhada pelo rápido declínio dos elementos místicos antes tão evidentes nessa profissão – práticas discriminatórias de seleção, ocultação da negligência e da imperícia (a "conspiração do silêncio" e a "inumação dos erros"), a simulação de onisciência dos médicos ao lidar com seus pacientes e a recusa em explicar-lhes as razões de seus prognósticos, a hostilidade a formas de preservação da saúde que não pressupunham o uso de habilidades médicas esotéricas (dieta e exercícios físicos, por exemplo), a falta de especialização que levava muitos médicos a cumprir tarefas que poderiam ser cumpridas por enfermeiras e muitas enfermeiras a cumprir tarefas que poderiam ser igualmente bem realizadas por técnicos e assistentes de enfermagem, o desprezo por métodos e disciplinas "externas" como a estatística e a saúde pública e, por fim, a hostilidade a inovações em matéria de fixação de preços e modos de oferecimento dos serviços médicos. A constituição de serviços médicos estatais como o *Medicare* e o *Medicaid* e o advento das novas tecnologias elevaram à estratosfera os custos dos serviços médicos e, assim, puseram a nu as técnicas primitivas da medicina. Diante de uma derrota potencialmente tão estrondosa quanto a dos militares no Vietnã, a profissão médica e os demais elementos do vasto setor de serviços médicos descobriram, e empenharam-se em adotar, métodos racionais de administração que visam a impedir que médicos e pacientes contratem tratamentos supérfluos a serem pagos por terceiros incautos – a maior fonte evitável de inflação em matéria de medicina.

Comparada com a da medicina, a profissionalização do direito foi insignificante. Isso talvez se deva em parte à íntima ligação entre o direito e a política. Esta última, pelo menos em uma democracia, resiste à profissionalização em geral ou pelo menos àquelas formas de profissionalização que poderiam ajudar o direito a tornar-se mais profissionalizado. Esta ressalva é importante. Também a política se tornou mais profissional em decorrência do aperfeiçoamento das técnicas de pesquisa de opinião, de financiamento e propaganda de campanha e dos métodos de identificação, consolidação e promoção dos candidatos como astros da mídia. Mas nada disso afetou de modo útil o direito. Não há provas de que a divulgação televisiva de julgamentos de primeira e segunda instância e das audiências de confirmação dos membros do judiciário melhore a qualidade do sistema jurídico, nem de que o emprego de técnicas de psicologia social para selecionar e influenciar jurados tenha aperfeiçoado a precisão dos julgamentos pelo júri. Em virtude do caráter estratégico dos litígios judiciais, as melhorias técnicas podem aumentar os custos para ambos os lados sem que se verifique melhora correspondente em matéria de precisão decisória; é esta uma das críticas frequentemente dirigidas contra o uso do testemunho de peritos em diversos tipos de litígio. É claro que se poderia contestar exatamente do mesmo modo a eficácia da profissionalização dos oficiais militares quando tal profissionalização é vista em um contexto global (coisa que, porém, a maioria dos norte-americanos não está disposta a fazer). Também algumas inovações médicas, em virtude de seus efeitos secundários, redundam em benefícios sociais limitados ou negativos – um aperfeiçoamento que salva a vida do paciente, por exemplo, mas causa uma doença mais cara e igualmente fatal pouco tempo depois; ou um tratamento que diminui o grau de fatalidade de uma doença, mas induz as pessoas a tomar menos cuidado para evitá-la, como o caso da sífilis e, talvez, da aids. Contudo, o problema dos aperfeiçoamentos que não adiantam nada parece particularmente agudo no caso do direito (e também dos esportes, outra atividade baseada na competição direta).

A resistência do direito contra as melhorias verdadeiras é demonstrada, paradoxalmente, pela ascensão da teoria moral aplicada ao direito, seja diretamente, seja pela mediação da teoria constitucional. Como vimos, o setor prático da profissão resiste a esse tipo de teorização que, aos olhos de juízes e advogados, parece perfeitamente inútil; eles se contentam com um vocabulário moral não teorizado no qual avultam termos indefinidos como "equidade" e "justiça". Para o jurista acadêmico, entretanto, a teoria moral é uma válvula de escape que o escusa de ter de pensar no direito como uma ciência social ou política. O direito concebido em termos científicos tem uma transparência constrangedora, pois suas pretensões tornam-se efetivamente refutáveis. A teoria moral e a teoria constitucional, ao contrário da teoria científica, são simultaneamente mais opacas e menos definidas. Proporcionam um vocabulário que permite que o direito se acomode às preferências políticas de cada teórico sem parecer que é isso que está acontecendo. Essas teorias são mistificações alternativas ao conceito tradicional de direito como uma disciplina autônoma e arcana. A proposta de usar a filosofia para orientar a estratégia militar, os tratamentos médicos ou a gestão de universidades depararia com manifestações explícitas de incredulidade. Nesses campos, o máximo que se admitiria para a filosofia seria o papel de propor limites éticos. A proposta de que o direito se oriente pela bússola da filosofia moral reflete uma concepção do direito como atividade pré-profissional e não sistematizada.

Discutindo as lamúrias de Mary Ann Glendon, eu disse de passagem que os votos da Suprema Corte se tornaram mais profissionais nos últimos quarenta anos. São hoje mais completos, mais precisos e mais metódicos. Refletem pesquisas mais profundas, tanto jurídicas como colaterais. São escritos com mais cuidado, patenteando o esforço de evitar afirmações irresponsáveis e de minimizar possíveis erros de interpretação. Têm o estilo mais uniforme e menos idiossincrático – são mais "corretos" no sentido gramatical. Poder-se-ia dizer que são um produto mais do método racional que do gênio individual. Isso não ocorre por acidente. A Corte sofreu mudanças significativas tanto em seu plenário como em sua equipe de assessores jurídicos. Os indicados são sabatinados de modo mais cuidadoso, processo que tende a eliminar os mais excêntricos. A experiência anterior na função judicial tornou-se uma das exigências não oficiais para os aspirantes a juiz da Suprema Corte: todos os *associate justices* têm alguma experiência nesse sentido. O número de assistentes dos juízes dobrou e os próprios assistentes são selecionados de modo mais cuidadoso. Hoje em dia, o mérito tem papel ainda mais determinante que no passado. E cada um deles já passou um ano trabalhando como assistente para outro juiz, em geral, em um tribunal federal de recursos, no qual as pautas são semelhantes às da Suprema Corte. A inovação administrativa chamada de "*cert. pool*", pela qual um único assistente prepara uma recomendação (a ser lida por todos os juízes) quanto à oportunidade de se apreciar determinada causa em tribunal pleno, permitiu que os assistentes façam a triagem dos pedidos de apreciação em menos tempo que no passado, não obstante o número de petições de *certiorari** ter aumentado em uma proporção ainda maior que o número de assistentes. Em decorrência disso, cada assistente pode dedicar à redação dos votos dos juízes o mesmo tempo que os assistentes do passado dedicavam; uma vez que atualmente a razão entre o número de assistentes e o número de votos é mais que duas vezes maior que antes

---

* Apelo ao exercício da competência recursal da Suprema Corte na jurisdição federal norte-americana. (N. do T.)

(um dos fatores que determinaram isso foi o declínio no número de causas avocadas pela Corte), os juízes contam com uma quantidade maior de auxílio, de natureza mais profissional, para preparar seus votos[23]. Os processadores de texto e a pesquisa jurisprudencial computadorizada aumentaram ainda mais a produtividade dos assistentes. Todas essas mudanças contribuíram para a melhora, acima mencionada, na qualidade dos votos da Suprema Corte.

Mas essa melhora – o que ela vale realmente? Os votos são mais demorados de ler, mais tediosos e, em virtude de seu estilo impessoal, são mais difíceis de usar como indicadores da reação da Corte diante de causas futuras. Lembre-se de como era longo e pesado o voto da maioria em VMI. Boa parte do que se vê nas decisões da Corte e que explica seu tamanho e sua textura densa – como o pingue-pongue entre a maioria e os juízes divergentes, a incansável dissecação dos precedentes, os elaborados históricos da legislação e sua exegese – nem esclarece qual é o real processo de pensamento dos juízes nem instrui os advogados e os magistrados de instâncias inferiores acerca do uso de técnicas analíticas que os ajudem a resolver questões jurídicas complicadas. A pauta da Corte é dominada por causas constitucionais difíceis, e só os ingênuos pensam que as decisões dessas causas são predominantemente determinadas por métodos de investigação desinteressados, apolíticos e "independentes das tendências do observador". Não há dúvida de que cada juiz *pensa* que seus votos são totalmente, ou pelo menos em grande parte, determinados por métodos desse tipo, ao mesmo tempo que encara com ceticismo os votos dos outros juízes. Essa é a psicologia da função judi-

---

[23] Mas os assistentes não se limitam a fazer a triagem dos pedidos de *certiorari* e a redigir votos. Também ajudam os juízes a se preparar para as sessões de exposição oral e a rever os votos propostos pelos outros juízes. Quando essas tarefas são bem feitas, elas colaboram para que os votos em si sejam melhores.

cial. É fácil (mesmo para um juiz) observar com cinismo os juízes em geral, mas é difícil *ser* cínico na condição de juiz. Pelo menos no que diz respeito às decisões constitucionais, o resultado principal das medidas que fizeram da Suprema Corte uma instituição mais profissional foi simplesmente o de tornar mais grosso o glacê do bolo[24].

O direito ainda está construindo um conjunto de conhecimentos semelhante ao que possibilitou a outras profissões caminhar decididas em direção do verdadeiro profissionalismo. Pode ser que as dimensões estratégicas e políticas do direito tornem esse projeto impossível, embora eu prefira pensar que elas simplesmente o tornam difícil. A dimensão política é a principal responsável pelos avanços da ação afirmativa e do politicamente correto na formação jurídica, que tiveram consequências retrógradas do ponto de vista da profissionalização. Com efeito, um dos pilares da cabeça de praia que a ação afirmativa e o politicamente correto ocupa nas faculdades de direito é um movimento acadêmico chamado teoria crítica da raça, que rejeita expressamente os princípios da análise racional[25]. A política talvez também explique aquelas enfadonhas decisões constitucionais. A eficiência decorrente da especialização não significa muita coisa quando a falta de um objetivo com que todos concordem coloca uma atividade sob o domínio da ideologia ou da política e não de uma racionalidade instrumental objetiva que visa a atingir determinados resultados. Agora que a União Soviética morreu, o que pode significar o termo "especialista em ideologia"? (O termo "especialista em moral" seria igualmente paradoxal.) Mas se tenho razão em pensar que o

---

[24] Cf. Deborah Hellman, "The Importance of Appearing Principled", 37 *Arizona Law Review*, p. 1107 (1995).
[25] Ver Daniel A. Farber e Suzanna Cherry, *Beyond All Reason: The Radical Assault on Truth in American Law* (1997).

país (talvez o mundo) vem sendo inundado por uma maré de profissionalismo verdadeiro, qual a probabilidade de que o direito, entre todas as atividades, permaneça intocado por esse movimento?

A TESE DA SUPLANTAÇÃO

O caminho para além do direito

A esperança de que o direito se torne uma profissão liberal genuína, no sentido de profissionalismo exemplificado pelo que vem acontecendo em outras ocupações, reside naquilo que gosto de chamar, de modo deliberadamente provocativo, a "superação do direito" ou a "tese da suplantação". Segundo essa tese, aquilo que entendemos como direito é somente uma fase de transição na evolução do controle social. Holmes fez insinuações nesse sentido no ensaio "The Path of the Law" [O caminho do direito][26]. Deu a entender que o direito como o conhecia, e como em grande medida ainda o conhecemos, é mero estágio na história do ser humano. Seguiu-se historicamente à vingança privada e um dia será sucedido por formas de controle social que desempenham as funções essenciais do direito, mas não são direito em um sentido patente, embora estejam latentes no direito como este estava latente na vingança privada.

O direito no sentido patente, no sentido em que um dia será suplantado, é tido como inextricavelmente ligado à moral e sem dúvida é saturado de termos morais. Também é tradicional – hoje

---

[26] Oliver Wendell Holmes, "The Path of the Law", 10 *Harvard Law Review*, p. 457 (1897). O centenário do mais famoso ensaio sobre o direito motivou uma avalanche de comentários acadêmicos. Ver, por exemplo, Albert W. Alschuler, "The Descending Trail: Holmes' 'Path of the Law' One Hundred Years Later", 49 *Florida Law Review*, p. 353 (1997); Brian Leiter, "Holmes, Economics, and Classical Realism", em *The Jurisprudence of Oliver Wendell Holmes, Jr.* (org. S. J. Burton, no prelo); David Luban, "The Bad Man and the Good Lawyer: A Centennial Essay on Holmes's 'The Path of the Law'", 72 *New York University Law Review*, p. 1547 (1997).

em dia, diríamos que é "dependente de sua trajetória passada" (*path dependent*). Os juízes têm o dever de impor acordos políticos firmados no passado. De modo correlato, o direito é lógico, no sentido de que as novas doutrinas só podem ser criadas por derivação – na forma de dedução, de analogia ou de interpretação – a partir de doutrinas já existentes.

Essa concepção tradicional do direito, tão ortodoxa hoje quanto era há um século, Holmes parece tê-la considerado epifenomênica, obscurantista e transitória. "O caminho do direito" afirma que as pessoas só se preocupam em saber quais são seus deveres legais porque os juízes receberam o poder de decretar o uso de força irresistível para impor esses deveres. A pessoa prudente quer saber como impedir que essa força seja usada contra si (e Holmes deveria ter acrescentado: quer saber também como usá-la para amparar suas próprias pretensões, pois o direito não só impõe deveres como também salvaguarda direitos). Desse ponto de vista, tudo o que importa é ser capaz de prever o que os juízes decidirão a partir de um dado conjunto de fatos, e é por isso que as pessoas consultam advogados. A legislação e as decisões judiciais anteriores proporcionam o material com que fazer a previsão. Na verdade, o direito se resume à previsão de o que os tribunais farão. A moral nada significa. A pessoa má preocupa-se tanto quanto a pessoa boa em não se colocar como alvo da força do Estado. Como o direito e a moral são frequentemente discrepantes, o uso da linguagem moral pelo direito é fonte de confusão; o ideal seria banir do direito o uso dessa linguagem. Por exemplo: embora tanto o direito como a moral usem reiteradamente a palavra "dever", o dever legal de cumprir uma promessa é mera previsão de que, se você não a cumprir, terá de pagar pelo dano que o rompimento da promessa impôs ao promissário. É indiferente que você a tenha rompido deliberadamente ou, na outra extremidade do espectro, que a tenha rompido por motivos que fugiram absolutamente ao seu controle. Outra prova de que o direito pouco se importa com as intenções e outros estados mentais é que ele impõe contratos quando as partes *sinalizam* ou *significam* seu consentimento, independentemente de consentirem realmente. No direito penal, palavras como "dolo" ou "culpa" denotam graus de periculosidade e nada mais.

A bagagem moral e mental do direito provém do fato de que a maioria dos princípios jurídicos tem base na tradição, e esta, fortemente judaico-cristã, está saturada de conceitos morais que põem em evidência o estado mental. (Os gregos pré-socráticos, ao contrário, davam mais ênfase às consequências dos atos.) O pendor retrógrado e tradicionalista do direito, bem como a deferência servil aos precedentes – características que vislumbramos na avaliação pessimista de Mary Ann Glendon sobre o direito contemporâneo – são dados a serem lamentados. A única utilidade da história para o direito está em desmascarar as doutrinas obsoletas, demonstrando que não passam de vestígios. Os juízes têm de compreender que o único fundamento sólido de qualquer norma jurídica são as vantagens que ela traz para a sociedade, e a determinação dessas vantagens depende de um juízo econômico, da ponderação de custos e benefícios. Se o direito aceitasse os subsídios da economia e das outras ciências sociais, o sistema de responsabilidade civil extracontratual poderia ser substituído por um sistema de seguro social; e o direito penal, baseado na dissuasão, poderia ser substituído por um sistema em que os métodos da criminologia científica seriam usados para identificar e isolar ou até matar pessoas perigosas. E, se fôssemos realistas, perceberíamos que aquilo que os juízes fazem não reflete a imagem oficial da atividade judicial. Às vezes seus atos são de um conservadorismo ignorante; às vezes eles votam baseados no medo; mas às vezes, e idealmente, eles ponderam custos e benefícios, embora cuidem (e Holmes dava grande importância a isso em seus votos) de evitar mudanças rápidas que venham a dificultar para os advogados a previsão dos resultados de novas causas. Os precedentes, então, de fato, são importantes, mas por razões puramente práticas que nada têm a ver com um suposto "dever" para com o passado.

Será que Holmes tinha razão em pensar que "o direito" é mera máscara ou fantasia que pode confundir aqueles que a usam, mas que não tem função social alguma na modernidade e deve ser removida a fim de pôr a nu um esquema de programação política que poderia ser aperfeiçoado caso sua existência fosse abertamente reconhecida? Tinha razão pela metade. A atividade judicial e o pensamento jurídico em geral são efetivamente caracterizados por uma solenidade desnecessária e obnubiladora e pela papagaiada moralista e tradicionalista. Ao lidar com temas jurídicos, sempre é imensamente útil despi-los da verborragia convencional de que vêm revestidos e examinar quais são os interesses reais em jogo, os objetivos das partes, os projetos políticos por trás dos precedentes e as consequências das diversas decisões possíveis, como sugeriu Paul Freund no trecho citado por Glendon. O direito pode beneficiar-se de uma dose cavalar daquele desencantamento que acompanha a profissionalização verdadeira no contexto da modernidade.

Mas há várias coisas em que Holmes não pensou. Uma delas é a tensão entre uma concepção "realista" dos juízes como agentes políticos e a ideia de que, para prever o que eles decidirão da próxima vez, é necessário fazer uma extrapolação a partir de suas decisões anteriores – ideia que implica que, no fim das contas, é exata a imagem oficial da atividade judicial segundo a qual os juízes "raciocinam" a partir dos precedentes. Um ponto correlato é que o interesse da sociedade na segurança jurídica exige que o juiz, na maioria dos casos, não se afaste da letra da legislação e dos precedentes, o que significa que pelo menos em boa parte do tempo terá de se comportar como um formalista. Além disso, quanto mais o direito se conformar às opiniões morais dominantes, e inclusive às opiniões morais de subculturas importantes como a comunidade empresarial e comercial, tanto mais facilidade os leigos terão para compreender a lei e obedecer-lhe. Para evitar os conflitos com a lei, será suficiente que sejam membros bem socializados de sua comunidade.

Outra questão que Holmes não poderia mesmo ter compreendido porque nos foi ensinada pelo totalitarismo, que ainda não existia em 1897, é que a preservação de um verniz moral nas relações entre o direito e aqueles que lhe estão sujeitos, especialmente os antissociais, representa uma primeira linha de defesa contra os excessos da violência estatal. Não é conveniente tratar como animais nem mesmo os criminosos mais abomináveis, mas Holmes brincava com a ideia de fazer isso quando dizia: "Se o criminoso típico é um degenerado, predestinado a cometer fraude ou homicídio por obra de uma necessidade orgânica tão profunda quanto aquela que leva a cascavel a picar, a ideia de dissuadi-lo por meio do método clássico do aprisionamento afigura-se inútil. Temos de nos livrar dele."[27] O ato de excluir da comunidade humana toda uma classe de seres humanos pode tornar-se um hábito. Excluindo de início os criminosos, podemos passar em seguida a excluir os indigentes, os doentes, os idosos, os deficientes e doentes mentais ("Três gerações de imbecis são o bastante"[28]) e, por fim, os não conformistas e os membros de minorias que não agradam ao povo. Será que tenho de explicar, referindo-me talvez à filosofia moral, por que esses resultados seriam ruins no contexto da nossa sociedade? Acho que não!

---

[27] Holmes, nota 26, acima, p. 470.
[28] Buck *vs.* Bell, 274 U.S. 200, 207 (1927) (voto do juiz Holmes).

Holmes tampouco anteviu que, se aplicação de métodos racionais tornar o direito tão mecânico, seco e segmentado quanto o trabalho atualmente desempenhado por para-advogados, contabilistas, encarregados de almoxarifado, agentes de viagem e técnicos de saúde, a profissão jurídica talvez deixe de atrair as pessoas mais capacitadas, e a qualidade do direito talvez caia. É claro que, cem anos depois do texto de Holmes, ainda estamos longe de tal estado de coisas; mesmo assim, assinalaremos, no capítulo seguinte, a crescente insatisfação dos advogados norte-americanos com sua vida profissional muito bem remunerada, mas cada vez mais sufocante. Aquilo que Glendon vê como uma deterioração moral inexplicável pode ser sintoma de uma transformação sub-reptícia nas condições materiais da prática da profissão. As tediosas decisões da Suprema Corte talvez sejam outro sintoma da mesma coisa.

A última e talvez a mais importante omissão de Holmes em "O caminho do direito" foi que ele não percebeu o risco de entusiasmar-se prematuramente pelas soluções científicas para os problemas humanos. Essa omissão é irônica, pois Holmes era um cético; e uma das coisas que ele encarava com ceticismo eram os esquemas de aperfeiçoamento social baseados nas ideias mais recentes da economia e de outras ciências sociais. Apesar desse ceticismo, não conseguiu subtrair-se de todo à atração gravitacional das melhores e mais novas concepções do meio intelectual em que vivia. Daí procedem seu entusiasmo pela eugenia e sua receptividade seja a um modelo "terapêutico" de justiça criminal, seja à noção de substituir as instituições jurídicas da responsabilidade civil extracontratual por um esquema de seguro social – outra ideia questionável, como nos mostram os esquemas de indenização por acidentes automobilísticos quando não houve culpa[29].

---

[29] Ver Elisabeth M. Landes, "Insurance, Liability, and Accidents: A Theoretical and Empirical Investigation of the Effect of No-Fault Accidents", 25 *Journal of Law and*

Os erros científicos do passado, para os quais a Corte chamou tanto a atenção na decisão VMI, mostram-nos que convém cuidar para não jogar fora a concepção tradicional de direito – ainda que esteja infestada de moralismos antiquados – e substituí-la por uma concepção totalmente científica. Existe, porém, um erro igual e oposto: o de supor que o presente e o futuro serão exatamente iguais ao passado. Fazer essa suposição equivale a negar, em face de inúmeras provas em contrário, que houve progresso na compreensão do comportamento humano e das instituições sociais. A economia, a psicologia cognitiva e a psicologia do anormal, a biologia evolutiva, a estatística e a historiografia – todas essas ciências progrediram desde a época em que Holmes escreveu. Surgiram novos métodos para descrever o comportamento social, tais como a teoria dos jogos. Sabemos muito mais sobre o mundo social do que Holmes poderia saber. Provavelmente seremos capazes de não cometer os mesmos erros que ele. É claro que cometeremos nossos próprios erros. Não só a prudência, mas também o realismo nos indicam que a interfusão entre o direito, de um lado, e a moral, a política, a tradição e a retórica, de outro, talvez tenha vindo para ficar, e que o caminho da

---

Economics, p. 49 (1982); Peter L. Swan, "The Economics of Law: Economic Imperialism in Negligence Law, No-Fault Insurance, Occupational Licensing and Criminology", *Australian Economic Review*, Terceiro Trimestre de 1984, p. 92; Richard A. Derrig, Herbert I. Weisberg e Xiu Chen, "Behavioral Factors and Lotteries under No-Fault with a Monetary Threshold: A Study of Massachusetts Automobile Claims", 61 *Journal of Risk and Insurance*, p. 245 (1994); Richard A. Posner, *Economic Analysis of Law* § 6.14 (5. ed., 1998). Mesmo encarado puramente como um esquema de indenização e deixando-se de lado a questão de seu efeito sobre a incidência de acidentes, o esquema de indenização sem culpa não é manifestamente superior ao sistema convencional da responsabilidade civil invocada em demanda judicial. Joseph E. Johnson, George B. Flanigan e Daniel T. Winkler, "Cost Implications of No-Fault Automobile Insurance", 59 *Journal of Risk and Insurance*, p. 116 (1992). Veja-se, porém, uma avaliação mais favorável a esse esquema em J. David Cummins e Mary A. Weiss, "The Stochastic Dominance of No-Fault Automobile Insurance", 60 *Journal of Risk and Insurance*, p. 230 (1993).

profissionalização completa talvez esteja, nessa mesma medida, permanentemente bloqueado. Porém, podemos ainda avançar muito nesse caminho antes de chegarmos ao ponto de obstaculização. Devemos pelo menos tentar avançar – o que exigirá que os juristas acadêmicos se dediquem, muito mais do que se dedicam agora, à economia, à estatística, à teoria dos jogos, à psicologia cognitiva, à ciência política, à sociologia, à teoria das decisões e às disciplinas correlatas[30]. Nessa tentativa, estaremos nos unindo a um movimento nacional de vulto, e majoritariamente benéfico, rumo à profissionalização de todas as formas de trabalho produtivo.

A sociologia do direito

Talvez alguns leitores suspeitem que, quando digo "a economia [...] e as disciplinas correlatas", esteja me referindo somente à economia. Mas não. Em um profissionalismo jurídico maduro, que se oriente para as ciências sociais, atribuo papel importante a outras disciplinas, como a sociologia – rival tradicional da economia. O ceticismo dos sociólogos diante das pretensões de conhecimento das profissões liberais e das disciplinas intelectuais, as análises penetrantes do comportamento profissional que esse ceticismo estimulou e a associação estabelecida por Weber entre a modernização, a racionalização e o desencantamento orientaram minhas reflexões sobre a relação entre teoria e prática na tomada de decisões morais e jurídicas.

---

[30] Ver, por exemplo, Douglas G. Baird, Robert H. Gertner e Randal C. Picker, *Game Theory and the Law* (1994); Frank B. Cross, "Political Science and the New Legal Realism: A Case of Unfortunate Interdisciplinary Ignorance", 92 *Northwestern University Law Review*, p. 251 (1997); Kenneth G. Dau-Schmidt, "Economics and Sociology: The Prospects for an Interdisciplinary Discourse on Law", 1997 *Wisconsin Law Review*, p. 389; Neil K. Komesar, *Imperfect Alternatives: Choosing Institutions in Law, Economics, and Public Policy* (1994); Michael A. Livington, "Reiventing Tax Scholarship: Lawyers, Economists, and the Role of the Legal Academy", 83 *Cornell Law Review*, p. 365 (1998); Lynn M. LoPucki, "The Systems Approach to Law", 82 *Cornell Law Review*, p. 479 (1997).

Não obstante, por enquanto a sociologia do direito não é parte importante dos estudos jurídicos interdisciplinares[31]. As razões são diversas[32] e incluem, entre outras, a associação entre a sociologia do direito e certas ideias que perderam a credibilidade, por exemplo, no campo da criminologia. Os criminologistas tradicionais, ou seja, aqueles de tendência sociológica, localizavam as causas da criminalidade em fatores sociais como a pobreza e a discriminação, que já não parecem explicar suficientemente o fenômeno do crime. A taxa de criminalidade aumentou enormemente nos Estados Unidos na década de 1960, muito embora a pobreza e a discriminação tenham diminuído. Essas tendências opostas e as mudanças correlatas na opinião pública a respeito do crime deixaram os criminologistas perplexos. Há muito tempo eles ridicularizavam a ideia de que a dissuasão fosse um dos objetivos do direito penal e acreditavam que o risco da punição não impede o crime[33]. Antes, defendiam a tese de que o objetivo próprio da pena é a reabilitação. Agora está bem claro que a punição atua como fator de dissuasão[34] (fato que os criminologistas não

---

[31] Este fato é reconhecido por grandes expoentes da jus-sociologia norte-americana. Lawrence M. Friedman, no artigo "The Law and Society Movement", 38 *Stanford Law Review*, pp. 763, 778 (1986), compara o movimento de direito e sociedade – a encarnação principal da sociologia do direito nos Estados Unidos – a uma "moça que não encontra par em um baile". Ver também David M. Trubek, "Back to the Future: The Short, Happy Life of the Law and Society Movement", 18 *Florida State University Law Review*, pp. 4, 47-9, 55 (1990). Marc Galanter e Mark Alan Edwards, "Introduction: The Path of the Law Ands", 1997 *Wisconsin Law Review*, p. 375, ao mesmo tempo que se mostram bem mais otimistas a respeito do movimento de direito e sociedade, não atribuem à sociologia um papel de destaque dentro dele. Ver id., pp. 378-9. Veja-se uma boa introdução à literatura sobre direito e sociedade em *The Law and Society Reader* (org. Richard L. Abel, 1995).

[32] Ver Richard A. Posner, "The Sociology of the Sociology of Law: A View from Economics", 2 *European Journal of Law and Economics*, p. 265 (1995).

[33] Ver, por exemplo, Edwin H. Sutherland, *Principles of Criminology*, pp. 288-90, 314-15 e capítulo 29 (5. ed., revista por Donald R. Cressey, 1955).

[34] Ver, por exemplo, Daryl A. Hellman e Neil O. Alper, *Economics of Crime: Theory and Practice* (2. ed., 1990).

perceberam não só por causa de suas pré-concepções, mas também porque seus métodos empíricos eram muito primitivos) e que a reabilitação não é um objetivo viável do sistema de justiça criminal[35]. Havia forte relação entre a importância que a criminologia tradicional atribuía aos fatores sociais do crime, o menosprezo da dissuasão e a promoção da reabilitação. A reabilitação procura mudar o ambiente social do criminoso; a dissuasão ignora o ambiente e entende que a pena criminal tem o objetivo principal de fixar um "preço" para o crime. A taxa de criminalidade está caindo, mas essa queda parece devida às penas severas e ao policiamento agressivo, não a qualquer solução que os criminologistas – com a importante exceção de James Q. Wilson – tenham preconizado. É esse um dos muitos casos em que a sociologia perdeu um *round* para a economia, visto que os economistas sublinhavam o importante papel da punição no controle do crime. Não obstante, a onda mais recente de textos econômicos sobre o crime tem prestado muita atenção aos fatores sociais[36], sendo esse um dos muitos sinais de uma possível convergência das duas disciplinas.

A ruína da criminologia contribuiu para a impressão de que a sociologia como disciplina está com os dias contados. Pelo menos nos Estados Unidos, o eclipse da sociologia é inegável. O nú-

---

[35] Ver, por exemplo, Robert Martinson, "What Works? Questions and Answers about Prison Reform", *Public Interest*, primavera de 1974, p. 22. "É desencorajador [...] ter de reconhecer que aproximadamente dois terços dos criminosos condenados tendem a cometer novos crimes três a cinco anos depois do delito anterior, qualquer que seja o programa de tratamento ou o tipo de reclusão imposta aos condenados." Joyce S. Sterling, "The State of American Sociology of Law", em *Developing Sociology of Law: A World-Wide Documentaru Enquiry*, pp. 805, 811 (org. Vincenzo Ferrari, 1990).

[36] Ver, por exemplo, Edward L. Glaeser, Bruce Sacerdote e José A. Scheinkman, "Crime and Social Interactions", 111 *Quarterly Journal of Economics*, p. 508 (1996); Neal Kumar Katyal, "Deterrence's Difficulty", 95 *Michigan Law Review*, p. 2385 (1997); Dan M. Kahan, "Between Economics and Sociology: The New Path of Deterrence", 95 *Michigan Law Review*, p. 2477 (1997).

mero de estudantes inscritos nos cursos de sociologia diminuiu; departamentos de sociologia fecharam as portas; chega-se até a afirmar que esse campo está se "decompondo"[37]. Porém, a enfermidade acadêmica da sociologia pode ser tão enganadora quanto a (relativa) saúde acadêmica da filosofia moral. Seria um grande erro descartar a sociologia do direito por causa das falhas da criminologia, uma vez que os sociólogos do direito fizeram contribuições incontestavelmente valiosas e importantes em outras áreas. Uma delas é o estudo da própria profissão jurídica. Embora se trate antes de tudo de um trabalho de descrição e classificação, com ênfase nas diferenças étnicas e de classe social entre os profissionais de elite e os profissionais marginais, ele também contém uma dimensão crítica, como na obra de Richard Abel[38], e promoveu estudos importantes dos esquemas de remuneração nos modernos escritórios de advocacia e das mudanças na organização econômica do setor de serviços jurídicos[39].

Outra área em que os sociólogos do direito apresentaram importantes contribuições foi a do processo contencioso. Estudaram especialmente os juízos de primeira instância[40], o papel do

---

[37] Anthony Giddens, *In Defence of Sociology: Essays, Interpretations and Rejoinders*, p. 2 (1996). Ele se refere a Irving Louis Horowitz, *The Decomposition of Sociology* (1994).

[38] Ver, por exemplo, Richard L. Abel, *American Lawyers* (1989). A literatura descritiva é exemplificada por Austin Sarat e William L. F. Felstiner, "Lawyers and Legal Consciousness: Law Talk in the Divorce Lawyer's Office", 98 *Yale Law Journal*, p. 1663 (1989).

[39] Ver, por exemplo, Marc Galanter e Thomas Palay, *Tournament of Lawyers: The Tranformation of the Big Law Firm* (1991). Ver também Robert L. Nelson, *Partners with Power: The Social Transformation of the Large Law Firm* (1988). Algumas das contribuições mais importantes foram feitas por sociólogos que não são advogados nem especialistas em direito, como Andrew Abbott, cujo estudo das profissões liberais foi citado no começo deste capítulo (nota 2, acima), e Edward Laumann. Ver John P. Heinz e Edward O. Laumann, *Chicago Lawyers: The Social Structure of the Bar* (1982).

[40] Ver, por exemplo, Frank Munger, "Trial Courts and Social Change: The Evolution of a Field of Study", 24 *Law and Society Review*, p. 217 (1990); Lawrence M.

júri[41], a litigiosidade ou tendência a resolver problemas por meio de litígio judicial[42], o papel dos advogados nos litígios[43] (e aqui se fundem os dois campos de estudo que mencionei) e a suposta "explosão no número de litígios". Sobre esta última, os sociólogos desempenharam seu papel tradicional de pôr a nu a realidade[44], observando que a taxa de litigação era mais alta nas colônias norte-americanas do século XVIII que nos Estados Unidos de hoje e que o crescimento acentuado do número de ações impetradas em juízos federais nos últimos anos provavelmente não se reproduziu nas cortes estaduais, embora 90% dos litígios neste país aconteçam em juízos estaduais e não nos federais[45].

Friedman, "Opening the Time Capsule: A Progress Report on Studies of Courts over Time", 24 *Law and Society Review*, p. 229 (1990). Os juristas convencionais, preocupados com a doutrina do direito, tratam, sobretudo, dos juízos recursais, que são os responsáveis pela formulação prática dessa doutrina.

[41] Ver, por exemplo, Shari Seidman Diamond e Jonathan D. Casper, "Blindfolding the Jury to Verdict Consequences: Damages, Experts, and the Civil Jury", 26 *Law and Society Review*, p. 513 (1992); Richard O. Lempert, "Uncovering 'Nondiscernable' Differences: Empirical Research and the Jury-Size Cases", 73 *Michigan Law Review*, p. 643 (1975).

[42] Veja-se um exemplo desses estudos em Sally Engle Merry, *Getting Justice and Getting Even: Legal Consciousness among Working-Class Americans* (1990). Embora Merry seja professora de antropologia, não de sociologia, e embora cite (ao lado de muitos sociólogos do direito) as obras de antropologia do direito de John Comaroff, Sally Humphreys, Laura Nader e outros, só um leitor muito perspicaz conseguiria distinguir seu trabalho de uma pesquisa de sociologia do direito.

[43] Ver, por exemplo, Herbert M. Kritzker, *The Justice Broker: Lawyers and Ordinary Litigation* (1990).

[44] Ver Peter L. Berger, *Invitation to Sociology: A Humanistic Perspective*, p. 38 (1963).

[45] Ver, por exemplo, Marc Galanter, "The Day after the Litigation Explosion", 46 *Maryland Law Review*, p. 3 (1986); Sterling, nota 35, acima, p. 822. Digo "provavelmente" porque foi só nos últimos anos que as estatísticas dos sistemas judiciais estaduais chegaram perto de um nível minimamente suficiente – e as estatísticas recentes dão a entender que, pelo menos desde meados da década de 1980, o número de litígios está crescendo mais nos judiciários estaduais que no judiciário federal. Comparar Richard A. Posner, *The Federal Courts: Challenge and Reform*, pp. 60-1 (1996) (tab. 3.2), com Court Statistics Project Staff, *State Court Caseload Statistics:*

Marc Galanter assinalou a assimetria que, em muitas áreas do direito (por exemplo, pedidos de indenização por acidente às empresas ferroviárias), existe entre demandantes e demandados. Os primeiros são litigantes ocasionais que não têm interesse no desenvolvimento da doutrina nem no sucesso dos queixosos em geral. Os últimos são partes constantes nos litígios e têm mais a ganhar com a vitória, uma vez que uma derrota presente lhes prefigura outras derrotas futuras. Esse interesse maior leva-os a investir mais nos litígios, o que vicia em seu favor os resultados das causas[46]. Os sociólogos também conduziram vários estudos úteis sobre o processo de acordo[47] e as alternativas ao direito como meio de resolução de conflitos[48], bem como alguns estudos dos padrões de citação de jurisprudência e doutrina nos acórdãos dos tribunais recursais[49]. Os interesses dos sociólogos pela profissão jurídica em geral e pelo processo contencioso em particular se unem naqueles estudos que tratam de como o ponto de vista típico e os interesses próprios da profissão influenciam o contencioso[50], bem como nos estudos sobre os custos dos litígios judiciais[51].

Annual Report 1986, pp. 155, 191-3, 276 (State Justice Institute, 1988) (tab. 7 e 12) e Court Statistics Project Staff, *State Court Caseload Statistics: Annual Report 1996*, pp. 138, 171-4 (State Justice Institute, 1997) (tab. 7 e 12).

[46] Marc Galanter, "Why the 'Haves' Come Out Ahead: Speculation on the Limits of Legal Change", 9 *Law and Society Review*, p. 95 (1974).

[47] Ver Marc Galanter e Mia Cahill, "'Most Cases Settle': Judicial Promotion and Regulation of Settlements", 46 *Stanford Law Review*, p. 1339 (1994), e os estudos aí citados.

[48] É exemplo *No Access to Law: Alternatives to the American Judicial System* (org. Laura Nader, 1980)

[49] Ver, por exemplo, Lawrence M. Friedman et al., "State Supreme Courts: A Century of Style and Citation", 33 *Stanford Law Review*, p. 773 (1981); David J. Walsh, "On the Meaning and Pattern of Legal Citations: Evidence from State Wrongful Discharge Precedent Cases", 31 *Law and Society Review*, p. 337 (1997).

[50] Por exemplo, John Griffiths, "What Do Dutch Lawyers Actually Do in Divorce Cases?", 20 *Law and Society Review*, p. 135 (1986).

[51] Por exemplo, David M. Trubek et al., "The Costs of Ordinary Litigation", 31 Ucla *Law Review*, p. 72 (1983).

Trabalhos relevantes também foram empreendidos em outras áreas da sociologia do direito – entre eles, um artigo famoso sobre o direito na prática, em que se constatou que os homens de negócios depositam confiança relativamente pequena nos remédios jurídicos para garantir o adimplemento dos contratos[52]; um estudo das práticas de acordo das empresas que fazem seguros de responsabilidade civil contra terceiros[53]; e um estudo do direito de privacidade no *common law* e de outras doutrinas do *common law* que têm relação com o controle do fluxo de informações[54]. O que realmente se destaca na sociologia do direito tomada em seu conjunto é sua natureza empírica e sua recusa em aceitar pacificamente a tese de que as doutrinas jurídicas refletem as práticas jurídicas. São perspectivas que fazem muita falta tanto na análise jurídica convencional como na grandiloquente teorização doutrinal e constitucional. A sociologia do direito reconforta-nos por ter os pés solidamente plantados na terra.

Há outras coisas que os sociólogos podem fazer para lançar luz sobre o sistema jurídico. São especialistas em classes sociais; e é pouco provável que a selvageria com que os Estados Unidos vêm tentando extirpar um subconjunto aparentemente arbitrário de drogas psicotrópicas (cocaína e LSD, mas não Prozac; heroína, mas não Valium; maconha, mas não o cigarro e o álcool; benzedrina, mas não cafeína) possa ser explicada sem que se faça referência à classe social. Como notei no Capítulo 2, as drogas psico-

---

[52] Stewart Macaulay, "Non-Contractual Relations in Business: A Preliminary Study", 28 *American Sociological Review*, p. 55 (1963). A literatura subsequente, bastante esparsa, é discutida em Peter Vincent-Jones, "Contract and Business Transactions: A Socio-Legal Analysis", 16 *Journal of Law and Society*, p. 166 (1989).
[53] H. Laurence Ross, *Settled out of Court: The Social Process of Insurance Claims Adjustments* (2. ed., 1980). Para uma síntese das pesquisas sobre "o direito na prática", ver Donal Black, *Sociological Justice* (1989). Ver também Black, *The Behavior of Law* (1976).
[54] Kim Lane Scheppele, *Legal Secrets: Equality and Efficiency in the Common Law* (1988).

trópicas criminalizadas são principalmente as prediletas dos negros e dos membros da "contracultura".

As diferenças de classe social – entre agressor e vítima, demandante e demandado, juiz e litigantes, juiz e jurados – podem também explicar algumas divergências entre os ideais da justiça formal e o comportamento concreto do sistema jurídico norte-americano[55]. Os pretos que matam brancos têm maior probabilidade de ser condenados à morte que os pretos que matam pretos e os brancos que matam pretos; e, em geral, os homicidas cujas vítimas estavam acima deles na escala social tendem a ser punidos com mais severidade que aqueles cujas vítimas estavam abaixo deles na mesma escala[56]. É possível que, em última análise, esse padrão tenha uma explicação econômica: os mais ricos podem contratar advogados melhores (inclusive advogados contratados pelas famílias das vítimas para assistir o promotor e assegurar que o réu tenha um julgamento severo); e, nos casos penais, pode ser que o valor atribuído pelo júri à vida da vítima dependa pelo menos em parte do valor econômico da própria vítima[57]. Também a propensão das autoridades responsáveis pelo combate às drogas a levar a julgamento um número desproporcional de pretos pode ter uma explicação econômica. Os pretos tendem a concentrar-se no elo final do negócio das drogas, o da venda de drogas na rua; como os vendedores de rua são mais fáceis de pegar, as autoridades, concentrando-se neles, conseguem maximizar o número de condenações[58].

---

[55] Ver Black, *Sociological Justice*, nota 53, acima, pp. 4-19, e os estudos ali citados; ver também Gary LaFree e Christine Rack, "The Effects of Participants Ethnicity and Gender on Monetary Outcomes in Mediated and Adjudicated Cases", 30 *Law and Society Review*, p. 767 (1996).

[56] Black, *Sociological Justice*, nota 53, acima, pp. 9-13.

[57] Essa valoração é explícita quando se calculam os lucros cessantes a serem indenizados em causas cíveis.

[58] Ver Eric E. Sterling, "The Sentencing Boomerang: Drug Prohibition Politics and Reform", 40 *Villanova Law Review*, p. 383 (1995).

Esses exemplos põem em evidência um fato: a teoria econômica bem como os métodos empíricos que os economistas aperfeiçoaram até deixá-los extremamente precisos devem ser encarados como instrumentos disponíveis para o uso dos sociólogos do direito, do mesmo modo que os economistas e os juristas de mentalidade econômica estão emprestando temas, conceitos, pontos de vista, ideias, dados e até métodos empíricos (sobretudo a pesquisa de campo de grande escala) dos sociólogos[59]. Esses empréstimos deram origem a importantes estudos híbridos, exemplificados pelo estudo de campo de Robert Ellickson sobre a diferença entre as normas jurídicas e as normas que efetivamente determinam o comportamento das pessoas[60]. Para encerrar este capítulo, eu mesmo vou apresentar um exemplo de como as ideias econômicas e sociológicas podem combinar-se a fim de aperfeiçoar nossa compreensão dos fenômenos jurídicos.

Antes disso, porém, quero rebater o ceticismo com que alguns setores do mundo jurídico certamente hão de receber a proposta de dar mais importância aos estudos empíricos. A respeito

---

[59] Sobre a crescente interação entre a sociologia do direito e a análise econômica do direito, ver o simpósio *Law and Society and Law and Economics: Common Ground, Irreconciliable Differences, New Directions*, 1997 Wisconsin Law Review, p. 37. As tensões entre as disciplinas-mães (sociologia e economia) são exploradas em *Economics and Sociology* (org. Richard Swedber, 1990), fascinante coletânea de entrevistas com economistas e sociólogos. Sobre a influência limitada, mas crescente, da economia sobre a sociologia, ver James N. Baron e Michael T. Hannan, "The Impact of Economics on Contemporary Sociology", 32 *Journal of Economic Literature*, p. 1111 (1994).

[60] Robert C. Ellickson, *Order without Law: How Neighbors Settle Disputes* (1991). Estudos semelhantes: Lisa Bernstein, "Opting Out of the Legal System: Extralegal Contractual Relations in the Diamond Industry", 21 *Journal of Legal Studies*, p. 115 (1992); Peter H. Huang e Ho-Mou Wu, "More Order without More Law: A Theory of Social Norms and Organizational Cultures", 10 *Journal of Law, Economics, and Organization*, p. 390 (1994); Janet T. Landa, *Trust, Ethnicity, and Identity: Beyond the New Institutional Economics of Ethnic Trading Networks, Contract Law, and Gift-Exchange* (1994); Eric A. Posner, "The Regulation of Groups: The Influence of Legal and Nonlegal Sanctions", 63 *University of Chicago Law Review*, p. 133 (1996).

de pesquisas empíricas sobre o sistema jurídico, já ouvi dizer que só existem dois tipos de perguntas empíricas acerca do direito: perguntas que não vale a pena fazer e perguntas que não têm resposta. As pessoas que dizem isso provavelmente estão pensando nos manifestos falidos dos adeptos do realismo jurídico e no fato de que, na hierarquia informal do mundo acadêmico do direito, os pesquisadores empíricos estão abaixo dos teóricos e até dos doutrinadores. Esses céticos ignoram a grande quantidade de boas pesquisas empíricas que hoje são feitas em áreas esparsas do vastíssimo sistema jurídico norte-americano moderno; ignoram também a aceleração do ritmo com que tais pesquisas são feitas, aceleração devida em parte à maior disponibilidade e acessibilidade dos dados (e nesse ponto a internet é um fator importante) e à queda nos custos dos sistemas computadorizados de armazenamento e análise de dados[61]. Eu teria de aumentar muito o tamanho deste livro para descrever e avaliar os muitos estudos empíricos ora existentes sobre importantes facetas do sistema jurídico. Mas posso descrever um dos meus próprios estudos para que o leitor sinta o sabor do trabalho que está sendo feito.

É suposição comum que a sociedade norte-americana é anormalmente litigiosa, especialmente em comparação com a Inglaterra, muito embora os sistemas jurídicos dos dois países sejam muito semelhantes em áreas como o direito dos contratos, a responsabilidade civil e o direito penal, em que é suscitada a maioria das ações judiciais. E, com efeito, o número de ações de responsabilidade civil impetradas *per capita* nos Estados Unidos é quase

---

[61] Exemplo de estudo empírico que não poderia ter sido feito antes do advento da moderna tecnologia de computação é o de William M. Landes, Lawrence Lessig e Michael E. Solimine, "Judicial Influence: A Citation Analysis of Federal Courts of Appeals Judges", *Journal of Legal Studies* (1998). O estudo aplica a metodologia da inferência estatística a centenas de milhares de citações feitas nos textos de acórdãos.

três vezes maior que na Inglaterra[62]. Dentro dos Estados Unidos, a variação é ainda maior: de 97,2 ações por 100 mil pessoas na Dakota do Norte a 1070,5 em Massachusetts; na Inglaterra, esse número é de 133,5. Tais diferenças são muito maiores que as diferenças na quantidade de acidentes ou nas custas da ação judicial, de modo que é tentador atribuí-las a fatores culturais. Se forem esses os fatores decisivos, provavelmente será muito pouco o que se poderá fazer para reduzir a quantidade de litígios, e bem poderíamos parar de torcer as mãos em desespero, preocupados com nossa litigiosidade. Porém, pode ser que essa conclusão seja prematura. Pode ser que, apesar das aparências, os litígios judiciais – mesmo os de responsabilidade civil, categoria emocional, visto que a maioria das ações surge por causa de danos infligidos à pessoa – sejam causados mais pelos incentivos externos do que pela emoção ou pelo caráter. Nesse caso, talvez seja possível usar variáveis quantitativas para explicar a variação nas taxas de litigiosidade entre estados e mesmo entre países. É isso que vou tentar fazer aqui: explicar a variação na quantidade de ações de responsabilidade civil em razão de variáveis quantificáveis, tanto econômicas como sociológicas – ilustrando, assim, a complementaridade das abordagens econômica e sociológica e o poder que as ciências sociais têm para lançar luz sobre aspectos enigmáticos do sistema jurídico.

Começo com uma descrição das variáveis independentes usadas no estudo. (A variável dependente é a taxa de ações judiciais de responsabilidade civil impetradas *per capita*.)

---

[62] Sobre as fontes das estatísticas usadas neste estudo, ver Richard A. Posner, "Explaining the Variance in the Number of Tort Suits across U.S. States and between the United States and England", 26 *Journal of Legal Studies*, p. 477 (1997). Infelizmente, eu só possuía os dados referentes a 34 estados mais o Distrito de Colúmbia. Os dados norte-americanos referem-se ao período 1985-1994 e os ingleses, ao período 1977-1986; mas a comparação dos dados referentes ao mesmo ano (1986) reflete o mesmo quadro geral.

A taxa de mortes acidentais ocorridas no estado. Trata-se de dado que reflete de modo próximo o dado que realmente interessa, qual seja, o número de acidentes em que houve lesão grave (fatal ou não) e é grande a probabilidade de a pessoa que causou a lesão ter agido com culpa. Todo acidente desse tipo implica potencialmente uma ação de responsabilidade civil. Porém, é muito difícil obter dados confiáveis, passíveis de intercomparação, sobre o número de acidentes graves. Assim, em minha análise de regressão reduzida[63], substituo a taxa de mortes acidentais por variáveis que têm grande probabilidade de ter correlação com o número de acidentes: o consumo de álcool *per capita*, a razão entre o número de homens e o de mulheres e a porcentagem da população com menos de 25 ou mais de 64 anos. O álcool é um fator significativo em muitos acidentes; os homens são mais perigosos na direção que as mulheres; e a curva de correlação entre os acidentes de automóvel e a idade dos condutores tem forma de U – tanto os condutores muito jovens como os muito velhos contribuem desproporcionalmente para a taxa de acidentes[64].

O grau de urbanização do estado. Há duas razões pelas quais a instauração de ação judicial é mais provável em um ambiente urbano. A primeira é que nesse ambiente é mais provável que as partes envolvidas no acidente sejam desconhecidas uma da outra, o que reduz a probabilidade de serem capazes de resolver sua disputa por meios informais (que substituem os tribunais). A segunda é que os advogados estão desproporcionalmente concentrados nas áreas

---

[63] Uma "forma de regressão reduzida" é uma equação de regressão (método estatístico para identificar correlações) em que as únicas variáveis independentes (explicativas) incluídas são aquelas acerca das quais se pode supor que não foram influenciadas pela variável dependente, ou seja, a variável que o pesquisador procura explicar – neste caso, a taxa de litigiosidade em matéria de responsabilidade civil.

[64] Richard A. Posner, *Aging and Old Age*, pp. 122-6 (1995).

urbanas⁶⁵. Essa concentração deve reduzir o custo de achar um advogado e, mediante a concorrência entre advogados, diminuir o preço da representação legal ajustado pela qualidade do serviço.

Densidade populacional (número de pessoas por milha quadrada no estado). É um substituto do custo de procura, que pode ser importante em um estado relativamente não urbanizado, mas mesmo assim densamente povoado, e um índice da probabilidade de impetração de ação judicial. Em um estado densamente povoado, ainda que não seja muito urbanizado, a maioria dos encontros acidentais se dá entre pessoas desconhecidas umas das outras. Os amigos e parentes de uma pessoa são em número relativamente fixo e, por isso, quanto mais densa a população do local, representam uma porcentagem menor das pessoas com quem cada habitante pode ter uma interação potencial. A população densa também determina uma frequência maior de interações, uma fração das quais resulta em lesões.

Número médio de anos de frequência à escola. Por um lado, pode-se esperar que o aumento desta variável cause uma taxa maior de litigiosidade, uma vez que as pessoas instruídas tendem a ter mais consciência de seus direitos legais e a se sentir mais à vontade no trato com os profissionais do direito – advogados e juízes. Por outro lado, as pessoas instruídas talvez sejam mais capazes de evitar as lesões, cometidas ou sofridas. Mas como o segundo efeito da educação deve ser captado pela minha primeira variável, a taxa de mortes acidentais, prevejo que o sinal desta variável seja positivo.

Renda familiar média. A renda média maior aumenta o custo dos acidentes para as vítimas e, assim, os benefícios previstos da

---

[65] Em 1980 (ano mais recente para o qual há dados disponíveis), a razão entre o número de advogados e o restante da população era de 1:462 nas áreas metropolitanas de padrão estatístico e de 1:899 nas outras áreas. Barbara A. Curran et al., *The Lawyer Statistical Report: A Statistical Profile of the U.S. Legal Profession in the 1980s*, pp. 243-4 (1985).

ação judicial. Pelo mesmo motivo, porém, aumenta a demanda de segurança; aumenta também o custo, em termos de tempo, de ir aos tribunais. Por isso o sinal desta variável é indeterminado *a priori*.

Cobertura de seguros de responsabilidade civil contra terceiros. É provável que não valha a pena mover ação judicial contra pessoas que causam lesões e não são cobertas por seguro contra terceiros. Além disso, o seguro contra terceiros tem um efeito danoso do ponto de vista moral: o custo marginal de causar dano a terceiros é menor para a pessoa que tem esse tipo de seguro.

Número de advogados per capita. Como eu já disse, quanto maior o número de advogados em relação à população, mais barato o custo de procurar um advogado para os potenciais demandantes, e menor, devido à concorrência, o preço real da representação em juízo.

Fatores culturais. Algumas regressões incluem variáveis latentes[66] para verificar as diferenças culturais entre os estados[67].

As variáveis independentes têm dois problemas. Em primeiro lugar, para três delas – mortes acidentais, cobertura de seguro e número de advogados – a relação causal provavelmente existe nos dois sentidos e não em um só. A alta taxa de litigância em responsabilidade civil pode causar uma redução no número de acidentes e de mortes acidentais, um aumento na cobertura de seguros (aumento que pode, porém, ser compensado pela redução da demanda resultante da queda no número de acidentes) e, o que é mais óbvio, um aumento do número de advogados. Em segundo

---

[66] Variável latente é aquela que assume um valor de 0 ou 1. Assim, por exemplo, a variável latente correspondente ao nordeste dos Estados Unidos teria valor 1 se a ação fosse movida no nordeste e valor 0 se fosse movida em outra região.

[67] Em lugar de variáveis latentes regionais, experimentei usar variáveis de origem étnica (por exemplo, a porcentagem de pessoas de origem norte-europeia em relação à população do estado), mas estas não tiveram nenhum efeito significativo sobre os resultados.

lugar, algumas variáveis independentes estão correlacionadas umas com as outras. A inclusão de variáveis altamente correlacionadas na mesma equação de regressão tende a obscurecer quaisquer correlações significativas.

Minha primeira tentativa de resolver o primeiro problema – a causalidade bidirecional – consiste em fazer uma análise de regressão reduzida (Tabela 2) que deixa de fora as três variáveis que podem ser não somente causas, mas também efeitos das ações de responsabilidade civil, e substitui uma delas (a taxa de mortes acidentais) por três variáveis que, embora provavelmente estejam correlacionadas com a variável excluída, têm pouquíssima probabilidade de influir no número de ações de responsabilidade civil. (Lembre-se de que essas três variáveis são: o consumo de álcool, a razão entre o número de homens e o de mulheres e a distribuição etária.) A Tabela 1 modela o número de ações de responsabilidade civil *per capita* por estado como função de todas as variáveis independentes exceto as substituídas na Tabela 2 pela taxa de mortes acidentais. A Tabela 3 usa um método diferente para corrigir o problema da causalidade bidirecional[68].

Na Tabela 1, o sinal do coeficiente da variável de morte acidental é significativo no nível convencional de 5%[69] e no sentido previsto (positivo). O sinal da variável de urbanização é significativo no nível de 10% (em 5%, só por muito pouco deixa de ser significativo), mais uma vez no sentido previsto. A variável latente correspondente à região sul é significativa no nível de 5% e é

---

[68] A maioria das variáveis muda pouco ao longo do tempo e as baseadas nos dados do censo de 1990 não mudam em absoluto; assim, nas Tabelas 1 e 2, usei as médias das observações para cada variável, produzindo uma observação para cada variável para cada estado. Em decorrência disso, as regressões nessas tabelas são baseadas em 34 observações.

[69] Isso significa que o valor absoluto da estatística **t** é maior que 1,96. "Significativo no nível de 5%" significa que só há uma probabilidade de 5% de a correlação (positiva ou negativa) ter o mesmo sinal, mesmo que a hipótese testada seja falsa.

Tabela 1 Análise de regressão de ações de responsabilidade civil impetradas ($R^2 = 0{,}7689$)

Variável independente	Coeficiente (entre parênteses, a estatística t)
Renda	0,392
	(0,484)
Instrução	−10,212
	(−1,602)
% população urbana	0,017
	(1,898)
Densidade populacional	0,105
	(1,133)
Taxa de morte acidental	1,385
	(2,335)
Cobertura de seguro de responsabilidade civil	0,467
	(1,160)
Advogados/100 mil	0,228
	(1,238)
Oeste	−0,490
	(−1,730)
Sul	−0,711
	(−2,806)
Nordeste	*
Centro-Oeste	−0,386
	(−1,620)
Constante	17,412
	(1,250)

negativa, o que implica que, sendo constantes todos os outros fatores, nos Estados Unidos os sulistas têm menos probabilidade de mover ação de responsabilidade civil que os nordestinos[70].

---

[70] A variável latente regional para o nordeste é a variável omitida nas Tabelas 2 e 3. (A omissão de uma das variáveis regionais teve motivos estatísticos; qualquer uma das quatro poderia ter sido omitida.) Assim, as outras variáveis regionais medem a propensão a mover ação judicial em relação à propensão da população do nordeste dos Estados Unidos.

Na análise de regressão reduzida, Tabela 2, o coeficiente da variável de urbanização é significativo no sentido previsto, assim como o coeficiente da variável de consumo de álcool. Duas outras variáveis, o grau de instrução e a razão entre o número de homens e o de mulheres, também têm coeficientes estatisticamente significativos. O sinal negativo da variável de educação implica

Tabela 2 Análise de regressão reduzida de ações de responsabilidade civil impetradas (R^2 = 0,7562)

Variável independente	Coeficiente (entre parênteses, a estatística t)
Renda	1,695
	(1,449)
Instrução	−13,821
	(−2,739)
% população urbana	0,018
	(2,104)
Densidade populacional	−0,115
	(−1,038)
Consumo de álcool	1,031
	(2,143)
Razão entre homens e mulheres	−10,015
	(−2,125)
Menos de 25 anos	−0,011
	(1,238)
Mais de 64 anos	−0,030
	(−0,536)
Oeste	−0,066
	(−0,196)
Sul	−0,278
	(−1,029)
Nordeste	*
Centro-Oeste	−0,375
	(−1,634)
Constante	32,348
	(2,924)

que, sendo constantes os demais fatores, há menos ações de responsabilidade civil nos estados onde a população é mais instruída que nos estados onde não é. Talvez isso só queira dizer que o efeito da educação na redução do risco de lesão grave (efeito que talvez não esteja totalmente refletido nas variáveis de consumo de álcool, homens e mulheres e distribuição etária) sobrecompensa seu efeito de aumentar o conhecimento das vítimas sobre seus direitos legais e o acesso aos remédios jurídicos. O sinal negativo na razão entre homens e mulheres é curioso. Implica que, mantendo-se constantes os outros fatores que distinguem os homens das mulheres (como a renda, o grau de instrução e o consumo de álcool), estas últimas são mais propensas a instaurar ação de responsabilidade civil.

Os resultados das regressões apresentadas nessas duas tabelas dão a entender a existência de uma relação causal entre urbanização e acidentes (substituídos aqui pelo dado de consumo de álcool), de um lado, e a impetração de ações de responsabilidade civil, de outro. Infelizmente, essas regressões não podem ser usadas para explicar o número de ações de responsabilidade civil na Inglaterra e, assim, para comparar a Inglaterra e os Estados Unidos, comparação importante para o estudo dos efeitos da cultura sobre a propensão a mover ação civil. É impossível atribuir à Inglaterra um valor correspondente a uma variável regional, pois a Inglaterra não é uma região dos Estados Unidos; mas sem essa variável a regressão perde seu poder de gerar previsões significativas.

Na Tabela 3, procuro contornar esse problema eliminando as variáveis regionais, usando diretamente os dados observados sem reduzi-los a uma média (*deaveraging*) e reintroduzindo as variáveis de duplo sentido retiradas da Tabela 2. A abordagem de *deaveraging* não só permite que se façam previsões significativas acerca do índice de ajustamento de ações de responsabilidade civil na

Tabela 3 Análise de regressão *deaveraged* de ações de responsabilidade civil impetradas ($R^2 = 0,7725$)

Variável independente	Coeficiente (entre parênteses, a estatística *t*)
Renda	2,054
	(4,416)
Instrução	−13,777
	(−3,997)
% população urbana	2,336
	(5,623)
Densidade populacional	−0,262
	(−3,340)
Consumo de álcool	0,727
	(2,486)
Razão entre homens e mulheres	−12,268
	(−5,009)
Menos de 25 anos	−2,574
	(−1,018)
Mais de 64 anos	−1,555
	(−0,547)
Taxa de morte acidental	−0,094
	(−0,326)
Cobertura de seguro de responsabilidade civil	0,423
	(2,507)
Advogados/100 mil	0,151
	(1,233)
Constante	28,425
	(3,448)

Inglaterra como também oferece pelo menos uma solução parcial, alternativa à análise de regressão reduzida, ao problema do duplo sentido de causalidade. Fazendo a média dos dados de dez anos, o número de advogados, por exemplo, pode ser influenciado pelo número de ações de responsabilidade civil, e não somente influenciá-las. Mas quando cada observação se limita a um ano, a possibilidade de ocorrência dessa influência é muito menor. É muito menos provável que o número de advogados em 1980, por exemplo, seja resultado do número de ações de responsabilidade civil ajuizadas nesse ano do que o contrário[71].

A Tabela 3 explica um pouco melhor a flutuação da variável dependente do que as equações anteriores e fornece alguns resultados interessantes por serem diferentes. A renda e a cobertura de seguro agora têm uma correlação positiva e significativa com o número de ações de responsabilidade civil, assim como também a urbanização e o consumo de álcool; a densidade populacional e o grau de instrução têm correlação negativa e significativa com esse número; e o índice de mortes acidentais, embora positivamente correlacionado com o número de ações, não é significativo. Os coeficientes negativos significativos das variáveis de densidade populacional e de instrução bem como da razão entre o número de homens e o de mulheres não são explicados por minha análise. Não obstante, é notável que tantos elementos da variação do conjunto de dados (variação considerável, pois lembre-se de que o índice de litigância de responsabilidade civil *per capita* é mais de dez vezes maior no estado mais litigioso que no estado menos litigioso) possam ser explicados sem que se lancem mão de variáveis ligadas à cultura jurídica ou à cultura geral.

Uma vez que todas as variáveis independentes da Tabela 3 podem ser estimadas para a Inglaterra, a tabela pode ser usada para prever o número de ações de responsabilidade civil ajuizadas anualmente na Inglaterra durante o período ao qual se referem meus dados. O número previsto é surpreendentemente baixo: 29, comparado ao número real de 133,5. Isso significa que certos fatores não computados na Tabela 3, que podem ser carac-

---

[71] O problema dos dois sentidos de causalidade não é eliminado, mas meramente reduzido, pois o valor de uma variável em determinado ano pode ter forte correlação com seu valor em anos anteriores.

terísticas da cultura jurídica ou da cultura geral da Inglaterra, estão *elevando* e não diminuindo o número de ações de responsabilidade civil – ao contrário do que se poderia esperar, dadas as reputações respectivas dos Estados Unidos e da Inglaterra no que se refere à litigiosidade. A Inglaterra tem um dos índices mais baixos de ajuizamento de ações de responsabilidade civil *per capita* nas jurisdições que fazem parte do meu estudo (e todas as outras jurisdições são estados dos Estados Unidos ou o Distrito de Colúmbia); por isso é natural supor que esse resultado inesperado reflita simplesmente a incapacidade do estudo de prever o número de ações de responsabilidade civil naquelas jurisdições onde esse número é muito menor que a média. Mas isso não é verdade. Os valores previstos para os cinco estados menos litigiosos em minha amostra são muito próximos dos valores reais ou, pelo menos, muito menos diferentes que os valores previstos e reais para a Inglaterra: Dakota do Norte (104,3 previsto, 97,2 real); Utah (163,2/105,8); Wyoming (158,3/130,7); Carolina do Norte (169,7/136,3); Indiana (247,5/158,8).

Quais variáveis fazem diminuir desproporcionalmente o número previsto de ações na Inglaterra? A Tabela 4 mostra a contribuição, em porcentagem, de cada variável independente da Tabela 3 para a diferença entre o número previsto de ações de responsabilidade civil nos Estados Unidos (205,5 quando a Tabela 3 é usada para prever esse número) e o número previsto de ações de responsabilidade civil na Inglaterra (29)[72]. A renda média mais alta nos Estados Unidos é o fator que mais contribui para a taxa de litigância mais alta prevista para os Estados Unidos. Mas a urbanização e a cobertura de seguro também são fatores importantes, ao passo que o nível de instrução mais elevado

---

[72] Os números na coluna da direita da Tabela 3 somam 100%.

Tabela 4 Contribuição das variáveis para a diferença entre as taxas previstas de ajuizamento de ações de responsabilidade civil nos Estados Unidos e na Inglaterra (em logaritmos naturais)

Variável independente	Contribuição (%)
Renda	73,2
Instrução	−46,8
% população urbana	25,8
Densidade populacional	12,0
Consumo de álcool	10,3
Razão entre homens e mulheres	−4,5
Menos de 25 anos	−9,1
Mais de 64 anos	2,0
Taxa de morte acidental	−1,8
Cobertura de seguro de responsabilidade civil	29,1
Advogados/100 mil	9,8
Constante	0,0

dos norte-americanos tem efeito contrário, devido ao sinal negativo da variável de instrução.

A previsão para a Inglaterra, que implica que fatores culturais tornam os ingleses *mais* litigiosos que os norte-americanos, deve ser encarada com certa reserva, em vista das muitas limitações de meu estudo e das muitas razões que temos para crer que as tradições sociais e jurídicas da Inglaterra são muito menos propícias que as tradições norte-americanas a fazer da litigância um modo de controle social[73]. Ainda assim, é no mínimo concebível que as tradições nacionais não tenham significação causal independente, mas antes reflitam os fatores materiais que, segundo meu estudo sugere, fazem da ação judicial de responsabilidade civil um método ora mais, ora menos convidativo para resolver disputas jurídicas

---

[73] Ver Richard A. Posner, *Law and Legal Theory in England and America*, Lecture 3 (1996).

e controlar o índice de acidentes. A possibilidade de que os fatores culturais que têm relação com a litigiosidade (como alguns dos comportamentos morais discutidos no Capítulo 1) tenham o caráter de simples epifenômenos é, pelo menos, digna de ser investigada. E minhas descobertas a respeito do papel dos fatores quantificáveis – entre os quais a urbanização, fator eminentemente sociológico – como explicação das variações no índice de ajuizamento de ações de responsabilidade civil nos estados norte-americanos parecem bastante confiáveis. No conjunto, o estudo indica a viabilidade e a fecundidade de uma abordagem que empregue os métodos da ciência social para a compreensão do sistema jurídico. Mas não quero dar a impressão de pensar que a análise quantitativa é o único método empírico que vale a pena. Não é isso que eu penso. A análise quantitativa é apenas o método mais característico das pesquisas de ciências sociais aplicadas – e o método mais desprezado pelos acadêmicos de direito.

4

PRAGMATISMO

A ABORDAGEM PRAGMÁTICA DO DIREITO

A chave para a realização da promessa do verdadeiro profissionalismo esboçado no capítulo anterior é o pragmatismo, entendido, porém, em sentido nitidamente moderado – que, especificamente, *não é* o sentido em que esse termo é usado para denominar uma posição filosófica[1]. Os pragmatistas filosóficos e seus adversários atacam-se com unhas e dentes para determinar se a linguagem reflete ou não a realidade, se o livre arbítrio é ou não compatível com uma concepção científica do mundo, até, se essas questões têm ou não algum significado[2]. Não estou interessado em nada disso. Interesso-me pelo pragmatismo entendido

---

[1] Os sentidos principais de "pragmatismo" são distinguidos de modo útil por Matthew H. Kramer, "The Philosopher-Judge: Some Friendly Criticisms of Richard Posner's Jurisprudence", 59 *Modern Law Review*, pp. 465, 475-8 (1996): "O pragmatismo metafísico ou filosófico é uma posição relativista que nega que o conhecimento possa assentar-se sobre fundamentos absolutos. O pragmatismo metodológico ou intelectual é uma posição que atribui grande importância às discussões animadas, a uma atitude aberta e à flexibilidade nas ciências, nas humanidades e nas artes. O pragmatismo político é uma posição que atribui grande importância às liberdades civis, à tolerância e à experimentação flexível nas discussões e instituições que moldam os arranjos da interação humana [...] [E]sses três modos de pragmatismo não implicam uns aos outros."

[2] Ver, por exemplo, *Rorty and Pragmatism: The Philosopher Responds to His Critics* (org. Herman J. Saatkamp, Jr., 1995).

como a disposição de basear as decisões públicas em fatos e consequências, não em conceitualismos e generalizações.

O pragmatismo filosófico e a atividade judicial pragmática têm certa relação entre si. A maioria das especulações filosóficas – e é isso que faz com que a filosofia, apesar de distante das preocupações cotidianas, seja um dos pilares da educação superior em uma sociedade liberal – tem a tendência de abalar os pressupostos de quem as estuda. O juiz ou advogado que estuda filosofia ou (o que é mais provável) se lembra dos estudos que fez quando estava na faculdade pode vir a sentir que os pressupostos que definem sua cultura profissional perdem a solidez. A filosofia, especialmente a pragmática, incita a dúvida, e a dúvida incita a investigação; assim, o magistrado torna-se um julgador menos dogmático e mais pragmático ou, pelo menos, fica com a mente mais aberta.

Mais importante (visto que a magnitude do efeito acima descrito pode ser bem pequena) é o fato de que a filosofia, a teologia e o direito têm estruturas conceituais paralelas. A teologia cristã foi fortemente influenciada pela filosofia grega e romana, e o direito ocidental foi fortemente influenciado pelo cristianismo, e as versões ortodoxas dos três sistemas de pensamento têm concepções semelhantes acerca do realismo científico e moral, da objetividade, do livre arbítrio, da responsabilidade, da intencionalidade, da interpretação, da autoridade e do dualismo mente-corpo. Questionar qualquer um dos sistemas é questionar os três. Devido aos muitos paralelos que existem entre o direito ortodoxo e a filosofia ortodoxa, o pragmatismo em seu papel de questionar ceticamente a filosofia ortodoxa estimula uma concepção cética dos fundamentos do direito ortodoxo. É por isso que Richard Rorty, que raramente discute assuntos jurídicos, é citado frequentemente nas revistas de direito. O pragmatismo filosófico não obriga à aceitação do pragmatismo jurídico ou de qualquer outra posição jusfilosófica específica. Mas pode desempenhar um papel paternal, dando capacidade às abordagens pragmáticas do direito. Volto-me agora para estas, discutindo primeiro a abordagem pragmática do direito administrativo – abordagem que deu grandes passos na academia, mas ainda não conquistou a adesão de muitos juízes – e, em seguida, a abordagem pragmática da decisão judicial.

O pragmatismo na academia: o caso do direito administrativo*

Para tornar minha vida mais fácil, eu poderia citar não o direito administrativo, mas o direito antitruste como exemplo de sucesso de uma doutrina acadêmica pragmática do direito. A Lei Sherman foi aprovada em 1890, em uma época em que os economistas tinham uma compreensão limitada do fenômeno dos monopólios e da concorrência e mais limitada ainda era a comunicação entre economistas e juristas. Nas primeiras decisões judiciais que interpretaram a Lei Sherman (e, depois, a Lei Clayton), raios de sabedoria brilhavam esparsos em meio a nuvens de confusão. O próprio objetivo da política antitruste era obscuro e controverso – seria ele o de promover a eficiência econômica ou reduzir o poder das grandes empresas? É difícil fazer as duas coisas. Na década de 1940, entretanto, os tribunais já haviam criado um programa razoavelmente bem-sucedido de ação anticartel – a famosa regra da ilegalidade "*per se*"; mas permaneciam profundamente confusos em relação a fusões, monopólios e restrições "verticais" (por exemplo, a imposição de preços de revenda e outras restri-

---

* Nos Estados Unidos, o que se chama "direito administrativo" é menos amplo que o direito administrativo brasileiro e trata especialmente das normas que regem as agências reguladoras; neste livro, para não termos de criar um novo nome para esse ramo do direito, o termo "direito administrativo" será entendido no sentido norte-americano, mais restrito. (N. do T.)

ções impostas a varejistas e outros distribuidores). A Corte presidida pelo juiz Warren, populista em matéria de direito antitruste, aprofundou a confusão, mas, vez por outra, mostrou-se receptiva à análise econômica de questões ligadas aos trustes[3]. A partir de 1970, mais ou menos, a formação de um consenso e o incremento da sofisticação da análise econômica da política antitruste estimularam uma abordagem judicial mais sofisticada do direito antitruste[4] e, a partir da década de 1980, coincidiram com uma atitude mais positiva do público em relação ao capitalismo. A quimera das "grandes empresas" foi quase totalmente esquecida. A eficiência tornou-se o único objetivo amplamente aceito das políticas antitruste[5]. Um número maior de juízes e advogados aprendeu os rudimentos da economia antitruste e os próprios economistas especializados em política antitruste tornaram-se mais eficientes como consultores e peritos. É correto dizer que, pouco mais de cem anos depois de ter sido criado, o direito antitruste tornou-se um ramo da economia aplicada, alcançou um alto grau de racionalidade e previsibilidade e é hoje uma história de sucesso da qual podem se orgulhar todos os demais ramos do direito e das disciplinas a ele ligadas[6].

Ao contrário daquela do direito antitruste, a evolução do direito administrativo rumo à racionalidade e à interdisciplinaridade está longe de estar completa. Os dois ramos do direito surgiram

---

[3] Em *United States vs. Philadelphia National Bank*, 374 U.S. 321 (1963), por exemplo.
[4] Ver, por exemplo, *Continental T.V., Inc. vs. GTE Sylvania Inc.*, 433 U.S. 36 (1977).
[5] Ver, por exemplo, *Broadcast Music, Inc. vs. Columbia Broadcasting System, Inc.*, 441 U.S. 1, 19-20 (1979); *Reiter vs. Sonotone Corp.*, 442 U.S. 330, 343 (1979); *Matsushita Electric Industrial Co. vs. Zenith Radio Co.*, 475 U.S. 574 (1986); *State Oil Co. vs. Khan*, 118 S. Ct. 275 (1997).
[6] Nem todos os economistas contariam uma história com final tão feliz. Veja-se uma concepção pessimista, baseada, porém, em estudos antigos e em novos estudos de casos antigos, em *The Causes and Consequences of Antitrust: The Public--Choice Perspective* (org. Fred S. McChesney e William F. Shughart II, 1995).

nos Estados Unidos por volta da mesma época, o final do século XIX. Mas boa parte dos problemas de direito administrativo tem sua origem no século XVIII. A Constituição estabelecera um sistema legislativo apropriado para um Estado pequeno, de competências bem circunscritas. Um poder legislativo essencialmente tricéfalo – Senado, Câmara dos Deputados e Presidente – debateria e aprovaria as leis; mas em virtude dos custos de transação de um processo legislativo tricameral, essas leis não seriam muitas. Um poder judiciário minúsculo incrementaria o direito por meio da interpretação da legislação e da criação de normas pelo sistema do *common law*. Mas, estorvado pelas limitações que habitualmente afligem os tribunais em matéria de obtenção de informações, efetividade, legitimidade e – de novo – custos de transação, tampouco criaria muitas normas.

Chamo a atenção para os custos de transação como impedimentos à ambição em matéria legislativa porque a ampliação do ramo legislativo do Estado aumenta os custos de se chegar a um acordo, e a ampliação do ramo judiciário aumenta os custos da preservação da coerência e do sentido das decisões judiciais. É impossível que um Estado grande – um Estado que tente fazer mais do que simplesmente oferecer segurança ao povo – tenha somente tribunais e um poder legislativo. Assim, no final do século XIX e princípio do século XX, quando surgiu a demanda por um governo federal mais forte, o molde constitucional foi quebrado e o Estado administrativo foi inventado. Os adversários do Estado gigante, salientando os poderes quase judiciais dos órgãos administrativos, chamavam a atenção para a ilegitimidade constitucional e o perigo político de um Estado administrativo que tirasse o poder dos tribunais. Os partidários do Estado gigante procuravam mitigar essas preocupações pintando os órgãos administrativos como ambientes propícios ao exercício de uma perícia neutra. Com efeito, os partidários viraram o jogo contra os adversários, chamando a atenção para o caráter ideológico do judiciário e contrapondo-o à neutralidade científica a que aspirava ao processo administrativo. Afirmavam que o processo administrativo não seria mais político, mas sim menos político que o processo judicial. Esses "progressistas", paladinos da administração pública tecnocrática, triunfaram com a chegada do *New Deal*.

A luta que acabei de esboçar, que definiu a primeira fase do pensamento acadêmico sobre o direito administrativo, terminou com a aprovação da Lei de Procedimentos Administrativos de 1946. A Lei expressava a aceitação do Estado administrativo como componente legítimo do sistema federal de elaboração de normas jurídicas, mas impunha-lhe restrições procedimentais que acabaram por tornar o processo administrativo muito semelhante ao judicial. Mesmo o sistema *notice-and-comment* de criação de normas* – o caso em que a administração mais se diferencia do poder judiciário, pois habilita os órgãos administrativos a criar normas cogentes fora do contexto de uma decisão referente a um caso específico (habilita-os a criá-las, em suma, não como os tribunais criam o *common law*, mas como o poder legislativo faz a legislação) – é, na prática, mais semelhante à litigação que à legislação, embora a culpa (se é que realmente se trata de "culpa") não caiba totalmente àqueles que redigiram o texto da Lei.

A Lei dos Procedimentos Administrativos foi, em parte, uma reação à politização de muitos órgãos administrativos federais, como o Conselho Nacional das Relações de Trabalho. A Lei conferiu uma medida de neutralidade política e ideológica ao direito

---

* No sistema *notice-and-comment*, a norma proposta é publicada no *Federal Register* e, em seguida, o órgão responsável recebe, analisa e incorpora, através de procedimentos prescritos, os comentários do público em geral e dos setores interessados em particular. (N. do T.)

administrativo, do mesmo modo que a Lei Taft-Hartley, aprovada no ano seguinte, conferiu certa neutralidade política e ideológica ao direito substantivo do trabalho, corrigindo em alguma medida a tendência pró-sindicalista da Lei Wagner. A Segunda Guerra Mundial criara uma ânsia de normalidade e, incidentalmente, esmagara a direita radical, que antes do conflito pregara o derrotismo e o isolacionismo; e os rescaldos da guerra esmagaram a esquerda radical. O resultado desses acontecimentos induzidos pela guerra foi uma suspensão temporária dos conflitos ideológicos. Isso permitiu que o direito administrativo fosse assimilado confortavelmente pelo direito norte-americano em uma época em que este era regido por um consenso pós-formalista e pós-realista. Nesse sentido, o foco do pensamento acadêmico se deslocou das questões de política, legitimidade e políticas econômicas, que haviam dominado a literatura anterior sobre direito administrativo, para problemas importantes ligados à "domesticação" da administração pública por meio do direito – problemas (todos intimamente inter-relacionados) como a distinção exata entre questões de fato, sobre as quais o controle judicial era altamente limitado, e questões de direito; em que medida circunscrever a discricionariedade dos órgãos administrativos; quais os requisitos de coerência, cuidado e raciocínio a serem exigidos das decisões administrativas; em que medida os órgãos administrativos deveriam ter competência para apreciar formas não tradicionais de prova; quais tipos de decretos administrativos estariam sujeitos ao controle de quais tribunais e quais os procedimentos judiciais cabíveis nesse controle; e até que ponto os órgãos administrativos deveriam recorrer à criação direta de normas, em contraposição ao julgamento de casos particulares, a fim de criar padrões mais definidos e, assim, tornar a regulamentação administrativa mais objetiva e previsível.

Durante esse período de consenso, em que Luis Jaffe, Henry Hart e Kenneth Culp Davis foram as vozes acadêmicas mais ouvidas nessa matéria, e Felix Frankfurter e Henry Friendly destacaram-se no controle judicial das decisões dos órgãos administrativos[7], poucos se preocupavam em perguntar se estes órgãos estavam alcançando os objetivos a que se propunham, se esses objetivos valiam a pena, se as consequências concretas da regulamentação administrativa eram boas ou más e quais deveriam ser os critérios de "bom" e "mau" em matéria de regulamentação administrativa. Como nenhuma dessas perguntas tinha caráter procedimental, doutrinal ou mesmo constitucional, elas, em regra, nem sequer ocorriam aos juristas – ou a qualquer outra pessoa, sobretudo porque os órgãos administrativos tinham sido concebidos para ser semelhantes a tribunais e, de fato, o eram. Nenhuma pessoa séria pergunta se os tribunais são necessários ou não. Se os órgãos administrativos não passam de uma forma alternativa de poder judiciário que lida com a sobrecarga de causas que os tribunais são incapazes de resolver (quer pelo simples número delas, quer porque as questões envolvidas em algumas causas são complicadas demais para os juízes), ninguém há de perguntar se os órgãos administrativos são necessários ou não.

Quando os conflitos ideológicos ressurgiram na década de 1960, o Estado administrativo foi arrastado para a refrega. À esquerda, Ralph Nader e seus seguidores, dando continuidade a uma literatura anterior (mas até então ignorada) sobre o predomínio de interesses particulares nas regulamentações promovidas pelo poder executivo, começaram a perguntar se os órgãos administrativos eram mesmo tão zelosos na proteção do interesse

---

[7] A "suma teológica" dos estudos acadêmicos do direito administrativo nessa época é o tratado de 792 páginas de Luis L. Jaffe, *Judicial Control of Administrative Decisions* (1965).

público quanto pretendiam ser e se não era necessário, por um lado, aumentar o envolvimento dos cidadãos nos órgãos já existentes e, por outro, levar a regulamentação administrativa para novos domínios, como o da segurança dos automóveis[8]. À direita e depois no centro e até na esquerda, os economistas começaram a questionar as missões de vários órgãos administrativos federais de destaque[9]. Demonstraram que boa parte da atividade das agências reguladoras – como a limitação da entrada de novas companhias aéreas no trajeto entre determinadas origens e destinos, a regulação dos preços do transporte ferroviário e rodoviário, a concessão de licenças de transmissão de rádio e TV em troca do compromisso de veiculação da programação local, a determinação de um teto para o preço do gás natural, até a promoção da sindicalização e a tentativa de tornar mais informativas as propagandas e rótulos de embalagens – simplesmente não valia a pena; nos transportes, no setor trabalhista, na propaganda, nas comunicações, no setor de energia e em outros setores importantes da economia, as agências reguladoras estavam desempenhando funções distributivas que o mercado podia desempenhar com mais eficiência e menos custo. Convergindo neste ponto com Nader e seus aliados acadêmicos, como Gabriel Kolko, os economistas demonstraram que a *verdadeira* missão das agências reguladoras era a de atender aos interesses de grupos poderosos; e nenhum remendo procedimental ou operacional mudaria essa situação.

A crítica econômica deu a entender que o pensamento acadêmico sobre o direito administrativo deixara de lado o ponto prin-

---

[8] Ver Jerry L. Mashaw e David L. Harfst, *The Struggle for Auto Safety*, capítulo 3 (1990).
[9] Produziram também uma vasta literatura acadêmica, a qual é resumida, com citações dos estudos mais notáveis, em Richard A. Posner, *Economic Analysis of Law*, §§ 19.2-19.3 (5. ed., 1998).

cipal na medida em que não compreendera que os órgãos administrativos são fundamentalmente diferentes dos tribunais. Esses órgãos representavam dentro do Estado os interesses de determinados grupos; eram prisioneiros e instrumentos políticos; eram responsáveis por um excesso de regulamentação. Do mesmo modo que um cartel privado ou uma rede de comercialização de peças de carros roubados não podem ser aperfeiçoados, assim também, do ponto de vista social global – o ponto de vista do interesse público –, não seria possível aperfeiçoar as agências administrativas (nem pelo aperfeiçoamento dos procedimentos nem pela maior especialização do pessoal). A tentativa de fazê-las funcionar melhor só faria aumentar o desperdício das riquezas da sociedade. Os naderitas, por outro lado, que não acreditavam muito no mercado, pensavam que as agências administrativas não eram suficientemente atuantes, ou que estavam atuando de modo errôneo, ou que novas e diferentes agências eram necessárias. Mas concordavam com os economistas em que os juristas acadêmicos se haviam equivocado por prestar atenção ao direito que está nos livros, não ao direito que ocorre na prática: o funcionamento e os efeitos concretos da regulamentação criada e imposta pelo poder executivo.

A crítica naderita inspirou reformas que visaram a tornar a regulamentação mais atenta ao interesse público, dando, por exemplo, a associações de cidadãos o direito legal de pedir e obter o controle judicial dos atos e omissões das agências reguladoras. A crítica econômica ajudou a alimentar o movimento de desregulamentação, que alcançou êxitos notáveis – mais, talvez, em decorrência de mudanças tecnológicas e econômicas fortuitas que do poder da teoria econômica e das provas reunidas pelos economistas. Alguns órgãos administrativos foram abolidos, como o Conselho de Aviação Civil, a Comissão Federal de Energia e a

Comissão de Comércio Interestadual. Outros foram relegados a um longínquo pano de fundo, como a Comissão Federal de Comércio e o Conselho Nacional das Relações de Trabalho. Outros, ainda, com destaque para a Comissão Federal de Comunicações e os órgãos bancários, relaxaram seu domínio e quase se tornaram órgãos de desregulamentação. Por fim, alguns órgãos, como a Comissão de Valores Mobiliários e as agências que regulam o setor bancário e outros intermediários financeiros, foram marginalizados pela rápida mudança e a crescente complexidade das atividades reguladas.

A tendência à desregulamentação da economia norte-americana foi obscurecida pela ascensão de órgãos ligados à saúde e à segurança, como a Administração Nacional de Segurança nos Transportes Rodoviários, o Conselho de Controle do Departamento de Benefícios Trabalhistas e a Administração de Segurança e Saúde no Trabalho; ao meio ambiente, como a Agência de Proteção Ambiental; à discriminação, como a Comissão para a Igualdade de Oportunidades de Emprego; e à aposentadoria. Menos descaradamente protecionistas que as agências da velha guarda que regulamentavam cada qual apenas um setor e sobre as quais caiu o machado da desregulamentação, esses novos programas são legados do movimento naderita e de outros movimentos liberais de esquerda surgidos nas décadas de 1960 e 1970. Ao mesmo tempo, entretanto, o Serviço de Imigração e Naturalização, que tem a tarefa principal de deportar pessoas, ficou muito mais ocupado em virtude do aumento da imigração legal e ilegal e do maior rigor das leis de imigração. Outra prova de que os órgãos administrativos não são intrinsecamente de esquerda foi a criação, com o apoio dos dois partidos, da Comissão Norte-Americana de Sentenciamento na década de 1980. Demarcou-se, assim, uma notável expansão da autoridade executiva em detrimento da judicial, bem como um rigor maior nas penas criminais impostas pelo governo federal.

Isso significa que a regulamentação administrativa ainda existe em abundância, provavelmente mais do que nunca, embora talvez seu impacto agregado seja menor (mas como sabê-lo com certeza?). Os economistas têm criticado a estrutura e, às vezes, as próprias metas de boa parte da nova escola de regulamentação, em particular nos campos da poluição e da segurança e saúde no trabalho, bem como a proibição da discriminação por motivo de idade. Boa parte dessa regulamentação afigura-se regressiva, ineficaz, perversa, desnecessariamente cara ou as quatro coisas ao mesmo tempo[10]. Ainda não é esse o consenso entre os juristas acadêmicos. Porém, o sucesso da crítica econômica nas áreas mais antigas da regulamentação administrativa induziu os acadêmicos especializados em direito administrativo a voltar-se não só para os procedimentos e outros aspectos formais, mas também para os méritos da nova regulamentação. Em consequência disso, o estudo acadêmico do direito administrativo adquiriu qualidades mais substantivas, mais econômicas, mais institucionais, mais empíricas – em suma, mais pragmáticas. Há mais interesse por aquilo que efetivamente funciona e menos pelas formas e formalidades do processo administrativo, exceto quando estas impliquem consequências concretas para as atividades regulamentadas.

A forma original da crítica econômica tratava a regulamentação antes de tudo como uma forma de cartelização[11]. Essa abor-

---

[10] Ver, por exemplo, id., §§ 11.6-11.8, 26.4; Robert W. Crandall, *Controlling Industrial Pollution: The Economics and Politics of Clean Air* (1983); W. Kip Viscusi, *Risk by Choice: Regulating Health and Safety in the Workplace* (1983); Richard A. Posner, *Aging and Old Age*, capítulo 13 (1995).

[11] Ver, por exemplo, George J. Stigler, "The Theory of Economic Regulation", 2 *Bell Journal of Economics and Management Science*, p. 3 (1971), e os estudos citados em Posner, nota 9, acima, § 19.2, p. 569, n. 1.

dagem mostrou-se frutífera quando aplicada a programas reguladores voltados para um setor específico de atividade, como o controle de preços e ingresso no mercado imposto pela regulamentação de serviços públicos e serviços de transporte, programas esses que foram criados antes ou durante o *New Deal*. Esse tipo de regulamentação confere benefícios concentrados ao setor regulamentado (e, às vezes, também a certos grupos importantes de consumidores, como os beneficiários de "subsídios cruzados" determinados pela regulamentação)[12] e, ao mesmo tempo, difunde amplamente seus custos; por isso é fácil explicá-la em razão das pressões de grupos de interesse. Boa parte da nova regulamentação, entretanto, apresenta o padrão oposto – benefícios difusos e custos concentrados (a maior parte das regulamentações ambientais têm esse caráter) – e, por isso, não pode ser adequadamente explicada por um modelo derivado da teoria dos cartéis e grupos de interesse. Em vez disso, os economistas e cientistas políticos usaram a teoria das escolhas públicas para estudar esse tipo de regulamentação[13]. A teoria das escolhas públicas é uma aplicação dos princípios *gerais* da teoria econômica ao campo político; distingue-se, portanto, da aplicação de subteorias específicas, como a teoria dos cartéis ou a teoria dos grupos de interesse. Hoje em dia, reconhecendo o caráter estratégico das interações que deter-

---

[12] Ver, por exemplo, Richard A. Posner, "Taxation by Regulation", 2 *Bell Journal of Economics and Management Science*, p. 22 (1971); Sam Peltzman, "Toward a More General Theory of Regulation", 19 *Journal of Law and Economics*, p. 211 (1976).

[13] Ver, por exemplo, *Conference on the Economics and Politics of Administrative Law and Procedures*, 8 *Journal of Law, Economics and Organization*, p. 1 (1992); ver também Daniel A. Farber e Philip P. Frickey, *Law and Public Choice: A Critical Introduction* (1991), esp. a introdução e o capítulo 1; *Symposium on the Theory of Public Choice*, 74 *Virginia Law Review*, p. 167 (1988). Análise ampla das diversas teorias sobre a regulamentação administrativa encontra-se em Steven P. Croley, "Theories of Regulation: Incorporating the Administrative Process", 98 *Columbia Law Review*, p. 1 (1998).

minam os cursos de ação pública, a teoria das escolhas públicas faz uso intenso da teoria dos jogos.

O negócio é que, hoje em dia, os mais avançados estudos acadêmicos de direito administrativo são muito diferentes dos que se faziam na década de 1950[14]. Com efeito, confirmando a tese da suplantação e as experiências com o direito antitruste, eles se parecem cada vez menos com estudos *jurídicos*. Considere quais são as grandes questões de direito administrativo estudadas atualmente. A maior delas talvez seja a de como regulamentar as atividades que acarretam riscos para a segurança, a saúde e o meio ambiente, questão que chamou e sustentou a atenção de economistas capacitados, como Kip Viscusi, e de juristas inteligentes, como Stephen Breyer e Cass Sunstein. As descobertas fundamentais desses estudos são que, em primeiro lugar, o direito não faz suficiente distinção entre as situações em que os custos de transação impedem que os riscos à segurança e à saúde sejam internalizados – caso da poluição e de outros tipos de degradação ambiental – e aquelas em que isso não acontece, caso dos riscos inerentes a certos tipos de trabalho. A regulamentação administrativa justifica-se mais facilmente na primeira classe de situações, em que os custos de transação tendem a impedir o mercado de controlar os riscos à segurança e à saúde.

Mas, em segundo lugar, mesmo quando os custos de transação parecem ser baixos, certos fatores sutis podem ainda assim determinar o fracasso do mercado nesse sentido: é o caso dos riscos inerentes a certos tipos de trabalho, os quais decorrem diretamente de uma relação contratual (de emprego). Já se questionou também a capacidade da economia normativa (análise de custo-benefício)

---

[14] Como notaram vários participantes do *Symposium on Administrative Law*, 72 *Chicago-Kent Law Review*, p. 951 (1997).

de monetarizar os custos não pecuniários, como a piora da saúde ou da segurança ou ainda a redução do número de espécies de animais. E os economistas comportamentalistas (que, na verdade, são psicólogos da economia) identificaram certas anomalias no raciocínio humano que, ao ver deles, obstam a capacidade das pessoas de pensar com sensatez acerca de perigos à segurança e à saúde que tenham pouca probabilidade de se concretizar[15].

Em terceiro lugar, muitas vezes aconteceu que o próprio desempenho das agências reguladoras nos campos da saúde, da segurança e do meio ambiente foi deplorável. Por exemplo: um levantamento dos valores monetários (essencialmente, o custo da obediência às diretrizes de segurança impostas por uma agência reguladora dividido pelo número de vidas que essa obediência salvou) que os diferentes programas reguladores atribuem a uma vida humana revela diferenças enormes e extremos irracionais[16]. Admitindo-se algumas diferenças atinentes à quantidade de dor e sofrimento que precedem o trespasse e à idade em que este ocorre, a morte é sempre morte, qualquer que seja o agente causal. As agências que fixam na extremidade alta da escala o valor de uma vida humana podem, na verdade, estar diminuindo a longevidade das pessoas. O pesado custo de cumprir essas regulamentações pode ter o efeito de um tributo regressivo, reduzindo

---

[15] Ver, por exemplo, Christine Jolls, Cass Sunstein e Richard Thaler, "A Behavioral Approach to Law and Economics", 50 *Stanford Law Review*, p. 1471 (1998); Matthew Rabin, "Psychology and Economics", 36 *Journal of Economic Literature*, p. 11 (1998); Cass R. Sunstein, "Behavioral Analysis of Law", 64 *University of Chicago Law Review*, p. 1175 (1997).

[16] Ver, por exemplo, W. Kip Viscusi, "Regulating the Regulators", 63 *University of Chicago Law Review*, pp. 1423, 1432-5 (1996) (tab. 1). Sob o aspecto geral, ver *Risk versus Risk: Tradeoffs in Protecting Health and the Environment* (org. John D. Graham e Jonathan Baert Wiener, 1995). Por outro lado, a precisão desse levantamento e a própria crítica da regulamentação administrativa da saúde e da segurança edificada sobre ele são veementemente postas em questão por Lisa Heinzerling, "Regulatory Costs of Mythic Proportions", 107 *Yale Law Journal*, p. 1981 (1998).

desproporcionalmente a renda real dos pobres – e existe uma correlação positiva entre renda e longevidade[17]. A correlação não implica causalidade, mas é plausível que um aumento da renda disponível tenha, pelo menos até certo ponto, o efeito de aumentar a longevidade, à medida que proporciona mais acesso à medicina e propicia um estilo de vida mais saudável.

O sistema atual de regulamentação ambiental foi criticado por ser inflexível, autoritário, ineficiente e por não situar adequadamente suas prioridades. Os economistas observaram que, se as emissões de poluentes fossem tributadas em vez de não poderem passar de certo valor máximo, as agências reguladoras não mais precisariam determinar os custos da obediência aos padrões ambientais, visto que os poluidores teriam um incentivo para otimizar o controle de emissões, minimizando a somatória de seus gastos com tributos e com o atendimento às exigências ambientais. A regulamentação ambiental também foi criticada por insistir em que todas as fontes poluidoras reduzam suas emissões, sem levar em conta as diferenças nos custos de redução da poluição entre as diferentes fontes. Reagindo a essa crítica, o Congresso criou um sistema de licenças negociáveis para a emissão de dióxido de enxofre (causa da chuva ácida) por usinas de geração de energia elétrica[18]. Cada licença (chamada *allowance*) autoriza uma usina a emitir uma tonelada de dióxido de enxofre por ano. O número total de licenças vendidas ficou muito abaixo da quantidade total de dióxido de enxofre emitido pelas usinas termelétricas do país; isso significa que o programa vai reduzir o total de emissões do

---

[17] Ver Cass R. Sunstein, "Health-Health Tradeoffs", 63 *University of Chicago Law Review*, p. 1533 (1996); John D. Graham, Bei-Hung Chang e John S. Evans, "Poorer Is Riskier", 12 *Risk Analysis*, p. 333 (1992).
[18] Ver 42 U.S.C. §§ 7651-76510; 58 Fed. Reg. 15634 (1993); *Madison Gas & Electric Co. vs. EPA*, 4 F.3d 529 (7th Cir. 1993); 25 F.3d 526 (7th Cir. 1994).

poluente. Porém, as usinas têm liberdade para vender umas às outras suas licenças de poluição, de modo que a usina que conseguir reduzir suas emissões a um custo baixo pode vender algumas licenças à usina que incorreria um custo muito alto para reduzir as suas, permitindo que os custos agregados da diminuição de emissão de dióxido de enxofre sejam reduzidos sem afetar a diminuição da emissão – na verdade, diminuindo ainda mais as emissões. Este exemplo de uso das ciências sociais para aperfeiçoar a regulamentação administrativa ilustra o caráter predominantemente institucional – não doutrinal, nem mesmo procedimental – do atual movimento de reforma. O mesmo se pode dizer da proposta de Stephen Breyer de que se constitua um órgão federal de alto nível para coordenar as atividades de redução de risco dos órgãos já existentes, a fim de eliminar algumas discrepâncias na sua valoração da vida humana e de outros bens aos quais é difícil atribuir um valor pecuniário[19].

Os estudos de direito administrativo aos quais aludi fazem mais uso da economia e da ciência política que do direito. Porém, o mesmo se pode afirmar dos melhores estudos voltados para os aspectos puramente procedimentais do processo administrativo, entre os quais a extensão do controle judicial e a distinção entre atividade normativa e atividade julgadora[20]. Esses estudos mostraram que existe um hiato significativo entre o pensamento judicial sobre tais assuntos e o pensamento acadêmico. As decisões mais importantes da Suprema Corte sobre direito administrativo durante esse período de crescente sofisticação do pensamento

---

[19] Stephen Breyer, *Breaking the Vicious Circle: Toward Effective Risk Regulation*, capítulo 3 (1993).
[20] Ver, por exemplo, *Conference on the Economics and Politics of Administrative Law and Procedure*, nota 13, acima; Emerson H. Tiller, "Controlling Policy by Controlling Process: Judicial Influence on Regulatory Decision Making", 14 *Journal of Law, Economics, and Organization*, p. 114 (1998).

acadêmico sobre o tema determinaram, entre outras coisas, a possibilidade de controle judicial dos atos normativos administrativos antes de sua primeira aplicação[21]; a expansão, depois a redução, depois novamente a expansão do direito de impugnar em corte federal um ato administrativo[22]; a vedação da possibilidade de as normas de uma agência reguladora serem vetadas por uma única casa do Congresso[23]; que as agências reguladoras justifiquem suas mudanças diametrais de opinião[24]; a proibição do controle judicial invasivo dos procedimentos dos órgãos administrativos[25]; que a política federal de sentenciamento de criminosos condenados ficasse a cargo de um órgão administrativo[26]; e a limitação do controle judicial das interpretações que os órgãos fazem sobre a legislação que devem executar[27]. A academia reagiu criticamente a essas decisões, mas o interessante é que as críticas se baseiam mais na teoria dos jogos e na teoria das escolhas públicas do que na teoria do direito convencional. Os administrativistas mais influentes interessam-se pelos efeitos dessas decisões, quer sobre os programas de ação, quer sobre a estrutura do Estado, e não pelo modo pelo qual elas se encaixam em uma estrutura jusdoutrinal preexistente; para o estudo das consequências, a análise doutrinal é inútil. Os estudiosos assinalaram, por

---

[21] *Abbott Laboratories vs. Gardner*, 387 U.S. 136 (1967).
[22] *Morton vs. Ruiz*, 415 U.S. 199 (1974); *Lujan vs. Defenders of Wildlife*, 504 U.S. 555 (1992); *Northeastern Florida Chapter vs. City of Jacksonville*, 598 U.S. 136 (1967).
[23] *Immigration & Naturalization Service vs. Chadha*, 462 U.S. 919 (1983).
[24] *Motor Vehicle Manufacturers' Association vs. State Farm Mutual Automobile Insurance Co.*, 463 U.S. 29 (1983).
[25] *Vermont Yankee Nuclear Power Corp. vs. Natural Resources Defense Council*, Inc., 435 U.S. 519 (1978).
[26] *Mistretta vs. United States*, 488 U.S. 361 (1989).
[27] Chevron U.S.A. Inc., Natural Resources Defense Council, Inc., 467 U.S. 837 (1984).

exemplo, que, na medida em que os órgãos administrativos agora exercem uma proporção substancial do Poder Legislativo nos Estados Unidos; na medida em que estão mais sujeitos ao Presidente que ao Congresso; e na medida em que os juízes federais têm mais probabilidade que os órgãos administrativos de fazer valer as intenções originais das câmaras legislativas, decisões como *Chadha* e *Chevron*, que limitam o controle judicial das determinações administrativas, tiveram o efeito de deslocar o poder legislativo efetivo para o ramo executivo do Estado. Trata-se de um resultado paradoxal, visto que os autores dessas decisões justificam-nas em razão da distribuição de poderes prevista na Constituição, a qual (exceto tendo em vista que o poder de veto do Presidente lhe dá um papel legislativo) procurava situar os poderes legislativo e executivo em ramos diferentes.

É tentador afirmar que a lei que mais influiu nas decisões de direito administrativo da Suprema Corte foi a lei das consequências indesejadas. É improvável que, quando a Corte autorizou o controle judicial prévio das normas administrativas no caso *Abbott Laboratories*, tenha percebido que estava desestimulando o uso do sistema normativo *notice-and-comment*: para poder fazer frente a esse tipo de controle, o órgão administrativo teria de manter registros complexos de seus procedimentos. Se o controle judicial só entrasse em ação quando a própria agência pedisse ao tribunal que impusesse sanções diante de uma violação da norma, um registro que contivesse somente as questões suscitadas naquele procedimento específico poderia ser apresentado naquele momento, e não antecipadamente. Do mesmo modo, é improvável que a Corte tenha previsto que a adoção da doutrina do "olhar atento" (*hard look doctrine*) em *Vermont Yankee* viria a tornar mais lento o processo administrativo sem determinar um ganho compensador em matéria de maior precisão[28]. Vale perguntar se a Corte tem alguma ideia, mesmo mínima, de quais serão as consequências para a sociedade de suas decisões de direito administrativo. Talvez ela pense que as consequências não lhe dizem respeito.

Outro tema tratado pelos modernos estudos de direito administrativo é o manejo do volume de trabalho. Um exemplo. Nas décadas de 1960 e 1970, um número cada vez maior de juízes federais foram nomeados para dar conta dos litígios judiciais federais, que se multiplicavam acentuadamente; com isso, o número de juízes federais responsáveis pela determinação da sentença dos réus penais condenados cresceu (embora o número de ações penais federais não tenha crescido tanto). Isso fez aumentar as diferenças entre as sentenças, resultado inevitável da tradicional discricionariedade irrefreada dos juízes sentenciadores. Foi assim que surgiram as diretrizes para as sentenças penais federais, que alteram a relação entre os tribunais federais de distrito e seus órgãos administrativos adjuntos, que são o serviço federal de suspensão condicional da pena e a comissão de livramento condicional; a U.S. Sentencing Commission (Comissão de Sentenciamento dos Estados Unidos) é o serviço de suspensão condicional e a comissão de livramento condicional entendidos em sentido amplo. Estabelecendo normas para a imposição de sentença penal e a dosimetria da pena, a comissão conseguiu centralizar e racionalizar o processo de sentenciamento em um grau que os tribunais jamais teriam conseguido por si mesmos. A imposição de sentença penal é até certo ponto irrecorrivelmente arbitrária, e os tribunais não gostam de fazer determinações arbitrárias.

---

[28] Ver Stephen Breyer, "*Vermont Yankee* and the Court's Role in the Nuclear Energy Controversy", 91 *Harvard Law Review*, p. 1833 (1978).

Antes disso, o Departamento de Saúde e Serviços Humanos fizera em sua esfera a mesma coisa que a Comissão de Sentenciamento fez na sua: limitou a discricionariedade de centenas de juízes de tribunais administrativos que decidem os pedidos de declaração de invalidez. Para tanto, promulgou uma série detalhada de critérios essencialmente quantitativos (pondo ênfase não só no histórico de emprego e na natureza da lesão incapacitante, mas também na idade e no grau de instrução do candidato a beneficiário), chamada "grade", a fim de orientar a determinação do direito a receber benefícios do seguro social[29]. Eu mesmo propus outra solução para o problema do volume de casos: fortalecer o processo de controle recursal dentro dos próprios órgãos administrativos a fim de aliviar o fardo de controle recursal do judiciário federal. Em específico, sugeri a criação de um tribunal de recursos em matéria de pedidos de invalidez – um tribunal recursal interórgãos que controlaria as decisões de invalidez proferidas pela Administração do Seguro Social, pelo Departamento do Trabalho e por outros órgãos federais; a competência recursal dos tribunais recursais federais ficaria circunscrita à determinação de questões de direito[30]. Desnecessário dizer que as questões levantadas por esses desenvolvimentos e propostas não têm caráter doutrinal ou procedimental, mas sim institucional e gerencial.

Não quero dar a impressão de que o direito antitruste e o direito administrativo – mesmo entendido este em sentido amplo, de modo que abarque toda a esfera da regulamentação administrativa – são as únicas áreas promissoras para os estudos jurídicos pragmáticos. A maior parte da análise econômica do direito não tem caráter doutrinal ou abstrato, mas sim pragmáti-

---

[29] Ver *Heckler vs. Campbell*, 461 U.S. 458 (1983).
[30] Richard A. Posner, *The Federal Courts: Challenge and Reform*, pp. 266-7 (1996).

co, na medida em que pretende ser imediatamente aplicável pelos profissionais do direito; teve efeitos notáveis sobre a prática jurídica em campos tão díspares quanto do direito dos seguros e o direito de família[31]; e, nos últimos tempos, fizeram-se tentativas explícitas de misturar pragmatismo e economia no estudo de temas jurídicos[32].

Atividade judicial pragmática: sua definição; o que a distingue da atividade judicial positivista; exemplos de sua aplicação

O que é a atividade judicial pragmática?

A questão de saber se os juízes devem ser pragmatistas é, ao mesmo tempo, nebulosa e, pelo menos a meu ver, urgente. É nebulosa porque o termo "pragmatismo" é eminentemente vago quando usado para designar um estilo de decisão judicial. Entre os juízes da Suprema Corte que foram chamados de pragmatistas, incluem-se Holmes, Brandeis, Cardozo, Frankfurter, Jackson, Douglas, Brennan, Powell, Stevens, White e Breyer[33]. Não seria difícil acrescentar outros nomes a essa lista. Entre os teóricos da decisão judicial, o rótulo foi aplicado não só a pragmatistas confessos, cujo número hoje em dia não é pequeno[34], mas também a Ronald Dworkin[35], em cuja opinião o pragmatismo, pelo menos aquele concebido por Richard Rorty, é um alimento intelectual

---

[31] Veja-se um estudo da bibliografia em Posner, nota 9, acima.

[32] Ver Thomas F. Cotter, "Pragmatism, Economics, and the Droit Moral", 76 *North Carolina Law Review*, p. 1 (1997); Cotter, "Legal Pragmatism and the Law and Economics Movement", 84 *Georgetown Law Journal*, p. 2071 (1996).

[33] Ver, por exemplo, Daniel A. Farber, "Reinventing Brandeis: Legal Pragmatism for the Twenty-First Century", 1995 *University of Illinois Law Review*, p. 163.

[34] Veja-se uma lista em Richard A. Posner, *Overcoming Law*, pp. 388-9 (1995).

[35] Ver Richard Rorty, "The Banality of Pragmatism and the Poetry of Justice", em *Pragmatism in Law and Society*, p. 89 (org. Michael Brint e William Weaver, 1991).

que só agradaria a um cachorro[36] (e suponho que ele não goste muito de cachorros). Mais tarde veremos se é justo chamar Dworkin de pragmatista. Alguns vão pensar que a inclusão de Frankfurter na lista é ainda mais inusitada que a de Dworkin. Ela se justifica, porém, pelo fato de esse juiz ter rejeitado a posição "absolutista" no campo da Primeira Emenda, sobretudo nos casos que envolviam a saudação à bandeira, e por ter adotado um critério de "repugnância à consciência" para avaliar questões de devido processo substantivo, critério esse que, na verdade, é uma versão mais refinada do critério do "vômito" de Holmes. A escola da indignação, que discuti no Capítulo 2, é pragmática porque pretende basear a decisão de causas constitucionais difíceis na "malignidade" não teorizada do ato governamental impugnado, e não em uma teoria capaz de provar que o ato efetivamente violou a Constituição.

O que torna urgente para mim a questão de saber se a atividade judicial é ou deve ser pragmática é o fato de os críticos acharem que minha teoria da decisão judicial não é pragmática de modo algum. Jeffrey Rosen, por exemplo, afirma que meu livro *Para além do direito* defende uma concepção visceral, personalista, anômica, improvisada, sem método e sem estrutura da atividade julgadora[37]. E, muito antes de passar a considerar-me pragmatista, fui criticado por ser "prisioneiro de uma epistemologia rarefeita e insatisfatória"[38], sendo esse o tipo exato de crítica que seria merecida por uma teoria puramente emotiva da decisão judicial. Será, então, que estou recaindo em antigos erros? É melhor

---

[36] Ronald Dworkin, "Pragmatism, Rights Answers, and True Banality", em id., pp. 259, 360. Veja-se uma crítica mais sóbria da abordagem pragmática do direito em Michael Rosenfeld, *Just Interpretations: Law between Ethics and Politics*, capítulo 6 (1998).
[37] Jeffrey Rosen, "Overcoming Posner", 105 *Yale Law Journal*, pp. 581, 584-96 (1995).
[38] Paul M. Bator, "The Judicial Universe of Judge Richard Posner", 52 *University of Chicago Law Review*, pp. 1146, 1161 (1985).

tentar deixar bem claro o que é, em minha opinião, a atividade judicial pragmática.

Já observei que ela não deve ser identificada com o pragmatismo como posição filosófica. A ideia de que os juízes *não* devem ser pragmatistas seria perfeitamente compatível com o pragmatismo filosófico, assim como a ideia de que eles não devem conceber-se como maximizadores da utilidade seria perfeitamente compatível com o utilitarismo. É possível acreditar que a utilidade geral seria maximizada se os juízes se restringissem a aplicar as normas jurídicas, uma vez que é plausível conceber que a justiça discricionária, com toda a incerteza por ela criada, acaba por diminuir e não aumentar a utilidade geral. Do mesmo modo, um pragmatista que julga o sistema jurídico pelos resultados por ele gerados pode concluir que os melhores resultados seriam produzidos se os juízes não tomassem decisões pragmáticas, mas simplesmente aplicassem as normas jurídicas. Mediante analogia com o utilitarismo das regras, um pragmatista desse tipo poderia ser chamado um "pragmatista das regras".

Nesse caso, o que é a atividade judicial pragmática? Não aceito a definição de Dworkin: "o pragmatista pensa que os juízes sempre devem fazer o melhor possível em vista do futuro, dadas as circunstâncias, irrefreados pela necessidade de respeitar ou assegurar a coerência de princípios com o que outras autoridades fizeram ou vão fazer"[39]. Estas são as palavras do Dworkin polemista. Porém, se sua definição for reformulada dessa maneira – "os juízes pragmatistas sempre tentam fazer o melhor possível em vista do presente e do futuro, irrefreados pelo sentido de terem o *dever* de assegurar a coerência de princípios com o que outras autoridades fizeram no passado" – ela serve como definição operativa da ati-

---

[39] Ronald Dworkin, *Law's Empire*, p. 161 (1986).

vidade judicial pragmática. Nessa interpretação, a diferença entre um juiz pragmático e um juiz positivista (no sentido forte, ou seja, aquele que acredita que o direito é um sistema de normas estabelecidas pelo poder legislativo e meramente aplicadas pelos juízes) é que o último ocupa-se essencialmente de assegurar a coerência com as decisões passadas, ao passo que o primeiro só se ocupa de assegurar a coerência com o passado na medida em que a decisão de acordo com os precedentes seja o melhor método para a produção de melhores resultados para o futuro.

O juiz positivista começa e geralmente termina sua atividade com um exame da jurisprudência, da legislação, da regulamentação executiva e dos dispositivos constitucionais – as "fontes" diante das quais deve curvar-se quando segue o princípio de que os juízes têm o dever de assegurar a coerência de princípios com o que outras autoridades fizeram no passado. Se todas as fontes dizem a mesma coisa, o mais provável é que a decisão do caso em pauta já esteja predeterminada, uma vez que, na ausência de fortes razões em contrário, contrapor-se às fontes seria uma violação do dever para com o passado. A razão mais forte para decidir em sentido contrário seria a existência de outra "linhagem" jurisprudencial que tivesse adotado um princípio incompatível com as fontes que mais imediatamente têm relação com o caso em pauta. Nessa hipótese, o juiz teria o dever de comparar as duas linhagens e aplicar ao caso outros princípios manifestos ou latentes na jurisprudência, na legislação ou na constituição a fim de encontrar aquela solução que melhor promova ou melhor se coadune com a melhor interpretação do histórico jurídico em seu conjunto.

O juiz pragmatista tem outras prioridades. Quer encontrar a decisão que melhor atenda às necessidades presentes e futuras. Não tem desinteresse pela jurisprudência, pela legislação etc. Muito pelo contrário. Em primeiro lugar, essas fontes são depósitos de conhecimento e até, às vezes, de sabedoria; por isso mesmo que não tenham valor dispositivo, seria loucura ignorá-las. Em segundo lugar, uma decisão que se afaste abruptamente dos precedentes e, assim, desestabilize o direito pode ter, no saldo, consequências ruins. Os juízes frequentemente têm de escolher entre fazer a justiça substantiva no caso sob sua apreciação, de um lado, e manter a segurança jurídica e a previsibilidade do direito, de outro. Essa contradição – que se põe de maneira mais severa naquelas causas em que o *statute of limitations** é alegado como defesa – acarreta às vezes o sacrifício da justiça substantiva no caso individual em favor da compatibilidade com a jurisprudência ou a legislação, ou, em resumo, com as expectativas bem fundamentadas que são necessárias para a condução ordeira dos negócios sociais. Outra razão para não se ignorar o passado é que em geral é difícil determinar o objetivo e a amplitude de uma norma sem estudá-la em suas origens.

Isso significa que o juiz pragmatista encara a jurisprudência, a legislação e o texto constitucional sob dois aspectos: como fontes de informações potencialmente úteis sobre o provável melhor resultado no caso sob exame e como marcos que ele deve ter o cuidado de não obliterar nem obscurecer gratuitamente, pois as pessoas os tomam como pontos de referência. Porém, como vê essas "fontes" somente como fontes de informação e como restrições parciais à sua liberdade de decisão, ele não depende delas para encontrar o princípio que lhe permite decidir um caso verdadeiramente inusitado. Recorre, antes, a fontes que tenham relação direta com a sabedoria da norma que se pede que ele confirme ou modifique. Uma vez que, apesar de toda aquela conversa

---

* Lei que rege os prazos de prescrição e decadência. (N. do T.)

sobre a fidelidade ao passado[40], essa é também essencialmente a abordagem de Dworkin, existe sim um sentido (bastante vago, como veremos) em que ele é pragmatista.

Exemplos

1. *Competência hipotética*. No passado, a Suprema Corte e os tribunais federais a ela subordinados adotavam o seguinte princípio: se existem dois fundamentos possíveis para negar conhecimento a uma ação proposta em juízo federal, sendo o primeiro o de que tal ação não é da competência daquele juízo e o segundo o de que ela não tem mérito; e se a questão da competência é controversa, mas a falta de mérito é patente, o juízo pode negar-se a conhecer da ação por falta de mérito sem se pronunciar sobre a questão da competência[41]. Essa abordagem é ilógica. A competência é o poder de decidir do mérito de uma demanda; isso significa que a decisão sobre o mérito pressupõe a competência. A justificativa pragmática para que às vezes o carro do mérito seja posto adiante dos bois da competência começa por indagar *por que* os juízos federais têm competência limitada e transformaram em uma espécie de fetiche o respeito minucioso a essa competência. A resposta é que os juízos federais são tribunais extraordinariamente poderosos, e o conceito de competência limitada permite-lhes, ao mesmo tempo, demonstrar comedimento e limitar as ocasiões em que esse poder é exercido. Como disse Isabel em *Medida por medida*, "Ter a força de um gigante é excelente, mas usá-

---

[40] A tese de que essa ideia realmente não passa de conversa, uma vez que não tem função operante na jusfilosofia de Dworkin, é proposta por Michael W. McConnell, "The Importance of Humility in Judicial Review: A Comment on Ronald Dworkin's 'Moral Reading of the Constitution'", 65 *Fordham Law Review*, p. 1269 (1997).
[41] Ver, por exemplo, *Norton vs. Mathews*, 427 U.S. 524, 532 (1976); *Isby vs. Bayh*, 75 F.3d 1191, 1196 (7th Cir. 1996); *Rekhi vs. Wildwood Industries, Inc.*, 61 F.3d 1313, 1316 (7th Cir. 1995); *United States vs. Stoller*, 78 F.3d 710, 715 (1st Cir. 1996).

-la como um gigante é tirania."⁴² Porém, se é patente a falta de mérito de um pedido, a decisão que o declare não estará aumentando o poder judicial federal, mas apenas exercendo-o em sua zona limítrofe. Por isso em um caso em que a questão da competência é menos clara que a do mérito, o procedimento mais econômico e prudente pode ser o de relevar a questão jurisdicional e indeferir o pedido por falta de mérito.

Entretanto, a Suprema Corte agora rejeitou (ou pelo menos limitou) essa doutrina da "competência hipotética" por meio de uma decisão, de autoria do juiz Scalia, que se notabiliza pelo caráter antipragmático⁴³. A única razão que ele aduz (talvez por ter-se fatigado estabelecendo distinções artificiosas em torno das decisões que, como *Norton*, pareciam estabelecer aquela doutrina – em vez de negar expressamente a autoridade dessas decisões) é esta: "que um tribunal se pronuncie sobre o sentido ou a constitucionalidade de uma lei estadual ou federal sem ter competência para tanto é, por definição, uma atuação *ultra vires* [além do seu poder]"⁴⁴. Em outras palavras, agir além do poder é agir além do poder – uma tautologia que não responde à pergunta do juiz Breyer: "Quem se beneficia do fato de os juízes recursais gastarem tempo e energia refletindo sobre a resposta correta a uma complexíssima questão de competência se (supondo-se que a questão do mérito tenha resposta fácil) as mesmas partes sairão ganhando ou

---

⁴² Ato II, cena 2, versos 792-4.
⁴³ *Steel Co. vs. Citizens for a Better Environment*, 118 S. Ct. 1003, 1009-16 (1998). Na verdade, um voto concorrente bastante enigmático assinado pela juíza O'Connor e pelo juiz Kennedy (ver id., 1020-1) torna impossível saber se a doutrina foi rejeitada ou simplesmente limitada àquelas situações em que as razões para inverter a sequência habitual de análise (primeiro a competência e, caso confirmada esta, então os méritos) são realmente prementes.
⁴⁴ Id., 1016.

perdendo de qualquer maneira?"⁴⁵ Breyer acrescenta que, em uma época em que o número de casos apreciados é muito grande, a rejeição da doutrina implicaria "demora desnecessária e consequente aumento das custas"⁴⁶ – em outras palavras, só custos e nenhum benefício. A diferença entre as opiniões desses dois juízes acerca da doutrina da competência hipotética é a diferença entre o formalismo e o pragmatismo.

2. *Invalidação* ex nunc *do precedente.* Às vezes, quando toma uma decisão que contraria e, logo, invalida* uma de suas decisões anteriores, o tribunal anuncia que a nova norma de decisão só será aplicada às causas apreciadas a partir de então. O que isso significa é que o tribunal está criando uma norma nova, que não poderia ter sido prevista, e não rejeitando determinado precedente pelo fato de este violar (não aplicar) o direito existente; que, em suma, o tribunal está agindo como um órgão legislativo. A invalidação *ex nunc* do precedente (*prospective overruling*) horroriza os positivistas, uma vez que, como escreve Patrick Devlin, "atravessa o Rubicão que separa os poderes judiciário e legislativo. Transforma os juízes em legisladores declarados"⁴⁷.

A questão jusfilosófica, porém, poderá ser contornada se propusermos uma questão prática: acaso a confiança que a comunidade tem em uma decisão anterior deve ser ponderada quando o tribunal está decidindo se deve ou não invalidar essa decisão? Ou deve essa confiança ser simplesmente deixada de fora da equação, autorizando-se os tribunais a invalidarem *ex nunc* suas decisões? O argumento a favor da segunda posição é que, se assim

---

⁴⁵ Id., 1021 (voto concorrente).
⁴⁶ Id.
* *Overruling.* Não se trata de declarar nula a decisão anterior ou invalidar seus efeitos, mas de fazê-la perder seu caráter de precedente paradigmático. (N. do T.)
⁴⁷ Patrick Devlin, *The Judge*, p. 12 (1979).

não for, os tribunais terão de enfrentar muitos obstáculos para reexaminar antigas decisões. O argumento contra essa posição é que essa hipótese os levará a invalidar decisões anteriores com demasiada facilidade. A resolução do problema exige que encontremos um equilíbrio entre os valores da continuidade e da criatividade no processo judicial. Ora, admitida a legitimidade de ambos os valores, essa é uma tarefa pragmática. Se concluirmos que a invalidação *ex nunc* do precedente desestabiliza indevidamente o direito, poderemos dizer que Devlin tem razão – quando os juízes invalidam seus precedentes, não estão aplicando o direito, mas criando-o. Porém, qual seria a utilidade desse passo ulterior?

3. *As doutrinas dos casos* Swift *e* Erie. A questão examinada em *Swift vs. Tyson*[48] e *Erie R. R. vs. Tompkins*[49] era se as "leis" (*laws*) dos diversos estados norte-americanos abarcavam somente a legislação (*statutes*) dos estados ou também pelo *common law* dos estados. Se fosse correto o entendimento mais amplo, como ficou decidido em *Erie* (invalidando o precedente *Swift*), a consequência seria que, estando em causa a lei que prescreve as normas decisórias para os tribunais federais naqueles casos sobre os quais eles só têm competência pelo fato de as partes serem cidadãos de diferentes estados e não por estar em jogo a legislação federal[50], esses tribunais deveriam obedecer não só à legislação dos estados, mas também a seu *common law*. Se estivesse correto o entendimento mais estreito, como pensara a Suprema Corte em *Swift*[51], os tribunais federais deveriam aplicar o *common law* geral, sem amarrar-se à jurisprudência de um estado em particular. A escolha

---

[48] 48 U.S. (16 Pet.) 1 (1842).
[49] 304 U.S. 64 (1938).
[50] Rules of Decision Act [Lei das Normas Decisórias], atual 28 U.S.C. § 1652.
[51] A decisão de *Swift* foi, na realidade, mera declaração do que era, na época, a prática pacífica dos tribunais federais.

entre essas duas posições foi concebida como uma escolha entre duas concepções de direito. Lawrence Lessig afirma que, quando "modificou-se [...] a noção de que o *common law* não é criado, mas sim descoberto, [...] essa [mudança] *impôs* uma redistribuição da responsabilidade institucional (dos tribunais federais para os estaduais). A concepção antiga [a de *Swift*] dependia desse entendimento anterior do *common law*; quando esse entendimento mudou, as distribuições institucionais também *tiveram* de mudar"[52]. Holmes apresentara argumentos contra o entendimento estreito: dissera que todo o direito necessariamente emana de um único soberano e que, portanto, quando os judiciários estaduais criam o *common law*, fazem-no na qualidade de delegados das assembleias legislativas estaduais. Não procuram descobrir os princípios aplicáveis "do" *common law* entendido como um conjunto de princípios que não emana de nenhum soberano identificável, conjunto composto pelo direito jurisprudencial de muitos soberanos diferentes acrescido de princípios que os juízes federais podem inventar no próprio momento de decidir uma causa cujas partes provenham de jurisdições diferentes[53].

Caso os juízes que decidiram *Swift* e outros casos que seguiram a mesma linhagem jurisprudencial tivessem acreditado que o *common law* de fato *não pode* ser entendido como "lei" no mesmo sentido que a legislação promulgada pelo poder legislativo, sua concepção teria sido efetivamente conceitual e não doutrinal ou pragmática; e, assim, teria sido vulnerável às mudanças na concepção do direito. Mas se simplesmente acreditavam que o

---

[52] Lawrence Lessig, "The Limits of Lieber", 16 *Cardozo Law Review*, pp. 2249, 2266 n. 57 (1995) (grifo meu). Mas ver Jack Goldsmith e Steven Walt, "*Erie* and the Irrelevance of Legal Positivism", 84 *Virginia Law Review*, p. 673 (1998), que defendem uma tese semelhante à minha.
[53] Ver *Black & White Taxi Co. vs. Brown & Yellow Taxi Co.*, 276 U.S. 518, 533 (1928) (voto divergente).

Congresso não pretendera que o termo "*laws*" incluísse o *common law* (ou que as intenções do Congresso eram inescrutáveis ou simplesmente não vinham ao caso), ou se não se deixavam perturbar pelo argumento depois apresentado pelo juiz Brandeis em *Erie* (de que o Artigo III da Constituição dos Estados Unidos não autoriza os juízes federais a criar normas decisórias para os estados), ou ainda se simplesmente pensavam que seria melhor, no conjunto, que os juízes federais procurassem criar um *common law* uniforme para ser usado nas causas que envolviam diversidade de jurisdição – em todos esses casos, os argumentos de Holmes perderiam totalmente o sentido. Pois o problema, nesse caso, seria ou a questão "legalista" de descobrir a intenção por trás da Lei das Normas Decisórias (ou do Artigo III); ou a questão prática de encontrar um equilíbrio entre o incentivo adicional à busca de opções jurisdicionais favoráveis (*forum shopping*) e a incerteza jurídica criados pela doutrina *Swift*, de um lado, e a maior uniformidade e integração do direito em nível nacional promovidas pela abordagem *Erie*, de outro.

4. *A normatização jurídica do petróleo e do gás natural.* Quando o petróleo e o gás natural adquiriram valor comercial pela primeira vez, levantou-se a questão de saber se deviam ser considerados bens móveis mediante analogia com os animais selvagens, em relação aos quais a norma consuetudinária do *common law* dizia (e ainda diz) que o direito de propriedade só se estabelece quando a pessoa toma posse do animal. A alternativa seria tratar esses novos e valiosos recursos como se fossem propriedade fundiária ou outros bens relativamente "estáveis"[54], cujo direito de

---

[54] Uma cadeira, por exemplo, só se move se for movida por um ser humano, ao passo que a gravidade e a pressão do ar obrigam o petróleo e o gás natural a fluir para um espaço vazio mesmo que nenhuma outra força se exerça sobre eles. Quando as normas que regem os direitos de propriedade sobre animais selvagens foram inicialmen-

propriedade se aperfeiçoa com o registro de uma escritura em tabelião público ou com alguma outra operação meramente burocrática, sem que o proprietário tenha de ocupar fisicamente a propriedade[55]. Caso se perguntasse a um positivista se o direito de propriedade sobre o petróleo e o gás natural deveria ou não depender da tomada direta de posse, ele provavelmente começaria por examinar a jurisprudência relativa à propriedade de animais selvagens e se perguntaria se o petróleo e o gás natural são suficientemente semelhantes aos animais selvagens para que possam ser tratados juridicamente da mesma maneira. Nesse caso, só a posse direta garantiria o direito de propriedade sobre o petróleo e o gás natural: ou seja, o bem só seria objeto de propriedade quando chegasse à superfície da terra. O juiz pragmático estaria mais propenso a tomar como ponto de partida as doutrinas dos economistas de recursos naturais e dos técnicos de extração de petróleo e gás natural, e a recorrer aos conselhos desses peritos para decidir qual regime de direito de propriedade (pela apreensão ou pela transferência e registro de título) produziria os melhores resultados quando aplicado a esses bens; só então examinaria a jurisprudência relativa à posse de animais selvagens, bem como outras fontes do direito, para ver se obstaculizavam (por força da doutrina do *stare decisis*) a melhor solução para a exploração de petróleo e gás natural. O fato é que a analogia com os animais selvagens levaria à exploração demasiado rápida desses minerais. As jazidas de petróleo e gás natural geralmente se es-

---

te aplicadas ao petróleo e ao gás natural, vigia a concepção errônea de que esses bens minerais eram dotados de um princípio interno de movimento, ou seja, de que eram "semoventes" como os animais. [Verifica-se aqui que a distinção feita pelo autor não é análoga à distinção usual entre bens móveis e bens imóveis, mas diferencia, antes, os *res nullius* semoventes de todos os outros tipos de bens. (N. do T.)]

[55] Deixo de lado os bens que não têm nenhum componente corpóreo, ou seja, a propriedade intelectual em geral.

tendem por baixo das terras de vários proprietários. Se o direito ao petróleo e ao gás natural depende da tomada efetiva de posse do bem, cada proprietário tem forte incentivo para extrair o máximo que puder no prazo mais curto possível, ao passo que, para explorar otimamente uma jazida, talvez seja necessário usar menos poços e extrair petróleo e gás de modo mais gradual.

É possível que o juiz pragmático dê com os burros n'água. É possível que não compreenda o que os técnicos e economistas tentam lhe dizer ou que não consiga traduzir esse conhecimento em uma norma jurídica operante. O laborioso positivista, cujos passos são todos inteiramente previsíveis, pelo menos promoverá a estabilidade do direito, um bem público genuíno. Pode ser que o poder legislativo entre em cena e proponha um esquema de direitos de propriedade economicamente sólido. Foi mais ou menos assim a história dos direitos de propriedade sobre o petróleo e o gás natural. Talvez fosse ilusão esperar algo melhor que isso. Mas quando se trata de corrigir erros judiciais, as assembleias legislativas norte-americanas são tão lentas em comparação com os parlamentos europeus que os juízes norte-americanos acabam tendo de levar nas costas um pesado fardo de criatividade jurídica. Acredito que só conseguirão levar esse fardo se forem pragmatistas. Porém, nem assim conseguirão levá-lo confortavelmente, a menos que mudanças na formação jurídica e na prática profissional do direito tornem o direito menos formal e casuísta e mais doutrinal e empírico, como sugeri ao discutir os defeitos das justificativas da Suprema Corte para as decisões dos casos *Romer* e *VMI*.

5. *Barriga de aluguel*. Novidade jurídica mais recente é o contrato de aluguel de útero, que discuti brevemente no Capítulo 1. Decidindo que esses contratos não são exigíveis em juízo, a Su-

prema Corte de Nova Jérsei (no caso *Baby M*[56]) fez um passeio longo, complexo e fátuo pelas fontes do direito e pelos conceitos jurídicos, deixando completamente de lado as duas questões (ambas factuais no sentido amplo) que mais interessariam a um pragmatista. A primeira é a de saber se as mulheres que concordam em alugar o útero típica ou frequentemente passam por intenso sofrimento quando chega a hora de entregar o bebê ao pai e à sua esposa. A segunda é a de saber se os contratos de barriga de aluguel são típica ou frequentemente unilaterais e exploratórios, no sentido de que a mãe de aluguel é habitualmente uma mulher pobre que só faz o contrato porque está desesperada. Se a resposta a ambas as perguntas for "não", o juiz pragmatista, dados os benefícios que o contrato oferece para as partes, provavelmente aceitaria que esse contrato fosse exigível em juízo[57], independentemente de o que os filósofos morais tenham a dizer sobre o assunto.

Esses cinco exemplos devem ajudar-nos a perceber que, embora tanto o positivista como o pragmatista se interessem tanto pelas fontes do direito como pelos fatos, o positivista parte das fontes e atribui-lhes um peso maior, ao passo que o pragmatista parte dos fatos e atribui-lhes um peso maior. É esta a descrição mais sucinta que posso oferecer da atividade judicial pragmática, e ela ajuda, de passagem, a explicar duas características da filosofia judicial de Holmes que parecem, à primeira vista, incompatíveis com o pragmatismo judicial: sua falta de interesse pelos dados econômicos e outros dados empíricos[58], que motivou uma queixa de Brandeis, e sua relutância em exarar decisões contrá-

---

[56] *In re Baby M*, 537 A.2d 1227 (N.J. 1988).
[57] Sobre este tópico em geral, ver Richard A. Posner, *Sex and Reason*, pp. 420-8 (1992).
[58] Ver, por exemplo, a carta de Oliver Wendell Holmes a Harold J. Laski, 18 maio 1919, em *Holmes-Laski Letters: The Correspondence of Mr. Justice Holmes e Harold J. Laski*, vol. 1, pp. 204-5 (org. Mark DeWolfe Howe, 1953).

rias aos precedentes. O juiz pragmático acredita que o futuro não deve ser escravo do passado, mas não está obrigado a encarar determinados conjuntos de dados como diretrizes para a tomada da decisão que terá melhores efeitos para o futuro. Se você, como Holmes, não tivesse confiança em que você ou qualquer outra pessoa soubesse com clareza qual a melhor solução para determinado problema, a postura pragmática consistiria em relutar em decidir de modo contrário aos precedentes, pois a invalidação dos precedentes teria o efeito de sacrificar a segurança e a estabilidade jurídicas em prol de um ganho meramente conjectural. Isso nos ajuda a compreender a insistência quintessencialmente pragmática de Holmes em não usar a Décima Quarta Emenda para impedir os estados de experimentar diferentes soluções para os problemas raciais. Quanto menos uma pessoa pensa conhecer as soluções para questões difíceis de política prática, tanto mais será tendente a estimular o aprendizado a respeito dessas questões por meio da experimentação e outros métodos de investigação.

Eu não disse nada a respeito da hipótese de que o juiz pragmático exerce uma função "legislativa", embora os fatos que ele precisaria conhecer para decidir à maneira pragmática o problema do petróleo e do gás natural sejam daquele tipo que os estudiosos chamam de "fatos legislativos", distinguindo-os dos "fatos judiciais" que o juiz e o júri, orientados pelas normas probatórias, devem descobrir. Em uma frase famosa, Holmes disse que os juízes, quando decidem uma causa cujo resultado não é determinado por fontes incontestes, são legisladores "intersticiais". Em vista das muitas diferenças existentes entre juízes e legisladores em matéria de procedimento, formação, experiência, ponto de vista, conhecimento, instrumentos à sua disposição, prazo para tomar decisões, restrições e incentivos, esse uso da palavra "legisladores" pode induzir a erro; ao contrário do que sugere a formulação holmesiana, a amplitude da atuação não é a única diferença. O que ele devia ter dito é que os juízes não somente aplicam as normas como também as criam. Mesmo na função de criador de normas, o juiz é diferente do legislador. Ele não escreve sobre uma tábula rasa. Em uma causa qualquer, o juiz de um tribunal recursal tem de decidir se aplica uma norma antiga sem modificá-la, se modifica a norma antiga e depois a aplica ou se cria e aplica uma norma nova. Nesse processo decisório, o pragmatista será orientado pelo objetivo de fazer a escolha que produza os melhores resultados. Para fazer isso, não basta que o juiz consulte a jurisprudência, a legislação, as regulamentações administrativas, as constituições, os tratados de doutrina e outras fontes do direito ortodoxas; mas ele *tem* de consultá-las, e o legislador não tem.

6. *Casamento entre pessoas do mesmo sexo.* Minha última ilustração da abordagem pragmática da atividade judicial vai fazer o vínculo entre este assunto e a discussão sobre a aplicação judicial da teoria moral e constitucional, exposta no Capítulo 2. É possível apresentar bons argumentos jurídicos em favor da existência de um direito constitucional federal ao casamento entre pessoas do mesmo sexo. Esses argumentos foram arrolados por William Eskridge. São eles: a ponderação entre os benefícios do casamento homossexual e os custos para os interesses importantes do Estado, e a constatação de que os benefícios são maiores que os custos; a distinção entre o casamento entre pessoas do mesmo sexo, de um lado, e o casamento polígamo ou incestuoso, de outro (nenhum dos quais, na atual atmosfera da opinião pública norte-americana, teria a menor esperança de ser considerado protegido pela Constituição); a analogia feita a partir das decisões da Suprema Corte que declararam a nulidade das leis estaduais que proibiam o casamento inter-racial e daquelas que permitiam que prisioneiros se casassem – se casassem, mas não tivessem relações

sexuais (assim, a decisão de *Bowers vs. Hardwick*, que permitia aos estados a criminalização do ato homossexual, não serviria como fonte para a rejeição do direito constitucional ao casamento entre pessoas do mesmo sexo); e a alegação de que "à medida que as mulheres conquistaram espaço na política e no mercado, a ansiedade da classe média diante das questões relacionadas aos sexos e à família deslocou-se para outro objeto: o homossexual" – dando a entender que a recusa em reconhecer o casamento entre pessoas do mesmo sexo é uma versão ou um produto da discriminação contra as mulheres[59].

A única coisa errada com esses argumentos é a suposição tácita de que os métodos do casuísmo jurídico constituem fundamento bastante para obrigar todas as unidades federativas dos Estados Unidos a adotar uma política social que ofende profundamente a imensa maioria dos cidadãos do país, e fazer isso a fim de atender aos anseios de uma minoria instruída, bem-falante e cada vez mais eficiente do ponto de vista político, que, por simples impaciência, busca contornar o processo político normal (ainda que essa impaciência seja compreensível – o povo norte-americano é impaciente). Se a Suprema Corte decidisse que a Constituição dá aos cidadãos o direito de casar-se com pessoas do mesmo sexo, essa decisão seria muito mais radical que qualquer outra citada por Eskridge. Sua fundamentação no texto constitucional, nos precedentes, nos programas de atuação política e na opinião pública seria tênue demais para garantir mesmo um apoio mínimo do público; ela não tem nem sequer o apoio unânime da comunidade dos homossexuais[60]. Seria um exemplo quase inaudito de arrogância judicial.

---

[59] Ver William N. Eskridge, Jr., *The Case for Same-Sex Marriage: From Sexual Liberty to Civilized Commitment* (1996). A passagem citada é da p. 168.
[60] Ver id., capítulo 3.

Não quero que me julguem muito cético a respeito do raciocínio jurídico. O raciocínio jurídico não é *somente* o arsenal de ardis dos advogados. Ele emprega aquelas formas de argumentação que desde Aristóteles foram aceitas como instrumentos úteis para orientar o discernimento em esferas impermeáveis à atuação dos métodos exatos da lógica ou da ciência; e os atos do poder público em relação à homossexualidade são uma dessas esferas. Porém, é um erro supor que o raciocínio jurídico por si só pode servir de base para uma mudança tão profunda de atuação pública como aquela que Eskridge prescreve. Para derivar do texto constitucional e da jurisprudência que o interpreta o direito ao casamento entre pessoas do mesmo sexo, seria necessário um argumento complexo e necessariamente vulnerável – um número de equilibrismo perigoso demais para os tribunais, caso não contem com a rede de segurança constituída por uma parcela de apoio da opinião pública. Pode ser que a opinião pública venha a mudar, mas no momento ela é por demais contrária ao casamento entre pessoas do mesmo sexo, impossibilitando a ação dos tribunais.

Isso não significa que os tribunais devam recusar-se a reconhecer um direito constitucional pelo simples fato de que tal reconhecimento minaria sua popularidade. Afinal de contas, os direitos constitucionais são uma proteção contra a maioria democrática. Porém, como eu disse quando discuti o caso *Romer*, a opinião pública não deixa de ter certa relação com a tarefa de decidir se determinado direito constitucional existe ou não. Aos juízes encarregados de reconhecer um novo direito constitucional, não basta consultar o texto da Constituição e a jurisprudência que trata de questões constitucionais análogas. Caso se trate de um direito verdadeiramente novo (como seria o direito ao casamento entre pessoas do mesmo sexo), o texto e os precedentes jamais determinarão uma conclusão. Os juízes terão de levar em conta questões políticas, empíricas, institucionais e de simples prudência. Uma delas é a receptividade do público a uma decisão que declare o novo direito. Outra, como afirmei que talvez tivesse sido a abordagem correta para a Suprema Corte nos primeiros casos sobre o aborto, é a viabilidade e a desejabilidade de deixar o assunto em banho-maria por certo tempo antes de pôr em ação a artilharia pesada da criação de direitos constitucionais. Que uma assembleia legislativa estadual ou mesmo um tribunal estadual ativista (mas com juízes eleitos e, logo, politicamente responsáveis) adote o casamento homossexual em um estado[61], e que o resto do país aprenda com os resultados desse experimento[62].

---

[61] Como a Suprema Corte do Havaí está disposta a fazer. Ver *Baehr vs. Miike*, 910 P.2d 112 (Haw. 1996).

[62] Reconheço a possibilidade de que a cláusula de plena fé e crédito da Constituição (Artigo IV, Seção I), que exige que cada estado dê provimento às decisões dos tribunais dos outros estados (o texto exato é "atos públicos, registros e procedimentos judiciais"), dificulte a circunscrição do experimento a um único estado. Os homossexuais de outros estados poderiam se casar no estado que aprovou seu casamento e depois pretender que o estado do qual são cidadãos está constitucionalmente obrigado a reconhecer a "decisão judicial" relativa ao casamento tomada no estado no qual se casaram. Mas essa tentativa de invocar a cláusula pode fracassar. Pode ser que o casamento não seja uma decisão judicial (um ato público etc.) no sentido contemplado pela cláusula. Além disso, de acordo com os princípios tradicionais de direito internacional privado usados para informar a interpretação da cláusula de plena fé e crédito, os estados nunca foram obrigados a aceitar casamentos que ofendam profundamente seus programas de ação política – os casamentos polígamos são um exemplo – desde que o estado em questão tenha um vínculo territorial significativo com as partes do casamento, como no caso em que ambos são residentes no estado. Porém, qualquer que seja a dificuldade posta pela cláusula de plena fé e crédito para a experimentação do casamento entre pessoas do mesmo sexo em nível estadual, ela não é de modo algum um argumento em favor da nacionalização imediata da questão por meio de uma decisão da Suprema Corte que reconheça ou declare o direito constitucional federal de celebrar um casamento desse tipo. A questão da escolha de foro é discutida em Andrew Koppelman, "Same-Sex Marriage, Choice of Law, and Public Policy", 76 *Texas Law Review*, p. 921 (1998). Sobre a questão geral do casamento homossexual, ver *Same-Sex Marriage: The Moral and Legal Debate* (org. Robert M. Baird e Stuart E. Rosenbaum, 1996).

Essa é a via democrática, e não há razão premente que nos obrigue a tomar um atalho só porque pessoas intelectualizadas e sofisticadas, de tendência secularista, acham convincentes os argumentos de Eskridge em favor do casamento entre pessoas do mesmo sexo. As pessoas sofisticadas nem sempre têm razão, e, em uma sociedade democrática, os juízes, quando vão criar um novo direito, têm de encarar com considerável respeito as crenças e preferências profundas da maioria democrática. Quando a Suprema Corte proibiu a segregação racial nas escolas públicas, enfrentou uma maioria regional (os sulistas brancos) que, no plano nacional, porém, era uma minoria. Quando declarou a nulidade das leis que proibiam o casamento inter-racial[63], essa legislação só vigorava em um pequeno número de estados. O direito constitucional ao aborto foi conferido pela Corte em um contexto em que um número substancial de abortos legais já estava sendo feito, número esse que aumentava rapidamente[64]. E foi só quando todos os estados, com exceção de dois, haviam ab-rogado as leis que proibiam o uso de contraceptivos até mesmo por casais legalmente unidos em matrimônio, que a Corte declarou a nulidade da legislação restante[65]. Se a Corte reconhecesse hoje o direito ao casamento homossexual, estaria enfrentando quase toda a nação norte-americana.

A maioria dos teóricos constitucionais diria que as cortes têm a tarefa de fazer o que é correto, independentemente das consequências[66]; ou, no mínimo, que o *teórico* tem o dever de falar o

---

[63] *Loving vs. Virginia*, 388 U.S. 1 (1967).
[64] Gerald N. Rosenberg, *The Hollow Hope: Can Courts Bring About Social Change?*, p. 179 (1991).
[65] *Griswold vs. Connecticut*, 381 U.S. 479 (1965).
[66] É o que advoga, fazendo referência explícita ao casamento entre pessoas do mesmo sexo, David A. J. Richards, *Women, Gays, and the Constitution: The Grounds for Feminism and Gay Rights in Culture and Law*, pp. 453-7 (1998). Ao contrário de

que é correto, mesmo que, em seguida, à maneira de Bickel, aconselhe os juízes a evitar o assunto por ser controverso demais. Não vejo, no direito constitucional, no qual se situa essa linha divisória nítida entre o correto e o aceitável. O judiciário não é um clube de debates. Se a maioria dos pais tem medo de que o casamento entre pessoas do mesmo sexo afete negativamente o desenvolvimento sexual de seus filhos, ou prejudique a instituição familiar de alguma outra maneira, esse é um dado que deve ser levado em conta em um julgamento que visa a determinar se a Constituição (que em nenhuma hipótese fala diretamente sobre esse assunto) deve ser interpretada de modo que sobrepuje a recusa dos estados a autorizar o casamento homossexual. Do mesmo modo, se nenhum outro país do mundo autoriza tal coisa, trata-se de um dado que deve impor pausa para reflexão ao tribunal decidido a legislar em nome da Constituição. Não tenho suficiente confiança no poder da razão de resolver questões novas de direito constitucional que estão muito distantes do texto e da história da Constituição ignorando o que as pessoas diretamente afetadas pelas questões pensam a respeito delas. O inverso disso é que os realistas morais têm dificuldade para ser democratas.

Eskridge não examina as objeções pragmáticas à constitucionalização da questão do casamento entre pessoas do mesmo sexo. Quer que a Suprema Corte obrigue todos os estados e o próprio governo federal a conferir imediatamente as quinze prerrogativas do estado de casado (benefícios colaterais de diversas espécies, privilégio testemunhal, e assim por diante)[67] às partes de casa-

---

Eskridge, Richards baseia na teoria moral seus argumentos em favor do direito ao casamento homossexual, especialmente em um conceito de "escravidão moral" que, segundo acredita ele, reflete a posição tradicional tanto das mulheres quanto dos homossexuais em nossa sociedade.

[67] Ver Eskridge, nota 59, acima, pp. 66-70.

mentos homossexuais, entre elas o pleno direito de adoção e mais a coroa simbólica – o nome "casamento". O fato de os Estados Unidos estarem tão pouco dispostos a aceitar a proposta de Eskridge deveria ser suficiente para obstar qualquer impulso, dentro de um poder judiciário não eleito, de impô-la ao país inteiro em nome da Constituição

Atividade judicial pragmática: objeções e limitações

A crítica de Dworkin

Ronald Dworkin diz que a concepção pragmática da atividade judicial é contrária à sua própria, mas reclama para esta última aquelas qualidades que, no livro *Para além do direito*, chamei de virtudes pragmáticas[68]. Essa abordagem mal e mal é coerente com sua visão do pragmatismo como comida de cachorro, uma visão incompatível com a ideia de que o pragmatismo possua quaisquer virtudes. Eu disse que "os adjetivos que [...] caracterizam o ponto de vista pragmático (prático, instrumental, voltado para a frente, ativista, empírico, cético, antidogmático, experimental) não são aqueles que vêm à mente quando se considera a obra de [...] Dworkin"[69]. Ele, por sua vez, afirma que todos esses adjetivos, com exceção de "experimental", descrevem sua obra tão bem quanto descreveriam a de qualquer pragmatista.

Trata-se de uma surpresa. Dworkin, um ativista? Seus críticos o qualificam como tal, mas ele próprio assevera que os defensores da anomia, os ativistas, são os juízes que *se recusam* a praticar o direito à elevada maneira dworkiniana. Empírico? Não é essa a impressão com que se fica depois de ler o memorial dos filósofos

---

[68] Ver Ronald Dworkin, "In Praise of Theory", 29 *Arizona State Law Journal*, pp. 353, 363-7 (1997). Os subsequentes números de páginas indicados no corpo do texto referem-se a este trabalho.

[69] Posner, nota 34, acima, p. 11.

ou as discussões que, em seus livros e artigos, tratam do aborto, da ação afirmativa, da desobediência civil, da difamação, da pornografia[70] e do meio ambiente. Prático? Instrumental? Cético? Antidogmático? Dworkin é um racionalista excelso com pouco tino para os fatos[71]. Quer que os juízes leiam Kant e Rawls, reflitam profundamente sobre os princípios morais e procurem integrar essa leitura e essa reflexão ao seu processo de tomada de decisões. Nenhum dos adjetivos pragmáticos se aplica a ele.

Ele diz que, se "voltado para a frente" significa "consequencialista", sua abordagem é voltada para a frente porque "visa a uma estrutura igualitária de direito e comunidade" (p. 364); mas se "voltado para a frente" for o mesmo que "utilitarista", ele não é voltado para a frente. Porém, em *Para além do direito*, o termo não é usado para denotar nem o consequencialismo nem o utilitarismo. É usado para contrapor uma abordagem – a abordagem pragmática – que aspira a tornar as coisas melhores no presente e no futuro e que só liga para o passado na medida em que este proporciona orientação para o presente e o futuro, a uma abordagem que valoriza o passado por ele mesmo – como quando se diz que "deve-se conceder ao passado algum poder próprio em juízo, ao contrário da pretensão pragmática de que isso não deve acontecer"[72].

---

[70] Em Ronald Dworkin, *Freedom's Law: The Moral Reading of the American Constitution*, p. 375 nn. 20-21, 378 n. 4 (1996), ele dá atenção à questão empírica de saber se a pornografia incita a violência contra as mulheres.

[71] Ver, por exemplo, Richard A. Posner, *The Economics of Justice*, pp. 376-7 (1981); Posner, nota 34, acima, pp. 187-8. Defendendo-se contra esta caracterização, Dworkin demonstrou que não tem compreensão clara do sentido de "discriminação estatística". Ronald Dworkin, "Reply", 29 *Arizona State Law Journal*, pp. 432, 442 n. 33 (1997). Não obstante, esse conceito ocupa lugar de destaque no debate sobre a ação afirmativa (ver, por exemplo, Posner, nota 9, acima, § 26.5), a qual ele defendeu em seus livros e artigos.

[72] Dworkin, nota 39, acima, p. 167 – mas na prática, como eu já disse, o passado mais remoto ao qual Dworkin atribui importância é a época da Corte de Warren.

Não que Dworkin não se preocupe com as consequências, mas se preocupa menos do que eu. Embora negue que a pornografia estimula a criminalidade e a violência contra as mulheres, ele atribuiria menos peso do que eu às consequências nocivas da pornografia mesmo se admitisse que essas consequências existem sem sombra de dúvida. Isso porque atribui grande importância ao princípio não consequencialista de que as pessoas devem poder ler o que lhes der na telha (o Estado "insulta seus cidadãos e nega-lhes a responsabilidade moral quando decreta que eles não estão aptos a ouvir opiniões que poderiam persuadi-los a adotar convicções perigosas ou repulsivas"[73]); para mim, esse é simplesmente mais um valor a ser levado em conta.

Com relação à minha afirmação de que ele não é "experimentalista", Dworkin assevera que o que eu quero dizer é que ele rejeita a ideia de que "advogados e juízes devem experimentar diferentes soluções para os problemas que enfrentam a fim de descobrir qual delas funciona, sem levar em conta qual delas é recomendada ou endossada por alguma teoria grandiosa" – que, em outras palavras, o juiz "não deve se preocupar com o que é realmente verdadeiro, mas tão somente descobrir o que funciona" (p. 366). Assevera ainda que esse conselho é inútil quando o juiz tem de decidir se o aborto deve ser proibido ou se as empresas farmacêuticas dos casos relacionados ao DES devem ser responsabilizadas pelos danos causados pelo medicamento, mesmo que seja impossível determinar qual empresa fabricou os comprimidos tomados pela mãe de cada demandante. Dworkin afirma que os juízes não teriam critério para saber o que "funciona" e, portanto, para avaliar os resultados de seus experimentos, a menos que refletissem sobre as questões filosóficas subjacentes: a diferença entre res-

---

[73] Dworkin, nota 70, acima, p. 200.

ponsabilidade individual e responsabilidade coletiva e a questão da humanidade do feto, por exemplo.

Ele tem razão em dizer que os juízes precisam de regras ou padrões para orientar-se. Mas quando afirmei que a fonte de inspiração do pragmatista "é o cientista *experimental*, a quem nos convida a imitar por meio de uma pergunta, que devemos fazer sempre que surgir uma discordância: Que diferença prática, concreta e observável isso faz para nós?"[74], quis dizer unicamente que os juízes não devem se enredar em disputas que não têm nenhuma consequência prática, por exemplo, a que visa a determinar se eles "criam" ou "descobrem" o direito. Não se trata de aconselhá-los a criar normas jurídicas por pura tentativa e erro; não é assim que procedem os cientistas experimentais. Decidir uma causa sem ter em conta as finalidades do direito aplicável – em específico, nos casos do DES, sem perguntar se os objetivos de dissuasão e reparação da responsabilidade civil em geral seriam atendidos pela declaração de responsabilidade coletiva no contexto de incerteza irremediável que caracterizava essas causas – é uma atitude peremptoriamente não pragmática.

Não obstante, o exemplo do aborto mostra que até o método experimentalista de tentativa e erro tem lugar legítimo no processo jurídico. Como observei no capítulo 2, uma das críticas mais incisivas que se podem fazer contra *Roe vs. Wade* é que a Suprema Corte nacionalizou prematuramente a questão do direito ao aborto. Se a Corte tivesse se recusado a se pronunciar sobre o assunto ou se tivesse fundamentado sua decisão em argumentos mais estreitos (o de que a legislação do estado do Texas não previa exceções suficientes, por exemplo), os estados teriam liberdade para experimentar diferentes maneiras de lidar com a questão

---

[74] Posner, nota 34, acima, p. 7 (grifo do original).

do aborto. Pode ser que, decorrido algum tempo, surgisse uma resposta que se impusesse à Corte e ao país como uma solução prática e, ao mesmo tempo, bem fundamentada em seus princípios. Essa possibilidade, que contém indubitavelmente um elemento de tentativa e erro, Dworkin simplesmente não vê.

Motivos de preocupação

Não quero dar a impressão de estar sendo complacente com a abordagem pragmática da atividade judicial. Um dos perigos de se convidar o juiz a ir além das fontes ortodoxas do direito é que os juízes não têm uma formação que os habilite a analisar e absorver as teorias e os dados das ciências sociais. O exemplo de Brandeis nos deixa inseguros. Embora fosse um homem brilhante e de amplos interesses intelectuais, suas excursões pelas ciências sociais, seja como advogado, ou como juiz, nem de perto chegaram ao êxito absoluto. O empenho de reunir dados econômicos e interpretá-los segundo os parâmetros da teoria econômica levou-o a apoiar programas de ação que há muito tempo perderam a credibilidade, como a limitação dos direitos das mulheres ao emprego, a promoção das pequenas empresas às expensas das grandes e a sujeição de mercados como o da venda de gelo (que não se presta naturalmente ao monopólio) à regulamentação governamental de transporte e distribuição, como se se tratasse de um serviço público comparável ao fornecimento de água e eletricidade[75]. Holmes tinha graves reservas acerca da confiabilidade das teorias das ciências sociais, mas sua fé inabalável na eugenia, produto das teorias sociais e biológicas do começo do século XX, está por trás de seu voto mais criticado (que, diga-se de passagem, também foi assinado por Brandeis), o da decisão *Buck vs. Bell*. E vale lembrar

---

[75] Ver Posner, nota 9, acima, § 24.1, pp. 686-8.

que o voto da maioria em *Roe vs. Wade* tenta reduzir o problema do direito ao aborto a uma questão de medicina, e dá como razão para a declaração de nulidade das leis estaduais que proibiam o aborto o fato de estorvarem a autonomia dos médicos – argumento "prático" que reflete a prolongada associação entre o juiz Blackmun e a Clínica Mayo. São completamente ignorados os efeitos da legislação de aborto sobre as mulheres, as crianças e as famílias – sendo estes os efeitos mais importantes para uma avaliação pragmática da dita legislação.

Outra preocupação que envolve o uso de fontes não jurídicas para decidir litígios judiciais, preocupação correlata à primeira, é que essa abordagem pode degenerar no hábito de julgar por "reação instintiva". Não acontece de os litígios judiciais só surgirem depois da acumulação de uma massa crítica de conhecimentos das ciências sociais que habilitem o juiz prudente a chegar à decisão que produza os melhores resultados. As decisões da Suprema Corte sobre a autonomia reprodutiva e sexual vieram antes que se realizassem estudos amplos, acessíveis e confiáveis sobre a sexualidade, a família e a condição da mulher. A Corte teve de decidir se a pena de morte é "cruel e não habitual" em uma época em que o estudo científico dos efeitos dissuasórios da pena capital estava apenas começando. E, quando a Corte decidiu reformular os distritos eleitorais estaduais segundo o princípio de "um voto por pessoa", não podia ter uma ideia clara dos efeitos desse princípio, sobre os quais os cientistas políticos ainda não chegaram a um consenso trinta anos depois de a Corte ter entrado no ramo da reformulação distrital. Os exemplos não se limitam à Suprema Corte e ao direito constitucional. Os juízes que aplicam o *common law* tiveram de resolver muitos problemas antes que os economistas e os juristas de tendência econômica resolvessem estudar as consequências econômicas de cada curso de ação: a extensão da esfera da responsabilidade civil objetiva, a substituição da responsabilidade civil exclusiva (*contributory negligence*) pela proporcional (*comparative negligence*), a simplificação dos critérios que determinam a responsabilidade dos detentores ou possuidores que exercem controle direto sobre um bem móvel ou imóvel (*occupiers' liability*), a aceitação da exceção de rompimento de contrato por impossibilidade de adimplemento, a limitação das indenizações por lucros cessantes, a exigibilidade judicial das limitações de responsabilidade e inúmeros outros. Quando os juízes tentam tomar a decisão que produzirá os "melhores resultados", mas não dispõem de nenhum conjunto organizado de conhecimentos ao qual possam recorrer, são obrigados a confiar em suas intuições.

Um dos nomes pomposos com que se designa o conjunto de intuições que orientam a decisão judicial nos casos mais difíceis (não por serem complexos, mas por envolverem alto grau de incerteza) é "direito natural". E, assim, suscita-se a questão de saber se a abordagem pragmática da atividade judicial não seria apenas mais uma espécie de jusnaturalismo. Penso que não. Para justificar seus desvios em relação à legislação, à jurisprudência ou a outras fontes convencionais do direito, os pragmatistas não fazem apelo à noção de Deus nem a outras fontes transcendentes de princípios morais. Não têm a confiança daqueles que se sentem caminhar sobre um terreno sólido, e esse fato por si só deveria bastar para torná-los mais hesitantes, mais cautelosos e mais modestos no ato de impor à sociedade, em nome da justiça legal, sua própria concepção do Bem. Se Holmes, diante de uma lei impugnada por suposta inconstitucionalidade, realmente pensava estar aplicando o critério do "vômito" e não avaliando a legislação segundo sua compatibilidade com algum critério transcendental, isto ajudaria a explicar seu estilo comedido de julgar as causas constitucionais. Porém, outro juiz pragmático, Robert Jackson – que, ao contrário de Holmes, esteve profundamente envolvido em atividades políticas de alto escalão antes de se tornar juiz –, não teve vergonha de fazer apelo à sua experiência extrajudicial para orientar-se quanto ao conteúdo da doutrina constitucional[76]. O juiz pragmático nem sempre é um juiz modesto.

A razão pela qual parece escandaloso[77] o uso do critério do "vômito", das "reações instintivas" ou mesmo da experiência anterior de governo para tomarem-se decisões judiciais é que a profissão jurídica, em geral, e seus ramos acadêmico e judicial, em particular, gosta de se beneficiar daquele acréscimo de legitimidade de que normalmente gozam as decisões de pessoas cujas opiniões se baseiam em um conhecimento especializado. (Essas considerações têm relação com o que se disse no Capítulo 3 a respeito da mística profissional.) O que ela quer, porém, não é o conhecimento especializado de outra disciplina, embora ele seja melhor que conhecimento nenhum. Tanto o acadêmico de direito como o juiz se sentem nus diante da sociedade quando as posições que assumem em causas judiciais inauditas – por mais que essas posições venham cuidadosamente embaladas no jargão jurídico – parecem refletir intuições baseadas nas experiências pessoais

---

[76] Em seu famoso voto concorrente no caso do confisco das siderúrgicas, Jackson disse: "Ninguém que tenha trabalhado como consultor jurídico do Presidente em uma época de transição e comoção pública estranhará a afirmação de que os poderes presidenciais, abrangentes e indefinidos, acarretam ao mesmo tempo vantagens práticas e graves perigos para o país. Embora um intervalo de reflexão desinteressada possa relativizar os ensinamentos oriundos de tal experiência, eles provavelmente exerceram uma influência mais concreta sobre meu pensamento que as fontes convencionais da decisão judicial, que parecem dar ênfase indevida à doutrina e às ficções jurídicas." *Youngstown Sheet & Tube Co. vs. Sawyer*, 343 U.S. 579, 634 (1952) (voto convergente).

[77] O que torna notável por sua sinceridade o comentário do juiz Jackson citado na nota anterior; mas será que me engano ao perceber nele certo tom de pedido de desculpas?

e profissionais (mas não judiciais) e em seu caráter e temperamento, e não em uma investigação disciplinada, rigorosa e claramente formulada.

Mas as coisas não vão tão mal. Os juízes norte-americanos não são escolhidos ao acaso nem tomam suas decisões políticas em um vácuo. Em geral, os juízes dos tribunais superiores provêm da extremidade superior da população em matéria de idade, instrução, inteligência, imparcialidade e sobriedade. Não são campeões em todos esses departamentos, mas estão muito acima da média, especialmente nos juízos federais. Os candidatos ao cargo de juiz federal passam por um elaborado processo de avaliação antes de serem nomeados. Os juízes são formados em uma linha de trabalho que atribui grande valor aos hábitos de conhecer os dois lados de uma questão antes de tomar partido, de separar a verdade da falsidade e de exercer desapegadamente o discernimento. Suas decisões ancoram-se nos fatos concretos de uma disputa entre pessoas de verdade. Os profissionais do direito desempenharam papel crucial na história política dos Estados Unidos, e as instituições e usos da profissão refletem os valores políticos fundamentais a que essa história deu origem. Nos casos não rotineiros, espera-se dos juízes de tribunais recursais que fundamentem da melhor maneira possível suas decisões em documentos assinados, públicos e de livre circulação (os acórdãos publicados); essa prática fomenta a responsabilidade e promove certa prudência e disciplina. Nada disso é garantia de sabedoria, sobretudo porque as razões apresentadas para justificar uma decisão nem sempre são as razões que de fato a determinaram; além disso, muitas vezes as premissas factuais da decisão são imprecisas ou incompletas. Porém, quando funcionam em sua melhor forma, os tribunais recursais norte-americanos são conselhos constituídos por anciãos sábios que meditam sobre disputas concretas, e não é sinal de completa loucura confiar-lhes a responsabilidade de resolver esses conflitos de modo que produzam os melhores resultados dadas as circunstâncias, em vez de resolvê-los puramente com base nas normas criadas por outros órgãos do Estado ou por suas próprias decisões anteriores, embora seja isto que eles fazem na maioria das vezes.

Tampouco pretendo me esquivar de outra consequência da concepção pragmática dos juízos recursais: que esses tribunais tenderão a tratar a Constituição, o *common law* e até, em menor medida, a legislação como uma espécie de massa plástica que pode ser usada para preencher aqueles "buracos" embaraçosos que existem na estrutura jurídica e política da sociedade. No caso dos direitos de propriedade sobre o petróleo e o gás natural, um tribunal poderia declarar que não tem poder para criar novas normas e deve, portanto, aplicar a esses novos e valiosos recursos a norma já existente que mais parece aplicável, qual seja, a que rege a apreensão de animais selvagens. Poderia até declarar que não tem poder para ampliar a esfera de aplicação das normas existentes. Em tal caso, nenhum direito de domínio sobre o petróleo e o gás natural seria reconhecido até o poder legislativo criar um sistema de propriedade para esses recursos naturais. De acordo com essa abordagem, se o estado de Connecticut tem uma lei maluca que proíbe aos casais unidos em matrimônio o uso de métodos contraceptivos (como de fato tinha até a Suprema Corte declará-la nula no caso *Griswold*), mas não há nenhum dispositivo constitucional que imponha limites ao tipo de controle que o Estado pode exercer sobre a família, a lei maluca continuaria válida até ser revogada ou até que a Constituição fosse emendada. Ou, se a proibição das penas cruéis e não habituais (pela Oitava Emenda) só se referisse ao *método* de punição ou ao simples *descabimento* da aplicação de uma pena qualquer em determinadas circunstâncias (pelo mero fato de uma pessoa ser pobre ou viciada em drogas, por exemplo), um estado poderia, impunemente, sentenciar um jovem de dezesseis anos à prisão perpétua sem possibilidade de livramento condicional por ter vendido um único cigarro de maconha – sendo exatamente esta, ao que parece, a posição atual da Suprema Corte[78], que, para mim, é difícil de tolerar. Não acho que um juiz pragmático, estando na Suprema Corte, a toleraria, embora atribuísse o devido peso ao fato de que o exame judicial da extensão das penas de reclusão sobrecarregaria o judiciário, bem como à dificuldade de criar normas de proporcionalidade não arbitrárias e funcionais. Quando se confronta com uma conduta escandalosa que os constituintes não previram nem preveniram especificamente, o juiz pragmático não se limita a dar de ombros e dizer: "Desculpe, não há lei que se aplique a este caso."

Estranhamente, esse princípio básico da atividade judicial pragmática foi reconhecido, conquanto de forma limitada, até pelos juízes mais ortodoxos, no que respeita ao direito legislado. É ponto pacífico que, se a interpretação literal de uma lei produz resultados absurdos, os juízes podem reescrevê-la[79]. Os juízes não o afirmam exatamente dessa maneira – dizem que a interpretação é uma busca do sentido da lei e que é impossível que o Congresso tenha almejado a um resultado absurdo –, mas dá na mesma. E, pelo menos neste país, os juízes que aplicam o *common law* reservam-se a prerrogativa de "reescrever" o direito consuetudinário enquanto o aplicam. Uma abordagem semelhante, empregada com prudência, poderia informar também a atividade judicial em matéria constitucional.

Repito que essa abordagem tem seus perigos. É possível que uma pessoa tenha fortes sentimentos a respeito de determinada

---

[78] Ver *Harmelin vs. Michigan*, 501 U.S. 957 (1991).
[79] Ver, por exemplo, *Burns vs. United States*, 501 U.S. 129, 137 (1991); *Green vs. Bock Laundry Machine Co.*, 490 U.S. 504, 527 (1989) (juiz Scalia, voto concorrente).

questão, mas esteja completamente errada. A certeza subjetiva não é o critério da verdade. A pessoa sábia percebe que até suas convicções inabaláveis podem estar erradas – mas nem todos nós somos sábios. Além disso, em uma sociedade pluralista, é possível que as convicções inabaláveis de um juiz não sejam partilhadas por um número suficiente de pessoas, de tal modo que, baseando uma decisão nessas convicções, ele não pode ter a certeza razoável de que a decisão será aceita. Por isso o juiz sábio procura confrontar suas convicções com as de uma comunidade mais ampla, como sugeriu Holmes no caso *Lochner*, quando se referiu aos "princípios fundamentais *tais como foram entendidos pelas tradições do nosso povo e do nosso direito*"[80].

Do ponto de vista pragmático, os fatos de que a segregação racial oficial já tinha sido abolida fora do Sul[81] e apresentava uma incômoda semelhança com as leis raciais nazistas não são desprovidos de relação com o resultado de *Brown vs. Board of Education*. O fato de um único outro estado (Massachusetts) ter uma lei semelhante – dado que a Corte não mencionou – não é desprovido de relação com o resultado de *Griswold*. Se eu fosse redigir um voto anulando a prisão perpétua no caso hipotético do cigarro de maconha, examinaria a pena prevista para essa conduta em outros estados e naqueles países estrangeiros, como o Reino Unido e a França, que nós, norte-americanos, de algum modo, consideramos pares dos Estados Unidos. Caso se pudesse afirmar que uma lei estadual é contrária à opinião pública mundial, isso seria para mim uma razão – não determinante, mas tampouco desprezível – para declarar a inconstitucionalidade dessa lei, mesmo que o texto da Constituição tivesse de ser um pouco "esticado"

---

[80] *Lochner vs. New York*, 198 U.S. 45, 76 (1905) (voto divergente).
[81] Que, entendido neste sentido, incluía o Distrito de Colúmbia! Ver *Bolling vs. Sharpe*, 347 U.S. 497 (1954).

para justificar meu ato. O estudo de outras leis ou da opinião pública mundial cristalizada no direito e nas práticas de países estrangeiros é mais vantajoso que a tentativa de encontrar algum dado do século XVIII que nos possibilite pensar que os constituintes queriam que as penas prescritas em lei fossem proporcionais à gravidade, à dificuldade de detecção, à lucratividade ou a qualquer outra característica pertinente da conduta criminosa. Se eu encontrasse um dado desses, considerá-lo-ia útil para oferecer como prêmio de consolação para meus colegas positivistas ou formalistas; mas sua ausência não me embaraçaria, pois não considero ter o dever de manter a coerência com as decisões passadas.

Para dar uma resposta pragmática ao caso da maconha, eu até consideraria pertinente investigar, ou talvez simplesmente especular (caso a investigação se mostrasse infrutífera), acerca do sentido psicológico e social de confinar à prisão pelo resto da vida um jovem que cometeu um delito menor. O que acontece com a pessoa nessa situação? Ela se adapta? Torna-se pior? Quais as prováveis consequências sobre sua família e a sociedade em geral? Como deve o juiz se sentir caso permita que tal pena seja imposta? Será que essas sentenças de fato são cumpridas, ou acaso as sentenças absurdamente severas são logo comutadas? Será que o efeito de dissuasão dessa sentença é tão grande que o número total de anos de prisão por violação das leis contra os entorpecentes seria reduzido, fazendo com que o sacrifício desse jovem seja, no fim das contas, eficaz para maximizar a utilidade geral? Será que a utilidade é o critério correto a ser empregado nesse caso? Não será a venda de maconha, talvez, muito mais prejudicial e destrutiva do que poderiam pensar um juiz ou um professor universitário isolados em suas torres de marfim? Acaso os juízes não se tornam insensíveis quando uma grande proporção das causas penais que decidem envolve penas muito severas? Se um réu condenado a "apenas" cinco anos recorresse da condenação, será que os juízes do tribunal recursal reagiriam dizendo: "Por que você está reclamando de uma pena tão pequena?"

No fim das contas, a resposta ao caso do jovem condenado à prisão perpétua por vender maconha está fadada a ser mais emocional que raciocinada, uma vez que, como tive a intenção de indicar com as perguntas acima, são muitos os imponderáveis que influem nessa questão. Porém, a emoção não é pura secreção glandular. É influenciada pela experiência[82], pela informação e pela imaginação[83] e, portanto, pode ser disciplinada pelos fatos[84]. A indignação ou a repugnância fundadas na apreensão responsável de uma situação não são necessariamente motivos indecorosos para a ação, mesmo no caso de um juiz; na verdade, indecorosa seria a ausência de qualquer emoção em uma situação dessas. Entretanto, seria ótimo que os juízes e os juristas acadêmicos fossem um pouco mais bem informados na qualidade de praticantes ou pelo menos simples consumidores das ciências sociais (definidas no sentido amplo, abarcando também a história e a filosofia), de modo que seus juízos "emocionais" tivessem um pouco mais de substância.

Aquilo que falei sobre a idade dos juízes sugere outra objeção à atividade judicial pragmática. Aristóteles disse, e concordo com

---

[82] Mais uma vez, remeto o leitor à notável declaração do juiz Jackson na nota 76, acima.

[83] Sobre a dimensão cognitiva da emoção, ver as referências citadas no Capítulo 1 e também John Deigh, "Cognitivism in the Theory of Emotions", 104 *Ethics*, p. 824 (1994); John Elster, "Emotions and Economic Theory", 36 *Journal of Economic Literature*, p. 47 (1998); Robert H. Frank, "The Strategic Role of the Emotions: Reconciling Over- and Undersocialized Accounts of Behavior", 5 *Rationality and Society*, p. 160 (1993); Ronald de Souza, The Rationality of Emotion (1987); R. B. Zajonc, "Feeling and Thinking: Preferences Need No Inferences", 35 *American Psychologist*, p. 151 (1980).

[84] Seria estranho que uma pessoa verdadeira e sinceramente convencida de que o Holocausto não aconteceu sentisse a mesma preocupação com o antissemitismo que tenderiam a sentir as pessoas que acreditam que o Holocausto realmente ocorreu.

ele, que os jovens tendem a olhar para a frente. Têm a vida adiante de si e a quantidade de experiências de que podem lançar mão para lidar com o futuro é limitada, ao passo que os velhos tendem a olhar para trás porque, no seu caso, a relação entre o passado e o futuro é inversa[85]. Se, portanto, o juiz pragmático é "voltado para a frente", e queremos que os juízes sejam pragmáticos, acaso deveríamos inverter o perfil etário da magistratura? Será que Holmes deveria ter entrado para o judiciário aos 30 anos e se aposentado aos 50? Ou, ao contrário, não será verdade que os juízes desempenham uma importante função de equilíbrio e estabilidade, que exige deles que se voltem para o passado e é particularmente adequada, portanto, aos mais velhos? Não foi isso que eu mesmo já disse?[86] Acaso não disse também que, ao contrário do que afirma a opinião convencional, a grande falha dos juízes do período nazista não foi seu positivismo, mas o fato de estarem dispostos a interpretar com flexibilidade as leis da Nova Ordem a fim de promover os objetivos e o espírito dessas leis?[87]

Essas críticas giram em torno da ambiguidade do termo "voltado para a frente". Se ele implica o desprezo pela história, pelas origens e pelas tradições, as críticas que mencionei são justas. Mas não compreendo "voltado para a frente" nesse sentido. No meu entender, esse termo refere-se a valorizar o passado não por si mesmo, mas somente em relação ao presente e ao futuro. Essa relação pode ser muito importante. Em muitas ocasiões, o melhor que o juiz pode fazer pelo presente e pelo futuro é insistir em

---

[85] Falo mais sobre essa tese de Aristóteles no livro *Aging and Old Age*, nota 10, acima, capítulo 5.
[86] Id., capítulo 8.
[87] Posner, nota 34, acima, p. 155; ver também Michael Stolleis, *The Law under the Swastika: Studies on Legal History in Nazi Germany*, p. 15 (1998). Não estou disposto a radicalizar no sentido oposto e atribuir ao pragmatismo a culpa pela jusfilosofia nazista. O Nacional-Socialismo não era uma doutrina pragmática.

que se considere diligentemente a possibilidade de romper com o passado. Em um caso desses, a única diferença entre o juiz positivista e o juiz pragmático é que a este último falta a *reverência* pelo passado, o sentido de ter o dever de garantir uma continuidade. Esse sentido de dever seria incompatível com uma postura voltada para a frente e, nesse sentido, com o pragmatismo.

Do mesmo modo, o pragmatismo é neutro quando o assunto é saber se o direito deve ser dominado por normas (*rules*) ou por padrões (*standards*). O pragmatista rejeita a ideia de que o direito não é direito a menos que seja constituído por normas, pois esse tipo de análise conceitual não é pragmática. Mas ele permanece aberto a qualquer argumento pragmático em favor das normas, por exemplo, o de que não se deve confiar que os juízes sejam capazes de tomar decisões inteligentes a menos que sejam guiados pelas normas, ou o de que as decisões baseadas em padrões produzem uma incerteza desproporcionalmente maior que qualquer ganho em matéria de flexibilidade. Assim, o juiz pragmático não é necessariamente identificado por um estilo particular de julgar, e a ideia de que tal juiz sempre tomará decisões *ad hoc* e sem fundamentá-las em princípios é uma paródia da atividade judicial pragmática. O que distingue o magistrado pragmático é que seu estilo (de pensamento – ele pode resolver revestir suas decisões em um linguajar positivista ou formalista) nada deve a esta ou àquela ideia sobre a natureza do direito, ao dever moral de respeitar as decisões passadas ou a qualquer outra justificativa não pragmática das atitudes judiciais.

Deixo em aberto o critério dos "melhores resultados" que o juiz pragmático busca obter; com a devida vênia a Dworkin, afirmo apenas que esses resultados não são somente os melhores para o caso em pauta sem levar em conta as consequências para outros casos. O pragmatismo não nos diz o que é melhor; mas se houver suficiente consenso de valores na magistratura (e acredito que há), o pragmatismo pode ajudar os juízes a buscar os melhores resultados sem se enredar em dúvidas filosóficas.

O maior perigo do pragmatismo judicial é a preguiça intelectual. É muito mais fácil reagir visceralmente a um litígio do que analisá-lo. O juiz pragmático não deve esquecer jamais que é um magistrado, ou seja, que deve levar em conta *todas* as fontes do direito e os argumentos jurídicos pertinentes a determinada causa. Se o raciocínio jurídico for definido de modo modesto como aquele que toma por referência as fontes do direito, como a legislação e a doutrina, e incorpora ainda as preocupações tradicionais do direito com a estabilidade, o direito de audiência e outras virtudes do "Estado de direito", por exemplo[88], é certo que ele deve ser um elemento de todas as decisões judiciais, embora não as sintetize nem as determine. Assim como certas pessoas acham que o artista tem de provar que é um figurativista competente para que possa ser levado a sério como pintor abstrato, eu também acredito que o juiz tem de provar – *ex novo* em cada causa – que domina o raciocínio jurídico para que só depois possa ser levado a sério como julgador pragmático.

Para dizê-lo de outro modo, o juiz pragmático não pode esquecer que a magistratura não tem somente a função de conferir poderes, mas também a de restringi-los. Há alguns anos, as escolas públicas de Chicago não puderam abrir as portas no começo do ano letivo porque o estado se recusou a aprovar o orçamento do Conselho de Educação dessa cidade. Obteve-se uma medida cautelar garantindo a abertura das escolas, com base em que o fechamento delas desobedeceria a uma ordem judicial que proibia a

---

[88] Como faz Joseph Raz, "On the Autonomy of Legal Reasoning", em Raz, *Ethics in the Public Domain: Essays in the Morality of Law and Politics*, p. 310 (1994).

segregação racial *de facto* nas escolas públicas de Chicago. Não se argumentou que a recusa do estado em aprovar o orçamento fora motivada por animosidade racial – nem sequer se aventou essa possibilidade –, mas sim que o objetivo último da ordem judicial originária, qual seja, o de melhorar a educação e as perspectivas de vida das crianças negras de Chicago, seria baldado se as escolas não estivessem abertas para ensiná-las. O juiz de primeira instância proveu o pedido de medida cautelar, e o fez por um motivo supostamente pragmático: os malefícios que a negação do ensino traria às crianças de Chicago, independentemente de sua raça. Meu tribunal reformou a sentença[89]. Não encontramos no direito federal nenhum fundamento para aquela medida cautelar. O decreto de dessegregação não obrigava a cidade a abrir as escolas públicas em data determinada; sequer a obrigava a abri-las, ou mesmo a *mantê-las em existência*, e muito menos a violar uma lei estadual que exigia responsabilidade financeira da administração do sistema de ensino. Pareceu-nos que a atitude do juiz de primeira instância não foi pragmática, mas antijurídica. O juiz pragmático não pode ignorar os benefícios da obediência às normas jurídicas pacificadas. Se um juiz federal concede uma medida cautelar que não tem fundamento algum no direito federal simplesmente porque pensou que essa medida terá bons resultados, o que vemos aí não é atividade judicial pragmática; é tirania judicial, que poucos norte-americanos consideram admissível, mesmo que estejam persuadidos de que o tirano será geralmente benigno.

O juiz do caso das escolas de Chicago foi culpado do que podemos chamar de pragmatismo míope, a concepção dworkiniana de pragmatismo. Para decidir se concedia ou não a medida cautelar, a única consequência que ele levou em consideração foi que

---

[89] *United States vs. Board of Education*, 11 F.3d 668 (7th Cir. 1993).

as crianças matriculadas no ensino público ficariam sem aulas até as escolas serem reabertas. As consequências que ele ignorou foram as que poderiam resultar para o governo e o sistema político em geral caso os juízes federais tenham liberdade total para intervir nas disputas políticas. Se o poder pretendido pelo juiz tivesse sido confirmado pelo tribunal recursal, certo seria que, a partir de agora, o financiamento das escolas públicas de Chicago não seria mais determinado pelas autoridades eleitas, mas por um juiz federal. O juiz pensou que, se não mandasse as escolas abrirem as portas, as partes em conflito jamais aprovariam um orçamento. A verdade era o contrário disso. Só o fato de as escolas estarem fechadas (até a cautelar ser provida) exerce pressão suficiente sobre as partes para que resolvessem a disputa. E, com efeito, assim que a cautelar foi revogada, as partes entraram em acordo e as escolas reabriram. A consequência ignorada pelo juiz não atingia somente a sociedade em geral, mas também os próprios alunos das escolas públicas; por isso é possível que até o menor dos grupos afetados pelo decreto teria sido prejudicado pela medida cautelar, caso ela tivesse sido confirmada.

Mas se a preguiça intelectual é um perigo da atividade judicial pragmática, ela também é um perigo para os não pragmáticos. O juiz positivista tende a não questionar suas premissas. Pense ele que o discurso de ódio é profundamente prejudicial, pense ele que a proibição desse tipo de discurso poria em risco a liberdade política, o mais provável é que não venha jamais a dar o passo seguinte: o de reconhecer que talvez esteja errado e buscar, através da investigação, determinar se está errado ou não[90]. Quanto mais profunda a crença – quanto mais ela se aproxima de nossos

---

[90] Refiro-me ao tipo de investigação conduzida por James R. Jacobs e Kimberly Potter, *Hate Crimes: Criminal Law and Identity Politics* (1998). O discurso de ódio é discutido em id., capítulo 8.

valores fundamentais –, tanto menos estaremos dispostos a questioná-la. Nossa tendência não será questioná-la, mas defendê-la. Como sublinharam Peirce e Dewey, o motor da investigação não é a certeza, mas a dúvida; e o pragmatismo estimula a disposição da dúvida exatamente para estimular a investigação. Um dos motivos pelos quais as atitudes em relação ao discurso de ódio assumem com mais frequência a aparência de dogmas que de hipóteses – um dos motivos pelos quais é tão pouco o que se sabe acerca das consequências concretas do discurso de ódio – é que o assunto jamais foi abordado de forma pragmática.

Será o pragmatismo válido fora dos Estados Unidos?

Estou tentando explicar e ilustrar meu conceito de atividade judicial pragmática e defendê-lo contra os que o criticam, mas não quero dar a impressão de pensar que a atividade judicial pragmática é a abordagem correta a ser empregada por todos os juízes e tribunais; se o fizesse, cairia na falácia de universalizar uma jusfilosofia. Embora ecos e prefigurações do pragmatismo filosófico sejam encontrados na filosofia alemã e em outras partes (Hume, Mill, Nietzsche e Wittgenstein são exemplos), o pragmatismo é uma filosofia essencialmente norte-americana e pode não ser igualmente útil em outros países. O mesmo vale para a atividade judicial pragmática. Os argumentos a favor dela são mais fracos em uma democracia parlamentar que em uma democracia federativa regida por freios e contrapesos à maneira da que existe nos Estados Unidos. Muitos sistemas parlamentares (especialmente o inglês) são efetivamente unicamerais e, mais ainda, o parlamento é controlado pelo poder executivo. O poder legislativo de um sistema tão centralizado é capaz de aprovar leis novas com facilidade e rapidez e pode dar-lhes uma redação clara. Como assinalei no Capítulo 2, quando os tribunais desses países identificam uma lacuna na legislação, podem ter razoável certeza (não uma certeza total) de que a lacuna será em breve preenchida pelo Parlamento, de modo que, se os juízes se recusarem a preenchê-la, a injustiça assim cometida será apenas temporária. Os juízes podem se dar ao luxo de serem mais morosos, mais submissos às normas, menos pragmáticos que os juízes norte-americanos; o custo, em matéria de injustiça substantiva, será menor.

Alguns sistemas parlamentares têm uma estrutura federativa; alguns têm controle judicial de constitucionalidade; alguns têm ambos. E outros, por exemplo, o inglês, não têm nem uma coisa nem a outra. Nos que não têm nem uma coisa nem a outra, o direito é mais claro; já nos Estados Unidos, para determinar quais são as obrigações legais a que certa pessoa está sujeita, muitas vezes é necessário consultar o direito estadual (e, talvez, o direito de vários estados), a legislação federal (e, às vezes, o *common law* federal) e o direito constitucional federal. Nosso Estado é um dos mais descentralizados do mundo. Nosso poder legislativo federal é, na prática, tricameral, uma vez que o Presidente, por meio do poder de veto e da participação em um dos dois grandes partidos políticos, é um agente pleno do processo legislativo. Esta estrutura torna extremamente difícil a aprovação de novas leis, quanto mais de leis claramente redigidas (a redação obscura em um contrato ou em uma lei facilita o acordo no momento da aprovação, na medida em que difere a resolução dos pontos mais controversos); além disso, ela se sobrepõe a poderes legislativos estaduais analogamente tricéfalos. Para obter os "melhores resultados", os tribunais norte-americanos não podem deixar que somente o legislativo se encarregue de elaborar as normas jurídicas, pois tal atitude resultaria em inúmeras lacunas e vícios. A ausência de carreira no poder judiciário norte-americano, a ausência de critérios universais de nomeação, a diversidade moral, intelectual e política da nação (e logo, dadas as duas características anteriores, dos juízes também), o caráter individualista e antiautoritário da população e a complexidade e o dinamismo extraordinários da sociedade são outros tantos obstáculos que impedem que os juízes norte-americanos se limitem a aplicar normas estabelecidas pelo poder legislativo, pelas agências reguladoras e pelos autores de nossa Constituição.

DISTINÇÃO ENTRE PRAGMATISMO E PÓS-MODERNISMO

Duncan Kennedy: o Flautista de Hamelin

O pragmatismo e o pós-modernismo são frequentemente confundidos (o que é compreensível, uma vez que as diferenças entre eles são sutis – mas importantes), e também o são a atividade judicial pragmática e a abordagem pós-modernista da decisão judicial defendida por Duncan Kennedy[91]. Kennedy, dentro da escola dos "estudos jurídicos críticos", ocupa um nicho que ele chama "mpm/esquerda" (às vezes, só "mpm"), abreviação de "modernismo-pós-modernismo de esquerda". O mais famoso ocupante desse nicho, embora não seja jurista nem se identifique com os estudos jurídicos críticos, talvez seja Richard Rorty, e Rorty é pragmatista. Será que Kennedy é pragmatista? Será que por causa disso eu represento a ala direita dos estudos jurídicos críticos? Será que, pelo fato de ambos rejeitarmos a teoria constitucional *à la* Dworkin, Kennedy e eu somos almas gêmeas?

A chave para compreender a abordagem de Kennedy está no sentido que ele atribui à palavra "ideologia". Geralmente conce-

---

[91] Ver Duncan Kennedy, *A Critique of Adjudication* [*fin de siècle*] (1997). Os números de páginas citados no corpo do texto referem-se a este livro. Sobre os antecedentes filosóficos do pensamento pós-modernista no direito, ver Douglas E. Litowitz, *Postmodern Philosophy and Law* (1997).

bemos a ideologia como um sistema de pensamento totalizante – coerente e completo; seriam exemplos o comunismo, o nacional-socialismo, o socialismo fabiano e o liberalismo clássico. Kennedy atribui sentido mais estreito a essa palavra, usando-a para denotar o "liberalismo" e o "conservadorismo" no sentido norte-americano contemporâneo, no qual a ala esquerda do Partido Democrata é "liberal" e a centro-direita do Partido Republicano é "conservadora". Essas ideologias têm sua raiz nos interesses materiais e na identificação emocional (com quem você gosta de "andar"?), mas assumem sobretom intelectual quando os adversários começam a formular suas pretensões em termos universais a fim de conquistar a simpatia dos neutros. Como os liberais e os conservadores fazem apelo aos mesmos valores básicos – o primado do direito, a importância dos direitos individuais e das restrições à ação do Estado, os valores morais fundamentais da tradição judaico-cristã, a liberdade, a prosperidade, a tolerância, a família, e assim por diante –, essas ideologias não fornecem instrumentos adequados para resolverem-se questões específicas. "Os liberais e os conservadores partilham as mesmíssimas premissas maiores e, enquanto estabelecem distinções, adotam ora um, ora outro dos mesmos argumentos de nível intermediário" (p. 150). O paralelo com os argumentos morais discutidos no Capítulo 1 é evidente.

A indeterminação dos debates ideológicos é importante para Kennedy por ser tão grande o número de problemas jurídicos que não podem ser resolvidos por um raciocínio que parta das fontes autorizadas do direito. Alguns problemas podem ser resolvidos dessa maneira, é claro. Ele impugna como "sequer remotamente plausível" as ideias de que "as fontes do direito e o raciocínio jurídico são suficientemente plásticos para oferecer uma racionalização *post hoc* aceitável para o resultado que o juiz prefere, seja ele qual for, e de que os juízes se dedicam habitualmente a esse tipo de racionalização *post hoc*" (p. 159). "Muitas, muitas, muitas vezes", os juízes "declaram e aplicam normas nas quais jamais votariam se fossem legisladores" (p. 275). Muitas vezes, mas nem sempre: donde "o caráter simultaneamente estruturado e plástico do raciocínio jurídico" (p. 285).

Acha ele que essa plasticidade incomoda sobremaneira os juízes. Eles não querem que os outros pensem que estão tomando decisões por motivos ideológicos. Por causa disso, "*sempre* visam criar através de [seu] trabalho um efeito retórico: o de que suas soluções são juridicamente necessárias e não levam em conta a ideologia" (pp. 1-2, grifo do original). Esse é também o objetivo dos professores universitários de direito e dos representantes de grupos de interesses, que querem ajudar o juiz a chegar àquele resultado (ideologicamente motivado) que lhes agrada (o aborto a critério da mulher, ou os direitos dos homossexuais, ou a desregulamentação da economia, ou a religião nas escolas públicas, ou seja lá o que for) sem revelar suas verdadeiras intenções ideológicas.

Kennedy discute três métodos pelos quais a ideologia pode se ocultar por trás do manto do raciocínio jurídico neutro. Juntos, eles constituem o "legalismo"; praticados pelos liberais, o "legalismo liberal". Um dos métodos, o de Dworkin, consiste em construir uma teoria geral dos direitos e deveres jurídicos a partir da qual possa ser derivado objetivamente o resultado "correto" até das causas mais difíceis. Dworkin alega que sua opinião sobre o mérito dos casos que discute não é gerada por sua ideologia pessoal (o liberalismo de esquerda), mas pela reflexão imparcial sobre os princípios que, uma vez rejeitado o positivismo, se evidenciam como elementos do direito. Para Kennedy, esse argumento é cômico; é mais que óbvio que as opiniões de Dworkin sobre assuntos como o aborto, a ação afirmativa, a eutanásia, a desobediência civil e a pornografia derivam de suas preferências políticas[92]. A única relação entre a obra teórica de Dworkin e sua obra aplicada é que a rejeição do positivismo jurídico, seu principal carro de batalha teórico, é uma precondição para que se convidem os juízes a dedicar-se à teoria moral, a qual, na opinião de Dworkin, os levará a decidir os litígios de acordo com as preferências políticas do próprio Dworkin.

O segundo modo pelo qual os mentores acadêmicos dos juízes buscam ajudá-los a ocultar argumentos ideológicos sob a aparência de um raciocínio jurídico neutro é o uso de conceitos ligados ao interesse público, hoje frequentemente informados pela análise econômica, a fim de transpor o abismo que separa as fontes do direito convencionais do resultado almejado. Kennedy vê aí um legado do realismo jurídico, que matou o formalismo e "promoveu um híbrido em que argumentos fundados no interesse público servem de suplemento ao raciocínio dedutivo, tanto nos acórdãos liberais como nos conservadores" (p. 94). Ele acredita que a noção de interesse público é tão intrinsecamente manipulável quanto a teoria coerentista de Dworkin; "os argumentos fundados no interesse público são interminavelmente ideológicos e, como o debate ideológico, simplesmente intermináveis" (p. 177). Kennedy está errado. Embora seja sempre possível apresentar *argumentos* em favor de qualquer um dos lados de uma questão de interesse público, pode ser que os argumentos em favor de um dos lados fracassem completamente. Gostaria de ver Kennedy argumentando a favor de que se aumente o salário mínimo para 50 dólares por hora. *A Critique of Adjudication* [Uma crítica à adjudicação] não traz uma discussão ampla sobre políticas públicas;

---

[92] Veja-se a nota 141 do Capítulo 1, acima, na qual cito a descrição que Kennedy faz da feliz coincidência entre as preferências políticas de Dworkin e sua filosofia judicial.

limita-se a asseverar, em face de provas em contrário às quais Kennedy sequer alude, o caráter indeterminado da análise do interesse público e dos cursos de ação política a ele atinentes[93]. Seria surpreendente que os argumentos jurídicos muitas, muitas, muitas vezes redundassem em uma conclusão peremptória, como ele admite, e que com os argumentos fundados no interesse público isso nunca, nunca, nunca acontecesse.

O terceiro modo pelo qual a ideologia se disfarça de direito, segundo Kennedy, é quando as questões ideológicas são vazadas na linguagem dos direitos. As juristas feministas não dizem simplesmente que gostariam que as mulheres pudessem fazer aborto mediante um simples pedido, do mesmo modo que um sindicato diria que gostaria que seus membros tivessem uma participação maior nos lucros dos patrões; dizem que existe o direito constitucional a fazer aborto mediante simples pedido, e, assim, revestem de linguagem jurídica neutra um argumento ideológico. "Em suma, o raciocínio fundado nos direitos permite que, em vez de você simplesmente declarar suas 'preferências', seus juízos de valor sejam considerados corretos" (p. 305). Esse método particular (o primeiro usado por Dworkin, como assinala Kennedy) de ocultar a ideologia sob o manto da legalidade é tão popular que produziu o problema da "overdose de direitos" (p. 327). À medida que todos os grupos de interesses reclamam seus direitos, surgem direitos em ambos os lados da maioria dos conflitos jurídicos, fato que assinalamos ao discutir o processo penal no Capítulo 2. Outros exemplos seriam o debate sobre o discurso de ódio, que confronta o

---

[93] Antigamente, ele não achava que a análise do interesse público e das políticas públicas era indeterminada; pelo contrário, *fazia* esse tipo de análise. Ver Duncan Kennedy, "The Effect of the Warranty of Habitability on Low Income Housing: 'Milking' and Class Violence", 15 *Florida State University Law Review*, p. 485 (1987); e veja-se a crítica dessa análise em Posner, nota 9, acima, § 16.6, pp. 517-8.

direito à livre expressão com o direito à justiça racial; o debate sobre a pornografia, em que o direito à livre expressão se opõe ao direito à igualdade entre os sexos; e os debates sobre o aborto e a guarda de filhos, em que os direitos dos pais se afirmam contra os das mães. Como assinala Kennedy, o conceito filosófico de direitos – a fonte do que ele chama de "direitos externos", contrapostos aos direitos legais ("direitos internos") em que os juristas gostariam de transformá-los – não ajuda em nada. O discurso filosófico sobre os direitos é tão indeterminado quanto o jurídico.

À medida que consegue de fato enganar as pessoas, o disfarce jurídico das questões ideológicas tem três efeitos, que Kennedy denomina autorização (*empowerment*), moderação e legitimação. O disfarce autoriza "segmentos jurídicos das *intelligentsias*" (p. 2) a decidir questões ideológicas sem fazer referência à maioria. Nessa mesma medida, modera os conflitos ideológicos. A comunidade jurídico-judicial subtrai as questões ideológicas da comunidade política: questões políticas, que deveriam ser decididas pela maioria ideologicamente organizada, são transformadas em questões técnicas decididas por uns poucos mandarins. Ao mesmo tempo, ocultando a existência dos conflitos ideológicos, a reclassificação das questões políticas como questões jurídicas faz com que o *status quo* político, seja ele qual for, pareça natural e necessário, por ser determinado pelo direito, não somente pela força. O "seja ele qual for" é importante. Significa que o direito é um obstáculo a qualquer mudança pretendida pelo povo, seja ela boa, seja ela má. Na opinião de Kennedy, tanto os conservadores como os liberais temem o povo – as "massas", como ele as chama. Os tribunais europeus são menos ideológicos que os norte-americanos; e, como prevê a tese kennediana da moderação, a política europeia é mais ideológica que a norte-americana. Os europeus não transformaram um número tão grande de conflitos ideológicos em disputas jurídicas a serem resolvidas ao abrigo do processo democrático.

Kennedy acredita que os esforços dos juízes e de seus sucedâneos e mentores na academia para travestir de legalidade a ideologia estão começando a desgastar-se. Os jusliberais, por exemplo, ao mesmo tempo que clamam pela reforma social através do ativismo judicial, sentem-se obrigados a defender a ideia da atividade judicial como algo neutro e objetivo a fim de rechaçar seus adversários conservadores[94].

Quando a duplicidade do raciocínio jurídico é revelada pela "crítica interna" (o método de Kennedy, que consiste em identificar as contradições internas em todos os esforços que visam a preencher a lacuna que separa a ideologia do direito), as reações são duas. Uma é a má-fé em sentido próximo ao de Sartre[95]. O juiz ou acadêmico de direito pressente que seu esforço de ocultar a ideologia por trás de um raciocínio jurídico neutro é uma impostura, mas, à maneira de um avestruz, se recusa a reconhecer esse fato e finge, em vez disso, estar agindo sob a compulsão de princípios neutros. A admissão franca seria dolorosa demais, pois destruiria sua autoimagem de pensador sério, situado "acima" da política. Outra reação, porém – a do próprio Kennedy –, é a perda da fé no raciocínio jurídico. Se você não se deixa enganar pelas imposturas da análise jurídica e não procura ocultar de si mesmo esse conhecimento, perde o entusiasmo que o levava a elaborar

---

[94] "Havia algo de 'debilitante' ou 'corrosivo' no fato de os liberais estarem usando exatamente a mesma retórica que condenavam antes da Segunda Guerra Mundial; no fato de não conseguirem encontrar nenhuma alternativa à ponderação como metodologia para proteger direitos; e na própria superficialidade que, como começaram a sentir, atrelava-se à invenção de novos direitos (sendo o caso mais notável o do direito à privacidade), superficialidade essa que caracterizava também a invenção de contradireitos de diversos tipos por seus adversários" (p. 325).

[95] Bem descrita em Mike W. Martin, *Self-Deception and Morality*, p. 63 (1986).

teorias coerentistas ou a fazer a análise dos direitos ou dos cursos de ação política.

Para Kennedy, essa experiência pessoal foi a um só tempo emocionante (a emoção de quem está no topo de uma montanha e sabe que possui um entendimento superior) e deprimente. Foi deprimente porque, na opinião dele, o legalismo liberal, em geral, e a análise de direitos, em particular, produziram bastantes benefícios, uma vez que "induziram na sociedade norte-americana uma 'consciência de direitos' difusa, mas onipresente, imprevisivelmente militante, consciência essa que é um dos poucos freios efetivos contra os abusos burocráticos tanto no setor público como no setor privado" (p. 114). Isso faz com que as feministas radicais, os teóricos críticos da raça, os ativistas pelos direitos dos homossexuais e outros adeptos da "política de identidade" – que seriam, em tese, os aliados naturais de Kennedy – queiram ampliar a esfera dos direitos para abarcar dentro dela as atividades que consideram essenciais para sua identidade. Kennedy não aceita isso. Rejeita o "farisaísmo esquerdista (seja na modalidade da 'sistematicidade' pós-marxista, seja na da política de identidade) e, com a mesma veemência, [...] as compactuações do liberalismo de esquerda" (p. 339). Para ele, "sistematicidade" são as teorias históricas causais grandiosas, como a teoria marxista outrora proposta por seu colega Morton Horwitz, segundo a qual o *common law* norte-americano assumiu determinada forma no século XIX a fim de promover o capitalismo[96]. Mas o termo também se refere àqueles esforços no sentido de ir além da crítica e chegar à "reconstrução", ou seja, de pôr outra coisa qualquer no lugar do edifício – o legalismo liberal, a democracia capitalista ou seja lá o que for – que o crítico acabou de demolir. Kennedy acha que a crítica interna devasta todos os sistemas.

---

[96] Morton J. Horwitz, *The Transformation of American Law, 1780-1860* (1977).

Essa atividade crítica incansável deixa Kennedy sobre gelo muito fino. Como ele não quer ter nada a ver com sistemas de pensamento ou teorias totalizadoras, seu esquerdismo não é sistemático nem teorizado e, com efeito, não dispõe de defesas. Tem relação com o anarquismo ("estudamos o poder estatal para resistir a ele, não para conquistá-lo" [p. 271]), mas é informado por uma hostilidade não só ao Estado como também a todas as grandes instituições; com efeito, a distinção entre público e privado não tem importância para Kennedy. Ele sente especial repugnância pelas grandes empresas e, por isso, encanta-se com a militância sindical e com a possibilidade de os trabalhadores serem donos dos meios de produção. Isso dá a seu esquerdismo um sabor arcaico (semelhante ao de Rorty, que *ainda* fala sobre a "oligarquia" e os "patrões"), e é outra razão pela qual ele não gosta da noção de direitos. A insistência nos direitos fez com que a esquerda abandonasse o projeto mais caro ao coração de Kennedy, qual seja, o de representar uma *maioria* oprimida – a classe trabalhadora.

Ele fala de modo muito mais explícito sobre a tendência modernista-pós-modernista em sua ideologia. "O mpm é a busca de experiências intensas nos interstícios de uma grade racional rompida. O veículo característico é um ato ou objeto transgressor que 'estilhaça' as formas 'decentes' de expressão a fim de expressar algo que essas formas suprimiram." O objetivo é induzir "as emoções modernistas associadas à morte da razão – êxtase, ironia, depressão, e assim por diante" (p. 342). Isso não deve ser confundido com o niilismo, nem mesmo com o ceticismo. Quando diz que é "hostil à 'correção' em todas as suas formas" (p. 11), Kennedy não quer dizer que não acha que existam respostas corretas às perguntas jurídicas; essa crença seria incoerente com seu reconhecimento do fato de que os juízes são, sim, limitados pelas fontes do direito. "A experiência dos significados essenciais sobrevive à perda de sua fundamentação metafísica" (p. 32).

O nome educado disso de que Kennedy está falando é pragmatismo e, com efeito, ele mesmo se define, entre outras coisas, como "pragmatista", embora essa não seja sua definição predileta (nos faz pensar em gente chata, como John Dewey). Lembre-se de que o pragmatismo postula que as pessoas só reexaminam uma crença profunda quando são abaladas a ponto de colocá-la em dúvida. Para abalá-las, é necessário querer dirigir um assédio intelectual constante contra os fundamentos da crença em questão, quer confrontar as pessoas com imagens violentas ou perturbadoras que soltem suficiente suas amarras intelectuais para fazê-las "converter-se" a uma nova perspectiva. A arte abstrata não defende com argumentos a ideia de que a figuração não é elemento essencial da arte; não procede racionalmente de modo algum. Ao contrário, apresenta uma imagem não figurativa que, funcionando como "objeto transgressor", pode estimular-nos a pôr em questão nossa noção de o que é a arte.

É certo que o mpm de Kennedy é mais vistoso que as descrições usuais do pragmatismo. Diz ele que o mpm é "não só de elite como também elitista", a "vingança dos *nerds*" "movidos pela agressividade" (p. 354).

> Busca *épater les bourgeois* (em vez de nacionalizar os seus bens) segundo os modos de agressividade e exibicionismo acima descritos. Pressupõe a superioridade do mpm, o "direito" dos atores do mpm não só de ferir o público, mas também de induzir ao êxtase e à depressão, tudo isso em nome de valores superiores a que esse artista/ator tem acesso e que são "bons para" o público (ao mesmo tempo que nega – de modo defensivo e hipócrita – que dê alguma importância à reação do público). (p. 354)

Isso é o que se costumava chamar de vanguardismo – uma espécie de boêmia intelectual – e ajuda a explicar a tensão entre Kennedy e os adeptos da política de identidade. Kennedy apoia a maior parte das propostas desse pessoal, mas, fiel ao "modo de agressividade", apoia-as mais do que devia. Defende, por exemplo, a adoção de cotas raciais rígidas, ao passo que os adeptos da política de identidade fogem da palavra "cota" como da peste. Kennedy conjectura que as pessoas que se sentem mais ofendidas pelo mpm não são nem os liberais nem os conservadores, mas os líderes de grupos oprimidos. Para esses líderes, altamente instruídos e em franca mobilidade social ascendente, o antielitismo é "o preço que pagam pelo papel de líderes" (p. 355). Trata-se de um preço que o próprio Kennedy não está disposto a pagar.

Ele reconhece que seu esquerdismo e seu mpm estorvam um ao outro, produzindo o que ele chama de "Teoria Cor-de-Rosa" (no jargão da Revolução Russa, nem vermelha nem branca). O rosa é uma cor repousante, e a Teoria Cor-de-Rosa é uma fórmula de quietismo político (o que não me incomoda nem um pouco). Kennedy afirma reiterada e corretamente que a "crítica interna" é "viral", evocando a imagem do HIV ou de um vírus de computador – vorazes agentes de destruição. Ela corrói o legalismo liberal e leva Kennedy a admitir que não é absurdo afirmar que "nós, adeptos dos estudos jurídicos críticos, estamos sempre ingenuamente dispostos a brincar com fogo, pondo em questão um dos pilares centrais da política humanista nesta moderna era de barbárie [...] A cultura política norte-americana – solidamente centrista, a princípio periférica e depois imperial, mas sempre continentalmente isolada – tornou-se, à maneira das Ilhas Galápagos, um enclave em que se multiplicam mutações intelectuais bizarras" (p. 74). Uma vez que a crítica viral também devora a política de identidade e o farisaísmo esquerdista em geral, resta pouco espaço para a "resistência" esquerdista.

Kennedy pensa que as faculdades de direito induzem seus alunos à má-fé já que nos ensinam a mergulhar "num discurso que parece ser logicamente necessário, mas que todos sabem ser apenas parte da história" (p. 367), a consciência de um comportamento que visa a promover um programa ideológico. Acredita também que o estudante que não se deixar iludir talvez seja capaz, quando se tornar advogado ou juiz, de "constituir uma identidade política à esquerda da má-fé liberal sem ser nem parecer um demolidor" (p. 374). Porém, se derem ouvidos a Kennedy, não muitos serão capazes disso. Além de reconhecer a estabilidade do sistema político norte-americano e a impotência da crítica acadêmica para causar uma mudança política, ele não explica de que modo um liberal de esquerda, que *não* seja um demolidor, poderá realizar qualquer mudança a partir de dentro do próprio sistema, ou mesmo como alguém pode mudar o sistema a partir de dentro sem ser um demolidor. E se os argumentos (de esquerda ou de direita) fundados no interesse público são todos indeterminados e intermináveis, como acredita Kennedy, não existe nem sequer um vocabulário com o qual os liberais de esquerda possam defender seus princípios e propostas.

Eu disse que não acho que a análise do interesse público e dos cursos de ação política a ele conexos é tão indeterminada quanto Kennedy acredita. Do mesmo modo, não acredito que ele tenha captado corretamente a psicologia dos juízes. Não há dúvida de que alguns professores universitários de direito estão de má-fé, ou seja, têm a vaga consciência de que os argumentos que apresentam, para dizer que este ou aquele direito que agrada a eles ou a seu grupelho está "na" Constituição, têm como único fundamento suas preferências políticas. Mas nunca conheci um juiz que tivesse esse tipo de constrangimento. Para o juiz, o que importa mais que tudo é o dever de decidir a causa. Ele não estaria cumprindo seu dever se dissesse "Não posso decidir esta causa porque o resultado não pode ser deduzido das fontes ortodoxas da decisão judicial." Toma a melhor decisão possível e, fazendo isso, está praticando o direito. É verdade que, quando vai fundamentar sua decisão de um caso difícil, é improvável que seja totalmente sincero acerca do grau em que teve de recorrer às suas conjecturas políticas ou valores pessoais para decidi-lo; mas Kennedy exagera quando diz que os juízes *sempre* tentam envolver suas decisões em uma retórica de necessidade ou inevitabilidade. A falta de uma sinceridade *absoluta* na fundamentação de uma decisão judicial, ou em qualquer outro documento público, especialmente oficial, não é sinal nem de hipocrisia nem de má-fé. O tato tem seu papel na vida pública. Um acórdão não é uma confissão de princípios nem um *cri de coeur*. Tem de afigurar-se aceitável tanto para a comunidade jurídica como para a comunidade maior que é afetada pelo que os juízes fazem. E muitos membros de ambas as comunidades, em perfeita boa-fé, creem erroneamente que as fontes convencionais do direito são suficientes para resolver até os casos mais difíceis. Aliás, são esses os juízes que mais tendem ao ativismo irrefreado. Hugo Black é um exemplo típico.

A todo momento volto a falar da descrença de Kennedy na possibilidade de uma análise eficaz do interesse público e dos cursos de ação política a ele conexos. É esse o erro que, no fim, determina o fracasso de Kennedy. O juspragmatista não sentimental (não irônico, não extático, não deprimido) admite que, nos casos difíceis, é incapaz, sem fazer política, de transpor o abismo que separa de um resultado sensato as fontes formais do direito. Então, ou ele arregaça as mangas e faz política, na esperança de que os advogados ou, com mais probabilidade, a academia lhe forneçam os recursos de que precisa para analisar com sensatez as opções de ação política; ou senão, como Holmes fez tantas vezes, usa sua ignorância da política como justificativa para a automoderação judicial. O pragmatista kennediano, que pensa que um apelo à sensatez política não pode ser outra coisa senão um disfarce para a ideologia, não dispõe de nenhum recurso para decidir um litígio judicial ou defender uma mudança política[97]. Fica, assim, preso nos escombros de seus objetos transgressores – o mesmo buraco no qual veio parar outro famoso pós-modernista que recentemente se interessou pelo direito: Stanley Fish.

Stanley Fish: um Tersites pós-moderno

Fish despreza com razão a linguagem bombástica e retórica da teoria jurídica e política. Quando diz "que não existem outras razões ou razões mais fortes que as razões políticas, e que a proclamação de uma fórmula (uma imparcialidade de ordem superior, o respeito mútuo ou o consenso de toda a humanidade) que sobrepasse a política ou limite a sua esfera, estabelecendo um espaço em que a política não pode entrar, jamais será outra coisa senão política – entendida aqui não como um termo pejorativo, mas como o nome da atividade pela qual as pessoas promovem publicamente aquilo que pensam ser bom e verdadeiro – chamada por outro nome: o nome, mas não a realidade, de 'princípio'"[98], eu concordo totalmente com ele. Mas o desprezo que ele sente por seus adversários intelectuais e por toda espécie de argumento racional é insaciável e, às vezes, chega perto de devorar a decência, a exatidão e o próprio Fish.

Às vezes, ele parece conceber a atividade intelectual, inclusive a sua, como uma subespécie da difamação motivada pelo exibicionismo e pela autoexaltação. O autor hipotético de um livro

---

[97] O derrotismo ou o quietismo que acompanham o pensamento social pós-modernista foram assinalados com frequência. Ver, por exemplo, Litowitz, nota 91, acima, pp. 80-6.

[98] Stanley Fish, "Mission Impossible: Settling the Just Bounds between Church and State", 97 *Columbia Law Review*, pp. 2255, 2297 (1997).

de Fish que, nominalmente, trata da liberdade de expressão[99] é o Tersites de Homero, um mestre da vulgaridade e da impudência. A impudência de Fish se revela no fato de ele afirmar que "prefere os tons mais suaves da investigação pragmática" (p. 50). Sua vulgaridade é ilustrada pelo modo pelo qual trata Arthur Schlesinger Jr. Depois de chamar Schlesinger de racista, por afirmar o valor da civilização ocidental (pois os racistas afirmaram a mesma coisa), Fish comenta que uma fotografia de Schlesinger revela traços "étnicos, semíticos, até um pouco negroides", e critica Schlesinger por "não menciona[r] em parte alguma essa ascendência" (p. 88). Em outro trecho, Fish comenta: "*Os acadêmicos gostam de comer merda e, se for preciso, pouco se importam em saber de quem é a merda que estão comendo*" (p. 278, grifo do original). Fish não quer que acreditem nele, nem mesmo que o levem a sério; quer ser notado. Falando de Dinesh D'Souza, que se opôs a ele em um debate, Fish comenta que "nossas interações pessoais foram invariavelmente cordiais. Jantamos juntos, viajamos juntos e sempre que possível jogamos tênis juntos [...] Em maio, dancei contente no casamento dele" (p. 52). Não obstante, em um dos ensaios a que esses comentários servem de prefácio, Fish chama D'Souza de racista e mentiroso. É como debater com Joseph Goebbels sobre o lugar adequado dos judeus na Europa moderna e depois dançar no casamento dele. Ou Fish não acredita que D'Souza seja racista e mentiroso ou pouco se importa com a verdade e a justiça racial. Ou, quem sabe, as duas alternativas. Ele se considera um "sofista contemporâneo" (p. 281) e acrescenta: "Não tenho nenhum princípio" (p. 298). Eu acredito nele. Ó Sócrates, onde estás agora?

---

[99] Stanley Fish, *There's No Such Thing as Free Speech, and It's a Good Thing Too* (1994). No corpo do texto deste capítulo, faço referência às paginas desse livro. O livro é uma coletânea de ensaios e não trata somente da liberdade de expressão, nem mesmo somente de temas jurídicos.

Aos que afirmam que o único critério das nomeações acadêmicas deve ser o mérito acadêmico, e não a raça ou o sexo, Fish responde que os adversários deles simplesmente têm outra concepção de mérito. Mas ninguém pensa que a raça ou o sexo são critérios de nomeação *meritocráticos*; a discordância, que Fish pretende apresentar como mera confusão semântica, gira em torno do peso que deve ser atribuído ao mérito. De maneira igualmente sofística, ele argumenta que, uma vez que tudo é política, não pode haver um debate entre partidários e adversários do politicamente correto; o máximo que pode existir são noções conflitantes de o que é correto do ponto de vista político. Mas como ele bem sabe, o termo "politicamente correto" denota o esforço de eliminar a terminologia e os argumentos que supostamente incorporam atitudes hostis ou insensíveis em relação a grupos vulneráveis. É a esses esforços que resistem os adversários do politicamente correto, embora muitas vezes sejam a favor das propostas políticas dos que defendem as restrições politicamente corretas.

Querendo apresentar um argumento incisivo contra a meritocracia na educação, Fish cita com aprovação a observação de alguém de que a correlação entre as pontuações no *Scholastic Aptitude Test** e as notas obtidas na faculdade é mais tênue que a que existe entre a altura e o peso de uma pessoa. Porém, *existe* uma correlação entre altura e peso, e a questão está em saber quanto elas são correlacionadas e o quão mais tênue é a correlação entre a pontuação no SAT e as notas obtidas na faculdade. Embora critique os acadêmicos e autores que fogem do "trabalho duro de apresentar dados corroborantes" (p. 20), Fish é um deles: contenta-se em repetir a choradeira liberal sobre os efeitos da discrimi-

---

* Exame que mede a aptidão dos candidatos a ingresso nas universidades norte-americanas. Não é um pré-requisito universal para a admissão à universidade nos Estados Unidos. (N. do T.)

nação; recusa-se a reconhecer que esse assunto pode ser objeto de investigação; desconsidera completamente a contradição que existe entre a atitude de admitir alunos fracos em uma universidade a fim de promover a diversidade no corpo discente e fazer com que pessoas de diferentes raças aprendam umas com as outras, por um lado, e a de permitir que esses mesmos alunos, depois de admitidos, decidam segregar-se por raça nos dormitórios, nos refeitórios e até nas opções curriculares, por outro – duas atitudes que ele preconiza. Na opinião dele, o fato de as notas nas provas estarem correlacionadas com a renda dos pais mostra que as notas são arbitrárias. Ele ignora a possibilidade de a renda dos pais e as notas dos filhos serem diferentes manifestações dos mesmos valores e das mesmas aptidões.

Fish desconfia de todo pensamento sistemático a respeito de direito e de políticas públicas porque, fazendo paródia de Wittgenstein, acredita que a teoria não pode ter efeito algum sobre a prática. Para Fish, cada esfera da atividade humana é um jogo sujeito a regras rígidas, como o xadrez. É possível elaborar uma teoria sobre o xadrez – sobre suas origens, a fascinação das pessoas pelo jogo, até sobre como suas regras poderiam ser aperfeiçoadas. Mas não seria possível usar a teoria para jogar xadrez. Quem joga xadrez segue as regras do jogo, não as da teoria. Do mesmo modo, nenhuma reflexão teórica sobre o direito pode alterar o modo pelo qual os juízes decidem as causas, pois os juízes jogam o jogo judicial, que tem suas próprias regras. Não existe ponto de intersecção entre o jogo da teoria e o jogo da prática.

Não mesmo? As regras do jogo judicial são muito menos rígidas que as do xadrez e podem ser alteradas pelas ideias e perspectivas teóricas. Estas podem fazer com que as regras se assemelhem mais às da economia, por exemplo, ou às das ciências sociais em geral, ou mesmo (mas como eu já disse, isso é pouco provável) às do raciocínio moral, ou ainda (e era esta, antigamente, a principal aspiração da profissão jurídica) às da lógica. Fish não admite essas possibilidades porque pensa que os juízes tomam decisões *unicamente* por motivos políticos *ad hoc* e que *sempre* ocultam esse casuísmo político por trás de uma retórica mistificadora que gira em torno de normas e princípios. Pensa que os juízes são igualmente impermeáveis às concepções interdisciplinares e às concepções formalistas do papel da magistratura. Pensa que são tão cínicos quanto ele, ilustrando, assim, o adágio de que as pessoas tendem a criticar acerbadamente suas próprias fraquezas quando as percebem nos outros.

É muito estranha a sua concepção do "jogo" judicial[100]: é incompatível com o que ele escreveu em outra época[101], desconsidera coisas que os sociólogos sabem há muito tempo sobre os papéis sociais[102] e, para cúmulo, ele mesmo não é capaz de fundamentá-la. A seguir menciono os "dados" que ele cita para "provar" que as normas jurídicas são esvaziadas de seu sentido para que os juízes possam fazer justiça no varejo sem quaisquer restrições normativas. Se um contrato escrito tem uma cláusula que afirma que o contrato representa tudo o que foi acordado entre as partes, o tribunal não conhecerá de nenhum testemunho que contradiga o que está escrito. Trata-se da chamada *parol evidence rule* (norma da inadmissibilidade da prova testemunhal ou oral). Essa norma é letra morta, segundo Fish, porque o tribunal *vai* conhecer

---

[100] Ver Posner, nota 34, acima, pp. 132-5.
[101] Ver Stanley Fish, "Still Wrong after All These Years", em Fish, *Doing What Comes Naturally: Change, Rhetoric, and the Practice of Theory in Literary and Legal Studies*, p. 356 (1989).
[102] "Cada papel tem sua disciplina interna, aquilo que os monges católicos chamariam sua 'formação'. O papel forma, molda, constitui tanto a ação quanto o agente. Neste mundo, é muito difícil fingir. Em geral, a pessoa se torna aquilo que ela representa ser." Peter L. Berger, *Invitation to Sociology: A Humanistic Perspective*, p. 98 (1963).

testemunhos que afirmem que o setor econômico a que se refere o contrato atribui significado especial a determinadas palavras aí usadas, significado que uma pessoa de fora não compreenderia. Portanto, diz Fish, as partes podem, no fim das contas, contradizer o contrato escrito. Ele desconsidera aí uma distinção essencial[103]. O uso técnico de um termo pode ser estabelecido com razoável grau de certeza mediante prova testemunhal especializada. Consultar um perito em uso técnico é como consultar o dicionário. E o uso de um dicionário para interpretar as palavras de um contrato não viola a *parol evidence rule* (nem a correlata *four corners rule**), a qual tem por fundamento a ideia de que os contratos escritos nada significariam se uma das partes pudesse persuadir o juiz ou, especialmente, o júri, de que, embora o contrato diga *X*, as partes, na verdade, haviam acordado, sem dizer nada a ninguém e sem colocá-lo por escrito, que o negócio era *Y*. Um tal testemunho, ao contrário do dicionário ou da constatação do uso técnico, seria subjetivo, inverificável, parcial e indigno de confiança.

É verdade que nenhum contrato significará nada se o autor e os leitores não partilharem o mesmo entendimento de suas palavras e de seus fatores contextuais essenciais, tais como o motivo pelo qual se celebram contratos. Porém, se as partes contratantes acreditarem que o juiz provavelmente integra a mesma comunidade interpretativa da qual elas fazem parte e, portanto, lerá o contrato como elas pretendem que ele seja lido, podem incluir nele uma "cláusula de integração" (cláusula que garante a inaplicabilidade da prova testemunhal ou oral caso haja disputa sobre o sen-

---

[103] Ver AM International, *Inc. vs. Graphic Management Associates, Inc.*, 44 F.3d 572 (7th Cir. 1995); Joseph D. Becker, "Disambiguating Contracts by Summary Judgement", *New York State Bar Journal*, dez. 1997, p. 10.

* Norma de interpretação segundo a qual o sentido de um documento deve ser inferido, na medida do possível, somente do que nele está escrito, sem que se faça apelo a qualquer dado extrínseco. (N. do T.)

tido do contrato, excluindo, assim, toda investigação sobre o entendimento subjetivo das partes) que impeça de antemão a maior parte das disputas sobre o sentido.

Fish também está fora da realidade quando diz que a doutrina da reciprocidade – segundo a qual o cumprimento de uma promessa não pode ser reclamado em juízo a menos que o promitente tenha recebido uma promessa recíproca ou algum outro benefício – é uma mentira. Assinala que, às vezes, o cumprimento de uma promessa é efetivamente imposto pelo judiciário naqueles casos em que o promitente *já havia* recebido um benefício daquele a quem fez a promessa[104]. Suponhamos que este tenha salvado a vida do promitente e, nesse processo, tenha se ferido. Se a pessoa cuja vida foi salva promete *depois do salvamento* compensar o salvador por seus ferimentos, e assim não recebe nada em troca *pela promessa em si*, como se pode concluir que essa promessa envolve alguma reciprocidade? Uma das respostas reside na função prática da doutrina da reciprocidade. Essa doutrina, como a norma da inadmissibilidade da prova testemunhal ou oral, reduz a probabilidade de que se apresentem em juízo pretensões contratuais falsas: as transações bilaterais têm mais probabilidade de produzir obrigações jurídicas que as promessas puramente gratuitas. No caso do salvamento, que resume as hipóteses de reciprocidade "passada" ou "moral" que Fish considera aberrantes em termos doutrinais, é alta a probabilidade de que a promessa efetivamente tenha sido feita, de modo que o judiciário pode usar um critério menos rígido para identificar as pretensões falsas.

A noção de aberração doutrinal é crucial para a concepção de direito de Fish, pois ele acredita que "é a incoerência da doutrina que permite que o direito funcione" (p. 169). Trata-se de uma ver-

---

[104] Ver Posner, nota 9, acima, § 4.2, pp. 108-9.

são de uma concepção errônea que já está obsoleta há muitos séculos: a de que o direito é uma colagem de normas estupidamente rígidas, das quais é continuamente necessário se afastar, sem seguir nenhum princípio, a fim de impedir que o edifício inteiro desabe. Na mesma veia, Fish afirma que "'livre expressão' é somente o nome que damos para o comportamento verbal que atende aos programas substantivos que intentamos promover". Os juízes protegem "a expressão que querem que seja ouvida" e coíbem "a expressão que querem silenciar" (p. 110). Em certo nível, isso é verdade. A liberdade de expressão não é absoluta, mas relativa às condições sociais. Tinha âmbito mais estreito para Blackstone do que tem para nós, e seria necessária uma investigação histórica muito cuidadosa para corroborar a alegação de que a concepção blackstoniana era estreita demais até para a época em que ele viveu. Mesmo nos Estados Unidos de hoje, a liberdade de expressão não é absoluta. As pessoas ainda podem ser punidas por disseminar a obscenidade, revelar segredos militares ou industriais, fazer difamação, incitar tumultos, infringir direitos autorais e direitos de marca, plagiar, ameaçar, cometer perjúrio, fazer propaganda enganosa e promover outras modalidades de falsa representação da realidade, dirigir certos tipos de insultos verbais a outrem, trocar informações com o objetivo de facilitar a cartelização dos preços de um produto, responder a um agente carcerário, revelar informações dadas em confiança, fazer certos tipos de piquete, oferecer agressivamente seus serviços profissionais, comportar-se de forma indecorosa em um tribunal, criticar publicamente seu empregador em assuntos não considerados de interesse público, difundir por rádio, televisão ou outros meios de comunicação mensagens irresponsáveis ou ofensivas, até por usar alto-falantes. O juiz Jackson alertou contra aquelas interpretações que transformariam a Declaração de Direitos em um pacto nacional de suicídio. Mas há uma diferença entre a doutrina da liberdade de expressão moldada e contida por considerações políticas amplas e uma hipotética discricionariedade judicial absoluta na qual as decisões dos juízes sejam baseadas no fato de gostarem ou não gostarem de determinadas formas de expressão. A maior parte das formas de "expressão" que sobrevivem à apreciação judicial nos Estados Unidos – os gritos dos neonazistas, obras de arte blasfematórias, pornografia que não chega a ser categorizada como obscenidade, documentos oficiais que contêm segredos diplomáticos (os "Pentagon Papers", por exemplo), os atos de queimar a bandeira, fazer piquete ou queimar a cruz – ofende àquelas pessoas predominantemente conservadoras, de meia-idade ou idosas, que, na qualidade de juízes, insistem em que o Estado permita que tais coisas sejam ditas e feitas.

Fish admite obliquamente esse fato quando discute uma sátira que a Suprema Corte considerou protegida pela Constituição: uma pseudoentrevista cômica, publicada pela revista *Hustler*, em que Jerry Falwell, líder religioso fundamentalista, declara ter tido relações sexuais com sua mãe em um anexo de sua casa[105]. A incapacidade da Corte de estabelecer um limite que permitisse a supressão de um ataque pessoal tão intelectualmente raso e gratuitamente sórdido mereceu de Fish um comentário acerbo sobre "a incapacidade autoimposta [do poder judiciário] de traçar distinções que seriam perfeitamente óbvias até para um adolescente bem informado" (p. 132). O detalhe é que essa incapacidade é diametralmente oposta à tomada de decisões políticas *ad hoc* que, segundo o mesmo Fish, resume toda a atividade dos juízes.

A estratégia de liberdade de expressão empregada pelos tribunais e pelos libertários civis – estratégia cuja existência é total-

---

[105] Hustler Magazine, *Inc. vs. Falwell*, 485 U.S. 46 (1988).

mente ignorada por Fish – assemelha-se à estratégia de defesa empregada pelos Estados Unidos durante a Guerra Fria: uma defesa avançada. O *front* não estava no Potomac, mas no Elba. A escolha entre uma defesa avançada e uma defesa recuada envolve uma ponderação. A defesa avançada custa mais caro; e a linha avançada de defesa, por estar mais próxima das linhas inimigas, tem mais probabilidade de cair. Por outro lado, a defesa avançada é também mais profunda e reduz a probabilidade de que o *front* interno seja alcançado pelo inimigo. A analogia com a estratégia de liberdade de expressão é simples. Em vez de defender simplesmente o direito de dizer e escrever coisas que tenham algum valor social plausível, os tribunais defendem também o direito de dizer e escrever coisas que não valem absolutamente nada e, além disso, são profundamente ofensivas. O combate desenrola-se nesses postos avançados; custa caro, pois aí as pretensões da liberdade de expressão são mais fracas, uma vez que ampliadas em demasia; e, às vezes, essas pretensões são derrotadas. Mas o *front* interno permanece seguro, uma vez que o inimigo dissipa suas forças na tentativa de penetrar os bastiões exteriores. Fish compreende a função política das decisões judiciais, mas não a função política das normas de decisão. Não percebe que os juízes podem, às vezes, fortalecer sua posição política atendo-se estreitamente às normas decisórias, como ocorre no caso da liberdade de expressão. Não compreende a possibilidade daquele espécime que chamei de "pragmatista das regras".

Para Fish, a impostura dos juízes que se pretendem capazes de desvincular-se de seus valores e preferências é idêntica à dos liberais que afirmam que o Estado pode e deve ter uma postura neutra diante de visões de mundo concorrentes. Ele acha que o liberalismo é apenas uma ideologia entre outras e que toda ideologia se constrói sobre uma concepção fundamental de como é o mundo

– a concepção científica, por exemplo, ou a concepção religiosa. O liberalismo e o fundamentalismo religioso, o primeiro comprometido com a verificação empírica e o segundo com a infalibilidade bíblica, são simplesmente duas crenças que rivalizam entre si. Ótimo; mas o que concluir disso? O liberalismo é um conjunto de práticas e instituições cuja longa história, em comparação com a dos sistemas rivais, é bastante bem-sucedida em matéria de riqueza, poder, felicidade, justiça social, paz e liberdade. A política da infalibilidade bíblica foi experimentada diversas vezes como princípio de ordenamento social e não passou no teste.

Não acho que Fish discorde do que acabei de dizer sobre o liberalismo. Ele não é um radical; nem mesmo, apesar das aparências, é um cínico. Na verdade, ele admira o direito. (E por que não o admiraria, se o reconstruiu à sua própria imagem e semelhança?) Mas para ele, assim como para Duncan Kennedy, o Estado e o direito são construídos de materiais nem um pouco sólidos: retórica, política e ideologia. Desse ponto de vista, toda a conversa jurídica sobre "justiça" e "imparcialidade" é *necessariamente* uma fraude, pois "[é] tarefa do direito nos fornecer meios para redefinir programas parciais e limitados de modo que possam ser apresentados como resultados naturais de imperativos impessoais e abstratos" (p. 222). Não acho que o direito seja tão indefinido. Como Kennedy, Fish está cego para a possibilidade de que, com a ajuda das ciências sociais, da experiência profissional e do bom senso, os juízes e os legisladores sejam capazes de criar normas, práticas e instituições jurídicas que não consistam somente em tagarelice retórica e parcialidade política. Mas tem razão em sublinhar que o jogo judicial é diferente do jogo da filosofia. Também está correto quando diz que é possível fazer uma interpretação competente mesmo sem dispor de uma grande teoria interpretativa e que é improvável que as teorias da interpretação afetem a prática hermenêutica. Não compreende, porém, o que está em jogo nos debates jurídicos sobre o "originalismo" e outras teorias hermenêuticas. Como no caso da *parol evidence rule* e da doutrina da reciprocidade passada, a questão consiste em saber quais tipos de prova serão admissíveis para resolver quais tipos de disputa. Ao contrário do que pensa Fish, na teoria do direito nem todos os debates são produtos de confusões semânticas e de um fundacionalismo obstinado. Além disso, pelo menos no direito, "pragmático" não é necessariamente sinônimo de *ad hoc*.

A hostilidade de um Kennedy ou de um Fish a toda teorização pretensiosa é reconfortante. Porém, em última análise, esses dois e os demais críticos pós-modernos da teoria do direito são tão inúteis quanto os teóricos morais. Os juízes (a maioria deles, na maior parte do tempo) jogam o jogo judicial; não jogam o jogo da teoria moral, mas tampouco (com algumas notáveis exceções, especialmente nas decisões constitucionais da Suprema Corte) jogam o de promover fraudulentamente suas preferências políticas. Tanto os teóricos que os conclamam a jogar o jogo da teoria como os não teóricos que os convidam a jogar o jogo da discricionariedade ilimitada estão igualmente dissociados do público a quem se dirigem, exceto pelo fato de esse público ser composto por outros acadêmicos que pensam como eles.

ALGUMAS CONSEQUÊNCIAS INSTITUCIONAIS DO PRAGMATISMO JURÍDICO

Defendi a ideia de que o direito deve se tornar mais pragmático (mas ficar bem longe das extravagâncias pós-modernistas) à medida que se torna mais profissional no melhor sentido da palavra. Se esta posição estiver correta, ela acarreta consequências não só para as atitudes, mas também para as instituições. Além disso, o próprio fato de estar correta ou não talvez dependa da capacidade da estrutura institucional do direito de adaptar-se às necessidades do profissionalismo pragmático. Para concluir este capítulo e este livro, examino essas questões no contexto de três instituições. Uma delas é o ensino de direito. Defendo reformas que, embora deixem intacto o primeiro ano da faculdade de direito, abreviariam drasticamente o restante da formação jurídica da maioria dos alunos. Afirmo ainda que essas reformas aconteceriam mais ou menos automaticamente caso o ensino do direito fosse desregulamentado, ou seja, caso não se exigisse das pessoas que pretendem ser advogados, como se exige na maioria dos estados (sendo a Califórnia a mais importante exceção), que passem três anos estudando em uma faculdade de direito aprovada e licenciada pelo governo.

A segunda instituição que discuto é a revista de direito editada por estudantes, que ainda é a mais importante de todas as publicações jurídicas. Sugiro uma reorientação desse tipo de revista e uma divisão de responsabilidades entre um periódico editado pelos estudantes e outro editado pelo corpo docente.

À semelhança do ensino de direito e do periódico editado por estudantes, o American Law Institute (Instituto Norte-Americano de Direito) é um bastião das tradições profissionais. Também gostaria de vê-lo um pouco reformulado.

O ensino do direito

O livro de Mary Ann Glendon que discuti no Capítulo 3 assinala que muitos advogados, especialmente os recém-formados, estão insatisfeitos com as condições de trabalho na prática privada de advocacia[106]. Essas condições são, entre outras, um horário de trabalho extremamente extenso, pouca estabilidade no emprego,

---

[106] Ver também Patrick J. Schiltz, "Legal Ethics in Decline: The Elite Law Firm, the Elite Law School, and the Moral Formation of the Novice Attorney", 82 *Minnesota Law Review*, pp. 704, 722-9, 740-4 (1998), e as referências aí citadas.

inaudita desconfiança e constante reavaliação por parte dos clientes, a consequente forte possibilidade de ser alvo de ação por imperícia profissional e de outras ações judiciais (e, portanto, grandes gastos em seguro de responsabilidade civil), uma tediosa especialização e a burocratização da gestão das sociedades de advogados. Esses advogados, a quem se unem neste particular os juízes, estão também insatisfeitos com a mudança do caráter do estudo acadêmico do direito. Essa insatisfação, sintoma de um estranhamento cada vez maior entre o direito acadêmico e a prática profissional do direito, está bem resumida nesta frase de um professor da Faculdade de Direito de Yale: "os professores universitários de direito não são pagos para formar advogados, mas para estudar o direito e ensinar a seus alunos aquilo que por acaso descobrirem"[107].

Essas duas insatisfações têm diferentes causas (embora as causas coincidam em parte, como vou demonstrar), e suspeito que não tenham cura. Mas seriam minoradas pela desregulamentação do ensino e da prática do direito. Isso provavelmente redundaria em doutorado (ou bacharelado) em direito feito em dois anos, modelado no MBA de dois anos oferecido pelas faculdades de administração; e, indiretamente, reduziria a pressão exercida sobre os jovens advogados para trabalhar um número ridiculamente longo de horas por dia a fim de recuperar o investimento feito na faculdade, pois esse investimento seria menor. Também reduziria o elemento de mística no direito, o qual, como vimos, é promovido pelo fato de ser necessário superar obstáculos educacionais imensos para ingressar na profissão. Minha tendência é favorecer a desregulamentação total dos serviços jurídicos[108], ressalvada a

---

[107] Mary Ann Glendon, *A Nation Under Lawyers: How the Crisis in the Legal Profession is Transforming American Society*, p. 217 (1994). A frase é de Owen Fiss.
[108] Cf. Herbert M. Kritzer, *The Justice Broker: Lawyers and Ordinary Litigation*, capítulo 10 (1990).

competência dos tribunais para estabelecer e impor critérios para o direito de apresentar-se diante deles na qualidade de advogado – isso porque a representação incompetente obstaculiza e confunde o andamento dos processos litigiosos, prejudicando os demais litigantes. Porém, limitar-me-ei a defender a eliminação da exigência de um terceiro ano de ensino de direito[109].

A deterioração das condições de trabalho dos advogados é sinal da maior competitividade no setor de serviços jurídicos. Essa maior competitividade, por sua vez, integra uma tendência pan-econômica rumo à maior competitividade no setor de serviços em geral, desde a medicina até as funerárias. Essa tendência surgiu na década de 1990 no rastro do movimento que, nos anos 1980, fez aumentar a competitividade no setor industrial. No caso do direito, como já havia ocorrido nos transportes e nas comunicações, a tendência à maior competitividade foi facilitada por um relaxamento dos controles regulatórios, sobretudo dos que incidiam sobre o preço e a propaganda dos serviços jurídicos e sobre o fornecimento de serviços sucedâneos por parte de contadores, administradores de investimentos, para-advogados, especialistas em tributos, autores de manuais para ensinar os leigos a conduzir divórcios e inventários e outros consultores. Uma vez que a concorrência tende a transformar o excedente do produtor em excedente para o consumidor, não surpreende que um dos efeitos da revolução competitiva nos serviços jurídicos tenha sido o de fazer os advogados trabalharem mais.

Além disso, as revoluções da informática e das comunicações fizeram aumentar a produtividade dos advogados, como fizera, antes delas, a invenção do ar condicionado. Quando os tribunais não fecham no verão, quando as cartas são respondidas em mi-

---

[109] Ver também Christopher T. Cunniffe, "The Case for the Alternative Third-Year Program", 61 *Albany Law Review*, p. 85 (1997).

nutos por *e-mail* ou fax e quando você pode fazer e receber chamadas telefônicas no carro ou no avião – ou no seu bolso –, o tempo de inatividade é menor. Em geral, é natural que um aumento de produtividade faça aumentar a renda do trabalhador, aumentando a demanda de lazer. Mas se, ao mesmo tempo que a produtividade estiver aumentando, um aumento paralelo da competição no mercado de produtos estiver deprimindo a renda dos produtores, a maior produtividade da força de trabalho pode fazer aumentar não o salário real, mas simplesmente as horas de serviço dos trabalhadores.

Não pretendo exagerar. Os advogados sempre trabalharam muitas horas por dia quando tinham uma causa em que trabalhar. Mas os advogados jovens de hoje têm responsabilidades familiares mais pesadas que as do passado, pois é provável que seus cônjuges também sejam profissionais que trabalham muito: para eles, as longas horas de trabalho são mais custosas do que eram para as anteriores gerações de advogados. Além disso, à medida que as pessoas vão se acostumando com a realidade da moderna prática do direito, o perfil dos candidatos ao ingresso nas faculdades de direito tende a mudar, favorecendo aqueles mais preparados para lidar com essa realidade. E os salários serão ajustados para compensar os aspectos do trabalho percebidos como desagradáveis, entre os quais o excesso de horas de serviço e a falta de estabilidade no emprego. Por outro lado, isto dependerá em parte das oportunidades alternativas de emprego: se, no contexto do capitalismo contemporâneo, todos os profissionais liberais trabalham muitas horas por dia e têm pouca estabilidade no emprego, os advogados não poderão reclamar para si um diferencial de salário que compense esses dissabores.

O excesso de horas de trabalho não é o principal fator de insatisfação entre os advogados mais velhos. A causa principal, induzida pela concorrência, é o fato de o mercado de serviços jurídicos ter passado a ser determinado pelos compradores, o que diminuiu a estabilidade profissional dos sócios de escritórios de advocacia e obrigou-os a relaxar um pouco as exigências de perfeição no trabalho, a especializar-se (a fim de aumentar a produtividade) e a sair em busca de clientes. Os advogados jovens, contemplando o futuro, anteveem que, quando se tornarem sócios, terão as mesmas queixas; desse modo, a insatisfação dos velhos torna-se a insatisfação antecipada dos jovens.

O Relatório MacCrate[110] e outras queixas que os advogados dirigem contra o ensino ministrado pelas faculdades de direito são sintomas da competitividade cada vez maior da profissão jurídica. Mesmo na melhor das circunstâncias, é difícil que um escritório de advocacia recupere tudo o que investiu na formação de um novo advogado. O novato, provavelmente, deixará o escritório em poucos anos, antes que o escritório tenha a oportunidade de beneficiar-se de seu aumento de produtividade. O escritório pode até tentar fazer com que o novo advogado aceite um salário mais baixo para pagar, assim, pela sua formação, mas a concorrência na demanda por novos advogados pode limitar essa possibilidade. Quanto maior a pressão competitiva para cortar custos, tanto menos os escritórios são capazes de oferecer benefícios cujo custo não será recuperado; tanto mais, portanto, eles querem que as faculdades de direito carreguem uma parte maior do fardo de formar novos advogados – sendo esse o ponto essencial das recomendações feitas pelo Relatório MacCrate.

Eu disse que o trabalho do advogado está se tornando mais tedioso; basta lembrar os insípidos acórdãos da Suprema Corte

---

[110] *Report of the Task Force on Law Schools and the Profession: Narrowing the Gap, Legal Education and Professional Development – An Educational Continuum* (American Bar Association, Section of Legal Education and Admissions to the Bar, jul. 1992).

que mencionei no capítulo anterior. O achatamento do trabalho judicial, sua desqualificação (pelo menos os juízes de jurisdição recursal podem delegar boa parte do trabalho a seus assistentes e, por isso, não têm de ser pessoalmente muito capacitados para produzir textos de qualidade razoável), tem como paralelo, na esfera prática, a especialização cada vez maior tanto dos campos de trabalho como das tarefas a que o advogado se dedica (assim, alguns se dedicam somente a aliciar clientes, outros só administram o escritório e outros se limitam a pesquisar jurisprudência e doutrina na biblioteca), gerando aquele desencantamento que, segundo as previsões de Weber, viria de par com a crescente racionalização do trabalho. Os advogados cada vez mais são "operários intelectuais", desempenhando o equivalente intelectual de um trabalho na linha de montagem, trabalhando em equipes hierarquicamente organizadas dentro de grandes organizações igualmente hierarquizadas (escritórios de advocacia ou grandes empresas), produzindo serviços de qualidade profissional aceitável, às vezes até alta, mas aos quais falta individualidade, de modo que acabam por perder a satisfação que um trabalho mais artesanal lhes poderia dar[111].

A mudança do caráter do estudo acadêmico do direito, ao contrário da mudança que afeta a vida jurídica prática, é determinada principalmente, mas não unicamente, por transformações ocorridas dentro da academia, e não pelas mudanças que afetam o mercado de serviços jurídicos; por outro lado, a tendência rumo a uma racionalização cada vez maior do trabalho é também um dos fatores da mudança no estudo acadêmico do direito. A partir do começo da década de 1960, transformações na econo-

---

[111] Este processo é às vezes denominado "industrialização dos serviços". Ver Posner, nota 34, acima, pp. 64-70. Cf. Kritzer, nota 108, acima, capítulo 10.

mia, na teoria política, na história e até na crítica literária expandiram as oportunidades de análise do direito usando-se os métodos de outras disciplinas. Aos olhos de muitos acadêmicos jovens, esses métodos pareceram mais empolgantes que a análise jusdoutrinal convencional (e para isso as razões políticas, às vezes, contribuíam tanto quanto as razões puramente intelectuais), além de parecerem mais "profissionais" em um sentido com o qual a essa altura o leitor já estará familiarizado. Com o tempo, essas pessoas passaram a ocupar posições de influência dentro da academia jurídica e começaram a remoldar à sua imagem e semelhança o estudo acadêmico do direito.

No regime acadêmico criado pelas gerações recentes de estudiosos, é menor o número de advogados praticantes contratados para ensinar, pois a experiência prática é importante, sobretudo, como preparação para a análise doutrinal. Hoje, dá-se mais ênfase às normas acadêmicas que prevalecem nas disciplinas externas ao direito, disciplinas que inspiram o moderno jurista acadêmico, como a economia e a filosofia. Dessas normas, a mais importante é aquela que atribui muito mais peso à produção acadêmica que à capacidade de ensinar. E, como nessas outras disciplinas, o público principal das produções intelectuais dos acadêmicos de direito são os outros acadêmicos. O direito acadêmico está se afastando de sua função tradicional de fornecer serviços para os advogados praticantes e para o poder judiciário e está se tornando, como assinalamos de passagem no Capítulo 3, uma profissão liberal independente dotada de seus próprios códigos e padrões. E isso acontece exatamente em um momento em que os advogados insistem cada vez mais na função de serviço da academia.

À medida que a competição pelos clientes e a estreita especialização tornam menos intelectual a prática do direito, um número maior de intelectuais membros da profissão jurídica querem tornar-se professores. Outro fator do aumento da intelectualidade do direito acadêmico é o declínio contínuo de boas oportunidades de emprego na maioria dos campos acadêmicos de estudo, o que está empurrando para as faculdades de direito aquelas pessoas talhadas para ser pesquisadoras. Esse declínio, que reflete entre outras coisas a crescente profissionalização da administração universitária e a resultante racionalização (no sentido weberiano) da atividade acadêmica, é especialmente marcante nas ciências humanas. Os departamentos de ciências humanas são, na melhor das hipóteses, financeiramente precários, e por isso são um alvo natural para aqueles administradores universitários que querem cortar custos. Em campos como a filosofia e a história, até os pós-graduandos mais capacitados podem investir três anos em um doutorado em direito que se acrescente a seu Ph.D. e lhes possibilite buscar emprego em uma faculdade de direito, na qual os salários são maiores, a carga de docência é menor e as perspectivas de efetivação no cargo são muito mais promissoras. Caso esteja correta a análise feita nos capítulos anteriores, essa migração não é totalmente bem-vinda.

Em suma, ao tempo em que a prática do direito se torna mais empresarial, a faculdade de direito torna-se *menos* semelhante a uma faculdade de administração de empresas e mais semelhante a um departamento de ciências humanas. Assim, a prática e a academia estão se afastando. Mas não pretendo exagerar o tamanho e a importância desse afastamento. O ensino de direito mudou menos que a pesquisa acadêmica em direito; e a pesquisa doutrinal não desapareceu, mas transferiu-se das faculdades de elite para as de segundo time – nas quais, no entanto, é realizada com grande competência em virtude de uma melhora geral na qualidade dos docentes e pesquisadores em direito. Essa melhora deve-se, em parte, à deterioração das condições de trabalho nos escritórios de advocacia, a que já me referi, e que transformou o direito acadêmico em um mercado determinado pelos compradores; e, em parte, às leis que proíbem a discriminação no emprego. Nenhum empregador quer se ver às voltas com um membro de um grupo protegido que, preterido na contratação ou promoção, é capaz de apontar empregados menos qualificados, mas membros do grupo majoritário, que foram contratados ou promovidos. As leis contra a discriminação são desnecessárias em um mercado altamente competitivo, pois a competição obriga os empregadores a usar táticas racionais de contratação. Mas as organizações sem fins lucrativos (como as universidades), as instituições estatais, os monopólios e aquelas profissões liberais que limitam a concorrência são ambientes em que, na ausência de proibições legais, é provável que surjam práticas discriminatórias de emprego[112].

A distância cada vez maior entre a modalidade acadêmica e a modalidade prática do direito tem seus lados positivo e negativo. O lado positivo é que, para que o direito se estabeleça sobre fundamentos empíricos – para que, por exemplo, o estudo do direito constitucional seja reorientado no sentido sugerido no Capítulo 2 –, as faculdades de direito têm de se tornar ambientes mais propícios à pesquisa não doutrinal. O lado negativo é que, quanto mais as faculdades de direito se divorciam da prática, tanto menos é provável que produzam pesquisas que tenham valor prático. A aplicação da filosofia moral ao direito é acadêmica e não é doutrinal – mas não deixa de ser inútil.

A desregulamentação do ensino de direito seria uma resposta parcial tanto à atual insatisfação dos advogados como aos excessos da torre de marfim na formação jurídica. Fomentaria, além

---

[112] Ver, por exemplo, Armen A. Alchian e Reuben A. Kessel, "Competition, Monopoly, and the Pursuit of Money", em *Aspects of Labor Economics*, p. 157 (National Bureau of Economic Research, 1962); Posner, nota 9, acima, § 26.1, pp. 716-17.

disso, o tipo correto de pesquisa não doutrinal e aproximaria um pouco toda a profissão da meta do verdadeiro profissionalismo. Como estamos na era da desregulamentação, seria de esperar que esta proposta fosse acolhida com agrado. Essa esperança é vã. É difícil fazer com que os professores universitários de direito (qualquer que seja a sua ideologia) e, mais ainda, os administradores das faculdades de direito e das universidades, concordem com a ideia de que o mercado, e não o Estado, pode e deve determinar a extensão e o conteúdo da educação profissional. O interesse próprio é uma das razões dessa cegueira; a outra é uma atitude de "nós sabemos o que é bom". A segunda razão pode ter mais peso, porque o fato é que muitas faculdades de direito floresceriam em um regime em que o terceiro ano fosse optativo. Seriam capazes de atrair mais alunos para um curso mais curto, e muitos desses alunos fariam voluntariamente um terceiro ano de curso – talvez, porém, em uma fase posterior de sua carreira. Eliminado o caráter obrigatório do terceiro ano, os alunos que efetivamente permanecessem nesse período ou para ele voltassem seriam dedicados e atentos, e isso beneficiaria não só os próprios alunos como também os professores.

Os maiores beneficiários da desregulamentação do ensino de direito seriam os alunos que decidissem não fazer o terceiro ano. Quanto mais curto o curso, menor o custo da faculdade para o aluno; logo, menor também a pressão para trabalhar como burro de carga em um escritório movimentadíssimo a fim de pagar os empréstimos incorridos na época de estudante. Tudo isso parte do pressuposto de que os salários não cairiam na mesma proporção dos custos da formação jurídica; mas por que os salários cairiam, a menos que o terceiro ano de faculdade seja decisivo para aumentar a produtividade dos jovens advogados? É certo que cairiam um pouco, à medida que a redução dos custos da educação atraísse mais alunos para a faculdade e, assim, aumentasse o número de advogados recém-formados; mas talvez não caíssem demais, pois a correlação entre renda e a extensão da pós-graduação* é bastante vaga. Além disso, tendo investido somente dois anos em sua formação jurídica, os alunos sentir-se-iam menos obrigados, do ponto de vista financeiro, a permanecer no direito, caso não gostassem da área.

Um dos argumentos a favor da preservação do terceiro ano obrigatório é que a litigância judicial nos Estados Unidos já é muito intensa, sendo grande também, portanto, o número de advogados; qualquer coisa que fizesse diminuir esse número seria benéfica, até mesmo obstáculos ao ingresso na faculdade. Quanto menor o número de advogados, maior o preço dos serviços jurídicos e menor a demanda por tais serviços, minorando a quantidade de litígios. Entretanto, ninguém sabe se realmente existem litígios ou advogados em demasia nos Estados Unidos[113] e, por isso, vou deixar esse argumento de lado. Outro argumento é que o valor do terceiro ano é superior a seu custo, mas os alunos, sendo imaturos, impacientes e inexperientes, não sabem disso. É possível. Mas seus futuros empregadores, os escritórios de direito, sabem. Os escritórios que pensassem que os alunos que passaram mais um ano na faculdade são mais produtivos porque precisam de menos treinamento no trabalho oferecer-lhes-iam um salário maior, e os estudantes, por sua vez, ponderariam esse benefício contra o custo de cursar o terceiro ano. Com isso, as próprias faculdades de direito seriam, por sua vez, obrigadas a pensar sobre o currículo de terceiro ano que melhor ajudaria os alunos em sua carreira, em vez de simplesmente promover a carreira dos profes-

---

* Vale lembrar que, nos Estados Unidos, o curso de direito é feito em pós-graduação. (N. do T.)

[113] Posner, nota 34, acima, pp. 89-90.

sores. Afinal, as faculdades não conseguiriam reter alunos para o terceiro ano a menos que esse ano suplementar lhes conferisse um benefício líquido. (O título "JD" – doutor em direito – poderia ser reservado para os que completaram os três anos, e o mais antigo "LLB" – bacharel em direito – reinstituído para designar o grau profissional obtido depois de dois anos.)

Pressuponho que, no final do primeiro ano do programa de dois anos, a maioria dos alunos já saberia se prefere o direito comercial (*business law*) ou o direito não comercial (*nonbusiness law*)*. Os alunos que preferissem o primeiro fariam, no segundo ano, cursos de direito empresarial, direito dos mercados financeiros, direito do comércio, direito antitruste, direito tributário, direito de falências e direito previdenciário. Os que preferissem o direito não comercial fariam direito penal, direito de família, direitos civis, direito federal, direito constitucional, filosofia do direito e direito trabalhista. (As duas categorias evidentemente se sobrepõem, especialmente nos aspectos ligados ao trabalho.) São comuns a ambas as áreas o direito administrativo, o direito probatório, o direito internacional privado e a análise econômica do direito. Os alunos que não conseguissem se decidir entre as duas áreas poderiam fazer um coquetel de cursos e, ainda assim, aprender suficiente para praticar um ou outro tipo de direito. Os alunos que obtivessem o título de bacharel em uma faculdade de elite depois de completar o programa que acabo de delinear economizariam até cem mil dólares – vinte mil ou mais, correspondentes ao valor das mensalidades do terceiro ano, e até oitenta mil que deixariam de ganhar se passassem esse ano sem trabalhar (é claro que o valor seria menor depois de descontados os tributos, mas mesmo assim seria considerável).

---

* Deve estar claro que a dicotomia a que se refere o autor não é análoga àquela, mais familiar ao jurista brasileiro, entre direito público e direito privado. As categorias de direito aqui referidas são específicas do sistema norte-americano. (N. do T.)

Se o terceiro ano não fosse obrigatório para o exercício da profissão, teria de ter algo de especial, teria de ser diferente dos outros anos para que os alunos decidissem cursá-lo. O que poderia ser esse algo de especial? Para os alunos que pretendem tornar-se professores universitários, quem sabe cursos semelhantes às disciplinas de pós-graduação em metodologia de pesquisa e em disciplinas de ciências humanas relacionadas com o direito. Talvez prática de audiência para os alunos que queiram especializar-se em defender causas perante os tribunais. Talvez cursos especialmente projetados de economia, finanças, teoria dos jogos, estatística, direito internacional, direito comparado, saúde pública, administração pública, tributação, contabilidade, ciências da computação, criminologia, ética, medicina, assistência social ou engenharia, para aqueles alunos que pretendessem ou especializar-se nos ramos mais esotéricos da litigância e da consultoria jurídica ou ingressar no direito acadêmico. As disciplinas oferecidas poderiam ser tão diversas quanto as das faculdades de administração, cujo corpo docente frequentemente inclui contadores, psicólogos, engenheiros de produção, teóricos dos jogos, especialistas em *marketing*, estatísticos, especialistas em finanças, economistas e juristas. O terceiro ano se tornaria o próprio fundamento a partir do qual o direito tomaria uma direção mais pragmática e verdadeiramente profissional.

Um dos benefícios incidentais seria minorar a hiperacademização do estudo do direito que, atualmente, preocupa os escritórios de advocacia. Chegamos a um ponto em que um professor universitário de direito pode especializar-se em uma área de estudo que não tem atrativo nenhum para o advogado praticante – e logo, para 95% de seus alunos (uma vez que a curiosidade desinteressada e sem relação com a carreira é incomum entre os estudantes de direito) – sem espantar ninguém, pois os estudantes têm de preencher três anos com cursos. A área de especialização do professor pode ser o uso de Wittgenstein ou Grice para interpretar o Código Comercial Uniforme; as cooperativas de trabalhadores na Iugoslávia antes da morte de Tito; ou o direito que regia a escravidão no Sul dos Estados Unidos antes da Guerra Civil. Todas as espécies de pensamento jurídico que critiquei neste livro florescem na atmosfera pestilenta do terceiro ano obrigatório da faculdade de direito. Abolida a obrigatoriedade do terceiro ano, o número de alunos matriculados nesses cursos diminuiria; só restariam aqueles, em número provavelmente exíguo, que, de fato, se interessassem pelo tema ou pelo ponto de vista do professor. Mesmo que esses alunos fossem pouquíssimos – ou mesmo que não houvesse nenhum –, a faculdade poderia concluir que o interesse acadêmico do professor é importante para a missão universitária de ampliar o conhecimento humano e, por isso, merece ser apoiado. Porém, ao tomar essa decisão, a universidade ou faculdade de direito não teria nenhuma ilusão acerca da demanda de instrução dos alunos naquela área específica de interesse do professor.

Resposta mais provável à eliminação do público cativo do terceiro ano seria uma reorganização dos alunos e uma redução na quantidade de pesquisa pura em direito. Um punhado de faculdades daria conta dos alunos dotados de ambições acadêmicas, e seus professores seriam os únicos acadêmicos de direito que conduziriam pesquisas que não têm nenhuma utilidade prática previsível. As faculdades de direito de segundo e terceiro escalão deixariam de ser refúgios para filósofos morais frustrados. Na minha opinião, tudo isso seria benéfico.

Alguns leitores me terão na conta de um pequeno-burguês ignorante por estar dizendo essas coisas; outros, mesmo entre aqueles que partilham minha opinião depreciativa acerca da filosofia moral normativa e da teoria constitucional, acusar-me-ão de ter deixado entre parênteses o papel humanizador ou civilizador de uma formação jurídica extensa – a única esperança, diriam eles, de restaurar o ideal moribundo do advogado estadista. Essa esperança melancólica exagera enormemente o efeito moral da educação, especialmente quando esta se dá em uma faculdade de direito e a moral em questão é a dos advogados[114]. O direito está se transformando rapidamente em um negócio, e as faculdades são incapazes de reverter essa tendência. Uma vez que a ética dos negócios não é claramente inferior à ética jurídica, a tendência não deve ser lamentada por motivos morais; logo, as faculdades não devem combatê-la, mas adaptar-se a ela. Não obstante, a preocupação com essa tendência não é totalmente desprovida de razão. Algumas tarefas sociais importantes pressupõem o uso de habilidades altamente especializadas para produzir serviços que um leigo teria dificuldade para avaliar. Isso vale para profissões tão díspares quanto o direito, a medicina e o comando militar. Uma vez que a avaliação desses profissionais (dadas suas capacidades herméticas) é difícil, queremos inculcar neles aqueles valores de serviço e integridade que lhes proporcionem incentivos internos para fornecer serviços confiáveis, honestos e de alta qualidade[115]. Em suma, queremos que, além das necessárias habilidades, eles sejam também dotados de um *esprit de corps*, da convicção de que são diferentes e especiais. Um período prolongado de formação especializada é um dos meios para a veiculação de um tal espírito. Truncado o período, o espírito pode desaparecer.

Trata-se de uma preocupação legítima. Porém, não será minorada pela preservação de um público cativo no terceiro ano da

---

[114] Tanto os alunos quanto os professores reclamam dos cursos de ética jurídica, tornados obrigatórios pelas autoridades que cuidam do licenciamento das instituições de ensino. Ver, por exemplo, Thomas D. Eisele, "From 'Moral Stupidity' to Professional Responsibility", 21 *Legal Studies Forum*, p. 193 (1997).

[115] Ver Daryl Koehn, *The Ground of Professional Ethics*, capítulo 4 (1994).

faculdade de direito. Os advogados não tinham padrões de caráter mais baixos quando a formação jurídica era mais breve do que hoje em dia. Além disso, a competição substitui pelo menos parcialmente o profissionalismo antiquado como meio de garantia da qualidade dos serviços profissionais.

Objeção mais profunda à desregulamentação do ensino de direito é que a pesquisa acadêmica passaria a seguir muito de perto os ditames da prática. "Um dos valores predominantes do mundo acadêmico é certo distanciamento em relação às preocupações contemporâneas e a busca de conhecimentos mais perenes e fundamentais que os exigidos pelas necessidades práticas imediatas." Trata-se de um valor genuíno, como também é admissível a insistência acadêmica na "parafernália do estudo [...] palavras como 'rigor' e 'elegância' representam bem esse elemento do gosto acadêmico, ao passo que o mundo dos negócios prefere palavras como *eficiente* e *persuasivo*"[116]. Esses valores distinguem a pesquisa pura da pesquisa aplicada. Seria uma infelicidade se a reconfiguração do ensino de direito eliminasse a demanda por pesquisas jurídicas puras e, assim, destruísse essa linha de pesquisas. É essa a objeção à proposta de Adam Smith, de que os professores recebam salários proporcionais ao número de alunos que fazem seus cursos. Uma vez que os alunos não têm motivação para financiar as pesquisas puras, esse esquema salarial *per capita* teria o efeito de reduzir a base financeira dessas pesquisas. A proposta de uma formação jurídica em dois anos teria efeito semelhante. A compressão do currículo escolar privaria os alunos do tempo de que precisam para cursar disciplinas periféricas em relação a seus objetivos profissionais.

---

[116] George J. Stigler, "The Adoption of the Marginal Utility Theory", em Stigler, *The Economist as Preacher and Other Essays*, pp. 72, 77 (1982).

Mas isso não deve ser motivo de grande preocupação. Se a extensão média da formação jurídica diminuísse, a pesquisa pura em direito não desapareceria. Muitas pesquisas puras em campos como as finanças e o *marketing* são feitas nas faculdades de administração, cuja maioria dos alunos só fica lá por dois anos, e em programas de Ph.D. cujos alunos, por lei, não são obrigados a fazer nenhum período de residência. A obrigatoriedade dos três anos de faculdade de direito está dando à pesquisa pura em direito um estímulo artificial e, a julgar pela experiência em outros campos, desnecessário. Artificial: é esta a tese deste livro, que revelou um desequilíbrio entre a alta teoria e as pesquisas práticas e úteis. Há excesso da primeira e escassez das últimas; a desregulamentação do ensino de direito promoveria, em um grau desconhecido, mas, talvez, considerável, estas à custa daquela.

Indo embora o terceiro ano de direito, o primeiro ano se tornará um elemento ainda mais importante da formação jurídica; e já é o mais importante. Como deve ser estruturado o primeiro ano? A resposta talvez lance mais luz sobre a praticabilidade da eliminação do terceiro. Minha resposta é rigorosamente tradicional, com a ressalva de que, quando falo "do" currículo do primeiro ano, não pretendo propor que o ensino de direito seja o mesmo em todas as faculdades. Em virtude da estratificação da qualidade dos alunos, e em menor medida dos professores, entre os diversos escalões de faculdades, ele não deve ser o mesmo. Os alunos e professores não se distribuem aleatoriamente pelas diversas faculdades de direito. As faculdades competem pelos melhores alunos e professores, e estes competem para, respectivamente, estudar ou lecionar nas melhores faculdades. A consequência é uma classificação qualitativa que resulta em grandes diferenças na qualidade média dos corpos discente e docente nas diversas faculdades de direito; por outro lado, também há certa sobreposição qualitativa, pois a média da distribuição de qualidade nas diversas faculdades varia consideravelmente. Seria absurdo que o currículo da melhor faculdade fosse idêntico ao da pior, ou mesmo ao da média. Mas a partir de agora, vou falar somente das faculdades de primeiro escalão.

Quem cursava o primeiro ano na Faculdade de Direito de Harvard no final da década de 1950 (como eu cursei) passava um ano procurando dominar informações não familiares – a saber, sentenças e acórdãos de *common law* – sem receber quase nenhuma orientação ou *feedback*. Eram os anos dourados do método socrático de ensino de direito. Por causa disso, os livros didáticos consistiam quase unicamente em jurisprudência, com pouquíssimo material explicativo. No primeiro ano, com exceção do direito penal e do processo civil, todas as demais disciplinas tinham por objeto temas do *common law* – direitos reais, contratos, responsabilidade civil e representação. Os professores desprezavam resumos e tratados de doutrina, artigos e todo e qualquer material secundário; e a maioria dos alunos, entre os quais o dócil Richard Posner, evitava conscienciosamente consultar qualquer material desse tipo. Peritos em esconder o jogo, e ajudados nessa empreitada pelo fato de os alunos não lerem as fontes secundárias e pela inexistência de planilhas de estudo, os professores orquestravam debates entre os alunos, que personificavam as diversas falácias a que dava origem o pensamento leigo sobre o direito.

Esses professores de primeiro ano metiam medo. Não eram sádicos, mas não se esforçavam para deixar os alunos à vontade nem esperavam que um aluno (ou aluna, mas estas eram poucas[117]) se

---

[117] Que ninguém pense que estou propondo que o primeiro ano de direito seja modelado no programa adversativo e unissexual do Instituto Militar da Virgínia! Não obstante, o número de alunas que consideram excessivamente adversativo

oferecesse como voluntário para propor-lhe uma questão. Não havia exames até o fim do ano e, por isso, ninguém sabia se estava indo bem ou mal. Era esse um grande estímulo ao esforço, como era também o fato de sabermos que, com base nos resultados do exame, seríamos classificados de 1 a 500 e que essa classificação poderia ter grandes consequências para nossa carreira futura. As disciplinas, e na esteira delas os exames, não consistiam em empanturrar os alunos de normas ou nomes de casos, mas em exercitá-los para que se acostumassem a encaixar situações factuais em categorias jurídicas plausíveis (do mesmo modo que os estudantes de medicina aprendem a encaixar um conjunto de sintomas em uma categoria patológica) e em manipular as categorias segundo o interesse do cliente: assim, a formação tinha tanto o aspecto de diagnóstico como o de tratamento. A lição a ser aprendida era a manipulabilidade das categorias jurídicas. Os leigos acham que o direito é algo escrito em um livro. Os advogados, logo no primeiro ano de faculdade, aprendem que o direito é feito de inferências a partir de uma jurisprudência fortemente ambígua e até contraditória. Aprendem a ser casuístas hábeis.

Na mesma época, a Faculdade de Direito de Yale punha em ação um modelo um pouco diferente de ensino de direito. Dava menos ênfase a exercitar os estudantes no método casuístico e, seguindo a tradição jusrealista da faculdade, mais ênfase ao papel da política e à crítica externa do direito – saber em que medida o direito atendia às necessidades sociais, e não quais eram as premissas das doutrinas jurídicas e até que ponto elas eram coerentes entre si. Essa abordagem tendia a produzir uma visão mais cética do direito do que a abordagem de Harvard. E, como isso era coisa sabida, Yale também tendia a atrair alunos mais céticos.

---

o método socrático de instrução em direito é maior que o de alunos, não obstante o método ser hoje muito mais suave que no passado.

A abordagem de Yale[118] era radical demais para a década de 1950; a faculdade vacilou e, no final daquele período, quase havia convergido em Harvard[119]. Porém, começou então a década de 1960; a abordagem característica de Yale renasceu não só em Yale, mas também alhures; e, hoje em dia, o ensino de direito no primeiro ano tende muito mais a adotar essa abordagem. Esse fato é coerente com as já discutidas mudanças no direito acadêmico, mas as razões não se limitam a isso. Incluem também fatores sociais – a ação afirmativa e a diminuição do respeito pelas autoridades, por exemplo, os professores de direito – que tornaram menos palatável a abordagem socrática clássica de Harvard; e o crescimento do direito público em face do direito privado. Hoje em dia, é comum que disciplinas como o direito administrativo e, especialmente, o direito constitucional sejam ministradas no primeiro ano, ao lado de disciplinas optativas como análise econômica do direito e filosofia do direito, fazendo diminuir, assim, o tempo reservado para os temas do *common law*. E, além disso, essas disciplinas são ministradas misturando a doutrina e a política, às vezes, com ênfase em perspectivas econômicas, feministas ou até pós-modernistas. Disciplinas que eram ministradas de modo claudicante no segundo e no terceiro ano por meio do método casuístico – disciplinas em que a jurisprudência não é fator central (como o direito tributário, o direito empresarial e o direito probatório) ou não é coerente, ou que não acrescentam nada ao que já foi ensinado e são ministradas com menos competência porque as faculdades tendem a locar seus melhores professores no primeiro ano – se tornaram mais interessantes porque, hoje em dia, são abordadas a partir de um ponto de vista interdisciplinar.

---

[118] Bem descrita por Laura Kalman, *Legal Realism at Yale*, 1927-1960, pp. 150-91 (1986).
[119] Id., pp. 204-7.

Hoje, o ensino de primeiro ano de direito nas melhores faculdades é provavelmente melhor que na década de 1950 – não obstante os prejuízos de qualidade causados pela ação afirmativa (tanto no corpo discente como no docente), pelo desaparecimento da tirania socrática (que mantinha os alunos em estado de alerta), pelo surgimento dos resumos de doutrina e pelo declínio na proficiência casuística dos professores à medida que as faculdades deixaram de contratar advogados matreiros e começaram a privilegiar a criatividade acadêmica, que não é a mesma coisa. O fator que neutralizou a decadência foi que o crescimento no número de alunos e professores foi mais lento que o crescimento no número de candidatos (selecionados pela qualidade) tanto ao ingresso na faculdade como ao ingresso no corpo docente. Uma vez que existe um limite para quanto uma pessoa pode ser inteligente e mesmo assim querer frequentar a faculdade de direito, a maior qualidade dos candidatos teve o efeito de comprimir a gama das capacidades no corpo discente – em outras palavras, de elevar o nível mínimo. Mas isso permite que o ensino caminhe em ritmo mais rápido sem que uma porção significativa da turma fique para trás, de modo que a mesma quantidade de conhecimento (inclusive o conhecimento prático chamado "raciocínio jurídico") pode ser transmitida em um período mais curto. Se, na Harvard da década de 1950, levava-se um ano para que os alunos de primeiro ano recebessem sua formação básica no método casuístico, hoje em dia isso deve levar menos de um ano, permitindo que se ofereçam outras disciplinas.

É verdade que, apesar do número imenso de novas leis aprovadas de lá para cá, o *common law* é maior hoje que em 1960. Porém, não é mais complexo do que era então; de certo modo, a análise econômica tornou-o mais simples, menos enigmático e menos aparentemente caótico na medida em que proporciona uma estrutura para a compreensão e o inter-relacionamento das doutrinas, estrutura que não existia naquela época. Por isso continuo afirmando que não é necessário um ano inteiro para dar à turma de primeiro ano de uma faculdade de elite a formação necessária em matéria de método casuístico. Assim, abre-se espaço para outras disciplinas, o que nos dá mais um motivo para concluir que a faculdade de direito poderia ter seu currículo reduzido para dois anos sem nenhuma perda grave.

Afora pensar que as dimensões políticas do direito merecem ser postas em evidência, esposo em geral opiniões conservadoras, do ponto de vista metodológico, acerca do ensino do direito em faculdade. Considero um erro, por exemplo, o ensino contestador, quando o professor ensina principalmente a partir de decisões judiciais que lhe parecem errôneas ou insuficientemente fundamentadas. Não que eu considere desejável incutir nos alunos a versão oficial do processo legal, de acordo com a qual todas as causas são decididas segundo seus méritos, quase sem erros e sem nenhuma pitada de política ou ideologia; mas penso que eles não aprenderão o método casuístico se não o levarem a sério, se pensarem que se trata somente de uma máscara. É difícil praticar com proficiência o raciocínio jurídico jurisprudencial, e os alunos tenderão a não despender muito esforço nesse sentido se pensarem que ele não passa de um método para expor e justificar decisões tomadas por motivos completamente diferentes. Os professores "contestadores" – os adeptos dos estudos jurídicos críticos, seus aliados e sucessores – devem pôr sua contestação de lado quando entram em uma classe de primeiro ano, reservando-a para os cursos e seminários que ministram em níveis mais avançados. Muitos deles fazem exatamente isso.

Também considero um erro a tentativa de encontrar sucedâneos modernos dos casos dos séculos XIX e XX que compõem o currículo tradicional do primeiro ano. Os alunos têm de compreender que o direito não foi criado quando eles fizeram vinte e um anos e que o direito moderno dá continuidade ao direito do passado – coisa que não acontece com a economia, por exemplo. E, agora que a maioria dos juízes desistiu de redigir suas sentenças e votos, as fundamentações das sentenças e acórdãos antigos são, em geral, mais pitorescas que as modernas (também porque os juízes de gerações passadas tendiam a ter uma cultura literária maior que os atuais). Não é necessário que a formação em direito seja enfadonha. Além disso, os casos antigos dão um vislumbre de história a uma geração de alunos que pouco estudou história antes de chegar à faculdade. Espero que o culto do politicamente correto não tenha chegado ao ponto de defender a proibição ou o expurgo dos votos dos juízes de antanho por não serem neutros entre os sexos e por sua falta de sensibilidade étnica.

Um das objeções à efetuação de mudanças abrangentes no currículo do primeiro ano é exclusivamente pragmática. Seria perigoso fazer mudanças desse porte em um método bem-sucedido, especialmente no ramo da *educação*, em que o sucesso parece ser tão difícil de obter. Conheci pouquíssimos alunos ou ex--alunos de direito que não tinham excelente opinião acerca de seu primeiro ano na faculdade – muitos, eu inclusive, consideram-no o melhor ano de todo o seu período de formação escolar.

Minha defesa do primeiro ano tradicional pode parecer incompatível com o caráter mutável da profissão jurídica e com o fato de eu também defender uma abordagem jurídica pragmática. Mas é difícil, pelo menos em curto prazo, imaginar uma transformação tão completa do direito em ciência política que o raciocínio casuístico, com todas as suas limitações, não tenha mais um papel importante a desempenhar na vida jurídica prática. O método casuístico influencia profundamente a imaginação jurídica norte-

-americana. Pode ser que os juristas de tendência revolucionária pensem que o objetivo principal do ensino de direito deve ser o de diminuir essa influência, mas não é essa a minha opinião. O objetivo do ensino de direito é habilitar os alunos a serem advogados. Para atender a esse objetivo, tanto na época atual como no futuro próximo, o melhor é conservar a forma atual do primeiro ano.

Se eu parasse por aqui, entretanto, daria aos leitores uma impressão enganosa. Assim como defendo o uso do método casuístico no primeiro ano, critico o uso excessivo do mesmo método nas fases posteriores da formação jurídica. A prática reiterada do método casuístico perde acentuadamente a eficácia e torna o aluno excessivamente dependente daquele que não passa de um método entre outros para a solução dos problemas jurídicos, e que nem sempre é o melhor método. Tratando-se de temas como direito probatório, direito tributário, direito empresarial, direito internacional privado*, garantias reais e direito previdenciário, o melhor é não estudá-los em absoluto através do exame da jurisprudência, mas sim através da resolução de problemas. No caso do direito probatório, que, na minha opinião, é a disciplina cujo ensino nas faculdades de direito é mais deficiente (quando tal ensino se estrutura na apresentação das regras de prova e nos casos em que tais regras foram interpretadas), o método ideal de instrução combinaria uma formação "clínica" – prática de apresentar provas em juízo, protestar contra provas propostas e decidir sobre a procedência de tais protestos – com reflexões sobre as dimensões psicológicas, estatísticas e epistemológicas do processo de inferência, do processo decisório e do sistema de julgamento pelo júri. Essas dimensões são

---

* Disciplina muito mais importante nos Estados Unidos que no Brasil, visto ser este o ramo do direito que rege as relações entre os vários estados norte-americanos e os cidadãos de outros estados da federação, bem como algumas causas cujas partes são cidadãs de diferentes estados. (N. do T.)

iluminadas por uma literatura interdisciplinar cada vez mais ampla, conquanto desconhecida da maioria dos advogados, dos juízes e até dos acadêmicos. Essa literatura se distribui pelas áreas da filosofia, da estatística e da psicologia cognitiva[120].

Periódicos de direito

O fato de a maior parte dos estudos acadêmicos de direito serem publicados em periódicos editados por estudantes deixa perplexos os acadêmicos de outras disciplinas. Porém, como o método socrático de instrução, também isto era até há pouco tempo um dado inquestionável do ensino e do estudo universitários de direito. Cada vez mais, porém, sente-se que nem tudo vai bem com essa instituição venerável[121]. E de fato nem tudo vai bem. O que não vai bem, em específico, é a incapacidade dos periódicos de direito de adaptar-se à natureza mutável do direito e do estudo acadêmico de direito nos Estados Unidos.

Para saber em que pé estão os periódicos de direito editados por estudantes, primeiro temos de ter uma ideia clara de *o que* eles estão fazendo. Além de promover uma filtragem de candidatos para os potenciais empregadores e de fornecer experiência educacional aos membros do conselho editorial, os periódicos estão – é claro – publicando artigos acadêmicos, resenhas de livros e arti-

---

[120] Ver, por exemplo, *Probability and Inference in the Law of Evidence: The Uses and Limits of Bayesianism* (org. Peter Tillers e Eric D. Green, 1988); *Bayesianism and Juridical Proof*, 1997 *International Journal of Evidence and Proof*, p. 253 (número especial organizado por Ron Allen e Mike Redmayne).

[121] Ver, por exemplo, James Lindgren, "An Author's Manifesto", 61 *University of Chicago Law Review*, p. 527 (1994); Kenneth Lasson, "Scholarship Amok: Excesses in the Pursuit of Truth and Tenure", 103 *Harvard Law Review*, p. 926 (1990); Jordan H. Leibman e James P. White, "How the Student-Edited Law Journals Make Their Publication Decisions", 39 *Journal of Legal Education*, p. 387 (1989); Roger C. Cramton, "'The Most Remarkable Instituition': The American Law Review", 35 *Journal of Legal Education*, p. 1 (1986). Sob o aspecto geral, ver *Law Review Conference*, 47 *Stanford Law Review*, p. 1117 (1995).

gos redigidos por alunos. Mas a "publicação" não é uma atividade simples; é composta por várias tarefas. Em prol da clareza, vale distinguir entre os artigos escritos por professores e aqueles escritos por alunos. No que diz respeito aos primeiros, os periódicos efetuam as tarefas de seleção, aperfeiçoamento e edição (no sentido de revisão e organização do texto). No que se refere aos segundos, os periodistas selecionam os temas, escrevem os artigos, aperfeiçoam-nos e editam-nos.

No desempenho dessas tarefas, os periódicos trabalham em condições extremamente adversas. A pior dessas condições é o fato de seus funcionários serem pessoas jovens e inexperientes que trabalham em período parcial; são inexperientes não só em matéria de direito, mas também em edição, redação, supervisão e gerência. Outra condição adversa, ligada à primeira, é a alta rotatividade: os funcionários dos periódicos passam menos de dois anos em seu emprego de tempo parcial. Não têm tempo de adquirir experiência e seu horizonte de planejamento é estreito. A terceira condição adversa é a ausência de forças de mercado na publicação de periódicos de direito. Esses periódicos não vão à falência quando seus editores tomam decisões equivocadas a respeito de o que publicar; e, quando diminuem os custos e aumentam a qualidade e a tiragem das revistas, os editores não recebem recompensa alguma, nem financeira nem de outra natureza.

Dadas as condições consideravelmente adversas representadas pela ignorância, pela imaturidade, pela inexperiência e pela ausência de incentivos suficientes, o que nos surpreende não é que os periódicos editados por estudantes deixem muito a desejar como publicações acadêmicas, mas sim que não sejam muito piores do que de fato são[122]. Com efeito, antigamente até que eram

---

[122] Pesquisa realizada com advogados, juízes e professores universitários de direito constatou que os consumidores das revistas jurídicas geralmente estão satisfeitos

bastante bons pelo padrão acadêmico que então vigorava. Porém, isso acontecia em uma época em que o estudo acadêmico de direito era entendido, sobretudo, como um estudo doutrinal; e, quanto mais técnica e complicada a doutrina, melhor[123]. A órbita minúscula em que girava o estudo acadêmico de direito facilitava o serviço dos editores de periódicos. É certo que eram inexperientes; mas, na qualidade de alunos que haviam obtido vaga no departamento editorial por ter tirado boas notas nas disciplinas do primeiro ano, eles já tinham demonstrado uma aptidão para a análise jurídica doutrinal, que constituía a própria essência do estudo do direito naquela época. Sendo doutrinadores competentes, conquanto bisonhos, eles de fato eram capazes de escrever, selecionar, aperfeiçoar e editar textos de análise doutrinal. Não havia um único ramo do direito que, à semelhança do direito constitucional hoje em dia, fascinava e concentrava todas as atenções dos alunos; o direito constitucional era, na época, uma disciplina pouco desenvolvida. Por isso o material que os alunos escreviam e aquele que selecionavam entre os textos escritos por professores refletia a diversidade intrínseca do próprio direito.

Esses anos dourados – dourados não para o direito nem para o estudo acadêmico deste, mas meramente para os periódicos

---

com esta instituição. Max Stier et al., "Law Review Usage and Suggestions for Improvement: A Survey of Attorneys, Professors, and Judges", 44 *Stanford Law Review*, p. 1467 (1992). Mas a porcentagem de entrevistados que efetivamente responderam às perguntas foi baixa: 32,7 por cento. Id., p. 1479 (tabela 1). Os que não apreciam a instituição editorial provavelmente estavam sub-representados no universo dos que responderam; é difícil que uma pessoa que não usa revistas de direito queira preencher um questionário detalhado (ver id., pp. 1506-13) sobre esse assunto.

[123] Os estudos doutrinais bem como a concepção de autonomia profissional que lhes atribuem lugar central no estudo do direito têm e sempre tiveram importância maior na Europa (inclusive na Inglaterra) que nos Estados Unidos. Mesmo assim, o que provavelmente impediu o surgimento de periódicos editados por estudantes na Europa foi o fato de que nesse continente o curso de direito é feito em nível de graduação, não de pós-graduação.

editados por estudantes – extinguiram-se aos poucos entre 1970 e 1990. Nesse período, a proporção de estudos doutrinais em relação à quantidade total de estudos publicados caiu acentuadamente, e os estudos doutrinais cederam lugar a um sem-número de novos tipos de estudos acadêmicos[124], alguns deles escritos por não juristas, e todos empregando perspectivas derivadas de outras disciplinas. A mudança no caráter do estudo de direito foi acompanhada pelo colapso do consenso político entre os estudiosos e por uma imensa expansão do direito constitucional – que, em virtude da natureza de seus temas, do caráter recôndito do texto a ser interpretado e do fato de o campo ser dominado por um tribunal (a Suprema Corte) do qual não se pode recorrer a um tribunal superior (o que manteria os juízes na linha), é o mais político de todos os campos do direito. O estudo de direito, ao mesmo tempo que se tornava centrífugo, tornou-se também mais político.

Essas mudanças fizeram naufragar não somente alguns doutrinadores, mas também a maioria dos editores de periódicos de direito. Hoje, eles lidam com uma atividade acadêmica cuja maior parte lhes escapa completamente à compreensão, e a politização cada vez maior dessa atividade tenta-os a empregar critérios políticos para tomar suas decisões editoriais. Quão desconcertante não deve ser a tarefa de escolher entre artigos de diferentes gêneros – um artigo doutrinal sobre a escolha entre remédios jurídicos, uma história das revoltas dos escravos no Sul dos Estados Unidos antes da Guerra Civil, uma análise bayesiana da prova acima de toda dúvida razoável, uma invectiva furiosa contra a

---

[124] Esse declínio está documentado em William M. Landes e Richard A. Posner, "The Influence of Economics on Law: A Quantitative Study", 36 *Journal of Law and Economics*, pp. 385, 407-23 (1993), e em Landes e Posner, "Heavily Cited Articles in Law", 71 *Chicago-Kent Law Review*, p. 825 (1996).

pornografia, um modelo matemático dos acordos extrajudiciais, uma aplicação da filosofia de Wittgenstein ao artigo 2º do Código Comercial, um ensaio sobre a normatividade, uma comparação entre mim e Kafka, e assim por diante, *ad infinitum*. Poucos alunos-editores – muito menos que o número necessário – têm competência para avaliar estudos não doutrinais. Por isso eles fazem o que todos os consumidores fazem quando não têm certeza quanto à qualidade de um produto: procuram sinais de qualidade ou outros méritos. A reputação do autor, que corresponde a uma marca conhecida nos mercados de produtos e serviços, é um desses sinais, e não é o pior deles[125]. Outros – e estes, sim, antifuncionais – são a compatibilidade política entre o autor e os editores, o comprometimento do autor com o uso de formas gramaticais neutras em relação a gênero, o prestígio da faculdade à qual pertence o autor, o desejo de garantir representação "equitativa" aos membros de minorias e outros grupos protegidos ou favorecidos, o puro e simples tamanho do artigo[126], o número de notas de rodapé e a possibilidade de o texto ser um "artigo de efetivação no cargo", do qual depende a carreira acadêmica de determinado autor.

Os efeitos dessas características antifuncionais das decisões dos periódicos sobre o que publicar aumentam ainda mais no

---

[125] Isto vai causar controvérsia: há um movimento em favor da seleção "cega", em que o nome do autor é apagado do manuscrito. Porém, uma prolongada avaliação acadêmica dessa prática não revelou nenhuma vantagem líquida. Ver, por exemplo, Rebecca M. Blank, "*The Effects of Double-Blind versus Single-Blind Reviewing*: Experimental Evidence from *The American Economic Review*, 81 *American Economic Review*, p. 1041 (1991).

[126] Ver Bennett A. Rafoth e Donald L. Rubin, "The Impact of Content and Mechanics on Judgements of Writing Quality", 1 *Written Communication*, pp. 446, 447 (1984). O tamanho dos artigos é um fetiche para as revistas de direito. Elas frequentemente se recusam a dar o nome de "artigos" a textos que, em outros campos, seriam considerados de tamanho normal ou até excessivo, preferindo denominá-los "ensaios", "comentários" ou "observações".

novo regime (novo na área do direito acadêmico) de "publicar ou morrer", pois essas decisões influenciam a decisão de conceder cargo vitalício a este ou aquele professor e, logo, a composição do corpo docente jurídico. Os editores das revistas jurídicas tornaram-se mais poderosos ao mesmo tempo que se tornaram menos capazes de exercer seu poder com responsabilidade.

Estou falando da seleção de artigos para publicação e, de fato, é nessa área que, na atmosfera atual do estudo acadêmico de direito, os editores dos periódicos jurídicos se dão pior. Mas não se dão muito melhor quando se trata de fazer sugestões de aperfeiçoamento substantivo das peças não doutrinais que ocupam espaço cada vez maior nas revistas de direito. É este um papel importante dos periódicos acadêmicos em outras áreas. Com efeito, em áreas como a economia, os avaliadores e editores se interessam muito mais em dar sugestões que aperfeiçoem substantivamente os artigos avaliados e publicados do que em procurar melhorar a prosa do autor. Os periódicos de direito não usam avaliadores para examinar os artigos e, por isso, não dispõem dos comentários desses especialistas para mostrar aos autores. E os próprios editores quase nunca têm competência suficiente para sugerir melhorias substantivas, identificar erros de análise ou perceber lacunas de pesquisa nos artigos não doutrinais.

É notório o jeito aleatório com que os editores de revistas jurídicas procuram melhorar o estilo dos autores. (Este problema não atinge somente os artigos não doutrinais.) As editoras universitárias empregam revisores e preparadores profissionais para editorar os livros, mas os periódicos de direito empregam editores amadores – os membros de seu conselho editorial – para fazer a edição de artigos e resenhas. Esses editores bisonhos, preocupados com normas de citação e outros sistemas que procuram ditar regras para a edição, instigam as piores tendências da redação jurídica e acadêmica[127]. Um dos fatores que redimem parcialmente os editores-alunos é que eles conferem as referências dos autores. Trata-se de um serviço útil, raramente oferecido pelos periódicos editados por professores e jamais oferecido pelas editoras de livros.

O lado mau e o lado bom da edição feita por estudantes – preparação invasiva do texto, útil verificação de citações – decorrem em parte do puro e simples tamanho do corpo de funcionários dos periódicos. Como a participação em um periódico é uma experiência educativa valiosa para o estudante de direito, consolidaram-se as tendências de expandir-se o corpo de funcionários e multiplicar-se o número de periódicos. O aumento do número de funcionários põe em ação a Lei de Parkinson: os editores se ocupam de tarefas insignificantes e desnecessárias, inclusive de uma preparação de texto invasiva que impõe severa perda de tempo aos autores e não raro diminui a qualidade do produto final.

Volto-me agora para os textos escritos pelos próprios alunos. Como os outros estudantes, os editores de revistas jurídicas são juristas aprendizes e é natural que queiram imitar seus mestres – que, em virtude da proximidade, são principalmente os professores. Se os mestres se dedicam a estudos não doutrinais, os aprendizes serão tentados a experimentar a mesma coisa. Se os mestres vituperam a última barbaridade da Corte de Rehnquist, é natural que os aprendizes façam o mesmo. Se o número de disciplinas de direito constitucional é maior que o das disciplinas de qualquer outro campo, muito embora somente uma porcentagem mínima dos graduados venha algum dia a praticar o direito constitucional, os editores pensarão em direito constitucional o tempo todo

---

[127] Ver meu artigo "Goodbye to the Bluebook", 53 *University of Chicago Law Review*, p. 1343 (1986); e também o espetáculo de horrores delineado em Lindgren, nota 121, acima.

e, naturalmente, propor-se-ão a escrever seus pequenos artigos* sobre temas constitucionais[128] – o que quase equivale a dizer que escreverão comentários sobre as causas decididas pela Suprema Corte, uma vez que esta domina completamente a formulação e a aplicação do direito constitucional. Porém, o direito constitucional é somente um campo do direito entre outros, e a Suprema Corte decide apenas uma fração minúscula das causas interessantes decididas todo ano pelos tribunais norte-americanos. A obsessão dos editores de periódicos jurídicos pelo direito constitucional e pela Suprema Corte gerou uma infeliz distorção na cobertura do direito norte-americano pelos artigos escritos por estudantes para os periódicos de direito. Essa distorção é infeliz sobretudo porque, de todos os juízes norte-americanos, os da Suprema Corte são aqueles que têm menos probabilidade de inspirar-se em artigos escritos por estudantes de direito. Suspeito que esses artigos estudantis sobre temas constitucionais, com uma ou outra raríssima exceção, não têm leitor absolutamente nenhum. Eis aí, portanto, uma área em que a ausência do mercado tem um efeito particularmente funesto, reduzindo boa parte do que é publicado nas revistas de direito ao nível de um livro publicado por conta do autor.

O que se pode fazer? Quase nada, pois os problemas residem na natureza imutável da instituição – as inevitáveis inexperiência e imaturidade dos alunos editores, a ausência do estímulo da competição e a ausência de continuidade, a qual reduz o incentivo de fazer mudanças, uma vez que é pouco provável que os frutos amadureçam a tempo de ser colhidos pelos editores que os plan-

---

* Chamados *notes* ou *comments* para distinguir-se dos *articles* escritos por professores universitários ou outros juristas formados. (N. do T.)

[128] Em anos recentes, 22 por cento de todos os artigos escritos por juristas e estudantes de direito nas revistas jurídicas versaram sobre temas constitucionais. Lindgren, nota 121, acima, p. 533.

taram. É fácil sugerir reformas, mas difícil encontrar motivos para crer que elas tenham alguma possibilidade de ser implementadas, com exceção das mais triviais. Felizmente, os periódicos de direito não têm poder de mercado a longo prazo. Se houver veículos superiores para a publicação de estudos relacionados ao direito, o mercado os fornecerá. Aliás, *está* fornecendo-os. Há cada vez mais periódicos editados por professores, cada vez mais publicações clandestinas ou autônomas na internet, e um número cada vez maior de juristas publica seus livros através de editoras acadêmicas ou mesmo comerciais. Porém, a influência dos periódicos editados por estudantes sobre o processo de promoção a um cargo universitário vitalício é um problema sério, e isto me leva a propor algumas sugestões para melhorar esses periódicos.

Em primeiro lugar, eles devem dedicar-se, sobretudo, à publicação de estudos doutrinais, tanto na seção dos artigos de professores como na dos artigos de alunos, deixando principalmente a cargo das revistas editadas pelos docentes a tarefa de selecionar, promover, aperfeiçoar e editar estudos não doutrinais. Em geral, os editores estudantes não têm competência para selecionar e aperfeiçoar estes estudos; além disso, a necessidade de um trabalho pesado de preparação e editoração (especialidade das revistas jurídicas, possibilitada por seu gigantesco corpo de funcionários) é reduzida pelo fato de os artigos não doutrinas serem, em geral, apresentados em colóquios de professores antes de ser publicados. Por isso os autores já ouviram de seus pares as críticas que poderiam ouvir dos editores de periódicos.

Embora o número de estudos doutrinais tenha diminuído em comparação com o de estudos não doutrinais, a doutrina ainda é o maior campo de atividade acadêmica dos juristas e é muito importante para advogados e juízes – e para a maioria dos professores de direito, embora (relativamente) menos do que antes.

Não haveria nada de desonroso ou retrógrado em que os periódicos de direito voltassem a se dedicar à produção e à publicação de estudos doutrinais. Se os membros dos conselhos editoriais dos periódicos de direito escrevessem e realizassem sua atividade editorial dentro da esfera de sua competência e sem sair da órbita da redação profissional a que se dedicarão quando se formarem e se tornarem advogados praticantes (como acontece com a maioria dos formandos até nas mais reputadas faculdades), a missão educacional desses periódicos não seria prejudicada, mas sim intensificada.

Isso não significa que os periódicos devam recusar-se a publicar quaisquer artigos não doutrinais ou recusar-se a permitir que alunos que chegam à faculdade de direito munidos de vasta experiência em outro campo (como acontece comumente hoje em dia) escrevam artigos estudantis não doutrinais. Só estou sugerindo que adotem uma presunção em favor da publicação de estudos doutrinais, tanto na seção de artigos escritos por professores como na de artigos escritos por alunos.

Em segundo lugar, os periódicos de direito devem considerar a hipótese de submeter cada artigo não doutrinal que tenha possibilidade de ser publicado à apreciação de um ou, de preferência, dois avaliadores especializados no campo ao qual o artigo se propõe dar uma contribuição. Esse procedimento implicará a perda de alguns artigos de qualidade pelo simples fato de tornar mais lento o processo de publicação. Uma das vantagens que as revistas jurídicas levam sobre outros periódicos acadêmicos e científicos é que suas gigantescas equipes de funcionários e a imensa capacidade ociosa do setor (centenas de revistas jurídicas em busca de um pequeno número de artigos cuja publicação valha a pena) permitem que o tempo entre a entrega de um artigo e sua publicação seja minimizado. Mas uma vez que as revistas jurídicas não deveriam estar publicando tanto material não doutrinal, a perda de alguns artigos deste tipo para outros periódicos acadêmicos não será motivo de arrependimento.

As revistas avaliadas por especialistas não permitem que os autores apresentem seus artigos simultaneamente a outros periódicos, pois se isso ocorresse a razão entre o número de relatórios de especialistas e o número de artigos efetivamente publicados seria muito grande[129]. A necessidade de propor o artigo sucessivamente aos diversos periódicos, e não simultaneamente, prolongará o tempo entre a redação e a publicação e servirá como mais uma barreira para que os autores de estudos não doutrinais os apresentem a periódicos de direito editados por estudantes. Mas isso não representaria perda alguma. Além disso, a preocupação com a demora da publicação está se tornando obsoleta à medida que um número cada vez maior de artigos acadêmicos é publicado na internet antes mesmo de serem propostos a periódicos acadêmicos e à medida que os próprios periódicos publicam edições *on-line* que aparecem na rede muito antes de serem publicados os exemplares em papel. Reconheço, porém, que a instituição de dois processos diferentes, um para artigos doutrinais e outro para artigos não doutrinais, daria origem a problemas de classificação. Nem sempre é clara a distinção entre estudos doutrinais e não doutrinais, uma vez que é cada vez maior o número de doutrinadores que se sentem obrigados a levar em conta os pontos de vista da economia, da filosofia ou do feminismo.

---

[129] Suponhamos que cada autor apresente um artigo a dez periódicos, cada um dos quais o submeta à avaliação de dois especialistas. A razão entre os relatórios e os artigos será de vinte para um (supondo que um dos periódicos resolva publicar o artigo), comparada com seis para um em um sistema que proíbe a apresentação simultânea (supondo que o artigo seja aceito pelo terceiro periódico a que foi apresentado). Esta última suposição se explica pelo fato de que muitos autores desistiriam do artigo caso ele fosse recusado sucessivamente por três periódicos.

Em terceiro lugar, os periódicos devem abandonar, nas seções de artigos escritos por alunos, todo comentário sobre as decisões da Suprema Corte e, talvez, todos os temas de direito constitucional em geral. Os periódicos de direito devem voltar a ter em mente que sua função principal é de fiscalizar o desempenho de outros tribunais, que lidam com a imensa gama de questões jurídicas técnicas às quais a Corte, preocupada com a Constituição, presta pouca atenção. Minha experiência como juiz de tribunal recursal me mostra como são escassos os estudos decentes que tratam de todas as questões não constitucionais com que se têm de haver os tribunais na era moderna.

Os periódicos não devem preocupar-se com o fato de que os juízes não os "leem". Nenhum periódico acadêmico ou científico é feito para ser lido como se fosse um jornal. Ninguém tem tempo para ler 500 periódicos de direito, ou mesmo 25, publicados cada qual de quatro a oito vezes por ano. A imensa maioria dos artigos publicados em periódicos acadêmicos está destinada a ir direto para a estante da biblioteca e lá permanecer disponível para consulta no futuro, caso surja a necessidade. Os estudantes de direito têm dificuldade para entender esse fato porque têm dificuldade para entender a atividade acadêmica em geral. Os editores de revistas de direito estão sempre pensando em um modo de tornar sua revista mais "contemporânea", no sentido de ter maior probabilidade de ser lida de cabo a rabo assim que publicada. (Eu também pensava assim quando era presidente da *Harvard Law Review*.) Essa esperança não só é vã como não tem nenhum sentido. Os periódicos de direito são recursos indispensáveis para os juízes e seus assistentes, independentemente de a sentença ou o voto do juiz efetivamente citar, ou não, o artigo docente ou estudantil que colaborou para a fundamentação da decisão. Esses periódicos também são recursos indispensáveis para os advogados praticantes e os professores universitários de direito, e isso é verdade independentemente de serem, ou não, lidos imediatamente depois de sua publicação.

Quando muda o hábitat ao qual uma espécie se adaptou, a espécie tem de mudar também, sob pena de, não o fazendo, vir a extinguir-se. O periódico de direito editado por estudantes surgiu em determinado hábitat e a ele se adaptou: o do direito concebido como disciplina autônoma centrada na coerência lógica da doutrina jurídica – o que Weber chamava de "racionalidade formal". Esse hábitat mudou. Pelo menos nos escalões superiores da academia jurídica, a preocupação com a racionalidade formal da doutrina jurídica cedeu lugar à preocupação com a relação entre as doutrinas jurídicas e a sociedade maior à qual o direito supostamente serve. A mudança não chegou a pôr em risco a própria sobrevivência dos periódicos de direito editados por estudantes. Mas foi grande o bastante para pôr em risco o lugar central que eles ocupam na publicação de estudos jurídicos, obrigando-os a reconsiderar seu papel e sua função.

O American Law Institute

Se o primeiro ano da faculdade de direito e o periódico editado por estudantes são duas instituições fundamentais do direito norte-americano, o American Law Institute (Instituto Norte-Americano de Direito) é uma terceira. Assim como o método socrático foi outrora uma inovação revolucionária na formação jurídica, assim também as pesquisas de Natalie Hull revelaram que a criação do Instituto, na década de 1920, foi motivada por um zelo genuíno pelo que ela chama de reforma progressista pragmática – não foi, como pensaram muitos, uma atitude retrógrada promovida por tradicionalistas que se ressentiam do crescimento da legislação e das primeiras manifestações do movimento realista[130]. Mas será que, quase três quartos de século depois de fundado, o Instituto ainda é um instrumento de reforma?

O Instituto Norte-Americano de Direito reúne advogados, juízes e juristas acadêmicos para formular, discutir e aprovar propostas de reforma jurídica. A produção tradicional do Instituto, que ainda prepondera, consiste nos chamados *restatements* (dedicados principalmente a certas áreas do *common law*, como responsabilidade civil, direito dos contratos e direitos reais), concebidos como paracódigos não oficiais que visam a consolidar, elucidar e, aos poucos, aperfeiçoar o direito. Esse modelo de reforma jurídica – uma discussão conjunta e exaustiva entre advogados, juízes e acadêmicos, debatendo, por assim dizer, em terreno neutro – não é coisa que só acontece no Instituto Norte-Americano de Direito. Os comitês consultivos que propõem as normas federais de processo civil e penal, direito probatório e recursos judiciais têm essencialmente a mesma estrutura. O mesmo se pode dizer de vários comitês regionais da ordem dos advogados, bem como de grupos *ad hoc* que buscam promover esta ou aquela reforma jurídica. Porém, o Instituto difere desses outros grupos em diversos aspectos importantes. A primeira diferença é sua amplitude e seu caráter permanente os quais criam uma visibilidade que falta aos outros grupos. A segunda é o critério meritocrático para a eleição dos membros do Instituto – a maioria dos membros não exerce sua função *ex officio*, mas é eleita – e, consequência dessa seletividade, a composição de elite do Instituto e seu prestígio. Terceira diferença importante é a estrutura legislativa de suas deliberações, tornadas bicamerais pela exigência de maio-

---

[130] N. E. H. Hull, "Restatement and Reform: A New Perspective on the Origins of the American Law Institute", 8 *Law and History Review*, p. 55 (1990). Sobre o Instituto em geral, ver *Symposium on the American Law Institute: Process, Partisanship, and the Restatements of Law*, 26 *Hofstra Law Review*, p. 567 (1998).

rias concorrentes no Conselho (o órgão que governa o Instituto) e na assembleia anual dos membros, em que propostas e textos finais são debatidos e votados. Essas características distintivas contribuíram para o volume e a regularidade da produção do Instituto e para a calorosa acolhida que os tribunais (que citaram os *restatements* e outras publicações do Instituto mais de 125 mil vezes) e, em menor grau, as assembleias legislativas estaduais dedicam a essa produção.

A influência da academia prepondera nas obras do Instituto porque só os acadêmicos têm tempo suficiente para produzir o tipo de texto em que o Instituto se especializa. Porém, a preponderância de advogados praticantes entre os membros e a presença de um número generoso de juízes estaduais e federais impede que os membros acadêmicos percam o contato com as necessidades práticas da profissão. Em questões controversas (aqui distinguidas das questões propriamente técnicas), a influência dos advogados e dos juízes, expressa nas votações do Conselho tanto quanto da Assembleia anual, tende a predominar.

Na década de 1920, a estrutura que descrevi era bem adaptada à causa da reforma jurídica pragmática. Hoje, não é tão bem adaptada. As razões óbvias são, primeiro, o declínio da importância do *common law* no panorama jurídico norte-americano e, segundo, o amadurecimento desse mesmo *common law* – amadurecimento que, vale ressaltar, foi produzido em parte pelos próprios *restatements* –, que reduziu a necessidade de elucidação doutrinal. As razões não óbvias também são duas. Uma diz respeito à composição do Instituto, que se limita a advogados, juízes e professores universitários de direito, ou seja, unicamente aos juristas em seus diversos campos de atuação. As mais empolgantes pesquisas jurídicas dos últimos trinta anos foram interdisciplinares. Algumas dessas pesquisas, como vimos nos capítulos anteriores, estão bem longe das preocupações práticas da profissão, mas outras, não. É claro que boa parte dos trabalhos que têm aplicação prática é feita por gente formada em direito, mas nem todos – é só pensar nas obras de Ronald Coase, Gary Becker, William Landes e Steven Shavell, para citar somente uns poucos economistas de renome que trabalharam em cima de problemas jurídicos e deveriam ser bem conhecidos por quantos se interessam a sério pela reforma jurídica. Nem mesmo os *juristas* interdisciplinares estão bem representados no Conselho do Instituto, entre os relatores e consultores dos diversos projetos por eles promovidos, ou ainda nas referências citadas nas notas dos relatores. As atuais propostas de consolidação do direito na área da dissolução de famílias giram essencialmente em torno da economia do capital humano, tema sobre o qual existe uma literatura extensíssima que não foi citada nas notas do relator (Ira Ellman), o qual, não obstante, conhece bem essa literatura[131]. O projeto sobre a administração e a gestão de sociedades empresariais padeceu não somente por causa da oposição de certos grupos econômicos, mas também porque os autores não deram a devida importância ao desafio que a moderna teoria das finanças propôs ao pensamento jurídico convencional na área da administração e gestão empresarial. Essa moderna teoria das finanças é representada por Frank Easterbrook e Daniel Fischel[132], por exemplo, estudiosos que se sentiram particularmente excluídos do projeto. A interrupção do projeto sobre a responsabilidade jurídica e judicial das empresas, que fizera apelo ao pensamento contemporâneo sobre a doutrina

---

[131] Ver American Law Institute, *Principles of the Law of Family Dissolution: Analysis and Recommendations* (proposta de projeto final, parte 1, 14 fev. 1997); Ira Mark Ellman, "The Theory of Alimony", 77 *California Law Review*, p. 1 (1989).

[132] Ver Frank H. Easterbrook e Daniel R. Fischel, *The Economic Structure of Corporate Law* (1991).

da responsabilidade do fabricante, revela a falta de receptividade do Instituto aos modernos estudos acadêmicos interdisciplinares[133].

A segunda razão não óbvia é que o Instituto não parece enfrentar produtivamente (em muitos casos, não parece em absoluto) muitas das questões *cruciais* da reforma jurídica. Como são questões institucionais, não doutrinais, elas estão longe do campo de ação tradicional do Instituto. Têm elas a ver com a estrutura da profissão jurídica, o número e o comportamento dos advogados, o aumento da litigância depois de 1960, a explosão da população carcerária, o custo e a complexidade extraordinários do sistema jurídico norte-americano, o inchaço dos direitos legais (especialmente constitucionais), a proliferação de grandes ações coletivas e dos litígios ligados à reforma institucional, os custos e benefícios sociais (uma vez que se distinguem dos pessoais) da gigantesca profissão jurídica norte-americana, a burocratização do judiciário, o grande número de ações judiciais levianas, a fronteira mutável que separa o direito estadual do federal, o número imenso de ações subsidiárias que têm por objeto os honorários dos advogados e a imposição de sanções a eles, as dúvidas crescentes acerca da confiabilidade do júri, a hipertrofia dos litígios em torno da pena de morte, a crítica acadêmica da regulamentação administrativa e as alegações de parcialidade em favor do polo ativo da ação em diversos campos do direito, desde a responsabilidade do fabricante até a fraude de seguros, passando pela imperícia médica. A mudança já descrita neste capítulo, no decorrer da qual o estudo acadêmico do direito

---

[133] Não pretendo com isto negar o bom senso consubstanciado no novo *Third Restatement of Torts: Product Liability* (proposta de projeto final, 1º abr. 1997, aprovada em 20 maio 1997), discutido por James A. Henderson, Jr., e Aaron D. Twerski, "Achieving Consensus on Defective Product Design", 83 *Cornell Law Review*, p. 867 (1998).

administrativo deixou de girar em torno da doutrina e passou a enfocar o aspecto institucional, tem a ver com uma preocupação que perpassa todo o direito norte-americano.

De vez em quando, o Instituto enfrenta questões institucionais, como fez em seu trabalho sobre os litígios complexos. Na maior parte do tempo, porém, contenta-se em seguir a rota original traçada na década de 1920 – preparando *restatements*, hoje sobretudo reedições de *restatements* anteriores, em campos do *common law*. É um trabalho importante. Porém, com a principal exceção da responsabilidade civil extracontratual, as doutrinas do *common law* estão na periferia das preocupações contemporâneas com o direito – e parece estranho que os recursos de uma organização que reúne os líderes da profissão sejam direcionados para esse campo.

O problema da paulatina marginalização é, em grande medida, um problema sistêmico. A estrutura legislativa do Instituto garante sua respeitabilidade e sua força – é o que dá mais autoridade aos *restatements* que aos tratados de doutrina. Porém, ela também faz com que o Instituto desempenhe um papel cada vez menos significativo no sistema jurídico norte-americano. A produção de um órgão legislativo não pode ser aumentada com o aumento do número de legisladores; isso só faria aumentar os custos de transação das buscas de acordo. Essa limitação impediu que o Instituto Norte-Americano de Direito acompanhasse o crescimento do sistema jurídico norte-americano: ou seja, a porcentagem de campos do direito que o Instituto estuda hoje é menor do que era no período compreendido entre as décadas de 1920 e 1950.

Há também outros fatores. Mencionei quanto o Instituto depende dos professores de direito. À medida que os interesses desses professores se deslocam para campos distantes do estudo jurídico doutrinal, o Instituto – em parte por ser refratário aos estudos interdisciplinares – encontra cada vez mais dificuldade para engajar em seus projetos os juspensadores mais destacados e mais atrevidos (não necessariamente em um sentido pejorativo) da nossa época. Um dos fatores que têm relação com esse é a politização cada vez maior do direito norte-americano. Quem haveria de pensar que o Instituto seria um dia posto sob o assédio de interesses especiais, como se fosse um órgão legislativo de fato, pelo simples fato de considerar a hipótese de mudar suas posições sobre a responsabilidade do fabricante ou a administração de sociedades empresariais? Quem haveria de pensar que questões tão aparentemente técnicas quanto o artigo sobre pagamentos a ser incluído em uma proposta de revisão do Código Comercial poderiam dar margem a complicadas controvérsias políticas? A politização crescente do direito norte-americano reflete a heterogeneidade cada vez maior da sociedade em geral e da profissão jurídica em particular, heterogeneidade que torna cada vez mais difícil alcançar um consenso em torno de premissas de ação jurídica e social – e é o consenso sobre as premissas que tira o direito do campo político e o conduz à esfera técnica. Quaisquer que sejam as suas causas, a politização de campos importantes do direito norte-americano dificultou para o Instituto o contato com as questões mais importantes, uma vez que, para enfrentar essas questões, ele necessariamente teria de cruzar a linha que separa a reforma jurídica técnica da política. O Instituto deve ser elogiado pela proposta do Código Penal Modelo, que abolia a punição criminal das relações consensuais entre adultos do mesmo sexo. Isso aconteceu na década de 1950. Imagine quanto alvoroço não haveria se o Instituto assumisse uma posição definida sobre as questões igualmente controversas – dos estupros ocorridos em situação propícia à intimidade sexual (*date rape*) até a pornografia, passando pela adoção de crianças por casais de lésbicas – que hoje povoam o direito no campo da regulamentação sexual.

Há também essa sensação desagradável e cada vez mais intensa para a qual contribuíram certas reformas fracassadas, entre as quais o próprio *Second Reinstatement of Conflicts* do Instituto (o projeto sobre administração de sociedades empresariais também pode ser mencionado neste contexto): a de que os juristas não conhecem a resposta a um bom número de questões de política e administração jurídicas. Os problemas ligados à responsabilidade do fabricante, por exemplo, têm pouco a ver com detalhes de doutrina e tudo a ver com o sistema de imposição das normas; têm a ver, em específico, com o importante papel do júri, o uso cada vez mais disseminado das ações coletivas e o caráter interestadual dos litígios que envolvem a responsabilidade do fabricante.

Tenho várias sugestões de melhora. As duas primeiras dizem respeito à organização do Instituto. A primeira é que o Instituto comece a eleger alguns membros que não sejam juristas. Alguns dos maiores especialistas em assuntos ora estudados pelo Instituto, como fundos de investimento, responsabilidade do fabricante, distribuição proporcional da culpa na responsabilidade civil e dissolução de famílias, por acaso não são nem advogados, nem juízes, nem professores: são economistas, teóricos das finanças, psicólogos e sociólogos. Alguns deles dão aula em faculdades de direito, e alguns o fazem em tempo integral. Alguns estariam interessados no trabalho do Instituto. Poderiam dar a esse trabalho uma dimensão empírica que, por enquanto, ele não tem e que, caso a tese deste livro tenha algo a ver com a realidade, é imprescindível para as pesquisas em direito.

Em segundo lugar, o Instituto deve considerar a hipótese de definir um termo final para a participação no Conselho. Um conselho autoperpetuante com membros vitalícios não é estrutura auspiciosa para a renovação. A substituição mais frequente de membros do Conselho abriria espaço para o ingresso de estudiosos e praticantes interdisciplinares, que tendem a ser jovens. A associação da criatividade e da inovação com a juventude não é mero preconceito[134].

Todas as demais sugestões dizem respeito ao direcionamento dos esforços de pesquisa do Instituto. Este deve reconhecer e incorporar a mudança no foco de preocupação quanto ao desempenho do sistema jurídico norte-americano: deve deixar de lado a doutrina, especialmente a do *common law*, e voltar-se para a administração – procedimento, remédios jurídicos, relação entre advogados e juízes e todo o mecanismo, em suma, pelo qual são impostos os direitos civil e penal. Quais são, no sentido o mais amplo possível, os custos do nosso sistema jurídico e como eles podem ser reduzidos? Este é um projeto que poderia dar uso máximo à imaginação e aos recursos do Instituto Norte-Americano de Direito. O projeto da Rand sobre a justiça civil, os comitês da Conferência Judicial dos Estados Unidos, a Fundação Norte-Americana dos Advogados e vários estudiosos individualmente fizeram e ainda fazem importantes trabalhos nessas áreas, mas ainda há muito a ser feito. Por que o IAD não poderia desempenhar aí um papel de liderança?

Também gostaria que, em suas atividades tradicionais, o Instituto demonstrasse mais sensibilidade para com fatores institucionais. Pense, por exemplo, no interessantíssimo Primeiro Projeto Provisório sobre legações e outras alienações por doação. Ao tratar das ambiguidades latentes, ou seja, daquelas questões que envolvem discrepâncias reais ou imaginárias entre o instrumento de doação e as intenções do doador, os redatores optaram por conceder aos juízes um poder discricionário maior para afastar-se

---

[134] Ver Posner, nota 10, acima, capítulo 7 ("Age, Creativity, and Output" – Idade, criatividade e produção).

da interpretação e da aplicação literais do instrumento. Parece sensato; mas para que se possa confiar em qualquer decisão acerca de quanta discricionariedade se deve conceder aos juízes ou a outras autoridades, é preciso que a decisão seja informada por uma compreensão precisa da honestidade e da competência dessas autoridades. E sobre isso o projeto nada diz. Não obstante, a administração das sucessões não é uma área na qual o judiciário se cobriu de glória. De nada adianta retrucar que é impossível abraçar o mundo com as pernas. Se não existe perspectiva realista de reforma da administração de sucessões, este é um dado bruto que deve ser levado em conta por qualquer proposta inteligente de mudança doutrinal.

O Instituto poderia tornar mais ampla a sua influência se assimilasse o espírito de uma sugestão feita há muitos anos por Benjamin Cardozo e tomasse a peito a tarefa de propor correções para muitos conflitos puramente técnicos e apolíticos que infestam nosso direito. Como juiz, impressiono-me com a frequência com que os conflitos jurídicos resultam de simples erros – não decisões políticas – na redação de leis ou outros atos normativos, ou na formulação das doutrinas judiciais; e com quantas diferenças desnecessárias existem entre os diversos estados ou entre as regiões federais em matéria de doutrina do *common law* e de interpretação da legislação. A simplificação do direito, um dos objetivos originais do Instituto, seria favorecida, caso o Instituto se dispusesse a avaliar os muitos milhares de decisões recursais (estaduais e federais) proferidas todo ano para resolver conflitos técnicos e propusesse soluções que, desconfio, seriam recebidas de braços abertos pelas cortes e órgãos legislativos. Para exercer essa função, o Instituto teria de operar através de comitês específicos – sistema análogo à delegação de poderes legislativos às agências reguladoras, processo pelo qual o poder legislativo aumenta sua produtividade.

Não precisamos de *restatements* que versem sobre a renúncia à apresentação de razões em juízo recursal, a exceção de prescrição em ações contra o poder público, promessas que são feitas sem que o promitente tenha a intenção de cumpri-las, a autodifamação, os padrões que regulam a apreciação de questões mistas de fato e de direito em nível recursal, a preclusão judicial, a responsabilidade civil dos fornecedores de serviços de infraestrutura, nem sobre nenhuma outra das dezenas de questões doutrinais específicas que aparecem desorganizadamente nos litígios judiciais. O que precisamos é de um mecanismo para resolver esses conflitos, muitos dos quais ocorrem por inadvertência; o IAD poderia ser esse mecanismo. A complexidade e a politização cada vez maiores do direito norte-americano e a multiplicação de perspectivas analíticas que resulta do crescimento dos estudos interdisciplinares promoveram a confusão e o impasse nas tentativas de reforma jurídica, e, por isso mesmo, puseram em evidência a importância da missão do IAD. O sistema jurídico é cheio de questões que talvez não tenham uma única resposta tecnicamente correta, mas que, provavelmente, têm respostas melhores que aquelas que o direito atualmente lhes dá – questões como as normas assustadoramente complexas para a concessão de *habeas corpus*, as divergências de padrões nos casos de discriminação e a falta de todo critério para a concessão de indenização punitiva. O equilíbrio incomum que nele se verifica – entre a mentalidade prática dos advogados e juízes, o mecanismo de tipo legislativo que tende a gerar o consenso e a perícia dos estudiosos acadêmicos – faz com que o Instituto Norte-Americano de Direito esteja singularmente bem equipado para assumir papel de liderança nesta e em muitas outras áreas.

Termino bem longe de onde comecei. As preocupações que cercam o Instituto Norte-Americano de Direito estão muito distantes daquelas que fazem espumar as águas da filosofia moral e da teoria constitucional. Em relação à teoria moral e constitucional, a reforma jurídica pragmática está no lado oposto do espectro jurídico. É um lado silencioso, tedioso para alguns, fora de moda para os acadêmicos do direito. Mas é também aquele lado que, nas condições que vigoram no mundo jurídico hoje em dia, promete os melhores resultados para qualquer investimento de energia intelectual.

Temos teorias demais no direito. Refiro-me à espécie errada de teoria, pois é claro que discordo de William Blake, quando diz que "generalizar é ser idiota. Particularizar é a única distinção de mérito"[135]. O direito precisa de teorias – teorias das ciências sociais. Até a moral precisa de teorias, se considerarmos que a história, a psicologia, a biologia, a economia, a antropologia, a sociologia e a teoria dos jogos podem ajudar-nos a obter uma compreensão melhor das origens, dos limites, dos fatores determinantes e da eficácia das normas morais, que desempenham importante papel no sistema de controle social não só de nossa sociedade como de todas as sociedades. O que ninguém precisa é da filosofia moral normativa, daquela espécie de teoria jurídica que se edifica sobre a teoria moral normativa ou corre paralela a esta, ou da antiteoria pós-modernista. Guiando-nos pelas luzes do pragmatismo, podemos evitar esses becos sem saída e nos mantermos firmes no caminho que conduz à verdadeira e saudável profissionalização do direito.

---

[135] William Blake, "Annotations to Sir Joshua Reynolds' Discourses", em *The Complete Writings of William Blake*, pp. 445, 451 (org. Geoffrey Keynes, 1958). Veja bem: a própria afirmação de Blake é uma generalização.

ÍNDICE REMISSIVO

A

Abbott, Andrew, 292n, 336n
Abbott Laboratories vs. Gardner, 374n, 375
Abel, Richard, 336
aborto, 38, 41-3, 77, 99, 105, 123n; discussão de Gutmann e Thompson, 88-90; discussão de Judith Thomson, 83-5, 88, 198, 211n, 260n; técnicas médicas, 84-5; posições contra e a favor, 95; como a Suprema Corte trata a questão, 211-3, 396, 402-3
ação afirmativa, 185, 214-21, 400, 464
Ackerman, Bruce, 226, 238-40
advogado, direito a um, 250-8
advogados. *Ver* profissão jurídica
Airedale NSH Trust vs. Bland, 210n
Alemanha, cultura da, 167-8
Alschuler, Albert, 227n, 326n
altruísmo, 43-57, 103; biologia do, 50-1, 56-7; definição, 46-7; distinção entre altruísmo natural e altruísmo como dever, 54, 60n; egocentrismo do, 61n; dos estudantes de direito, 113; a simulação de altruísmo dos profissionais liberais, 297; recíproco, 57; papel do, em pessoas que salvam outras, 110-1, 198
Amar, Akhil, 254n
American Law Institute. *Ver* Instituto Norte-Americano de Direito
análise das políticas públicas: indeterminada ou não?, 423-4
análise de regressão, 344-55
análise doutrinal, 143
analogia, raciocínio por, 83-6, 264. *Ver também* casuística
Anderson, Elizabeth, 6, 134
Anderson, Kenneth, 318n, 318n
animais, direitos dos, 38, 66n, 112n, 131. *Ver também* zoofilia
apoio à vida, suspensão de procedimentos de, 210n
Aquino, Tomás de, 121
Aristóteles, 75-6, 128, 154, 260, 412-3
ascensão justificatória, 181-6
assistentes dos juízes, 229, 319, 450
ateísmo, 122

ativismo judicial, 224-5, 242, 287, 399-400
autoincriminação, 227
automoderação judicial, 232-3, 237, 246, 287, 303, 383-4
autorreferência, problema da, 43-5
aversão ao risco e a teoria da justiça de Rawls, 79n

B

Baier, Annette, 6, 126n
Baker vs. Carr, 242
Balkin, Jack, 241
Bambrough, Renford, 29n, 78n
Banquete, O, 49, 282
Barber, Benjamin, 79n
Barnett, Randy, 204n
barriga de aluguel, 119, 136, 390-2
Bator, Paul, 379n
Becker, Gary, 484
Bentham, Jeremy, 65, 124, 132n, 174. *Ver também* utilitarismo
benthamismo, 50
Berger, Peter, 123, 295n, 337n, 437n
bestialidade, 34-5
Bickel, Alexander, 237, 242-3, 398
bioética, 78-9, 131, 134
biologia dos sexos, 262-3. *Ver também* seleção natural
Black, Donald, 339-40nn
Black, Hugo, 432
Blackmun, Harry, 185n, 404
Blackstone, William, 174, 230, 307
Blake, William, 492
Bobbitt, Philip, 204n
Bolling vs. Sharpe, 410n
Bom Samaritano. *Ver* salvamento
bonde, problema do, 45n
bonobos, 53
Bork, Robert, 182
Bourdieu, Pierre, 295n
Bowers vs. Hardwick, 273, 388
Brandeis, Louis, 242, 378, 388; como cientista social, 403
Breyer, Stephen, 370, 373, 384
Brink, David, 26, 30n
Brint, Steven, 318n
Brock, Dan, 78n
Brower, George, 247n, 252n
Brown vs. Board of Education, 104, 214-7, 222, 246, 272, 410
Browne, Kingsley, 262n
Buck vs. Bell, 330n, 403

C

camicases, 67
Campos, Paul, xv
canibalismo, 203, 204n
caridade, 133; apelo à, 52
carisma, 127, 296, 301, 315
casamento, 261; igualitário e hierárquico, 69, 284; entre pessoas do mesmo sexo, 393-9; inter-racial, 393, 397
casuística: jurídica, 189-202, 463-5; moral, 75, 83-6, 189-202. *Ver também* analogia, raciocínio por
catolicismo, 116, 120; doutrina do "direcionamento da intenção", 200; doutrina da equivocação, 192, 195-6; e a eutanásia, 210; hostilidade do catolicismo às trocas morais, 195n; e a suspensão de procedimentos de apoio à vida, 210n
ceticismo, x; *Ver também* ceticismo moral
ceticismo moral, 11-4; pragmático, x, 11
Charlesworth, Max, 121-2nn

Chevron USA, Inc., vs. National Resources Defense Council, Inc., 374-5
Childress, James, 78-9, 125, 131
Cícero, 124, 131
ciência, ix, 18-20, 26, 60-1, 92-100; experimental, 402; moralidade dos cientistas, 126n; contraposta à retórica, 193-4
ciências sociais, ix, 258, 328, 333, 403. *Ver também* economia; sociologia
clássicos e classicistas, 109, 279-87
clonagem, 72
Coase, Ronald, 484
códigos morais: dos filósofos acadêmicos, 118-25; aquisição dos, 68; mudança dos, 68; dos criminosos, 57-8, 60, 70; eficácia dos, 117-8; imposição dos, 54-5, 59-63, 140; crítica funcional dos, 31, 34-5, 45-54, 69-72
coerência lógica e coerência comportamental, 80-1
Cohen, Joshua, 236
Coke, Edward, 307
comercialização da gravidez. *Ver* barriga de aluguel
common law, 191, 408-9, 464; concepção positivista do, 146, 386-8
Commonwealth vs. Bonadio, 222
Commonwealth vs. Wasson, 222
Compassion in Dying vs. Washington, 207n, 210n
competência hipotética, doutrina da, 383-5
comprar barato e vender caro, analogia com o empreendedorismo moral, 68
comunismo, 19-20, 37

Conceito de direito, O, 144-53. *Ver também* Hart, H. L. A.
confirmação, tendência à, 64n
consequencialismo, 186-7, 190, 400. *Ver também* utilitarismo
Constituição Norte-Americana: cláusula da plena fé e crédito, 396n; como estrutura integrada de princípios morais e políticos, 182; traços não democráticos da, 234-5. *Ver também* Declaração de Direitos; direito constitucional; teoria constitucional
Cotter, Thomas, 378n
Craswell, Richard, 204n
crença religiosa, 25, 48, 86; como base da teoria moral, 122-3; seus efeitos sobre a tendência a procurar salvar outro ser humano, 109-10. *Ver também* catolicismo; direito natural
crime: moral dos criminosos, 57-8, 60; análise sociológica do, 334-6
criminalidade, taxa de, 251-2, 256-7, 334-5
criminologia, 334-6
crítica literária, 75; contraposta à crítica moral, 49, 63
Croley, Steven, 369n
Cruzan vs. Director, Missouri Department of Health, 201n
culpa, 55
custos de transação, 361, 370, 486

D

darwinismo. *Ver* seleção natural
Davis, Kenneth, 364
decisão judicial. *Ver* juízes
Declaração de Direitos, 237, 253, 311
Declaração de Independência, 174n

democracia, 94-5, 225; diferentes concepções da, 234-7; deliberativa, 236; epistêmica ou deliberativa, 160; e o debate sobre a eutanásia, 204-6; como fundamento do direito, 159; teoria de Habermas, 159-68, 206-7; industrial, 137; concepção ingênua da, 234, 242; precondições da, 40; pouco favorável ao empreendedorismo moral, 127. *Ver também* teoria liberal; política; opinião pública

dependência da trajetória passada, 326

DES, causas relacionadas ao, 187, 191, 402

desencantamento, conceito weberiano de, 124, 133, 318, 333, 450

Devlin, Patrick, 150, 385

Dewey, John, 128-9, 418, 429

Dicey, A. V., 154n

dilemas ou dúvidas morais, 78, 98, 106, 178-9; subespecificação dos, 203

direito: em ação, 343; equidade no, 172-3; problemas institucionais do, 324-31; legitimidade do, 155-68; terminologia moral no, 172-3, 326-33; superação do, 326-33; teoria previsiva do, 327-9; e profissionalismo, 318-23, 406-7; profissionalização do, 300-15; sua relação com a moral, 159, 169-80, 212-3; política no, 325, 394-7; simplificação do, 490-1; suplantação do, 326-33

direito administrativo, 359-78

direito antitruste, 359-60

direito constitucional: controle de constitucionalidade preventivo, 186; teoria antimoral do, 278-9; processo penal, 249-58, 311; eutanásia, 204-13; excessiva insistência das revistas de direito no, 475-7; questão do casamento entre pessoas do mesmo sexo, 393-9; fundamentação das decisões judiciais, 322-5; o *laissez-faire* como doutrina do, 222-3; atual crescimento do, 471-2; teoria moral do, 172-3, 182-3. *Ver também* aborto; discriminação: racial

direito dos contratos, 170, 204n, 328; doutrina da reciprocidade, 439; norma da inadmissibilidade da prova testemunhal ou oral, 437-8, 444

direito na academia. *Ver* estudo acadêmico do direito

direito natural, 13, 25, 158, 169, 183, 405; a jusfilosofia de Dworkin como forma de jusnaturalismo, 151. *Ver também* catolicismo

direito penal, 188-202, 328; delitos relacionados com entorpecentes, 171, 339-40, 409, 411; elemento moral do, 179-80; crimes sexuais, 209; responsabilidade objetiva no, 188-9; teorias do, 196-7. *Ver também* justiça criminal; homicídio

direito probatório, como ensinar, 468-9

direitos constitucionais, 248-58; fetichismo dos, 248; entendidos funcionalmente, 248-9; exagero dos, 424-5. *Ver também* direito constitucional

discriminação sexual, 40, 259-72, 304, 312-3; contra os

homossexuais como forma de discriminação sexual, 393-4; racial, 104, 185, 214-21, 247, 272, 397-8, 410, 415-6; diferença entre a discriminação sexual e a discriminação racial, 264-5; estatística, 400n
discurso de ódio, 417-8, 424
Douglas, William, 308, 378
Dover, Kenneth, 283n
D'Souza, Dinesh, 434
Duxbury, Neil, 183n
Dworkin, Ronald, xi, 6, 11n, 81-2, 161, 167, 203n, 208, 210n, 226, 244; sobre o aborto, 41, 212; confusão de conceitos morais e políticos, 5n; teoria constitucional de, 161-2, 182-3, 237-8, 242-3, 400n; como crítico do pragmatismo, 378-83, 399-403; sobre a democracia, 236-7; e a justiça natural igualitária, 237; sobre a grandeza, 98; e o ativismo judicial, 399-400; jusfilosofia de, 6-7, 18-9, 144-53, 168, 223; como liberal legalista, 422; como metafísico, 159; teoria moral de, 14; abordagem moralista do direito, 172, 177-86; como jusnaturalista, 151, 183; preferências políticas de, 119n; sobre a pornografia, 400; como pragmatista, 378-82; sobre os direitos, 248n; sobre a escravidão, 28n, 36-7n, 41

E

Easterbrook, Frank, 484
economia: do altruísmo, 52-3, 369-70; teoria econômica, 20; o direito e o papel da, 328, 333; ligada ao pragmatismo, 377-8; os modernos estudos acadêmicos de direito e o papel da, 359-78, 484; como fonte de orientação moral, 71; críticas dos filósofos morais à, 133-8; sociologia e, 340-1; teoria da regulação, 368-9; e o problema do bonde, 45n
educação, 177, 271-2; seus efeitos sobre o comportamento moral, 110-20, 459. *Ver também* ensino do direito; universidades
Edwards, Harry, 301n, 306
"efeito selecionador", 172, 256-7, 314n
Ehrlich, Isaac, 247n, 252n
Elgin, Catherine, 97n
Ellickson, Robert, 341
Ellman, Ira, 484
Ely, John Hart, 161, 237, 238n
emoção: elemento cognitivo da, 58, 412; seu papel no direito, 412. *Ver também* sentimentos morais
emotivismo, 16
empirismo, 245-58, 287, 341, 390
empreendedores morais, xi, 10-1, 68-70, 126-33, 222-3
ensino do direito, 300-1, 445-69; e o altruísmo dos estudantes de direito, 113-4; método casuístico, 463-5; pragmática, 457; método socrático, 462, 464. *Ver também* revistas jurídicas
entorpecentes, delitos relacionados com, 171, 339-40, 409, 411
equilíbrio reflexivo, 78-83, 180
equivocação, doutrina da, 192, 195-6
Erie R. R. vs. Tompkins, 386
escola processual da teoria do direito, 183-4

escravidão, 28-9, 35, 40, 48n, 68, 76-7, 94; movimento abolicionista, 66n; contraposição entre a grega e a norte-americana, 28; moral, 398n; autoescravização, 102-3
Eskridge, William, 393-9
Estado de direito, 157, 415
Estrich, Susan, 312
estudo acadêmico do direito: academização do, 229, 244, 301, 304-6, 309, 450-3, 457-8; direito administrativo, 359-78; direito antitruste, 359-60; fascínio da teoria moral e constitucional, 322; estudo acadêmico doutrinal, 306, 374, 450-1, 471-9; precisa ser redirecionado, 258; estudo acadêmico pragmático, 359-78. *Ver também* revistas jurídicas
estudos jurídicos críticos, 420-33, 466
"eu", único ou múltiplo, 83
eutanásia, 201-2, 204-13
evolução. *Ver* seleção natural
expressão. *Ver* liberdade de expressão; discurso de ódio
expressivismo, 16
extorsão, 190

F

faculdade moral, 55
faculdades de direito: e a má-fé, 431; formação de dois anos, 445-7, 453-69. *Ver também* ensino do direito; estudo acadêmico do direito
Farber, David, 378n
feminismo, 42, 53, 64, 66, 424; defesa da mercantilização pelo, 135-6; e a justiça criminal, 186n; crítica do casamento pelo, 135-6; radical, 261, 424
Ferry, Luc, 38n
filantropia. *Ver* caridade
filosofia: academização da, 49, 131-3; competência e formação filosófica dos juízes, 185n, 208; seu valor educacional, 357-9; seus efeitos sobre o comportamento, 108-13; sua influência sobre a Constituição norte-americana, 173-5; paralelismo entre sua estrutura e a do direito, 358; como profissão, 10, 73, 130-01, 224; usos de teorias morais não filosóficas no direito, 189-90
filosofia moral. *Ver* moralismo acadêmico; teoria moral
filósofos: comportamento dos filósofos alemães sob o domínio nazista, 110; "memorial dos filósofos" nas causas relacionadas à eutanásia, xii, 184-5, 204-11, 399; moralidade pessoal dos, 108-9, 118-21; política dos, 119--21; como profissionais, 123-6
Finnis, John, xi, 6, 120-2, 141, 151n, 280
Fischel, Daniel, 484
Fish, Stanley, xv, 274n, 433-44
Fiss, Owen, 446n
Flagg, Barbara, 277-8
formação em direito. *Ver* ensino do direito
formalismo, 194-5, 199-201. *Ver também* formalismo jurídico
formalismo jurídico, 194-5, 199-201, 385; no direito constitucional, 234-7; retórica do, 414; no direito tributário, 199
Foucault, Michel, 30, 87, 165n

Frankfurter, Felix, 231, 313, 364, 378-9
Freund, Paul, 315, 329
Fried, Charles, 204n, 209
Friedman, Lawrence, 334n, 337n
Friendly, Henry, 364
funcionalismo. *Ver* códigos morais: crítica funcional dos
furto, 202

G

Galanter, Marc, 334n, 336-7nn, 338
Geertz, Clifford, 90n
genocídio, 31, 41, 94
George, Robert, 120-1nn
Givelber, Daniel, 258n
Glendon, Mary Ann, 307-14, 328-9, 331, 445
Goldsmith, Jack, 387n
Gowans, Christopher, 106
Greenawalt, Kent, 274n
Greenhouse, Linda, 308
Griffin, James, 56n, 73n, 93n
Griffin vs. California, 227n
Griswold vs. Connecticut, 397n, 410
Gross, Michael, 110-4, 141
Gutmann, Amy, 88-90

H

Habermas, Jürgen, 154-68, 234; sua teoria sobre a democracia, 158-68, 206-7; sua teoria sobre o discurso, 156-7; sua jusfilosofia, 155-68
Hamilton, Alexander, 230, 234, 237
Hampton, Jean, 138n
Hand, Learned, 185n, 209; sobre a Declaração de Direitos, 237, 242
Hanson, Victor, 109, 123, 138n, 279n
Hardin, Russell, 195
Hare, R. M., 81

Harmelin vs. Michigan, 409n
Hart, H. L. A., jusfilosofia de, 144-53, 159, 161-3, 167
Hart, Henry, 364. *Ver também* escola processual da teoria do direito
Harvard, Faculdade de Direito de, 305n, 309, 314, 462-4
Heath, John, 109, 123, 138n, 279n
Heinzerling, Lisa, 371
herdeiro homicida, caso do, 220
Holmes, Oliver Wendell, Jr., vii, ix n, 17, 96n, 124, 185, 208, 326-33, 378; sua concepção de liberdade de expressão, 159; sua teoria e prática constitucional, 223, 231-3, 242, 393, 405, 410, 432; defesa da eugenia, 331-2, 403; como positivista, 146, 387-8; como pragmatista, 392-3; sobre a separação entre o direito e a moral, 172, 221n; seu ceticismo, 331
homicídio, 191, 194, 200-1
homossexualidade, 49, 69, 74n, 210, 273-87; causas, 274; discriminação contra a, 266, 273-9; críticas de Finnis, 120-2; atitudes dos gregos e romanos em relação à, 279-87; comparação entre a homofobia e o antissemitismo, 277; casamento entre pessoas do mesmo sexo, 393-9; punção criminal da, 173
honestidade, 69-70
Horowitz, Irving, 336n
Horwitz, Morton, 427
Hull, Natalie, 481
humanismo secular, 122
Hume, David, 8, 418
Hustler Magazine, Inc. vs. Falwell, 441n

I

ideologia, definição de Duncan Kennedy, 420-1
ignorância culposa ou voluntária, 39, 77, 200-1
igual proteção, 218, 274-9. *Ver também* discriminação: racial
imigração, 166
Immigration and Naturalization Service vs. Chadha, 374n, 375
In re Baby M, 391n
incêndio criminoso, 200
inclusivismo, valência moral do, 37-8
incomensurabilidade, 63
indignação, 54-6
infanticídio, 13, 21
Instituto Militar da Virgínia, 259-72, 462n
Instituto Norte-Americano de Direito, 481-91; política no, 487; possíveis reformas, 488-91; problemas, 484-91; estrutura, 481-3
intelectual público, 129
interesse público, exercício do direito a serviço do, 113-4
interpretação pragmática da legislação, 409-11
intuição, 405. *Ver também* intuições morais
intuições morais, 73-9, 94-6, 215, 224
invalidação *ex nunc* do precedente, 386

J

Jackson, Robert, 378, 406
Jacobs, Jane, 307
Jaffe, Louis, 364
Jasper, James, 49n, 66n, 112n
jogos, teoria dos, 333, 374
juízes, 105, 307-13, 327-9; sua idade, 412; desobediência civil por parte dos, 224; comparação entre os ingleses e os norte-americanos, 147-8, 153, 419-20; inchaço da hierarquia judicial, 149, 153, 419-20; fundamentação das decisões, 322-5, 415-6, 428-30, 466; comparação entre juízes e professores de direito, 247-8, 431-2; sem lei, 152; comparação entre juízes e legisladores, 149-53, 392-3; a teoria moral como ferramenta usada pelos, 176-8; motivações dos, 62; formação filosófica dos, 185-7; teorias pós-modernas do processo de decisão judicial, 420-33; como pragmatistas, 187, 378-420, 442; psicologia dos, 324-5, 431; papel da política nas decisões judiciais, 218-9, 394-7; uso do método de tentativa e erro, 402. *Ver também* ativismo judicial; automoderação judicial; positivismo jurídico; Suprema Corte dos Estados Unidos
jusfilosofia, 134-5; pragmática, 378-83; alemã tradicional, 157-9; sua pretensão à universalidade, 144, 167. *Ver também* teoria do direito
jusnaturalismo. *Ver* direito natural
justiça, 76-7; concepção de Habermas, 159-68; teoria de Rawls, 79-83
justiça criminal, 165, 245-58, 311; abordagem criminológica, 334-5; abordagem do "inimigo interno",

175, 330; abordagem feminista, 187n; abordagem pragmática, 176; e as raças, 257, 340; diretrizes para a prolatação de sentenças e a dosimetria da pena, 376-7; modelo terapêutico da, 331-2

K

Kalman, Laura, 464n
Kamisar, Yale, 205n
Kamm, Frances, 6, 123n, 205n
Kant, Immanuel, 75-6, 156. *Ver também* teoria moral kantiana
Katz, Leo, 189-90
Kelly, Gerald, 196n
Kelsen, Hans, 154n
Kennedy, Duncan, 66, 119-20, 420-33, 443; como pragmatista, 426-7, 431
Kitfield, James, 315n
Kolko, Gabriel, 365
Koppelman, Andrew, 226, 396n
Kramer, Matthew, 357
Krause, Elliott, 292n, 318
Kronman, Anthony, 124n, 129n, 178, 301n

L

laissez-faire como doutrina constitucional, 222-3
Landes, William, 484
Langbein, John, 251n
Larmore, Charles, 26, 75n, 99-100
Laumann, Edward, 336n
legalismo liberal, 422-33
legisladores, 151, 392-3; no sistema parlamentarista, 418-9
legítima defesa, 200
Lei dos Procedimentos Administrativos, 362

Leiter, Brian, 29n, 41n, 50n, 326n
Lessig, Lawrence, 226, 239-40, 387
Levine, Arthur, 138n
Levinson, Sanford, 241, 274n
liberalismo, 442-3; de esquerda, 422-33; milliano, xvi, 100-5, 210n
liberdade de expressão, 104, 440. *Ver também* discurso de ódio
Lincoln, Abraham, 29n, 68, 222
Lindgren, James, 469n, 475n
litigância: explicação da quantidade de litígios, 337-8, 342-55; quantidade ideal de litígios, 472
litigiosidade, 342, 352-5
Litowitz, Douglas, 420n, 433n
Lochner vs. New York, 231, 410
Locke, John, 174-5
Loving vs. Virginia, 397n

M

má-fé (Sartre), 39n, 426, 430
Macaulay, Stewart, 339n
MacCrate, Relatório, 449
MacKinnon, Catharine, 66, 94n
MacPherson vs. Buick Motor Co., 181
Maier, Pauline, 174n
Marco Aurélio, 132
Marshall, John, 230
Martin, Mike, 426n
martírio, 66-7
masturbação, 121
matar e deixar morrer, distinção entre, 85-7
Mazzei vs. Commissioner, 221n
McConnell, Michael, 226, 238n, 383n
McCormick, David, 316n
medicina, profissionais da, 294-5, 319-20
mercantilização, 135-6
Merry, Sally, 337

método socrático. *Ver* ensino do direito
Michelman, Frank, 128n, 226
militares, 302, 315-6, 322. Ver também *United States vs. Virginia*
Mill, John Stuart, xvi, 48 e n, 65n, 100-5, 124, 217, 222-3, 418
Miller, William Ian, 8n
mística profissional, 295-9, 319, 406
Monroe, Kristen, 111-3
Moody-Adams, Michelle, 30-3nn, 39n, 39-40, 77, 97, 108, 129
Moore, Michael, 179
moral cristã, 121-2n; definição, 4; sua relação com o direito, 158, 169-80, 326-33
moral e ética, distinção entre, 4-5
moralismo. *Ver* moralismo acadêmico
moralismo acadêmico: definição, 6; ineficácia, 18, 59-65, 105-33, 221, 223; distinção entre moralismo acadêmico e empreendedorismo moral, 10-1; distinção entre moralismo acadêmico e moralismo não acadêmico, 22-3; persistência, 133-42; fundamentos psicológicos, 140-1
mulheres: como estudantes de direito, 462; como profissionais do direito, 304, 312-3. *Ver também* discriminação: sexual; casamento
mutilação genital feminina, moralidade da, 33

N

Nader, Ralph, 364-5
Nagel, Thomas, 6, 14, 122
não cognitivismo, 16
nazismo, 15, 31, 38, 93-4, 109-10, 112, 151; jusfilosofia nazista, 413; reação de Habermas ao, 154-5; sua importância para a teoria moral, 139-41
negociação da pena, 157
negócios, profissionalização cada vez maior dos, 318-9
Nietzsche, Friedrich, 6, 19, 44, 50, 61, 87-8, 116, 307, 418; como moralista, 29; renúncia ao cargo de professor, 124-5
Noonan, John, 210
normas: e o formalismo, 194-5; contrapostas aos princípios, 144-50; contrapostas aos padrões, 414-5
normas, eficácia das, 117-8. *Ver também* códigos morais
Nurembergue, julgamentos de, 15, 150
Nussbaum, Martha, 6, 58n, 65n, 116, 203n; sobre o aborto, 89n; como crítica da academização da filosofia, 131-3; sobre a homossexualidade entre os gregos, 279-87; sobre pessoas que salvam outras, 111
Nyberg, David, 116

O

O'Neill, Onora, 74n, 77, 134n
objetividade: contraposição entre objetividade moral e objetividade jurídica, 178-9, 205; noção pragmática de, 97-8. *Ver também* realismo moral
Oliner, Pearl, 109
Oliner, Samuel, 109
Olmstead vs. United States, 224n
opinião pública, sua relação com o direito, 394-5, 410. *Ver também* democracia; política

orgulho moral, 61
originalismo, 234-5, 444

P

particularismo moral, 16-7
Pascal, Blaise, 192n
"Path of the Law, The", vii, 172n, 221n, 326-33
Peirce, Charles, 156, 163, 418
pena (dó), 55-6
penas cruéis e não habituais, 408, 411-2
periódicos de direito. *Ver* revistas jurídicas
Perry, Michael, 43, 64, 274n
pesquisa acadêmica, 460. *Ver também* estudo acadêmico do direito
petróleo e gás natural, normatização jurídica da extração de, 388-90, 408
Planned Parenthood vs. Casey, 308
Platão, 25, 49, 128, 132, 177; sobre a homossexualidade, 279-84
Plessy vs. Ferguson, 213, 224
pluralismo moral, 12, 17, 34, 42, 118, 139
poligamia, 69, 103, 393, 393, 396n
política: do aborto, 212; da regulamentação administrativa, 365; no Instituto Norte--Americano de Direito, 487; sua íntima associação com o direito, 320-1, 333, 394-7, 423-6, 443-4; europeia contraposta à norte--americana, 425-6; da eutanásia, 206; de identidade, 426-32; dos grupos de interesses, 161-2, 365, 369; profissionalização da, 320-1; a Suprema Corte e a, 246-7, 444. *Ver também* democracia

politicamente correto, 435, 467
pornografia, 400
pós-modernismo, xiv-xv, 420-44, 492
positivismo jurídico, 19, 144-53, 159, 380-2, 385-92; versão forte e versão moderada, 150-1. *Ver também Rechtstaat*
Powell, Lewis, 182n, 185n, 378
pragmatismo, viii, 101, 128; na atividade judicial, 187, 378-420, 442-4; sua "americanidade", 418; como teoria constitucional, 241-2, 270; critério pragmático do conhecimento, 21; no estudo acadêmico do direito, 359-78; ceticismo moral pragmático, x; contraposição entre o pragmatismo filosófico e o jurídico, 357-9, 380-2; contraposto ao pós-modernismo, 420-44; "escola da indignação", 379; teoria pragmática da verdade, 97-8, 156; contraposto ao utilitarismo, 175; suas variedades, 357n
precedentes, decisão de acordo com os, 328, 386
primatas, 53
Primeira Emenda. *Ver* liberdade de expressão
processo penal: história, 249-8; direito a um advogado, 250-8
professores de direito, 313-4; má-fé de alguns, 431; e as pesquisas empíricas, 342; comparação entre professores e juízes, 247-8; comparação entre professores e advogados, 449-2; falta de experiência prática dos, 305; profissionalização dos, 247-8.

Ver também ensino do direito; estudo acadêmico do direito
profissão jurídica, 300-15, 320-4, 406-7; desregulamentação da profissão, 446-7; deterioração das condições de trabalho, 446-50; tamanho ideal da categoria dos profissionais do direito, 455; estudos sociológicos sobre a profissão, 336, 338. *Ver também* ensino do direito
profissionalismo, 124-6, 247-8, 291-2, 331; seu crescimento na era moderna, 315-26; conceito weberiano de, 318
profissões liberais: definição, 291-3; mística profissional, 295-9, 319, 406. *Ver também as várias profissões e profissionais*
progresso moral, 8, 35-40, 94-5
proporcionalidade entre cadeiras legislativas e número de eleitores por distrito, pleitos relacionados à, 247, 405
Putnam, Hilary, 130n

R

raça, 435; no sistema de justiça criminal, 340. *Ver também* discriminação: racial
raciocínio jurídico, 395. *Ver também* casuística: jurídica
raciocínio moral, 24; contraposto ao raciocínio normativo, 178; contraposto à razão prática, 178
Radin, Margaret, 135
Rawls, John, xi, 6, 73, 121n, 163n, 167n; sua influência, 128-9; como analista do direito e da política, 90-1; como metafísico, 159; e a razão pública, 239; teoria da justiça, 79-83
Raz, Joseph, 6, 149-50, 153, 162, 415n
razão prática, contraposta à razão moral, 178
realismo científico, 97. *Ver também* realismo moral
realismo jurídico, 239, 258, 423
realismo moral, 8, 41-2, 63, 96, 98, 179, 215; metafísico, 25; não metafísico, 26-7; das "respostas corretas", 14; em sua versão moderada, 14
Regina vs. Dudley and Stephens, 204n
regulamentação e desregulamentação. *Ver* direito administrativo
relativismo científico, 96-7. *Ver também* relativismo moral
relativismo moral, 8, 11-2, 34, 90, 129, 281; seus efeitos sobre a conduta, 95-6; e o problema da autorreferência, 43-5; vulgar, 11, 15, 216
religião, 443; cívica, 248, seus efeitos sobre o comportamento moral, 120; o humanismo secular como forma de, 122. *Ver também* catolicismo; crença religiosa
Rechtstaat, 157-60
responsabilidade civil extracontratual, 172-3, 188; interferência nas relações comerciais, 196; indenização por acidente em que não houve culpa, 331; responsabilidade do fabricante por defeito de produto, 181n, 188, 202, 401; diferenças na quantidade de litígios, 342-55
responsabilidade objetiva, 187-9

revistas jurídicas, 469-81; funções das, 469-71; necessidade de reforma das, 477-81; problemas recentes das, 472-7
Richards, David, 151n, 261n, 397n
Riggs vs. Palmer, 220-1
Rochin vs. California, 231n
Roe vs. Wade, 211-3, 246, 402
Romer vs. Evans, 228n, 242, 273-9, 287
Rorty, Richard, xv, 6, 47-8nn, 358, 378, 420, 428
Rosen, Jefrey, 379
Rosenberg, Gerald, 247n, 272
Rosenfeld, Michael, 379n
Rubin, Paul, 51n
Russell, Bertrand, 61n, 125

S

Sacks, Albert. *Ver* escola processual da teoria do direito
sacrifício humano, moralidade do, 32-3
salvamento, 45-6, 84, 86; caráter das pessoas que salvam outras, 109-11; e o direito contratual, 439-40; de judeus, 109-11; dever legal de salvar outrem de um perigo, 195-8; e a responsabilidade civil extracontratual, 169, 188
Sandel, Michael, 137
Sartre, Jean-Paul, 39n, 426
Scalia, Antonin, 234-5, 239-40, 245, 271, 273, 384, 409n
Scanlon, Thomas, 78n, 105n, 127n
Scheffler, Samuel, 37n, 58n
Schiltz, Patrick, 301n, 305n, 445n
Schlag, Pierre, xv, 184n, 306n
Schlesinger, Arthur, 434
Schmitt, Carl, 140

Schneewind, J. B., 38n
Schulhofer, Stephen, 186n, 247n, 257n
segregação. *Ver* discriminação: racial; raça
seguro social, 331
seleção natural, 50-1, 57, 96
Sen, Amartya, 127n, 131-2
sentimentos morais, 8, 47, 54-9; base biológica dos, 58
Shavell, Steven, 484
Simpson, A. W., 204n
Sindell vs. Abbott Laboratories, 188n
Singer, Peter, 66n, 131
sistema jurídico alemão, 155-68, 256
sistema jurídico inglês, 146, 153, 169, 245-6, 342-3, 350-4, 418; justiça criminal, 249
sistemas jurídicos da Europa continental, 154. *Ver também* sistema jurídico alemão
Smith, Adam, 8, 460
Sobre a liberdade, xvi, 48, 100-5, 222-3. *Ver também* Mill, John Stuart
sociologia: seu declínio nos Estados Unidos, 335-6; sua interação com a economia, 340-1; do direito, xvii-xviii, 333-55; das profissões liberais, 292-300. *Ver também* Weber, Max
Sócrates, 116, 124
sodomia, 273
sorte moral, 56n, 201; e o altruísmo, 56
Sozialstaat, 157-8
Steel Co. vs. Citizens for a Better Environment, 384n
Stephen, James Fitzjames, 61n, 102n, 196
Sterling, Joyce, 335n

Stevens, John, 378
Stigler, George, 368n, 460n
Strauss, David, 183n
subjetivismo moral, 11-4
suicídio assistido por médico. *Ver* eutanásia
Sunstein, Cass, 239, 371, 370n
Suprema Corte dos Estados Unidos, 151, 204-19, 246-7; mudanças administrativas na, 322; e a democracia, 234-7; fundamentação das decisões, 322-5; como regente ou tutora pedagógica do povo, 161-2; seu desempenho no ramo do direito administrativo, 375; política na, 246-7, 444; obsessão das revistas de direito pela, 475-7; sob o juiz Warren, 251-3, 259-72, 287, 303, 311, 360, 400n
Swift vs. Tyson, 386-8

T

teologia cristã, 358. *Ver também* religião
teoria: constitucional, 226-7, 246-8; econômica, 21; a crítica de Fish à, 433, 434-44; do direito, 182-3, 491-2; contraposição entre teoria moral e teoria estética, 99; comparação entre teoria moral e teoria educacional, 175-8; contraposição entre teoria moral e teoria científica, 18-20, 26-7, 92-100; o pragmatismo como forma de, 241-2; das escolhas públicas, 369; vários sentidos da palavra, 182-3. *Ver também* teoria moral
teoria constitucional, 158-61, 226-50; definição, 226-32; deficiências empíricas, 245-58, 287; semelhante à teoria moral, 227-8; positiva ou normativa, 247-8; pragmática, 241, 270, 393-6, 409-13; método da "indignação" para a interpretação constitucional, 222-3, 228-231, 237, 269-70, 379; como profissão independente, 229; subespecialização dos teóricos, 238
teoria crítica da raça, 325
teoria da justiça, Uma (Rawls), 73-4n
teoria das escolhas públicas, 369-70, 374
teoria do direito: definição, 143, 168-9; e a teoria moral, 144, 153; necessidade de se tornar mais empírica, 247-58, 287, 341-2, 391-2. *Ver também as teorias e teóricos específicos*
teoria liberal, 91. *Ver também Sobre a liberdade*
teoria moral: distinção entre a teoria abstrata e a casuística, 180-202; o fascínio dos juristas acadêmicos pela, 322; contraposição entre teoria crítica e teoria construtiva, 22-3; contraposição entre teoria descritiva e teoria prescritiva, 17; inspiradora-terapêutica, 24, 47-8; e a teoria jurídica, 144, 491-2; religiosa, 192; na Suprema Corte, 205
teoria moral kantiana, 14, 59, 112, 116, 172n, 175
Thayer, James Bradley, 230-1, 238
Thompson, Dennis, 88-90
Thomson, Judith Jarvis, xi, 6, 45n, 83-4, 88, 189-90, 198

tortura, 165
tragédia, 106
tribunais. *Ver* juízes; Suprema Corte dos Estados Unidos
Tullock, Gordon, 126n

U

Unger, Peter, 128
uniformidade moral, 105-7
United States vs. Board of Education, 416n
United States vs. Carroll Towing Co., 209n
United States vs. Virginia (caso VMI), 228n, 242, 259-72, 287, 324, 332
universais da moral, 7, 16-7, 25-32, 39, 58; como artifícios retóricos, 140; irrefletidos, 124; incognoscíveis, 98
universidades: administração das, 318, 452; economia das, 137-8
utilitarismo, 14, 22-3, 50, 71, 103, 175, 269; contraposição entre o utilitarismo dos atos e o utilitarismo das regras, 194, 380; e o movimento pelos direitos dos animais, 66n; e o direito penal, 194-5; judicial, 380; contraposto ao pragmatismo, 175, 402

V

Vacco vs. Quill, 204n
vegetarianismo, 77, 80-1; semivegetarianismo, 81
venda de bebês, 136
verdade, teoria pragmática da, 97-8, 156

Vermont Yankee Nuclear Power Corp. vs. Natural Resources Defense Council, Inc., 374n, 375
vingança, 69
vingança privada, 326
Virginia Military Institute. *Ver* Instituto Militar da Virgínia
Viscusi, Kip, 370

W

Waal, Frans de, 45n, 53n
Waldron, Jeremy, 74n, 98n, 205n
Walt, Steven, 387n
Walzer, Michael, 137
Warren, Earl, 151, 185n, 251-3, 303
Washington vs. Glucksberg, 204n, 210n
Weber, Max, xvii, 19, 124, 133, 300, 307, 318, 333, 450, 481
Wechsler, Herbert, 183-5, 217, 237-8, 244, 313
Weinreb, Lloyd, 151n
Weithman, Paul, 121
West, Robin, 86n
Williams, Bernard, 6, 11n, 56n
Williams, Joan, 43, 64
Wilson, James, 335
Wittgenstein, Ludwig, 124, 418
Wong, David, 241n
Woodhull, Victoria, 261

Y

Yale, Faculdade de Direito de, 305n, 446, 463
Youngstown Sheet & Tube Co. vs. Sawyer, 406n

Z

zoofilia, 38n

Impresso por :

Graphium
gráfica e editora

Tel.:11 2769-9056